자르지 않고 한 장으로 접는 종이접기 원더랜드

ORIGAMUSEMENT

후지모토 무네지 저 아르고나인 역

종이접기 놀이공원에 오신걸 환영합니다

여기 종이접기 놀이공원은
종이접기를 즐기는 사람들을 위해 만들어진 종이접기 원더랜드입니다.
귀여운 동물과 새들, 멋진 놀이기구와 멋스러운 아이템까지
어렵지만 완성되면 기쁜 작품들 뿐이야.
자, 종이접기를 준비하고
'종이접기 놀이공원'을 마음껏 즐겨보세요.

CONTENTS

ORIGAMI FACTORY
종이접기 팩토리
FASHION ZONE
패션 구역
BIRDS ZONE
새 구역

동물

SLOTH

나무늘보

접는 방법 041페이지

난이도★★★★★★☆

단면 종이접기 용지 사용

※사진의 종이접기의 크기는 부모가 24×24 cm, 아이가 15×15 cm를 사용

CAT

고양이

접는 방법 018페이지

난이도★★★★☆☆☆

단면 종이접기 용지 사용

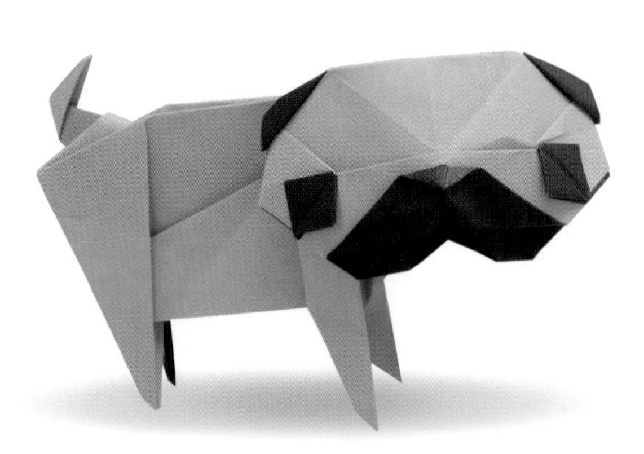

PUG

퍼그

접는 방법 067페이지

난이도★★★★★☆☆

양면 종이접기 용지 사용

RACCOON

너구리

접는 방법 048페이지
난이도★★★★★★☆
양면 종이접기 용지 사용

SEA OTTER

해달

접는 방법 093페이지
난이도★★★★★★★
단면 종이접기 용지 사용

KOALA

코알라

접는 방법 061페이지
난이도★★★★★☆☆
양면 종이접기 용지 사용

동물

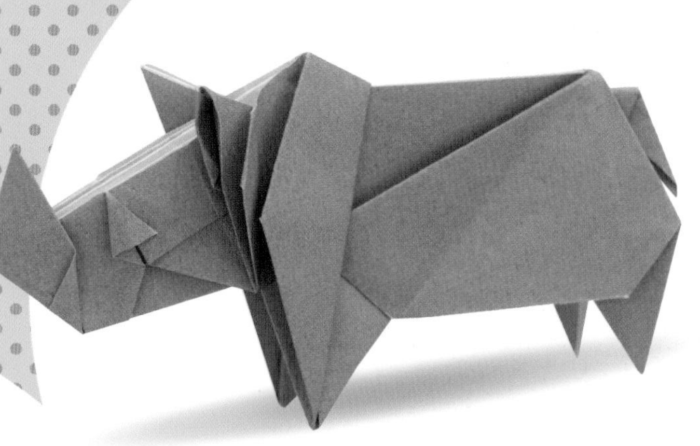

RHINOCEROS

코뿔소

접는 방법 031페이지

난이도★★★★☆☆☆

단면 종이접기 용지 사용

ELEPHANT

코끼리

접는 방법 027페이지

난이도★★★★☆☆☆

단면 종이접기 용지 사용

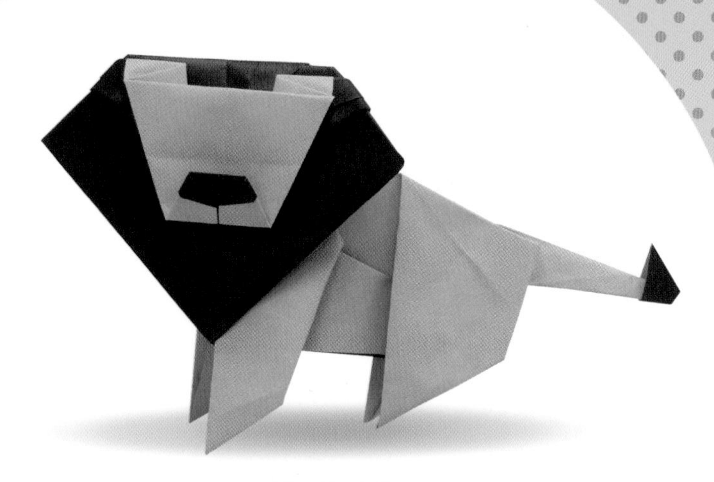

LION

사자

접는 방법 074페이지

난이도★★★★★☆☆

양면 종이접기 용지 사용

조류

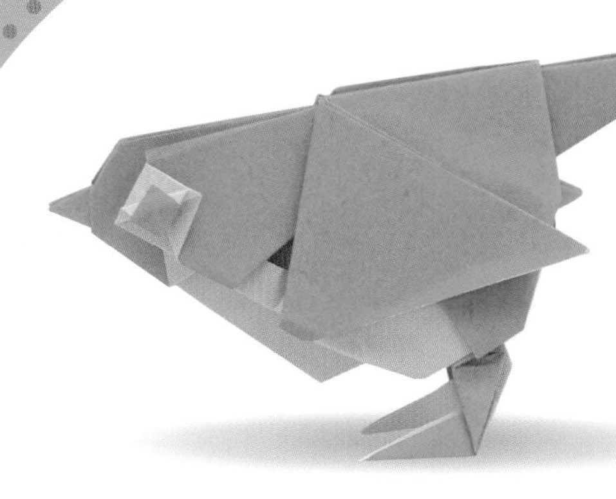

WHITE-EYE

동박새

접는 방법 036페이지
난이도★★★★★☆☆
단면 종이접기 용지 사용

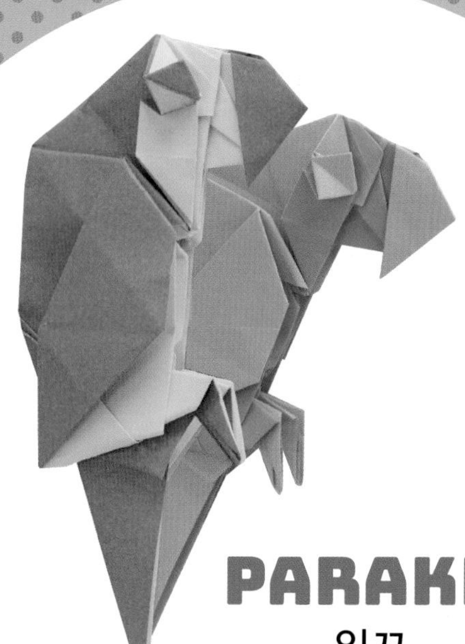

PARAKEET

잉꼬

접는 방법 054페이지
난이도★★★★★☆☆
양면 종이접기 용지 사용

WILD DUCK

청둥오리

접는 방법 022페이지
난이도★★★☆☆☆☆
양면 종이접기 용지 사용

탈것

SPORTS CAR
스포츠카

접는 방법 101페이지
난이도★★★★☆☆☆
단면 종이접기 용지 사용

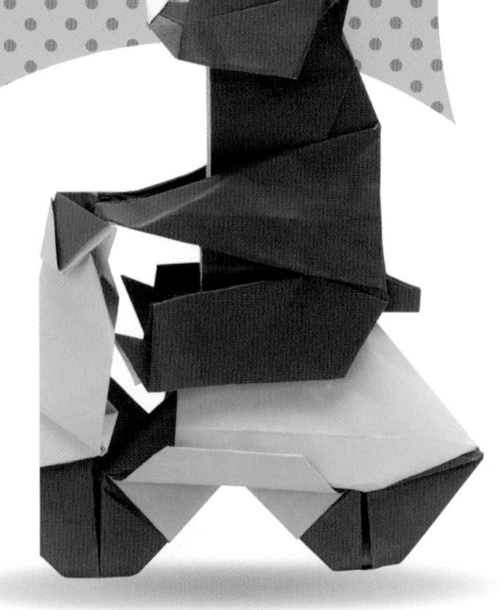

BEAR & SCOOTER
곰 & 스쿠터

접는 방법 081페이지
곰 난이도★★★★☆☆☆
스쿠터 난이도★★★★★★★
곰 단면 종이접기 용지 사용
스쿠터 양면 종이접기 용지 사용

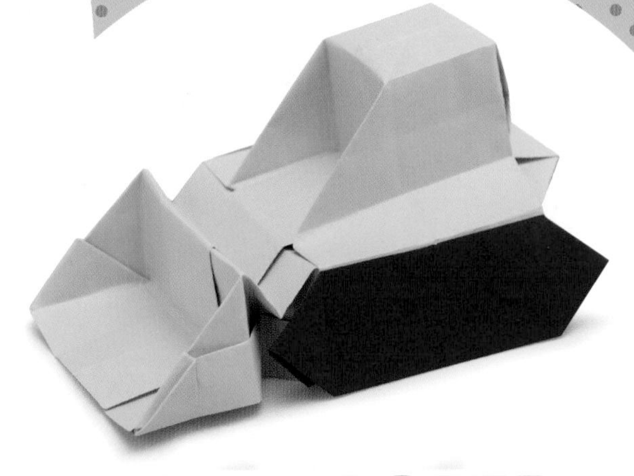

BULLDOZER
불도저

접는 방법 106페이지
난이도★★★★★★☆
양면 종이접기 용지 사용

SKATEBOARD
스케이트보드

접는 방법 016페이지
난이도★★☆☆☆☆☆
양면 종이접기 용지 사용

패션

HIGH HEELS

하이힐

접는 방법 116페이지

난이도★★★☆☆☆☆

양면 종이접기 용지 사용

WRIST WATCH

손목시계

접는 방법 111페이지

난이도★★★★☆☆☆

양면 종이접기 용지 사용

DRESS & TORSO

드레스 & 토르소

접는 방법 120페이지

난이도★★★☆☆☆☆

단면 종이접기 용지 사용

SPORTS CAR

스포츠카

부록의 오리지널 종이 접기를 사용하면 이렇게 멋지 변신합니다!

DRESS

드레스

LET'S ENJOY
ORIGAMI
이제 종이접기를 즐겨볼까요!
ORIGAMI
FACTORY

1 기본 종이접기 방법 및 기호

계곡 접기 선
(앞으로 접는다)

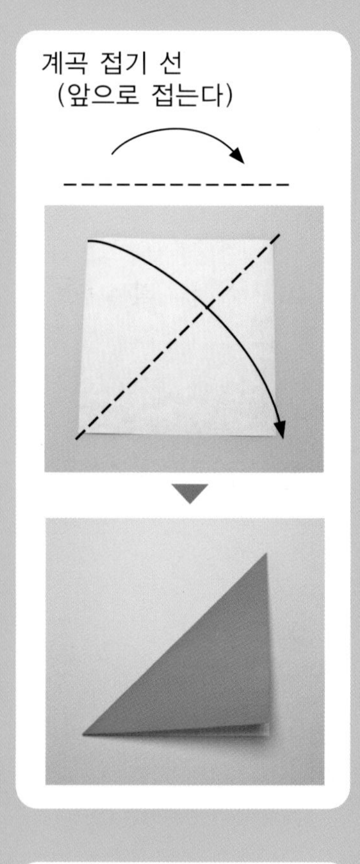

산 접기 선
(뒤로 접는다)

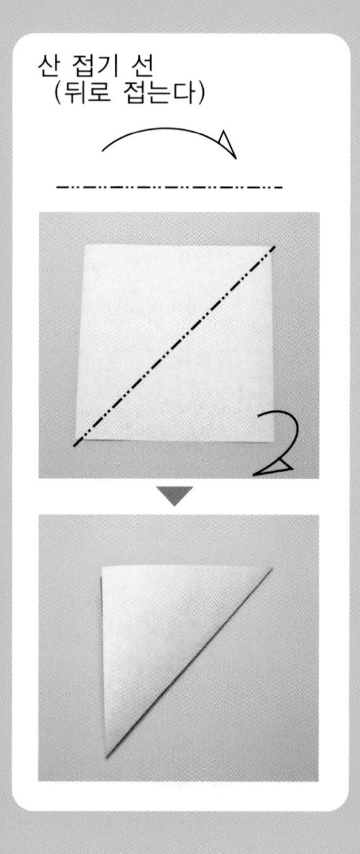

보조선을 만든다
(계곡 접기)

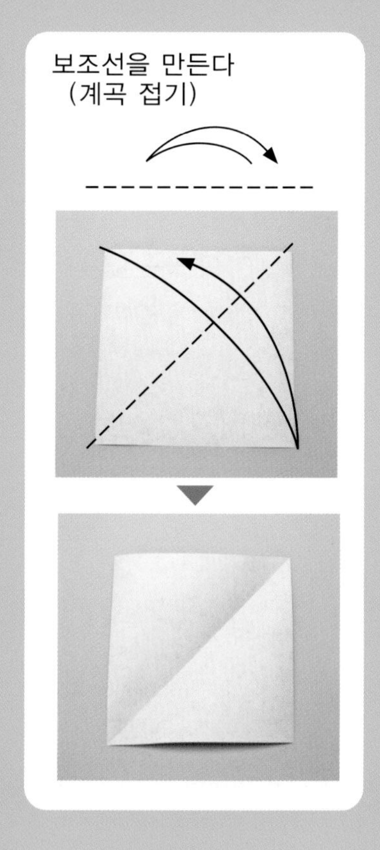

보조선을 만든다
(산 접기)

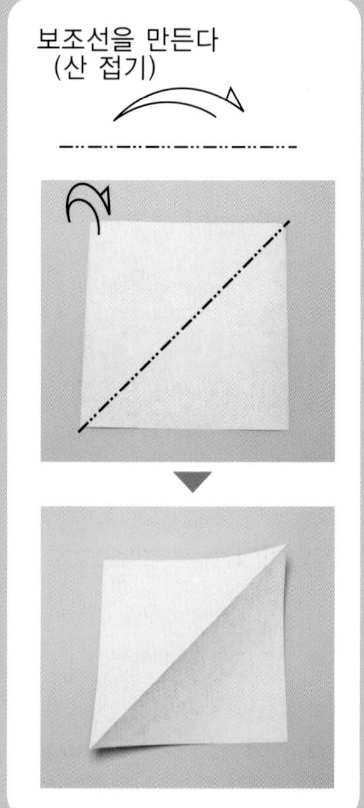

계단 접기

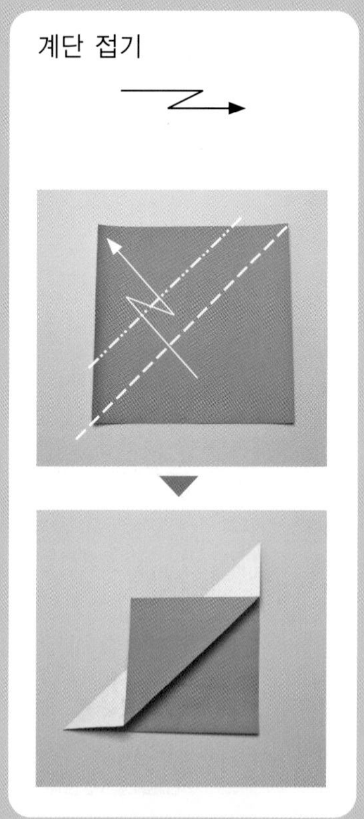

안으로 계단 접기

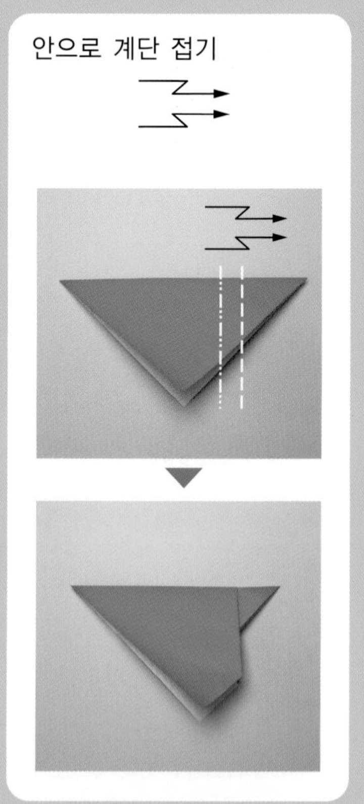

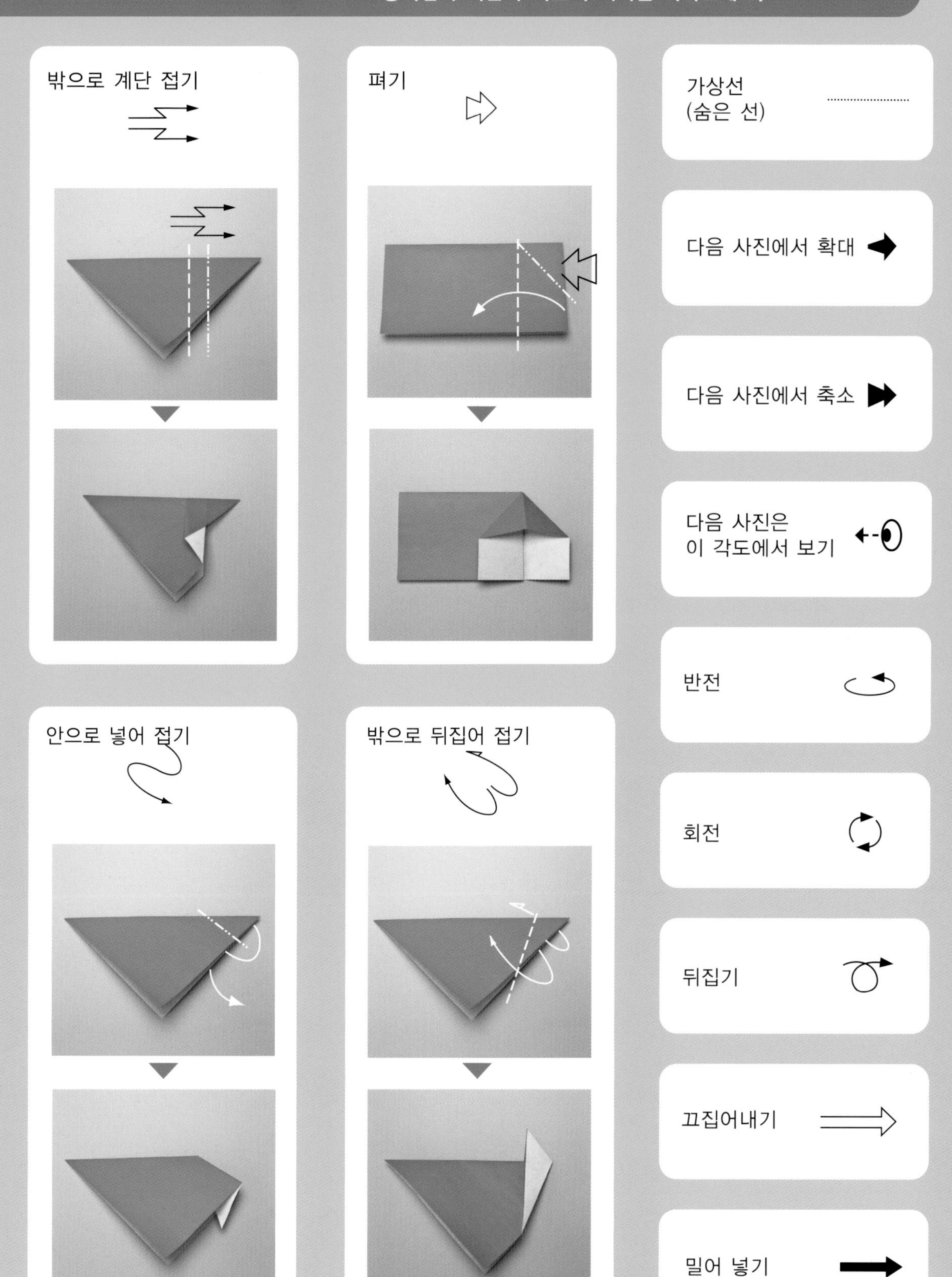
밖으로 계단 접기
펴기
가상선
(숨은 선)
다음 사진에서 확대
다음 사진에서 축소
다음 사진은
이 각도에서 보기
반전
안으로 넣어 접기
밖으로 뒤집어 접기
회전
뒤집기
끄집어내기
밀어 넣기

2 이 책에서 자주 사용되는 접기방법

●기본 종이접기 가로세로 8등분~

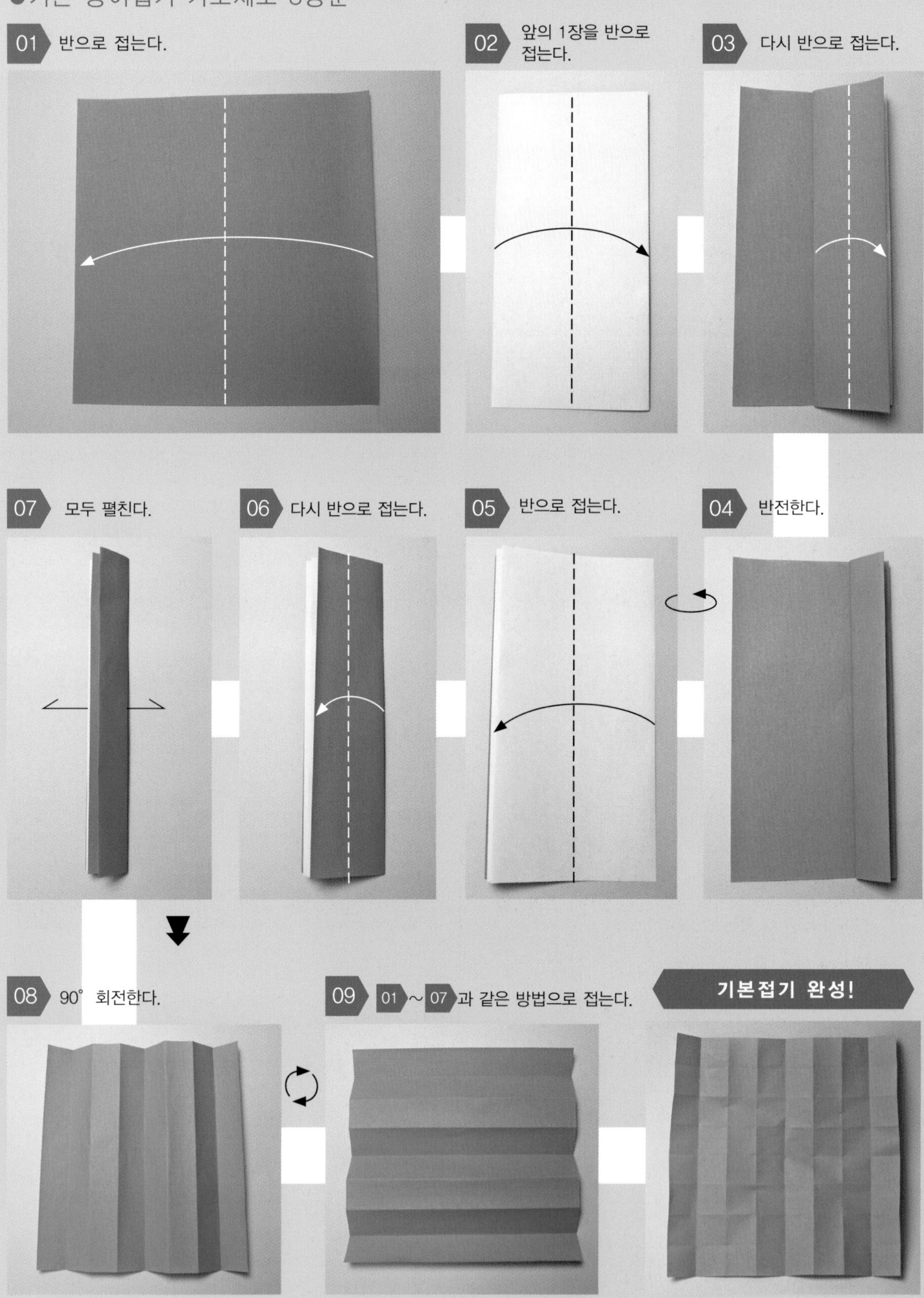
01 반으로 접는다.
02 앞의 1장을 반으로 접는다.
03 다시 반으로 접는다.
04 반전한다.
05 반으로 접는다.
06 다시 반으로 접는다.
07 모두 펼친다.
08 90° 회전한다.
09 01~07과 같은 방법으로 접는다.
기본접기 완성!

●꼭지 접기

이 책에서는 이러한 모양은 '그림의 선으로 꼭지 접기'라고 표기되어 있습니다.

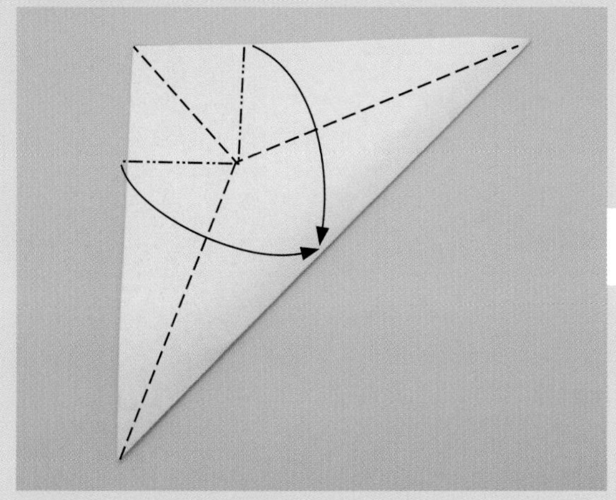

01 모서리 A를 반으로 접듯이 가장자리와 가장자리를 가지런히 접어 주름을 만든다.

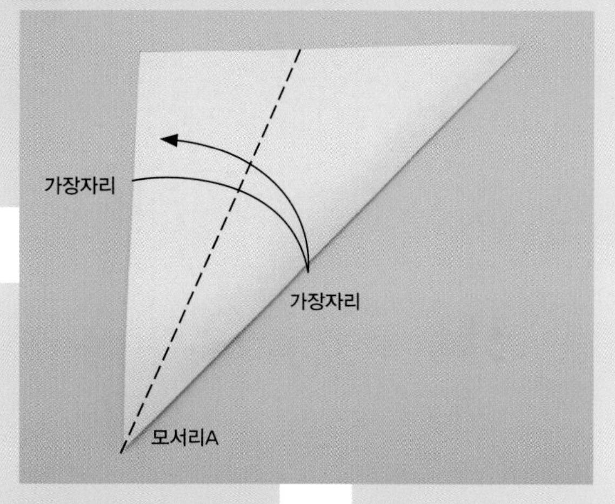

02 모서리 B를 반으로 접듯이 가장자리와 가장자리를 가지런히 접어 주름을 만든다.

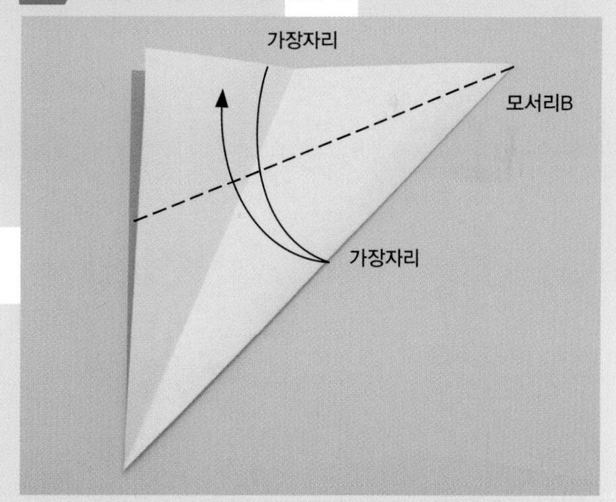

03 모서리 C를 집어서 주름이 교차한 곳까지 반으로 접는다.

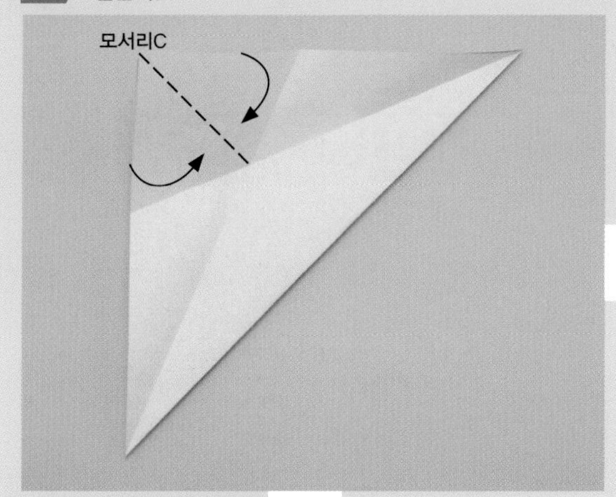

04 붙어있는 주름을 사용하여 화살표 방향으로 접어서 모서리 C를 세운다(그림의 산 접은 선은 모서리 C를 집어서 세울 수 있는 선입니다.

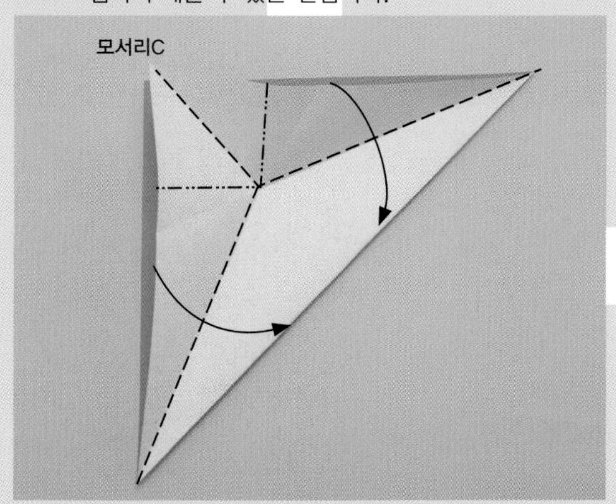

꼭지 접기 완성

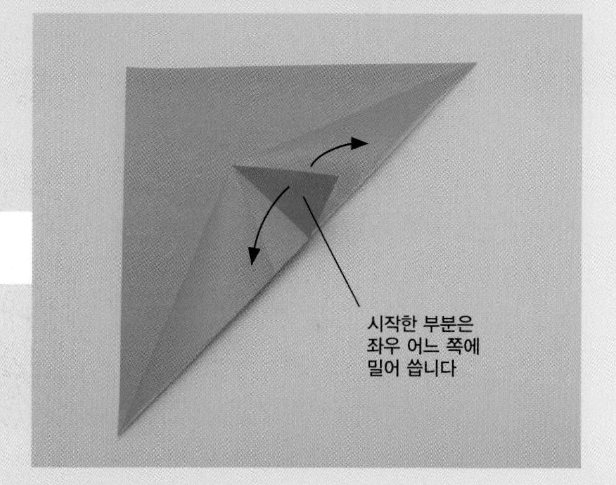

SKATEBOARD
스케이트보드

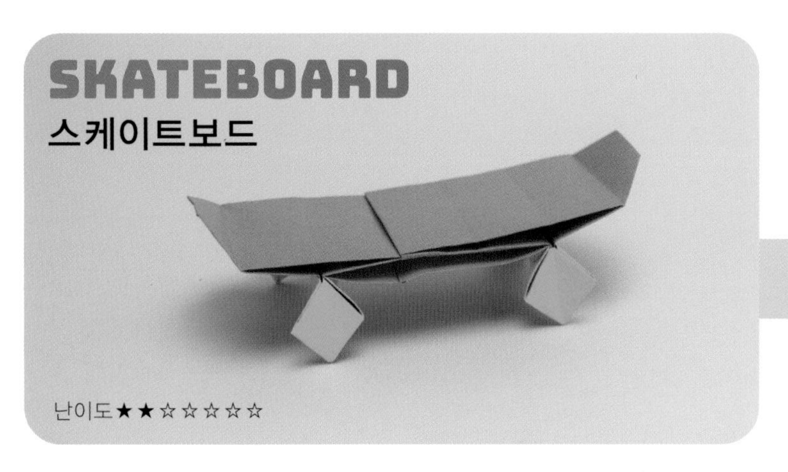

난이도★★☆☆☆☆☆

가로 세로 8등분의 주름에서 스타트!
(접는 방법은 014페이지 참조)

01 모서리의 한 칸을 반으로 접는다.

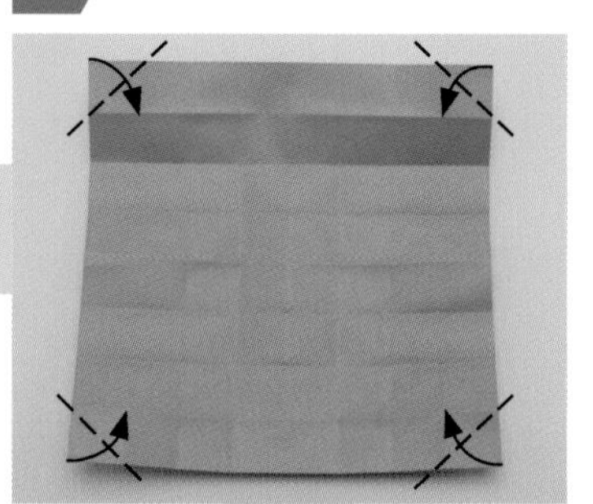

02 말려듯이 그림의 선대로 접는다.

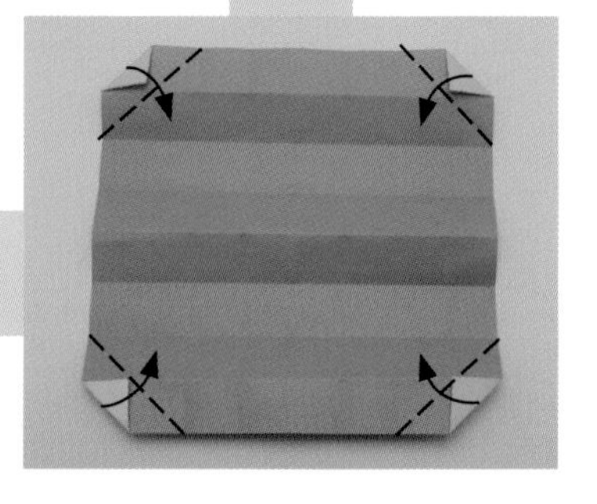

03 그림의 선(달려있는 주름)으로 가볍게 눌러 입체적으로 만든다.

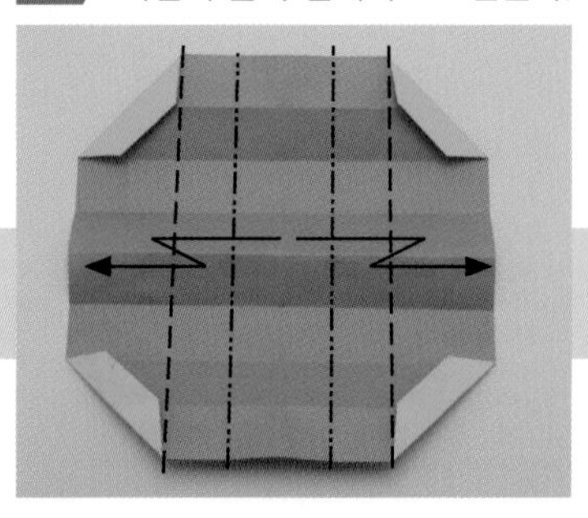

04 그림처럼 선을 입체적으로 접는다.

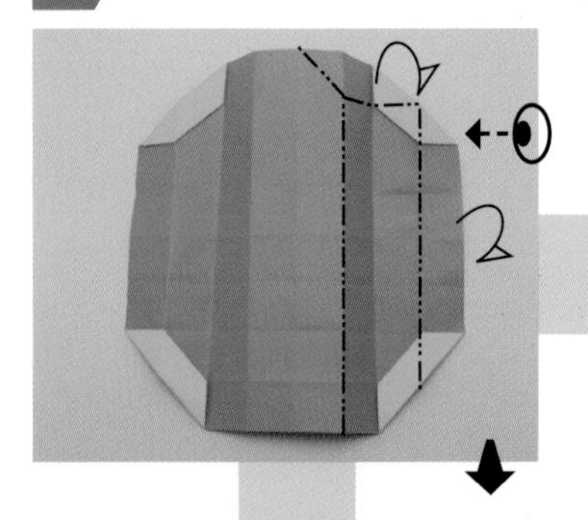

05 ①위에서 누르도록 접는다.②위로 열어 접는다③닫는다.

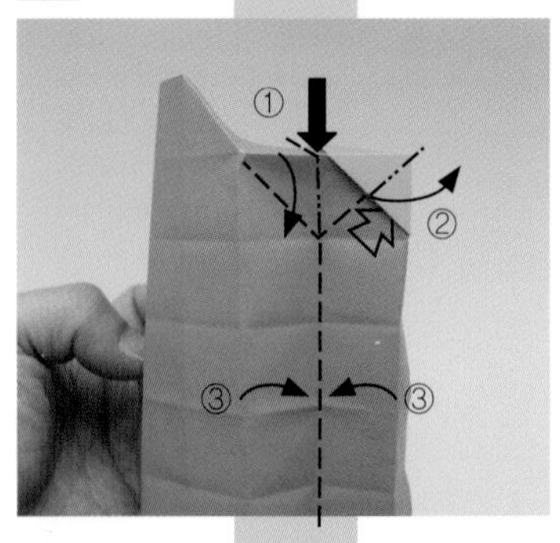

06 뒷면에서 본다.

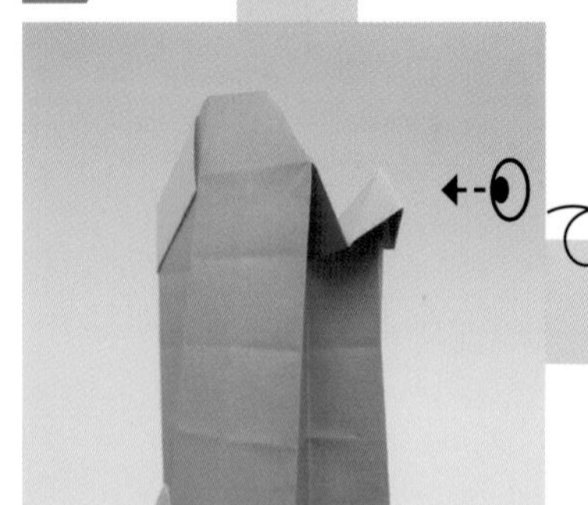

07 이렇게 되어 있는지 확인하면 뒤집어 전체를 본다.

08 왼쪽도 04~07 같이 접는다.

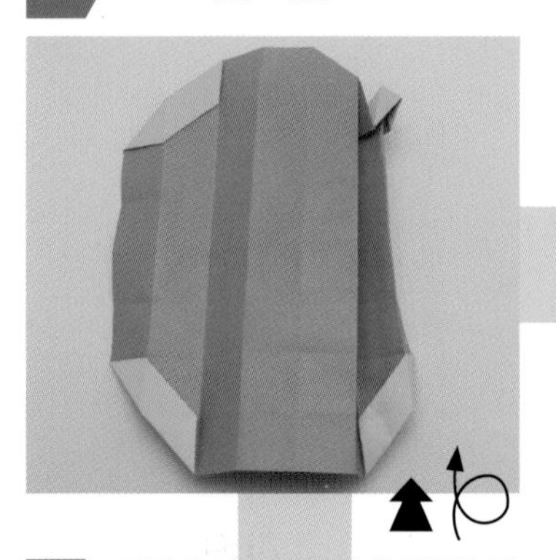

09 아래의 2개도 04~07 과 같이 접는다.

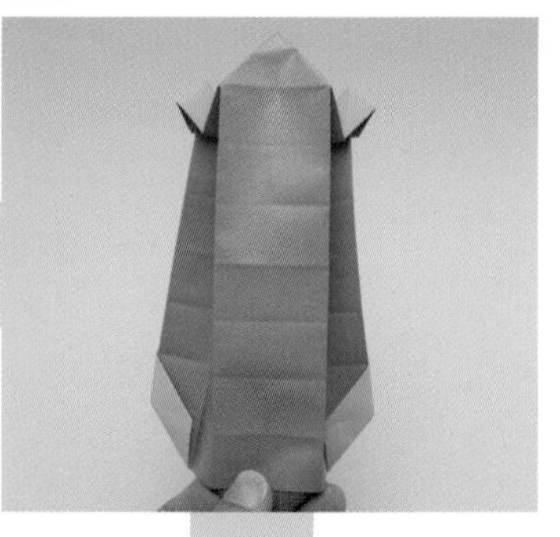

10 뒤집는다.

11 앞의 1장을 그림의 선대로 접는다.

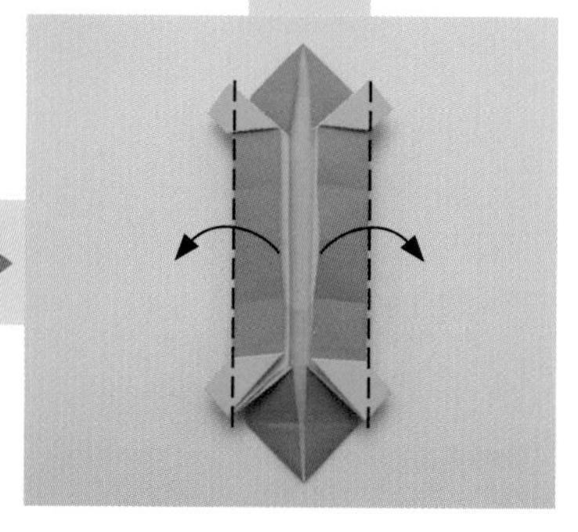

12 그림 선을 접기

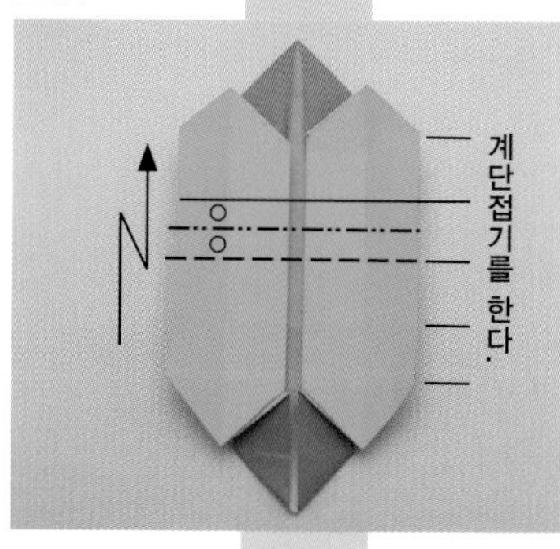

13 중심을 향해 꺾는다.

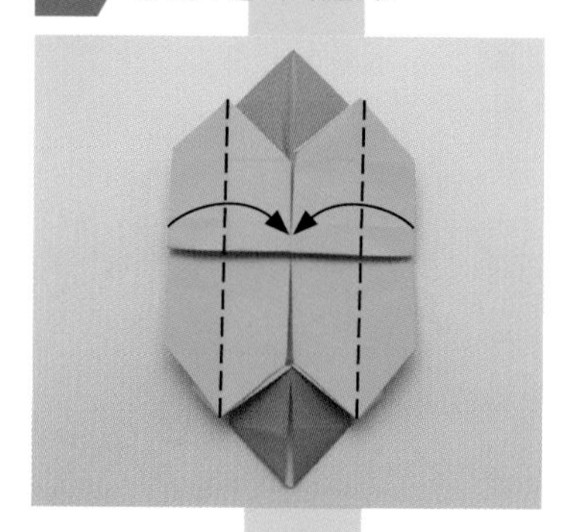

14 그림의 선대로 접어서 회전한다.

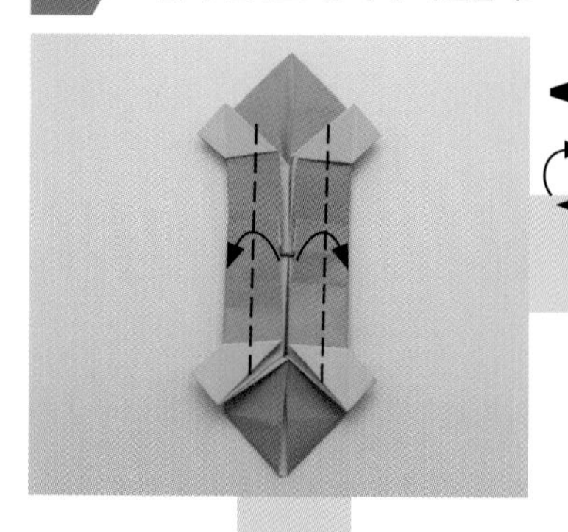

15 뒤로 접어 넣는다.

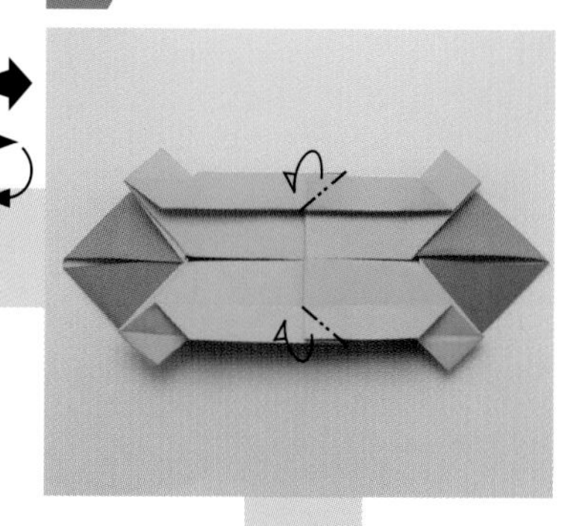

16 선으로 둘러싼 부분 확대

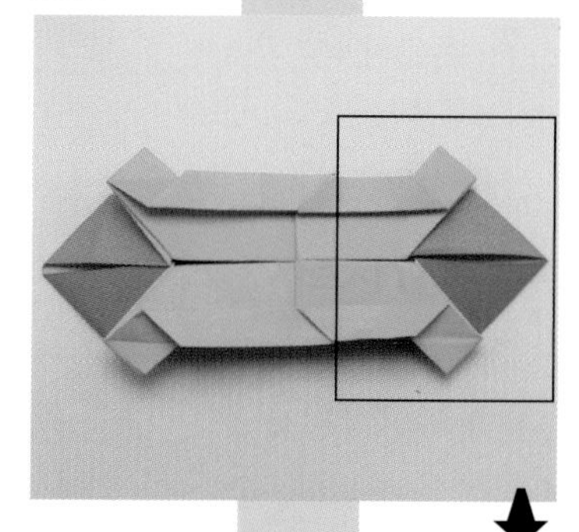

17 그림의 위치에 주름을 잡는다. (왼쪽도 똑같이 접는다.)

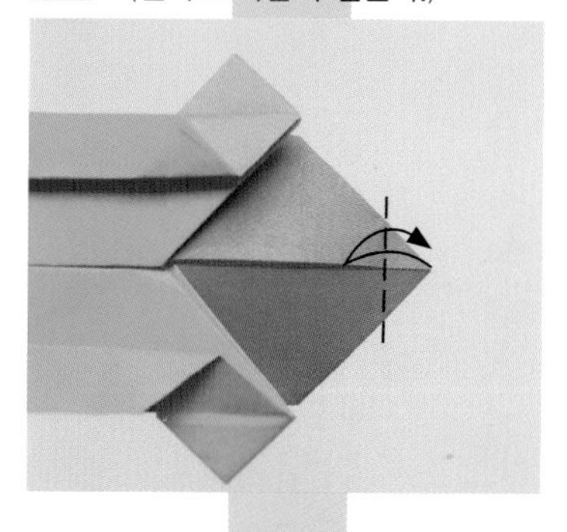

18 ①안쪽으로접는다.②그림의 선대로접는다.(왼쪽도똑같이접는다.)

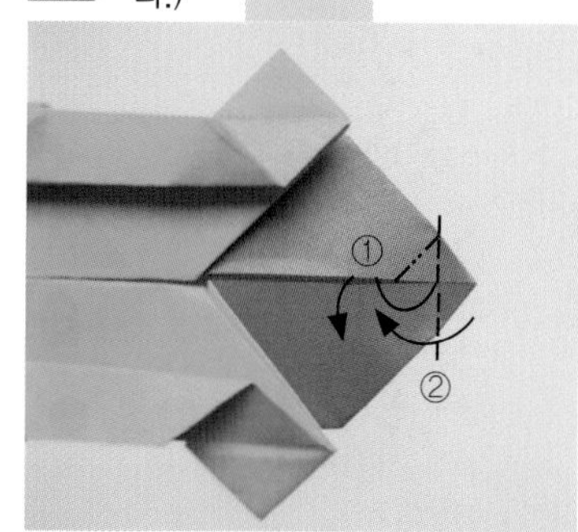

19 그림의 선대로 세운다.

19-2 세우는 과정

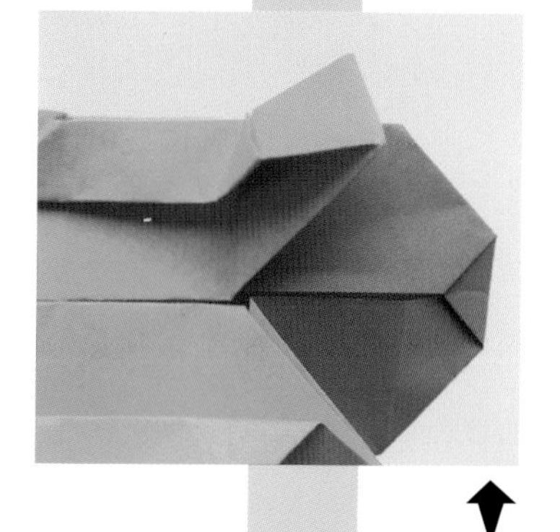

20 시선을 바꾼다.

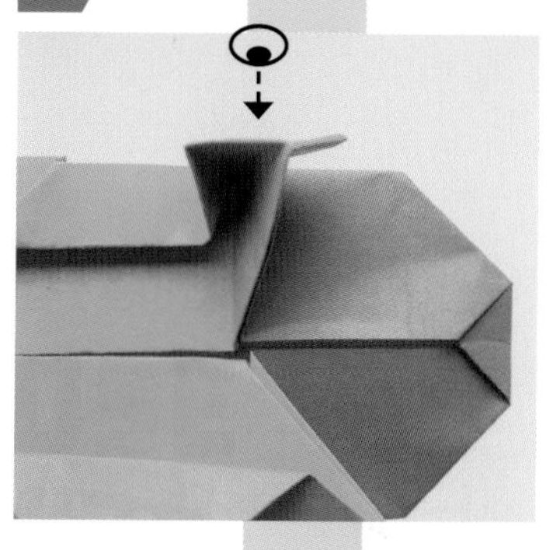

21 나머지 3곳도 19 마찬가지로 접는다.

다음페이지로

22 뒤집는다.

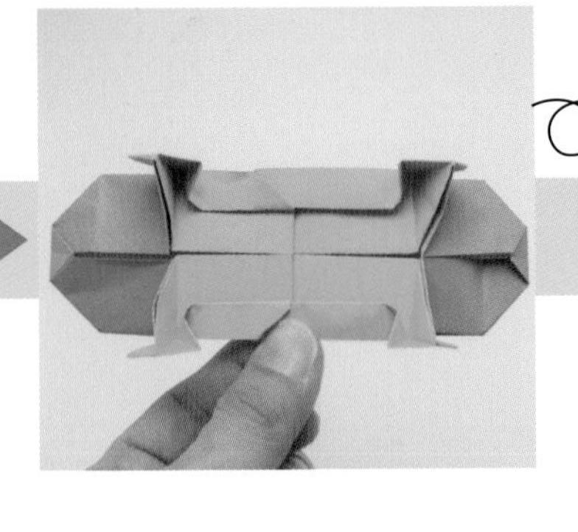

23 양쪽 끝을 약간 일으켜 세운다.

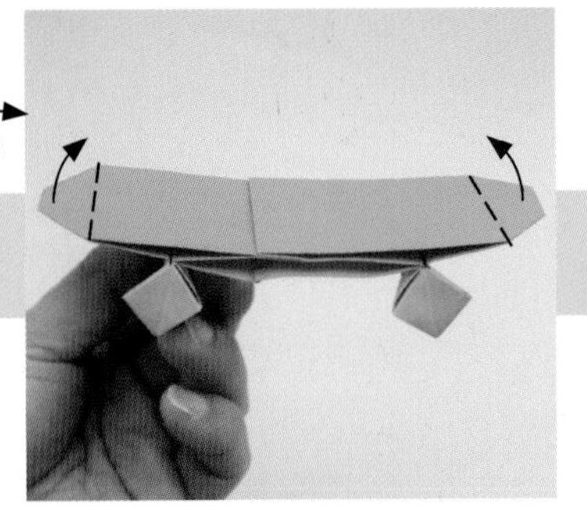

완 성

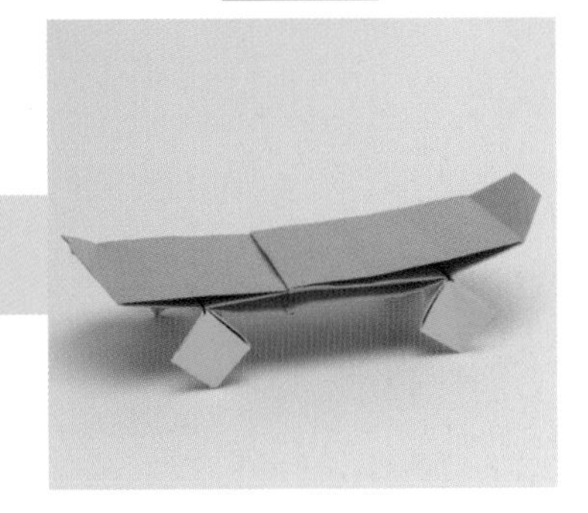

가로 세로 8등분의 주름에서 스타트!
(접는 방법은 014페이지 참조)

CAT
고양이

난이도★★★★☆☆☆

01 모서리를 중심으로 가지런히 접는다.

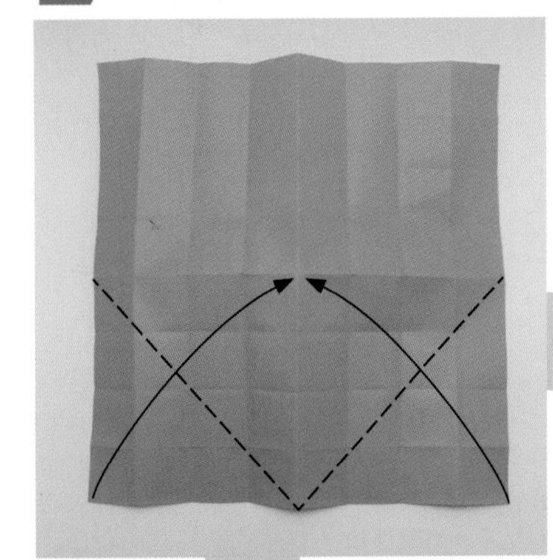

02 그림의 선대로 꺾음 접기
(접는 방법은 015페이지 참조)

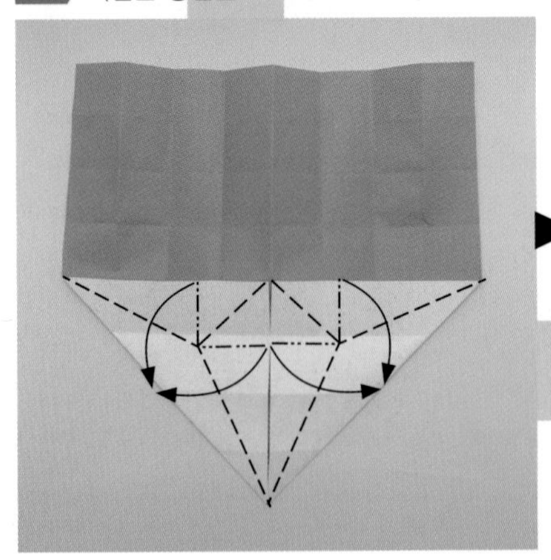

03 그림의 위치에 주름을 잡는다.

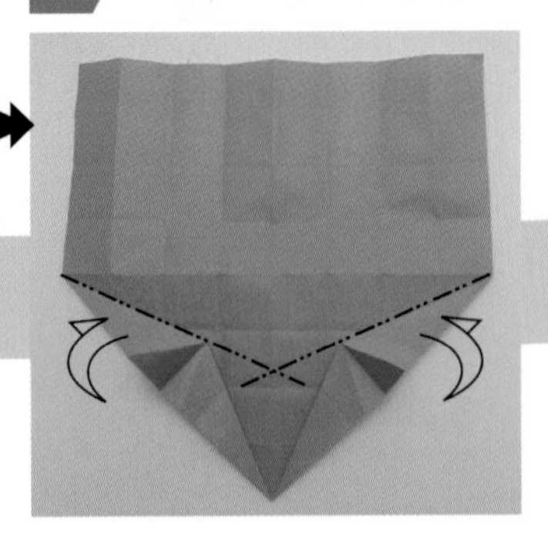

04 그림의 위치에 주름을 잡는다.

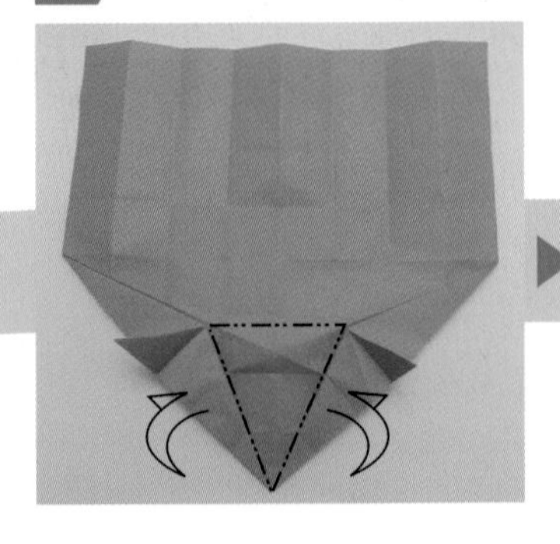

05 그림의 선대로 입체적으로 접는다.

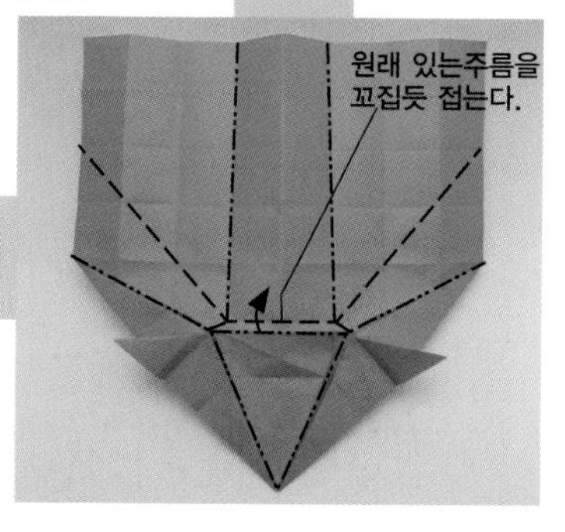

06 그림의 선대로 접는다.

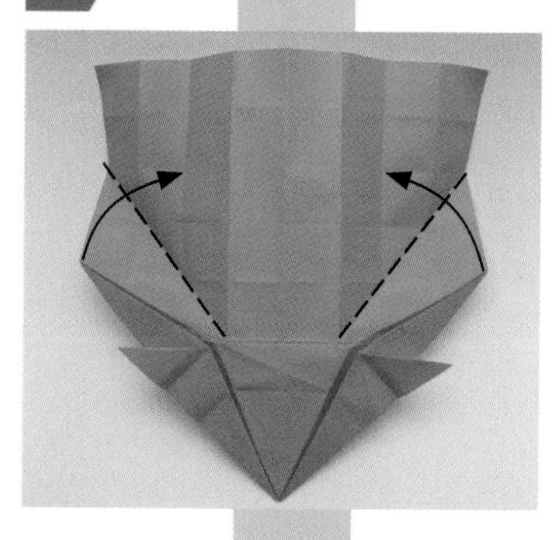

07 그림의 선대로 뒤쪽으로 꺾는다.

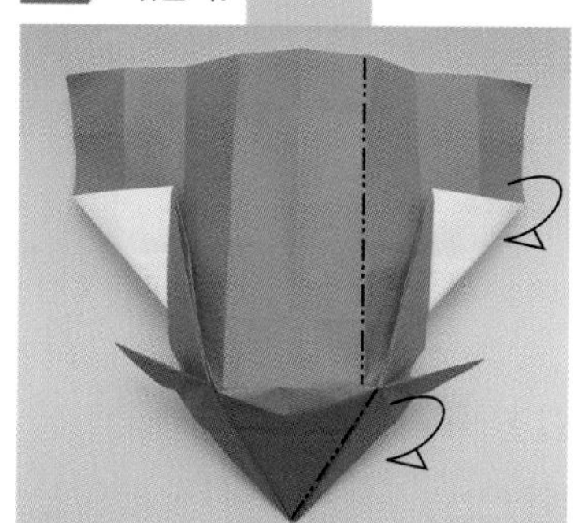

08 그림의 선대로 중간 정도 접듯이 꺾는다.

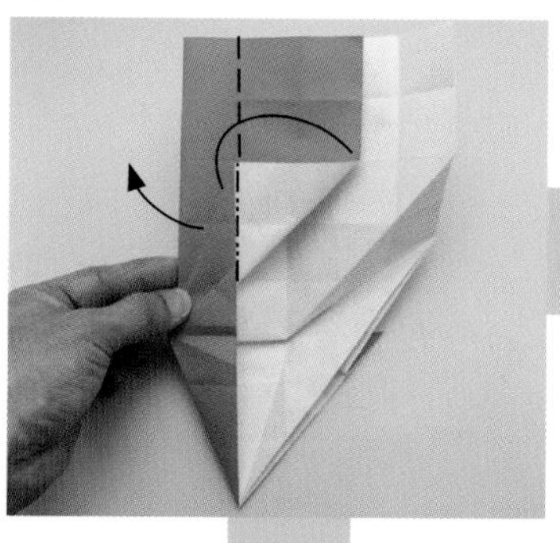

09 그림의 선대로 중간 정도 접듯이 꺾는다.

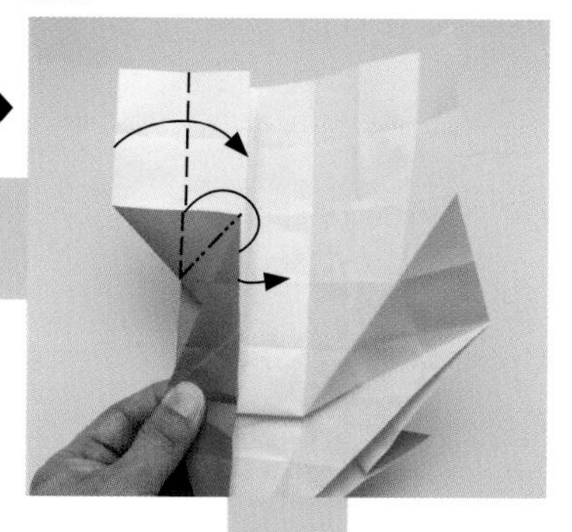

10 오른쪽도 07 ~ 09 과 같이 접는다.

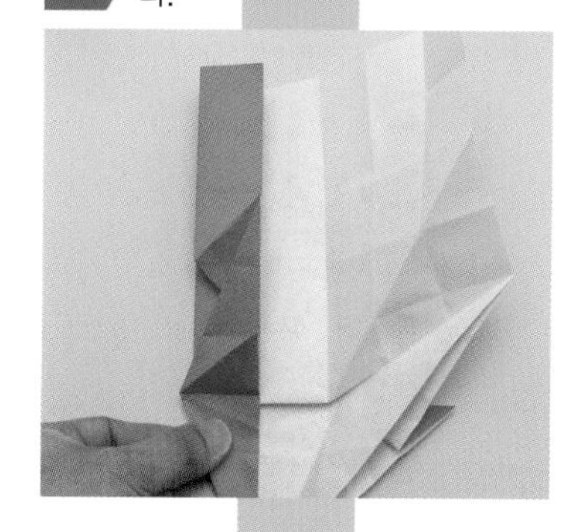

11 뒤집는다.

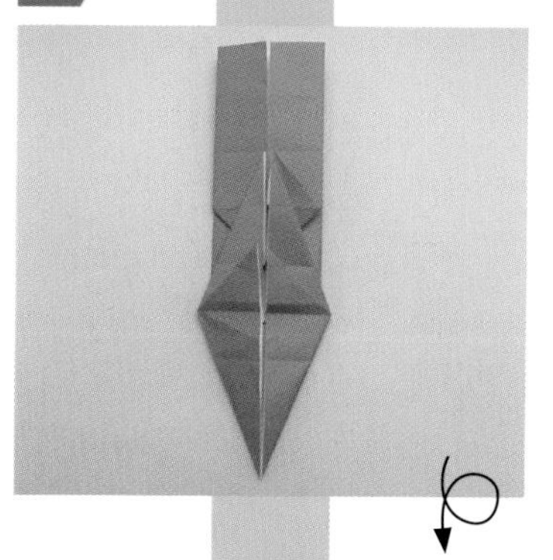

12 함께 그림의 선대로 접어서 주름을 잡는다.

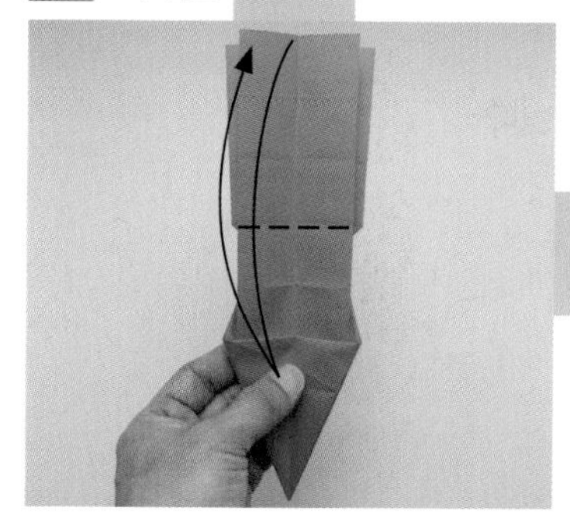

13 그림의 위치에 주름을 잡는다.

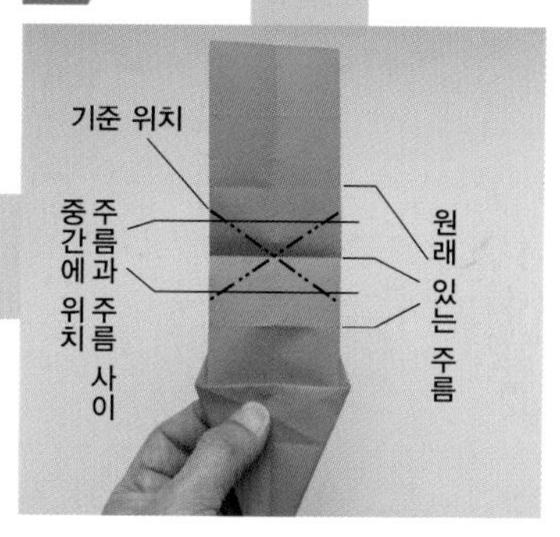

14 그림의 선대로 접는다.

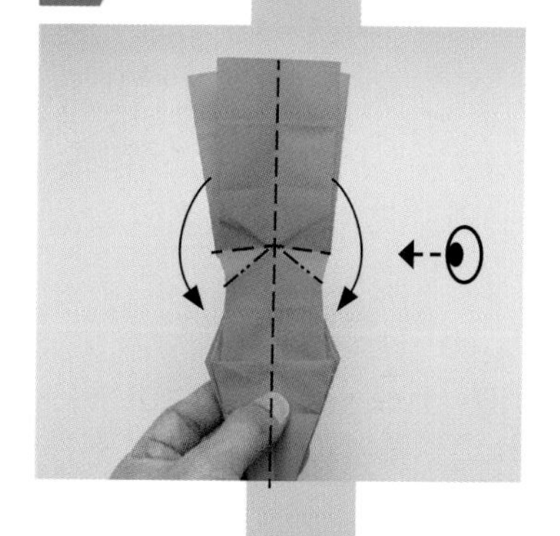

15 화살표 부분을 조금 벌려서 매만져 본다.

13 기준 위치에서 접었을 경우 이러한 각도가 된다.

16 화살표 방향으로 접어 넣는다.

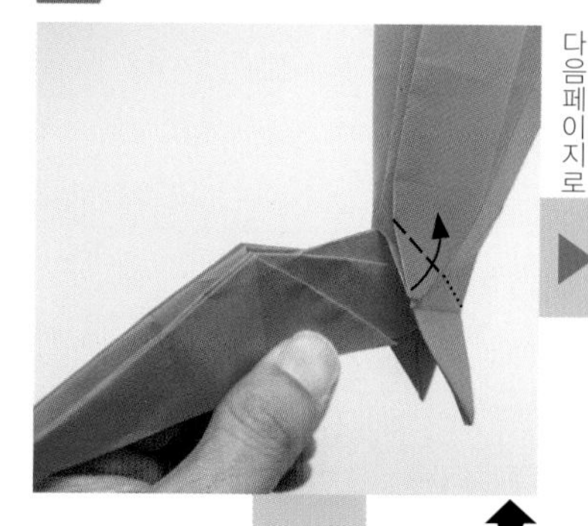

다음페이지로

17 닫는다.

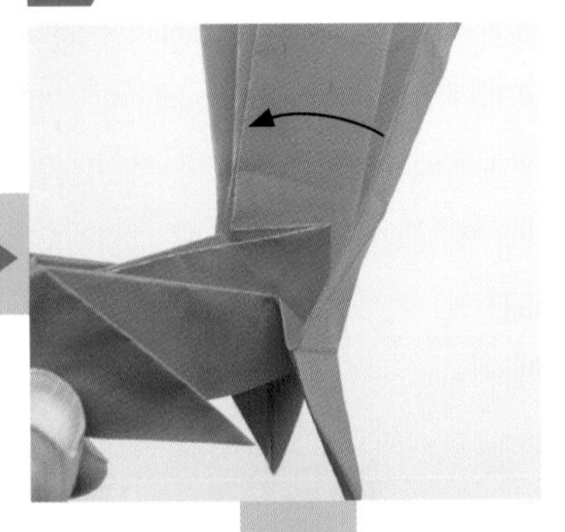

18 그림의 선대로 접는다.

19 반대쪽도 15 ~ 18 과 같이 접는다.

20 그림의 위치에 주름을 잡아서 밑에서부터 벌린다.

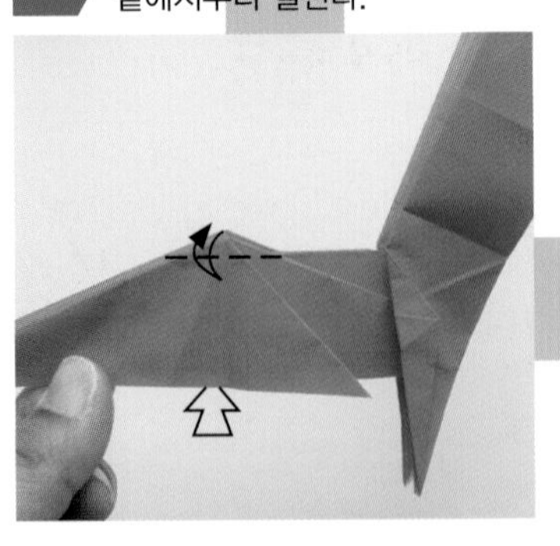

21 ①②의 순서로 그림의 선대로 뒤로 접어 넣는다.

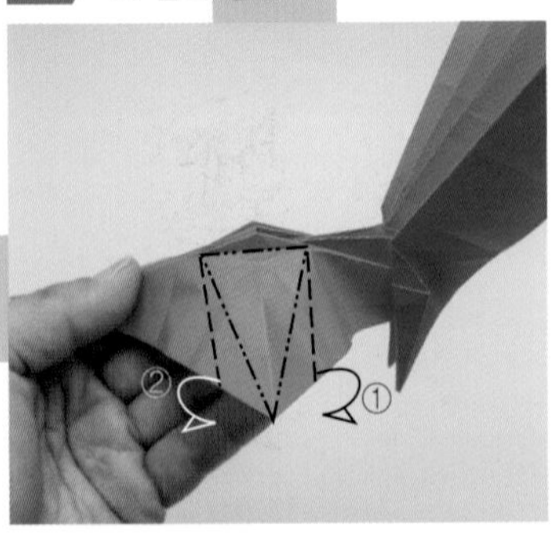

21 -2 접어 넣는다.

뒤쪽에서 봤을 때

22 반대쪽도 20 ~ 21 과 같이 접는다.

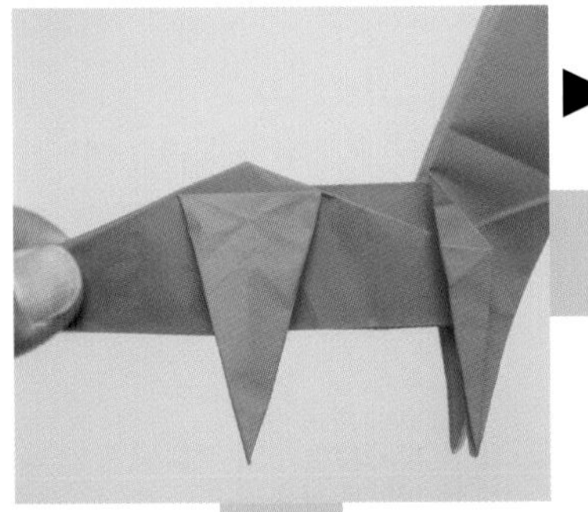

23 중심에서 앞쪽을 펼친다.

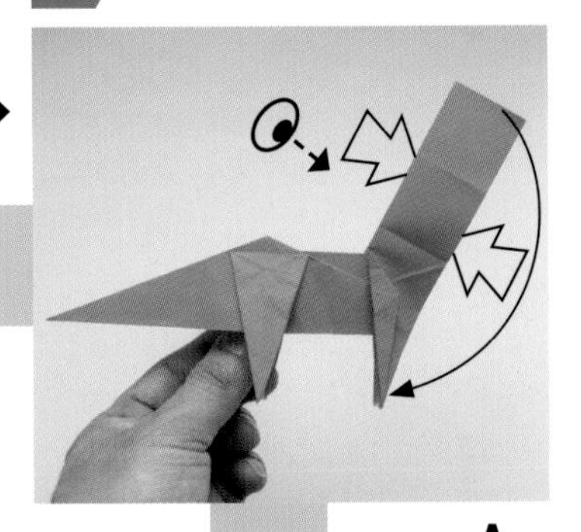

24 그림의 선대로 입체적으로 접는다.

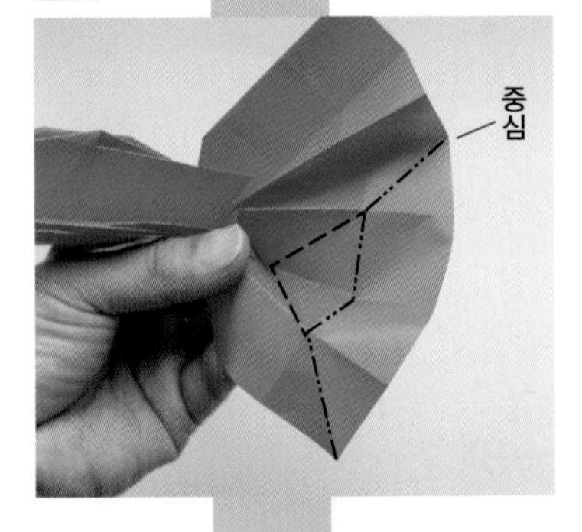

25 굵은 화살표 부분을 밀어 넣듯이 접는다.

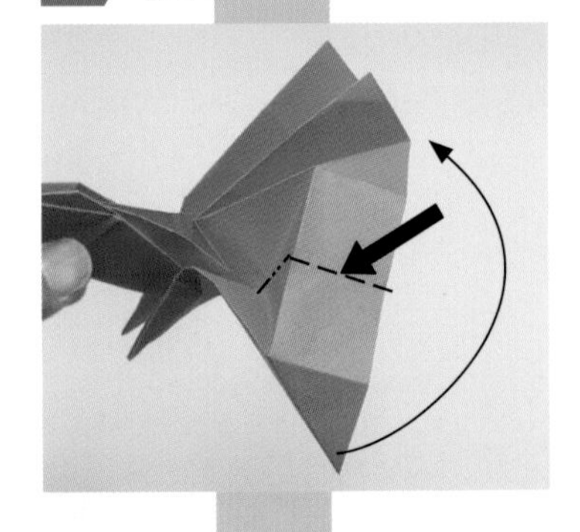

26 그림의 선대로 접는다.

27 그림의 선대로 펼친다.

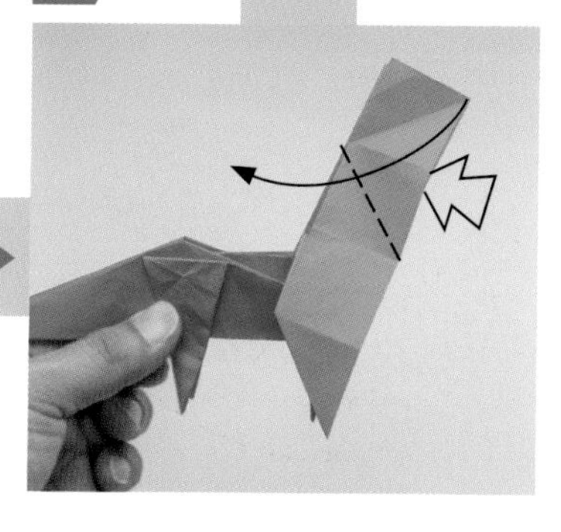

28 그림의 선대로 접는다.

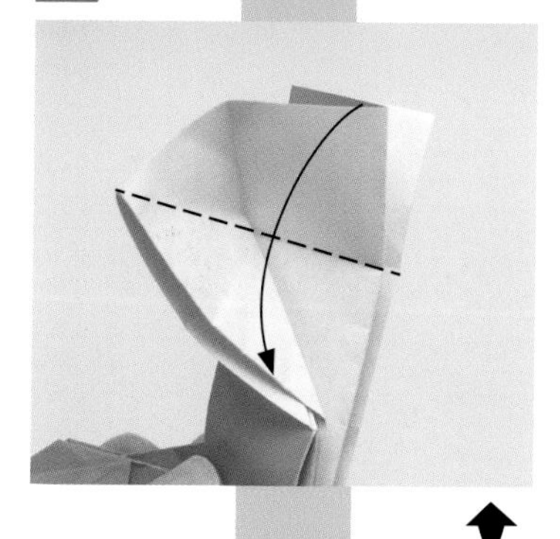

29 그림의 선대로 펼쳐 접는다.

30 그림의 선대로 접는다.

31 그림의 선대로 접는다.

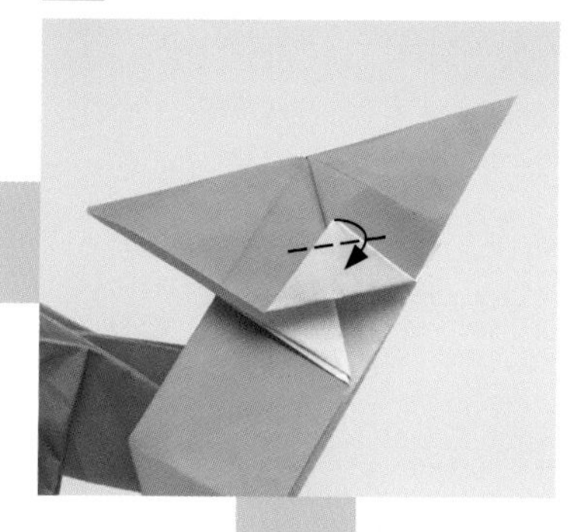

32 조금 벌린다.

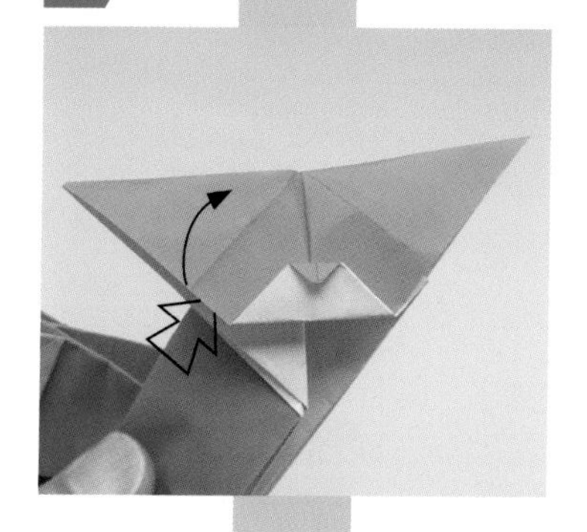

33 그림의 선대로 휘감으면서 접는다.

34 닫는다.

35 각도를 바꿔 꺾는다.

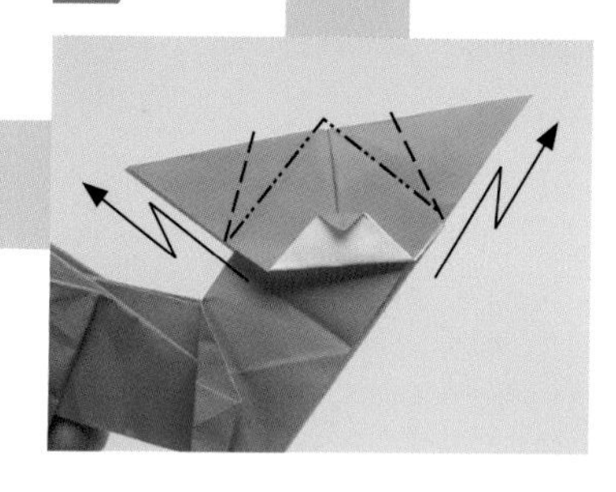

36 뒤집는다.

37 그림의 선대로 접는다.

38 뒤집는다

39 선의 중심에서 접는다.

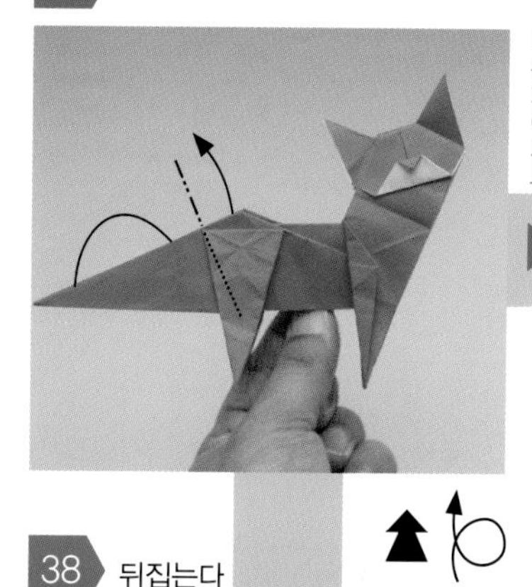

다음페이지로

40 시선을 바꾼다.

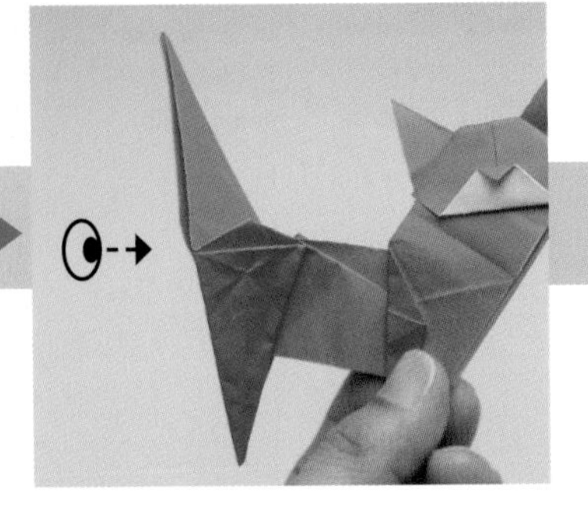

41 그림의 선대로 접는다.

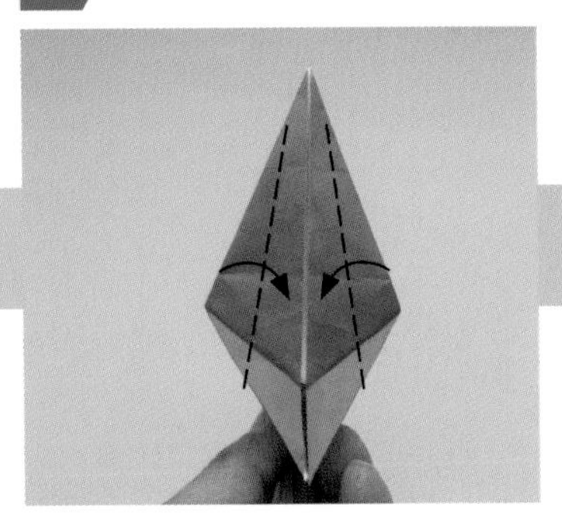

42 그림의 선대로 각도를 바꾼 안쪽으로

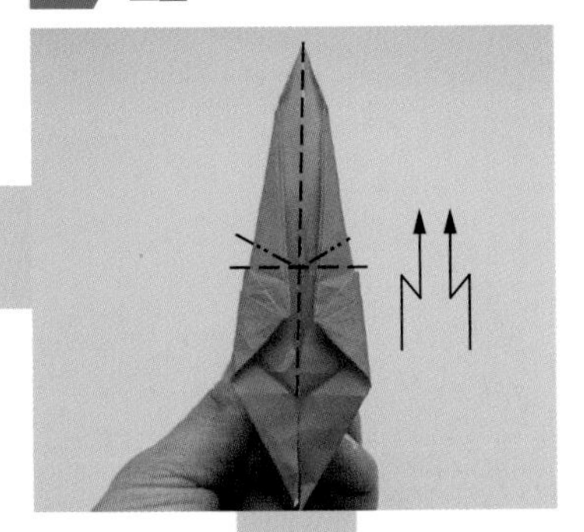

43 꼬리부분을 잡고 조금 파도 형태로 구부린다.

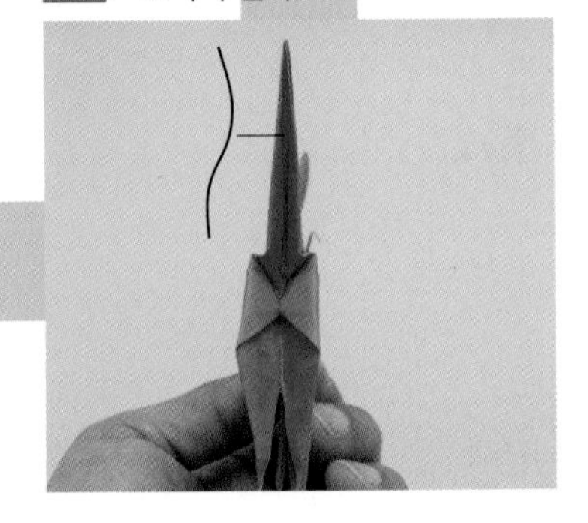

44 시선을 바꾼다.

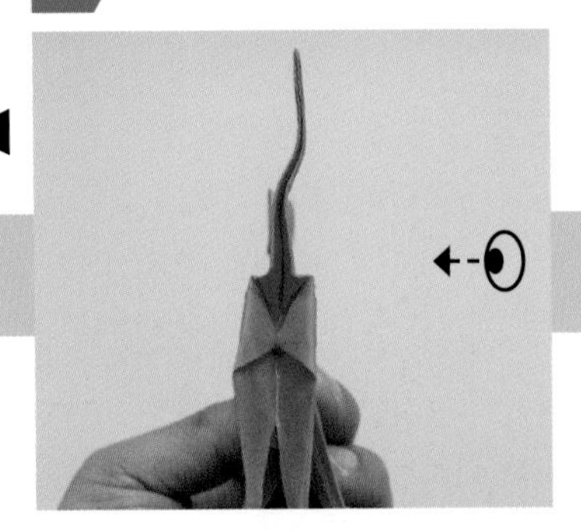

완 성

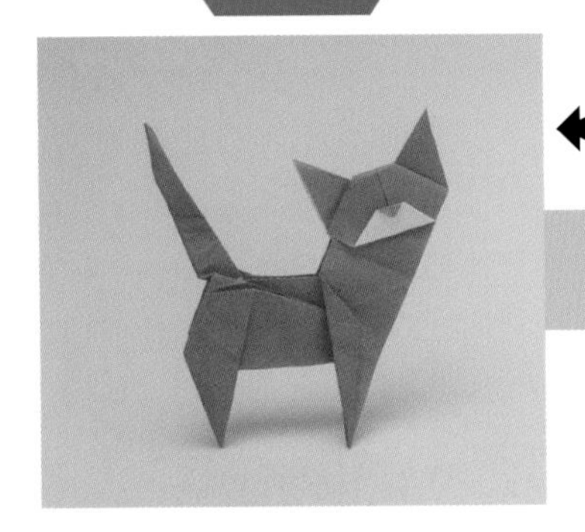

WILD DUCK
야생오리

난이도★★★☆☆☆☆

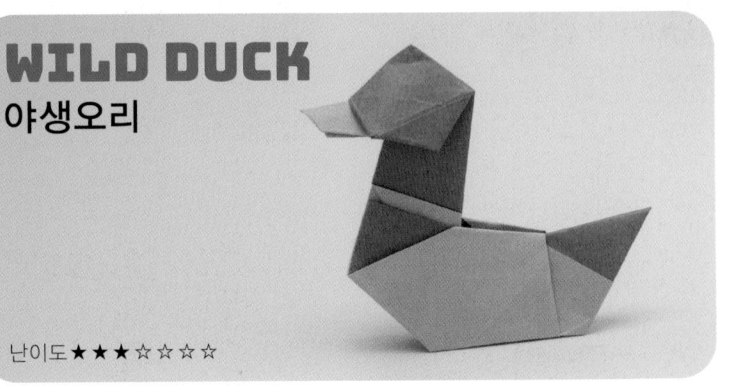

스타트!

01 가장자리와 가장자리를 가지런히 하여 반으로 접는다.

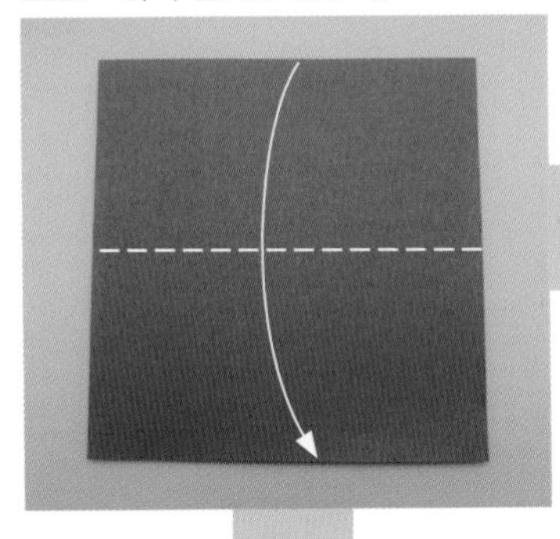

02 앞의 한 장을 반으로 접는다.

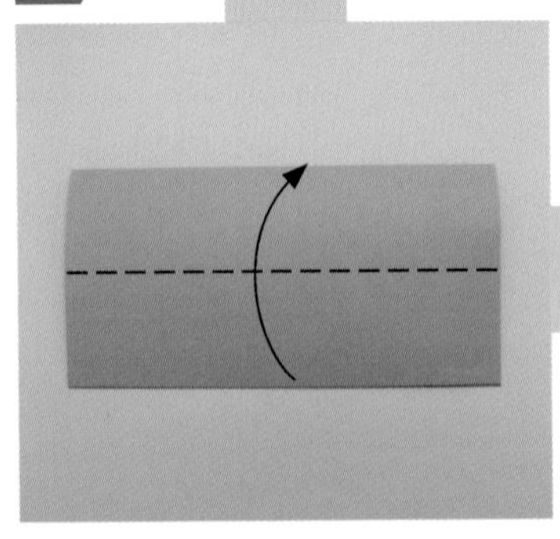

03 뒤쪽으로 꺾는다.

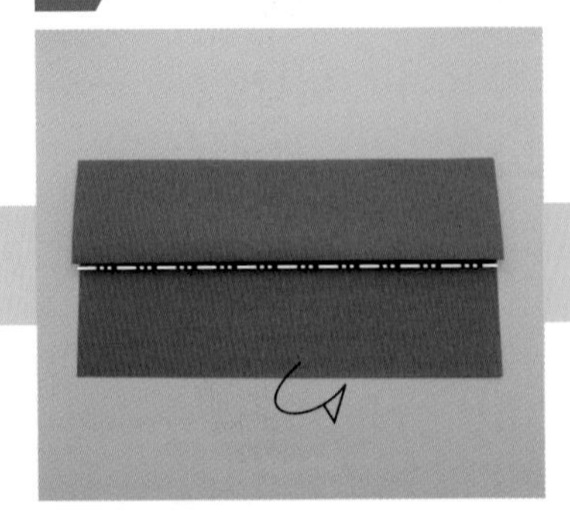

04 모두 펼친다.

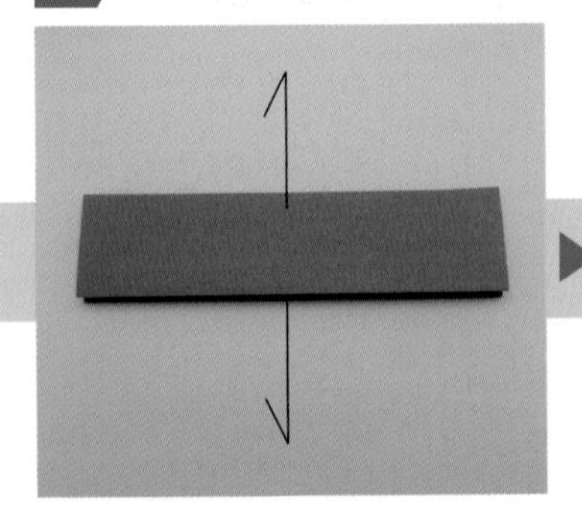

05 가장자리와 가장자리를 가지런히 하여 반으로 접는다.

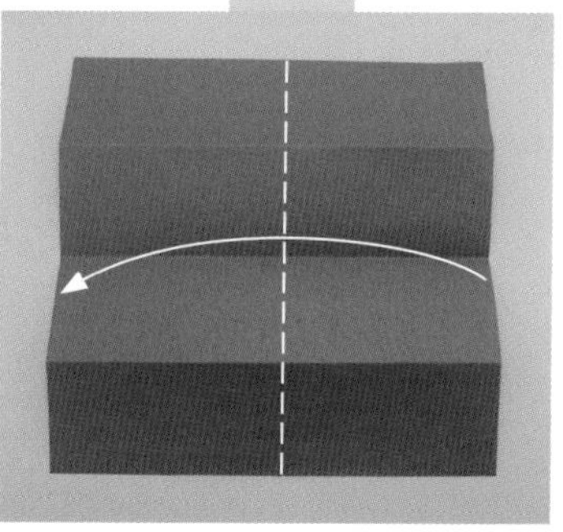

06 앞의 한 장만 반으로 접는다.

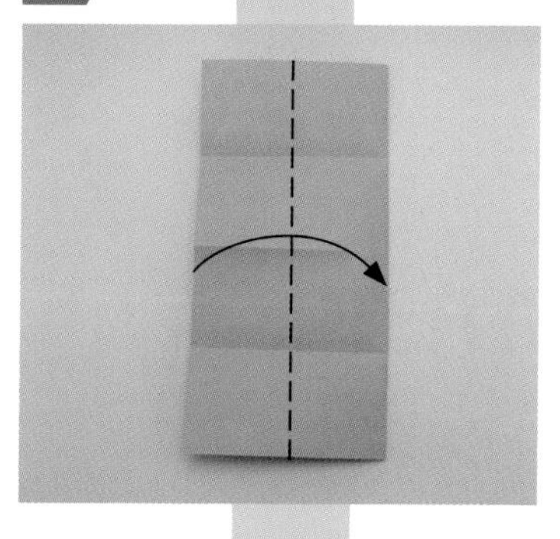

07 뒤쪽으로 꺾는다.

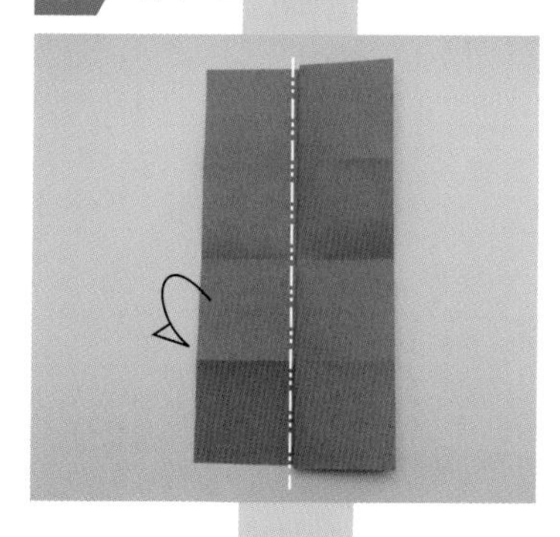

08 모두 펼친다.

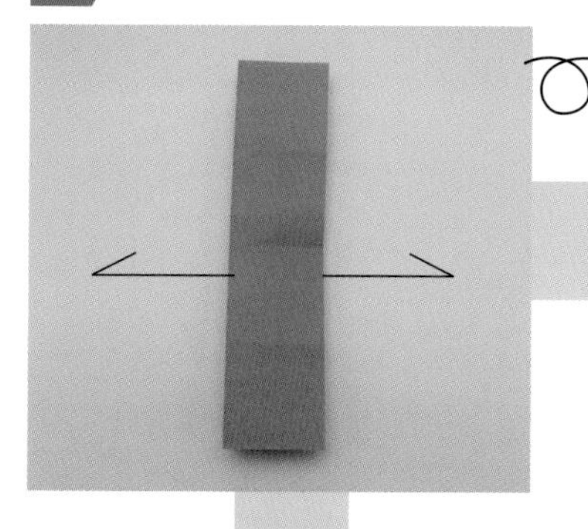

09 우측 상단 모서리를 뒤쪽으로 꺾는다.왼쪽 아래쪽을 앞으로 꺾는다.

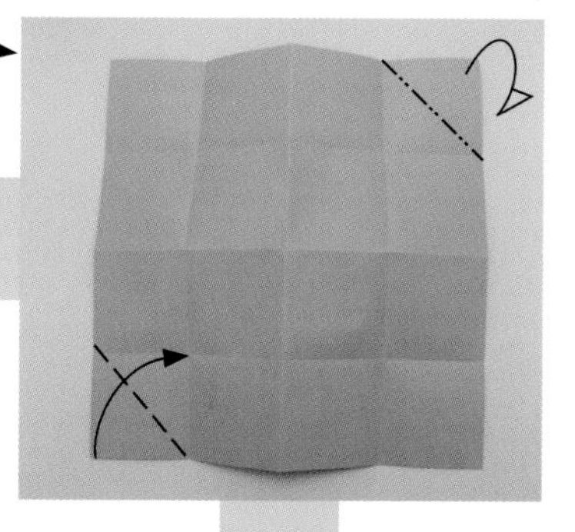

10 대각선으로 맞추어 반으로 접어서 주름을 잡는다.

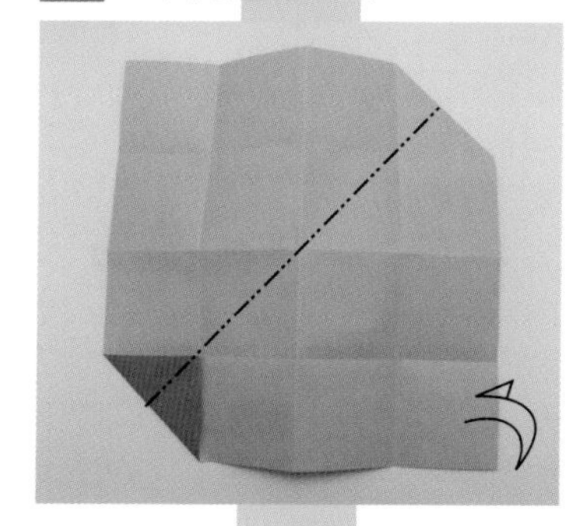

11 가장자리를 중심의 주름으로 가지런히 하여 접는다.

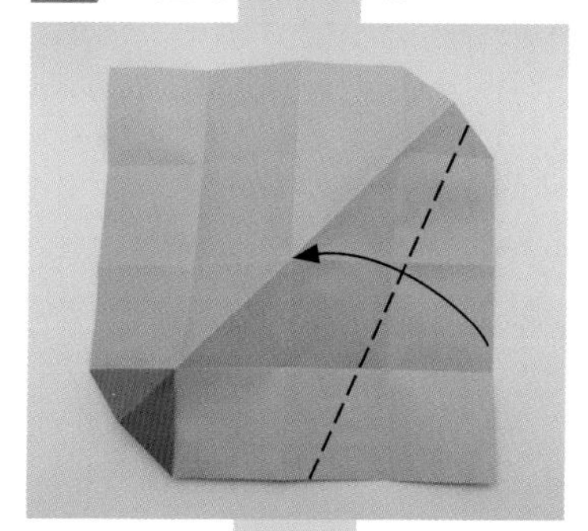

12 가장자리를 중심의 주름으로 가지런히 하여 접는다.

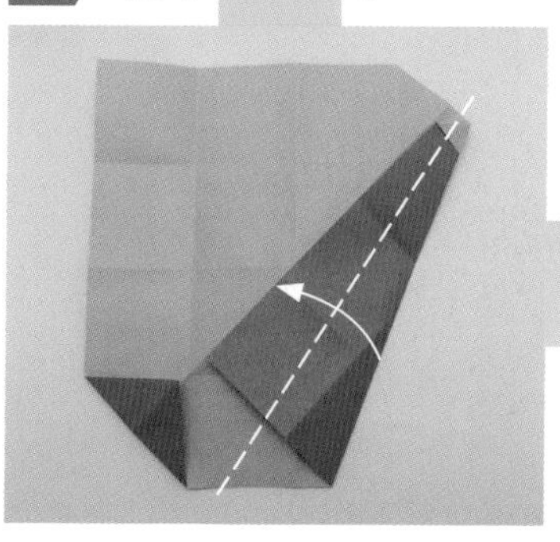

13 펼친다.

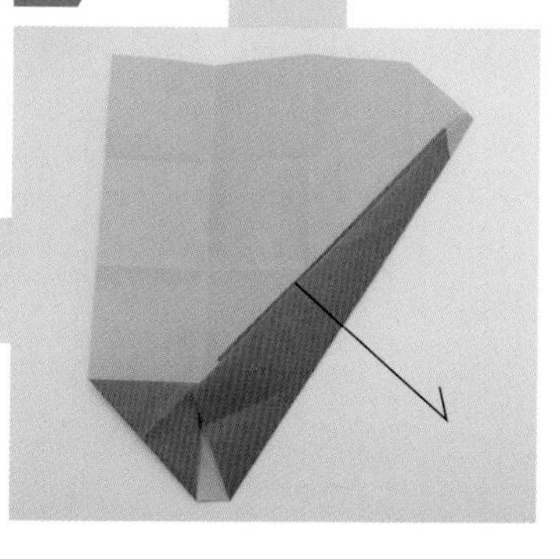

14 만들어진 대각선 주름을 사용하여 지그재그로 접는다.

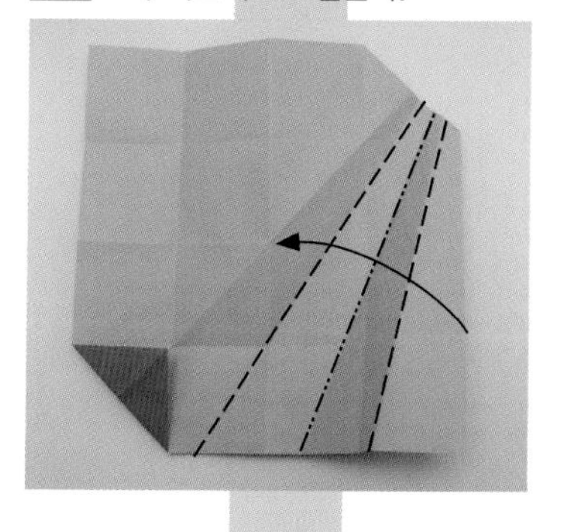

15 선으로 둘러싼 부분도 11 ~ 14 과 같이 접는다.

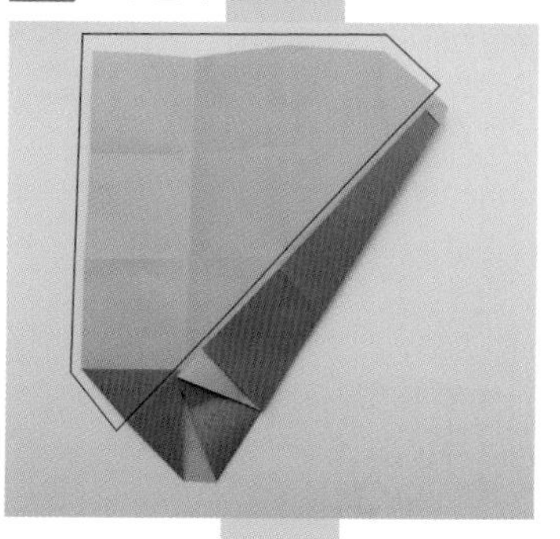

16 바로 앞의 한 장만 펼친다.

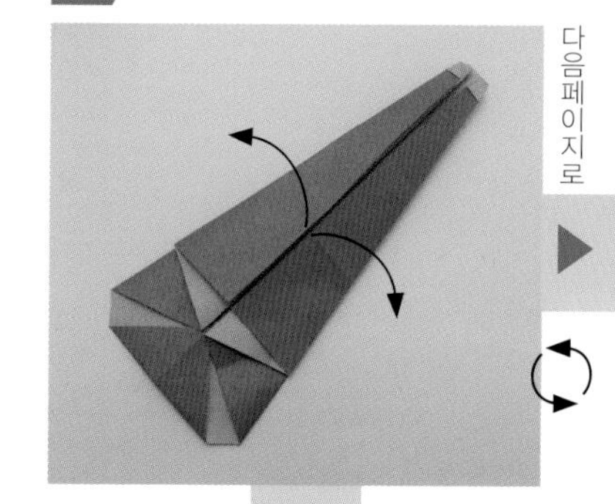

다음페이지로

17 가장자리를 중심으로 가지런히 접어 주름을 잡는다.

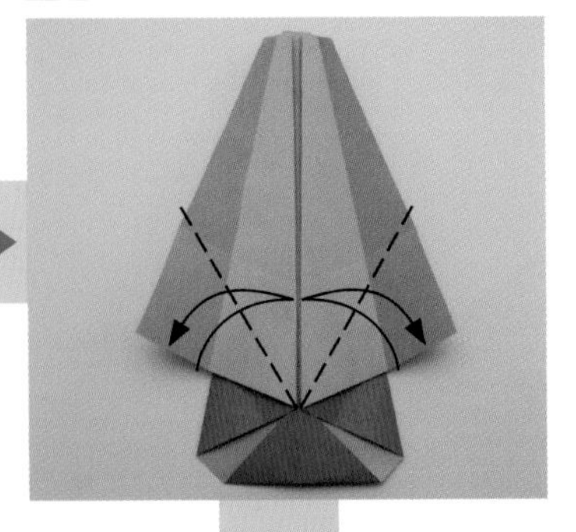

18 그림의 선대로 안 쪽으로 닫는다.

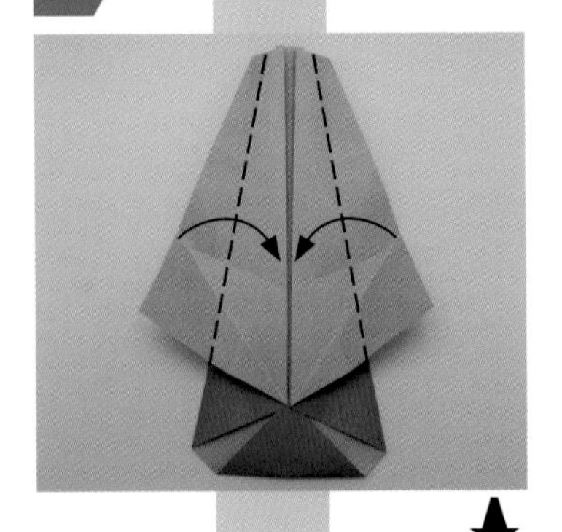

19 그림의 선대로 펼쳐 접는다.

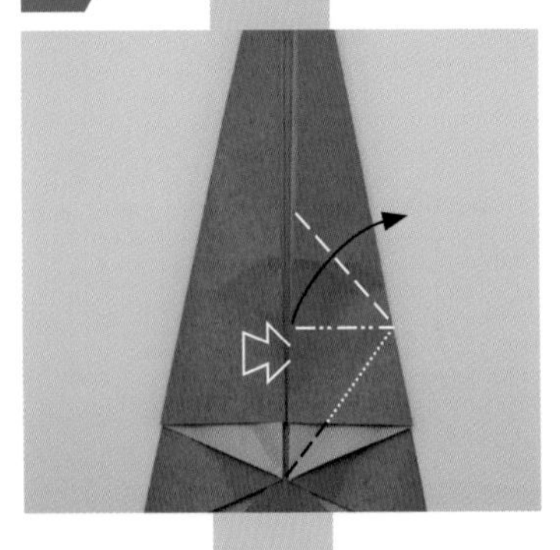

20 왼쪽 것과 19 똑같이 펼쳐 접는다.

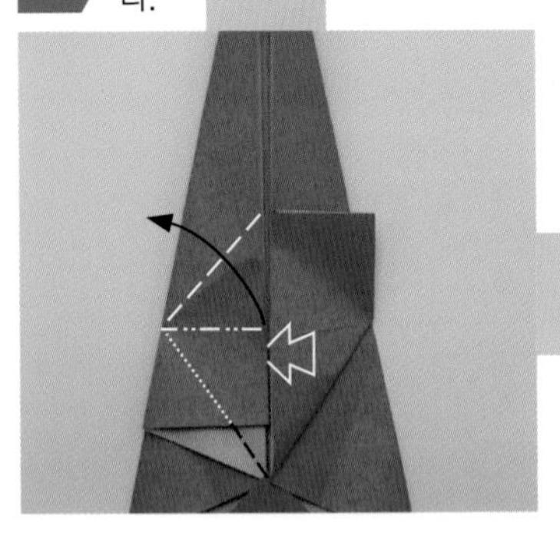

21 확대해서 볼 때

22 그림의 선대로 안쪽으로 접어 넣는다.

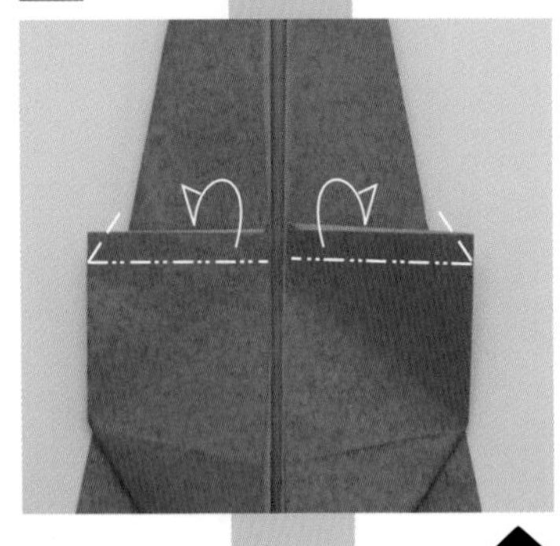

23 뒤집어서 위쪽을 본다.

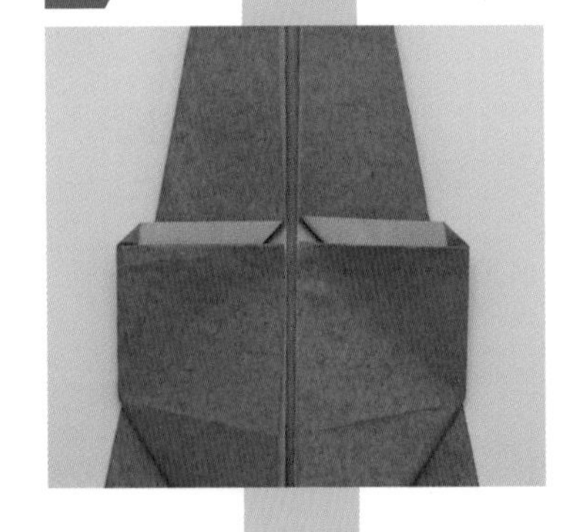

24 그림의 위치에 주름을 잡는다.

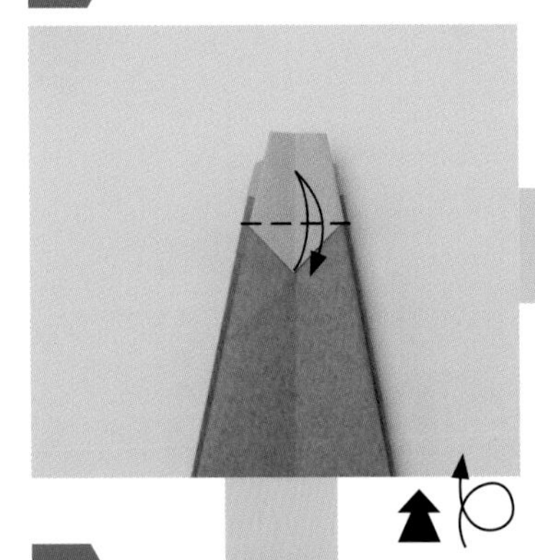

25 펼친다.

26 뒤로 접어 넣는다.

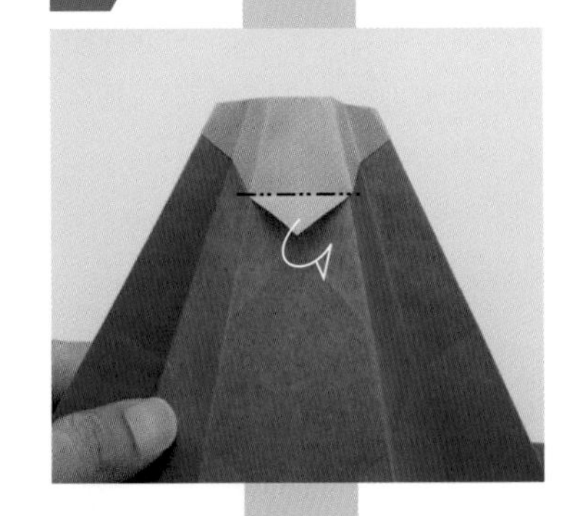

27 원래대로 접는다.

28 그림의 선대로 가볍게 계단접기를 한다.

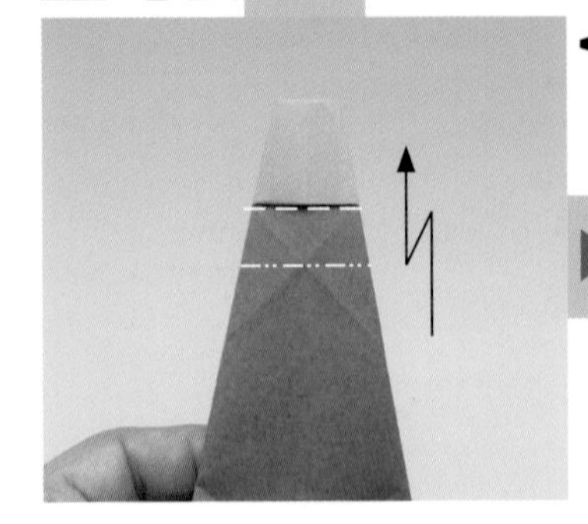

29 뒤집는다.

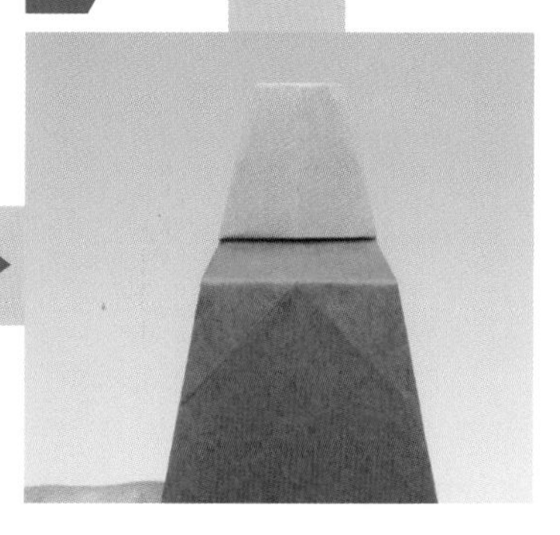

30 그림의 선대로 모두 좌우로 벌리고 접는다.(31 참조)

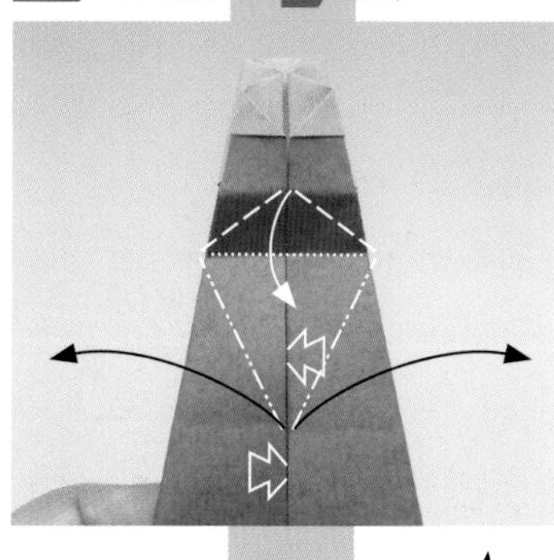

31 모서리를 앞으로 꺾어 꽂는다.

32 전체를 봤을 때

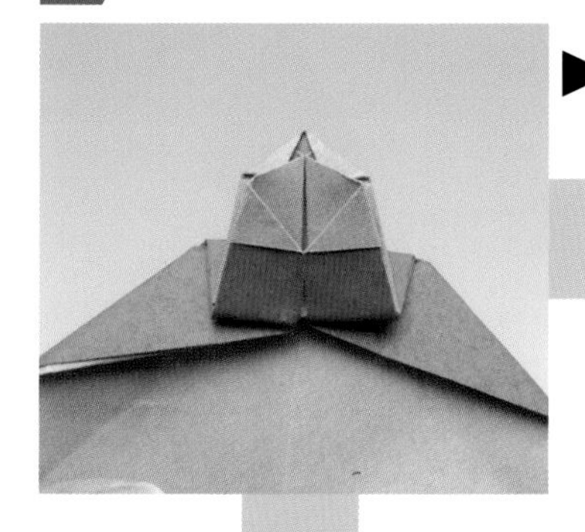

33 안 쪽으로 닫는다.

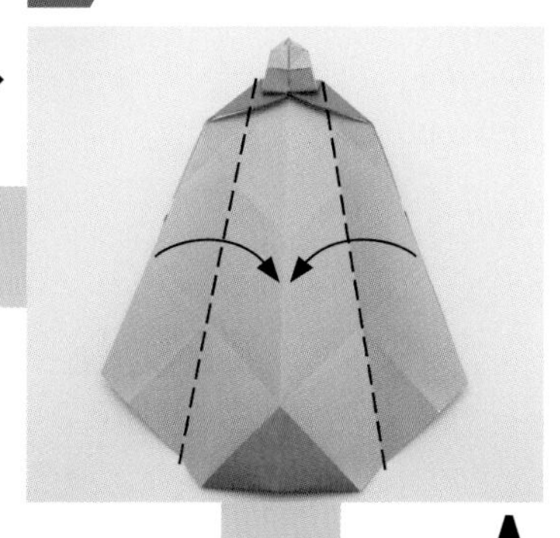

34 뒤로 접어 넣는다.

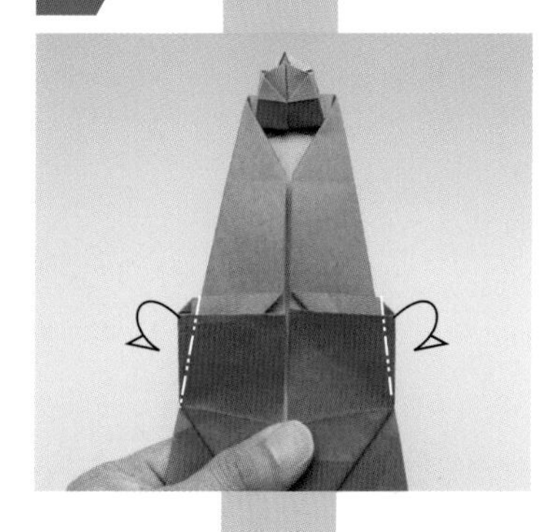

35 반으로 접는다.

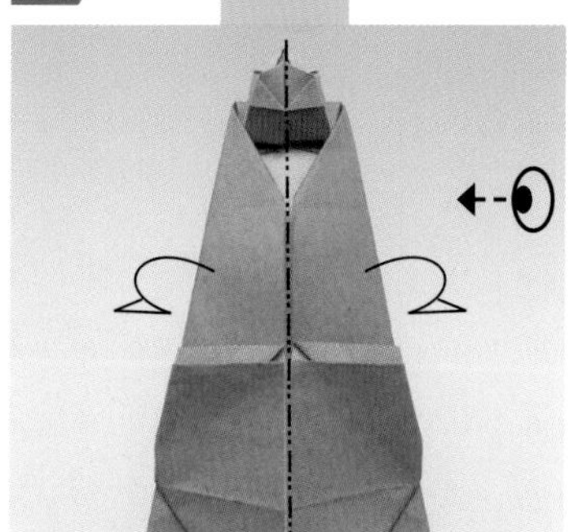

36 함께 매만져 접는다.
(37 참조)

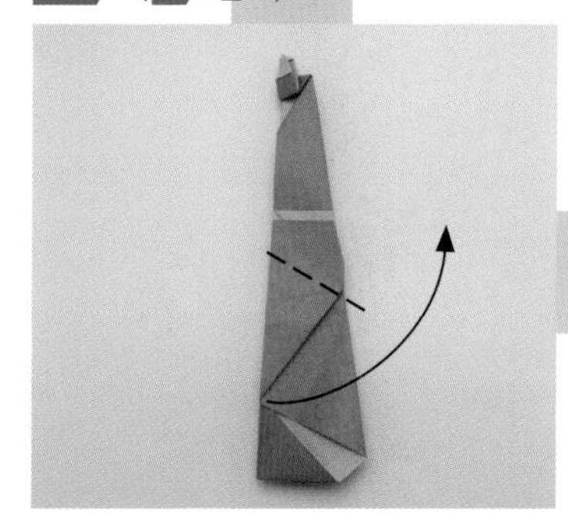

37 꺾었으면 원래대로 되돌린다.

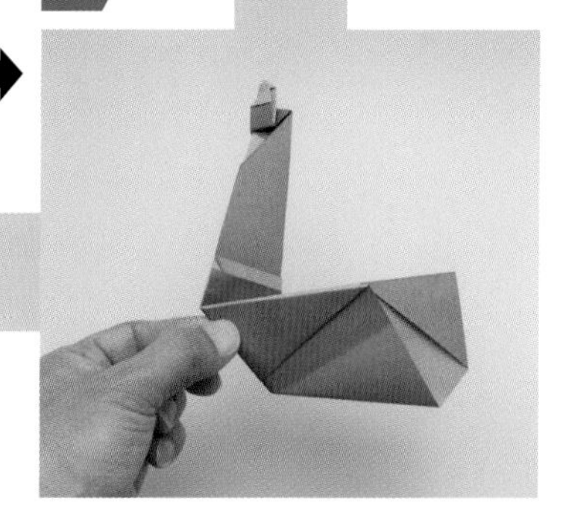

38 펼친다.(39 참조)

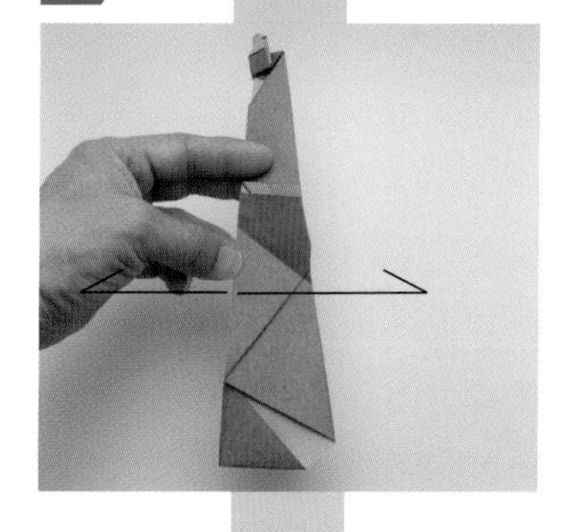

39 그림의 선으로 접는다.

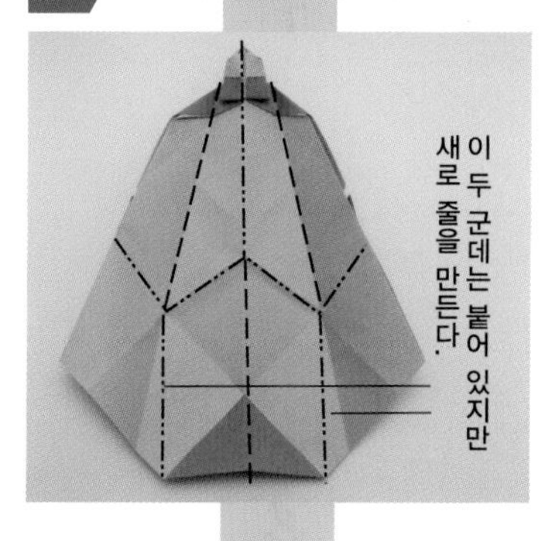

이 두 군데는 붙어 있지만
새로 줄을 만든다.

39 −2 접는 과정

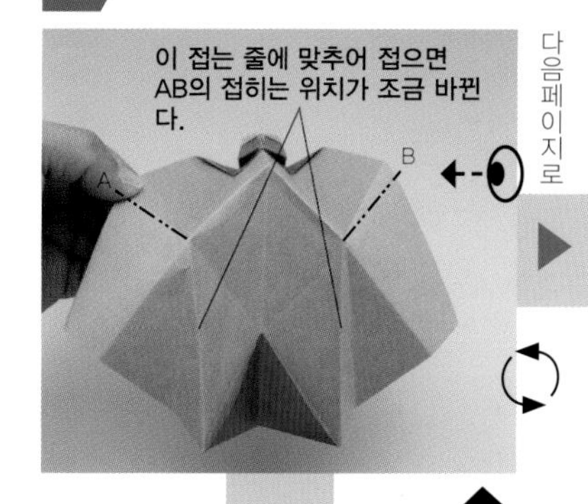

이 접는 줄에 맞추어 접으면
AB의 접히는 위치가 조금 바뀐다.
A
B

다음페이지로

40 안쪽으로 접어 넣는다.(반대쪽도 마찬가지)

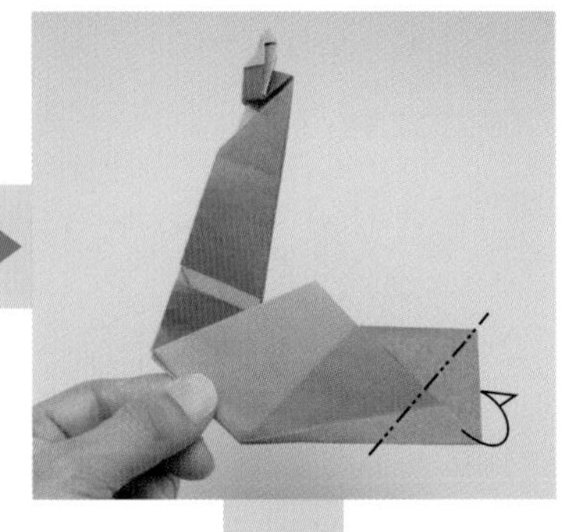

41 그림의 선대로 꺾는다.

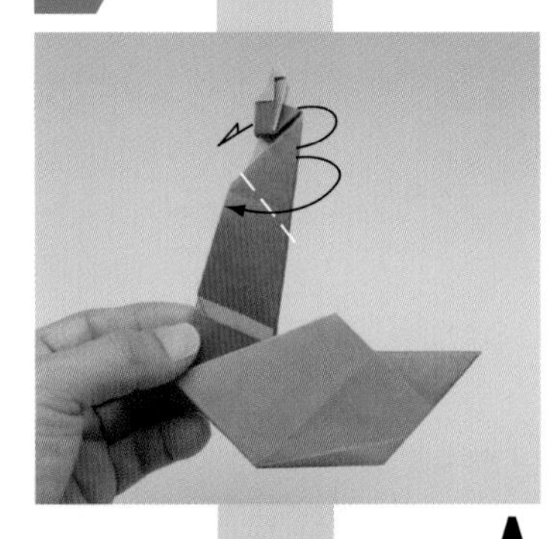

42 펼쳐서 시선을 바꾼다. (43 참조)

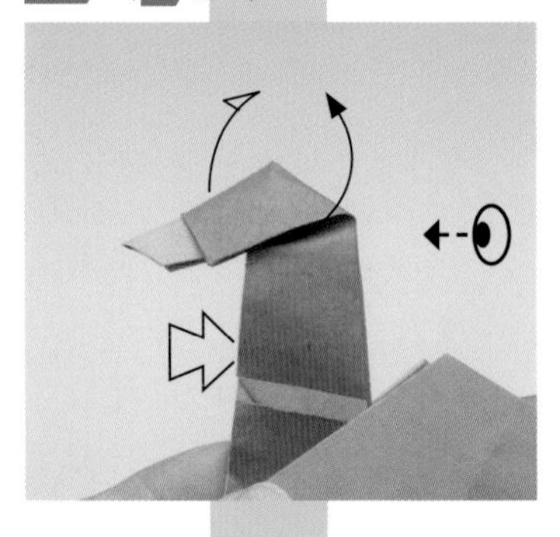

43 그림의 선으로 접는다.

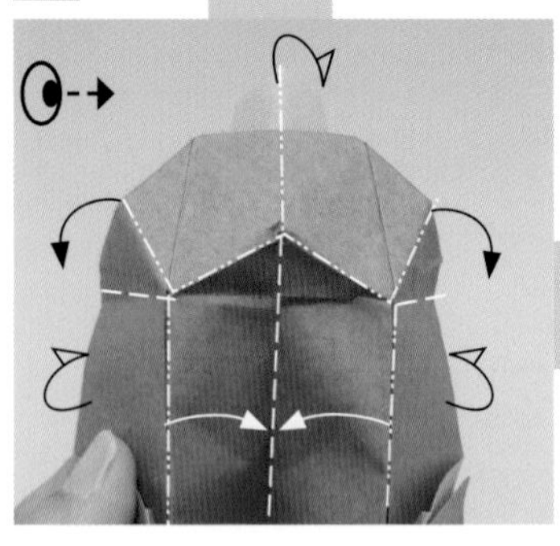

44 부리를 살짝 꺼내서 각도를 바꾼다.

45 중심 한 장에 말아 넣듯이 그림의 선대로 접어 밀어넣는다.

46 앞으로 접어 넣는다.

47 밑에서 벌리고 위에서 본다.

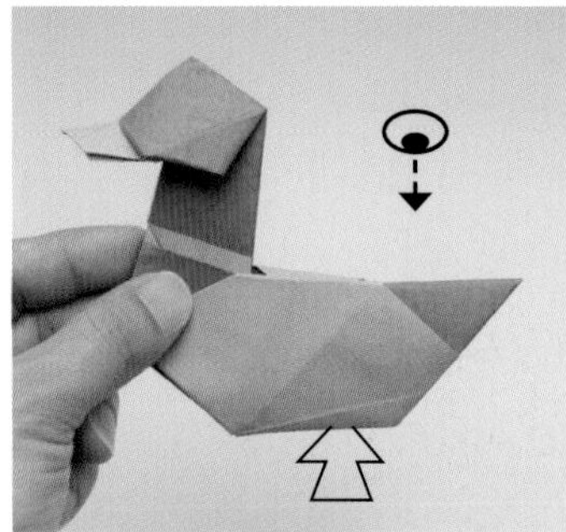

48 함께 계단접기한다.

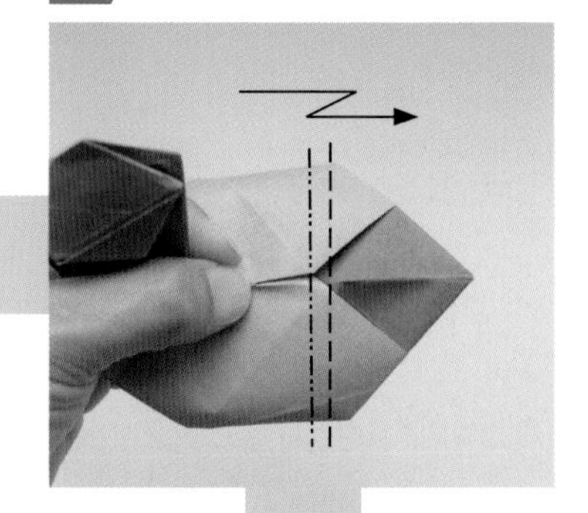

49 그림의 선대로 접는다.

50 안쪽으로 접어 넣는다. (반대쪽도 마찬가지)

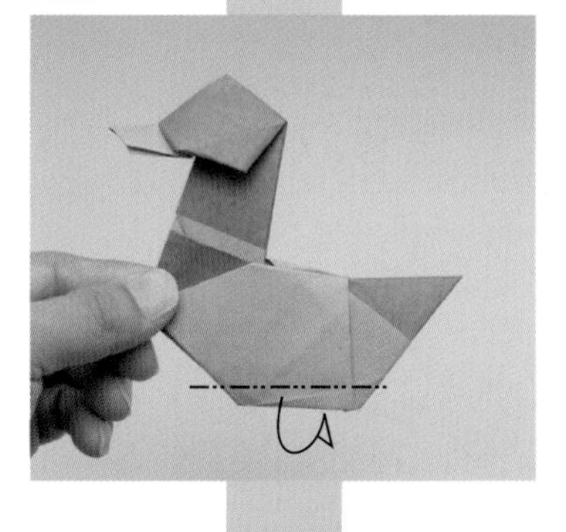

완 성

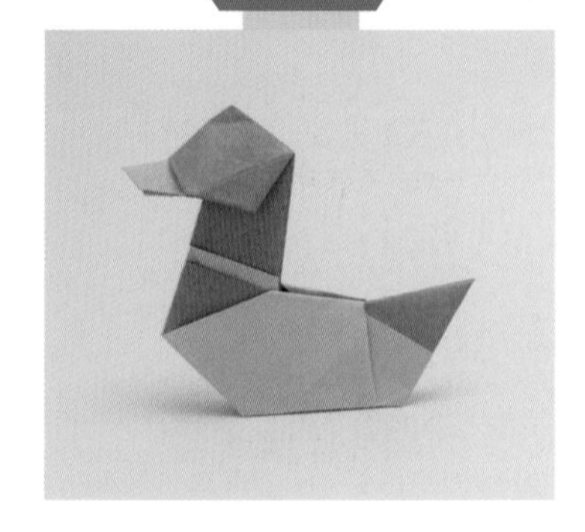

스타트

01 가장자리와 가장자리를 접어서 주름을 잡는다.

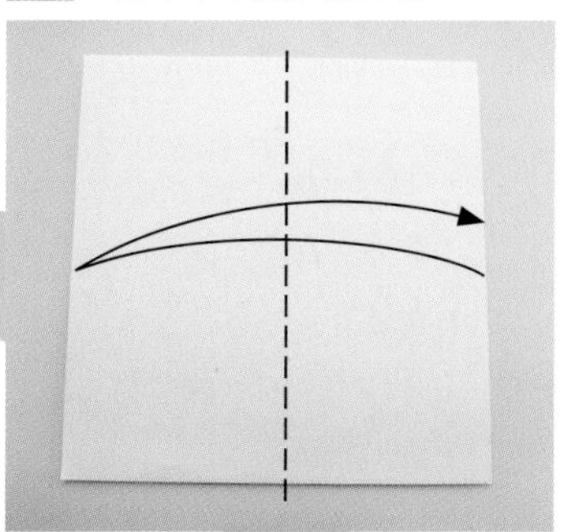

02 가장자리의 반을 안쪽으로 접는다.

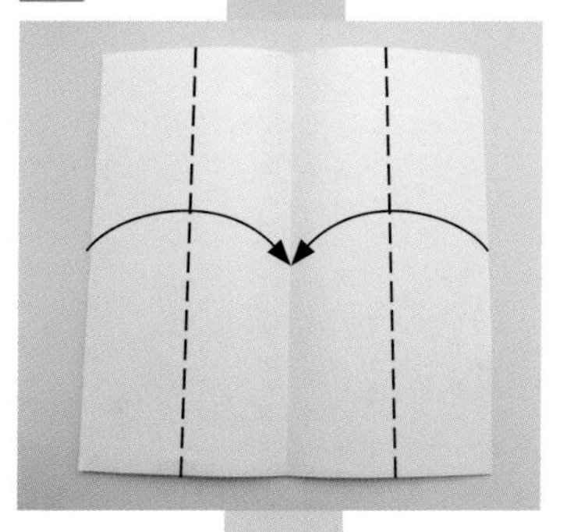

03 반으로 접는다.

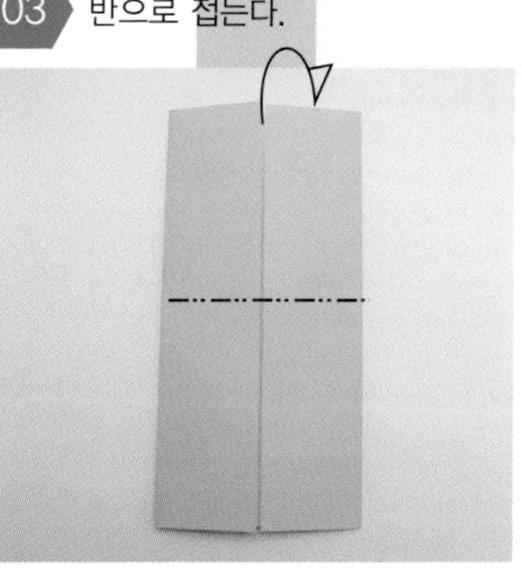

04 바로 앞만 반으로 접는다.

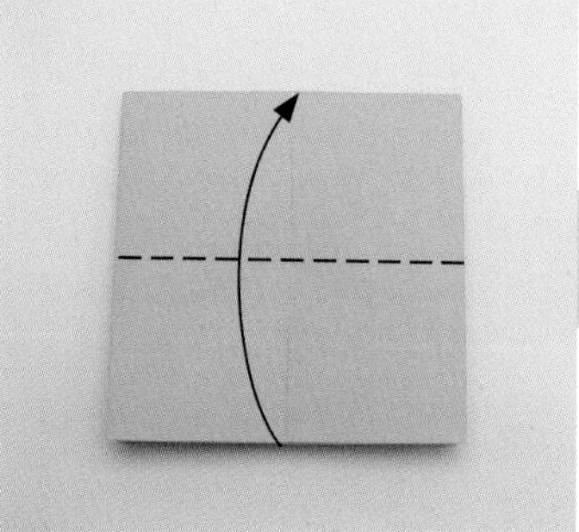

05 함께 반으로 접는다.

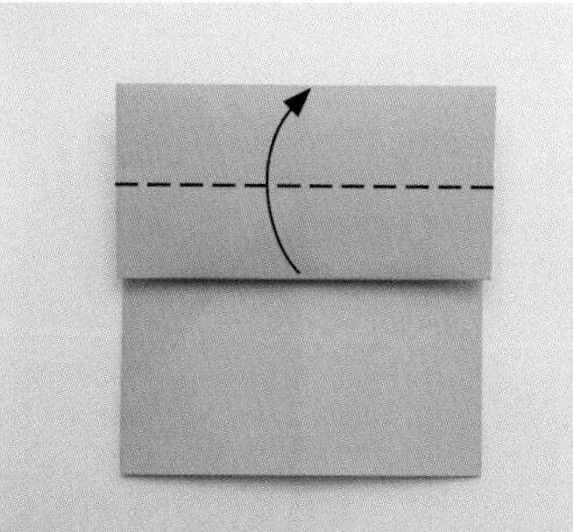

06 펼친다.

07 펼친다.

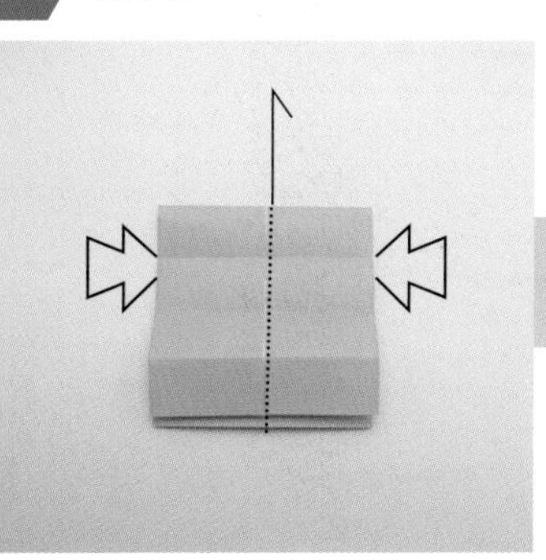

08 모서리를 매만져 접는다.

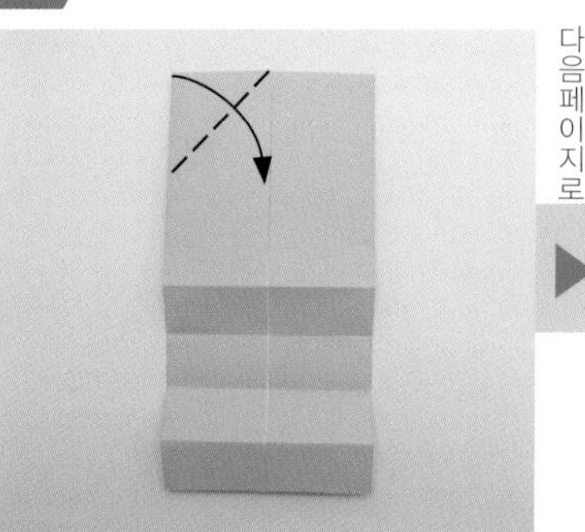

다음페이지로

09 꼭지와 꼭지를 가지런히 접는다.

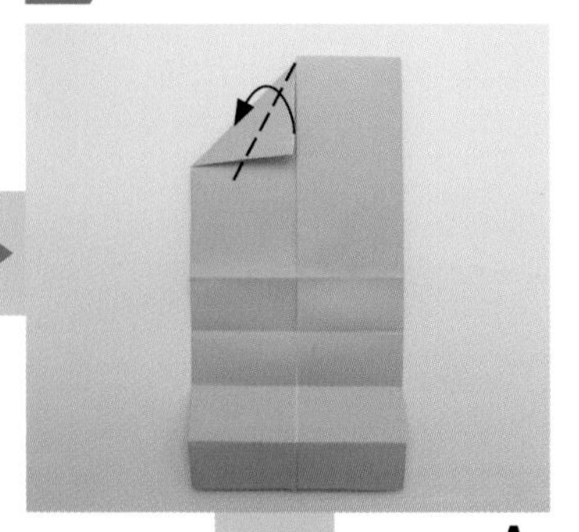

10 펼친다.

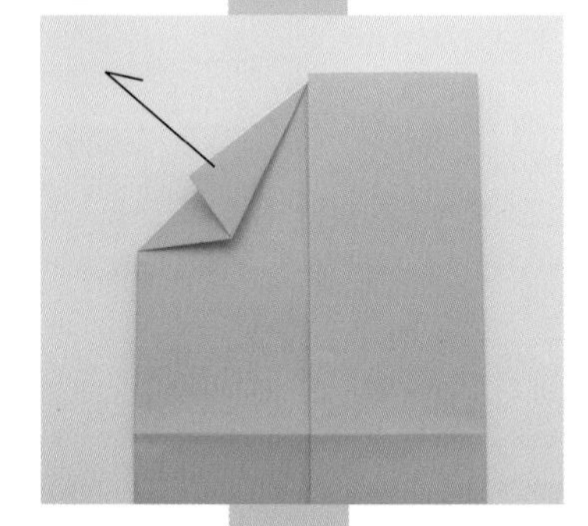

11 벌리고 삼각으로 접는다.

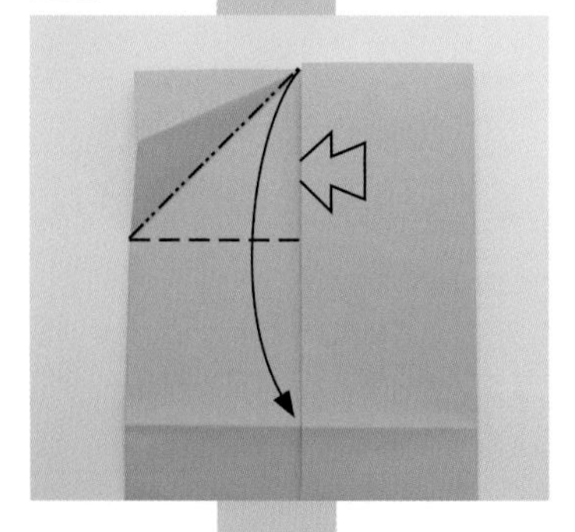

12 그림의 선으로 접는다.

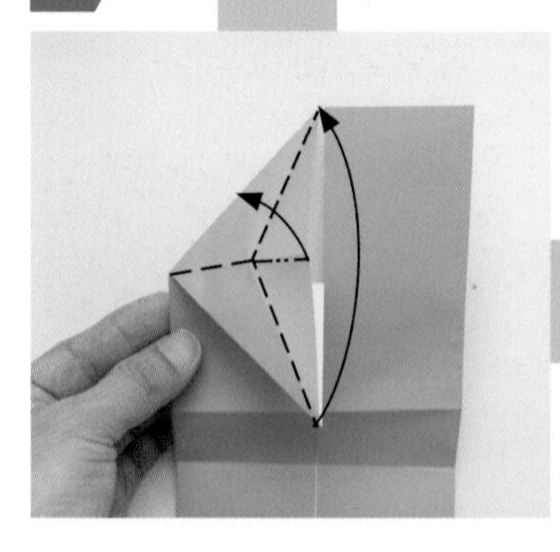

13 오른쪽도 08 ~ 12 과 같이 접는다.

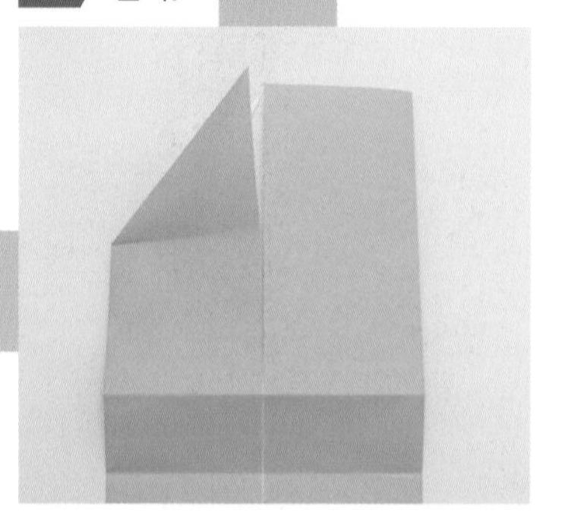

14 계단접기를 한다.

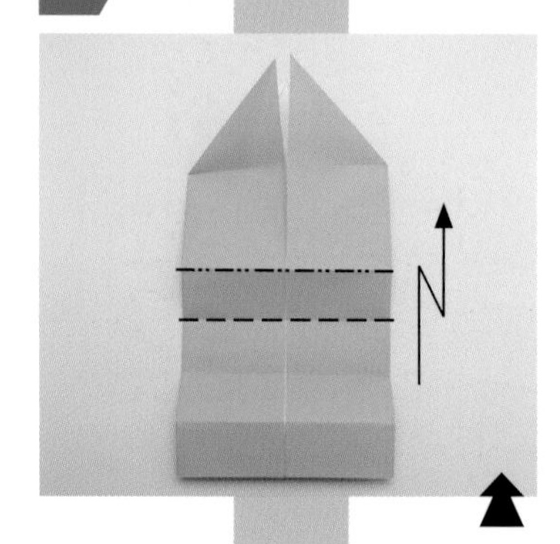

15 그림의 선대로 접는다.

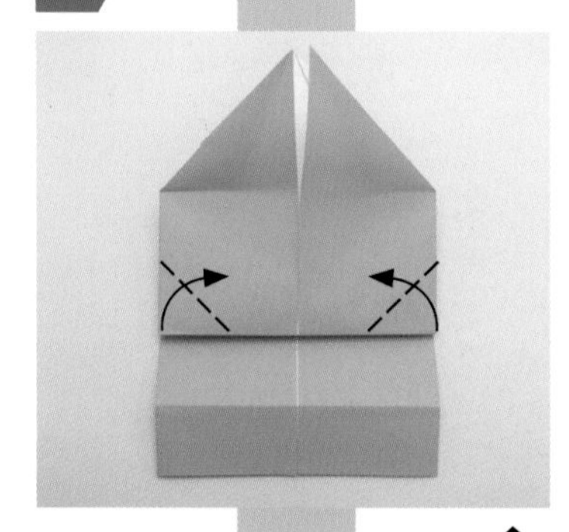

16 반으로 접어서 회전한다.

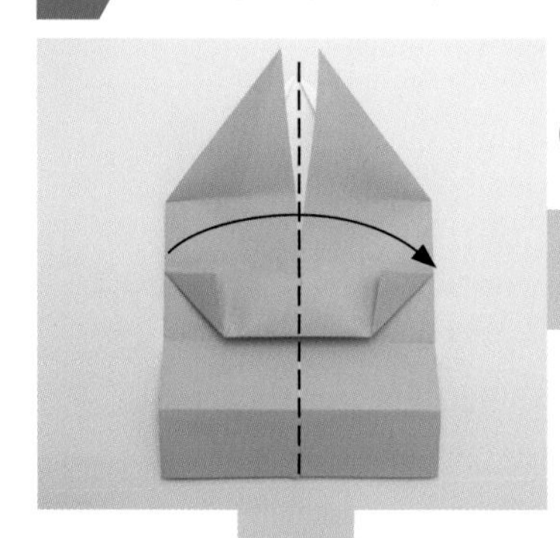

17 그림의 선대로 접는다.

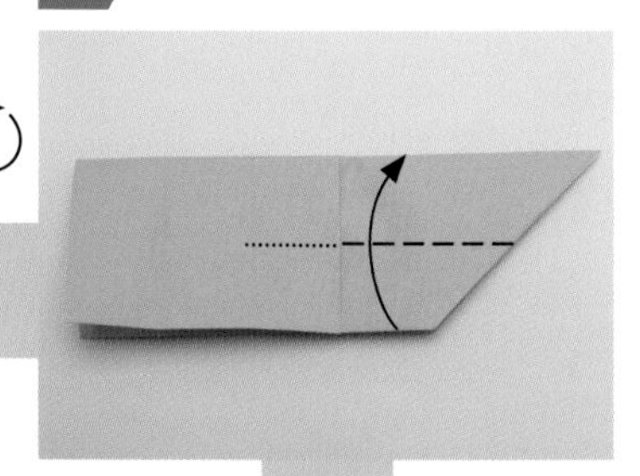

18 반대쪽 것 17 과 마찬가지로 접다.

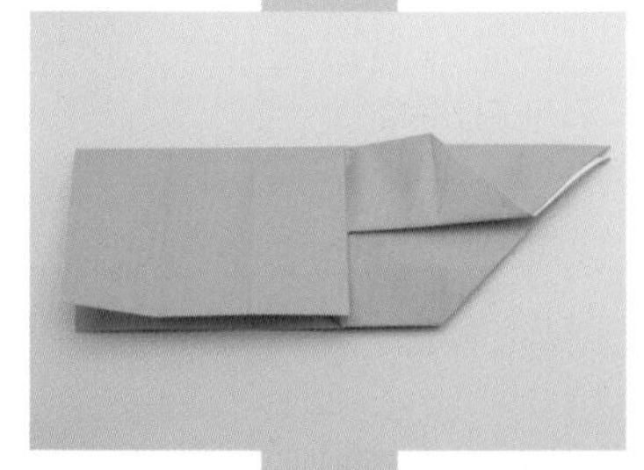

19 함께 각도를 바꿔 계단접기를 한다.

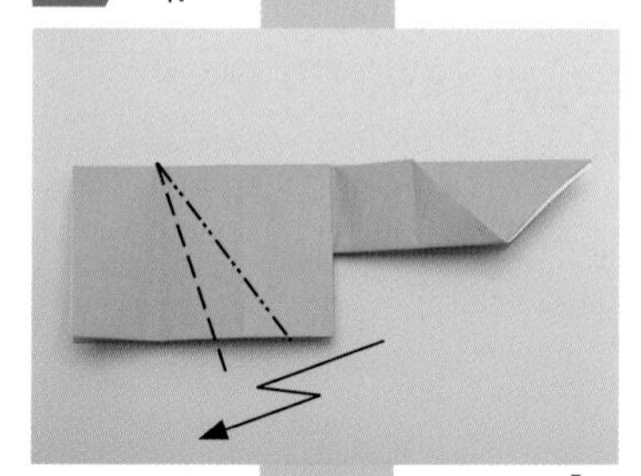

20 그림의 선대로 접는다.

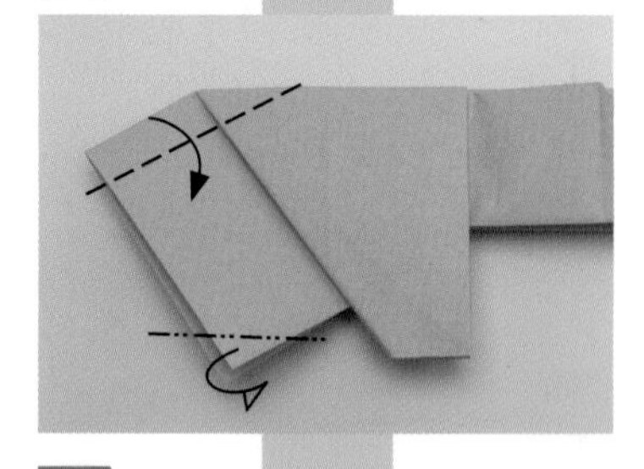

21 그림의 선대로 뒤쪽으로 꺾는다.

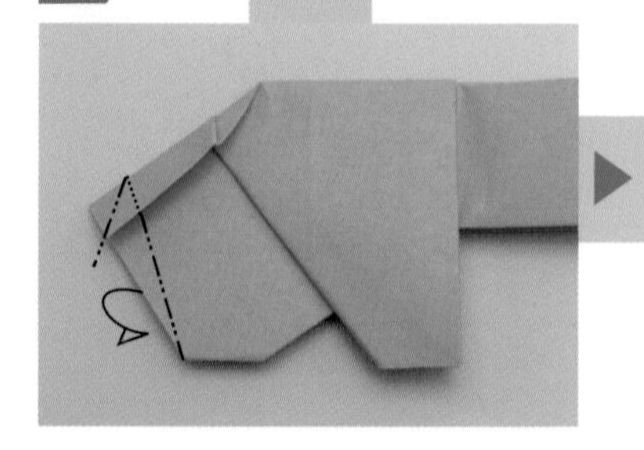

22 뒤집는다.

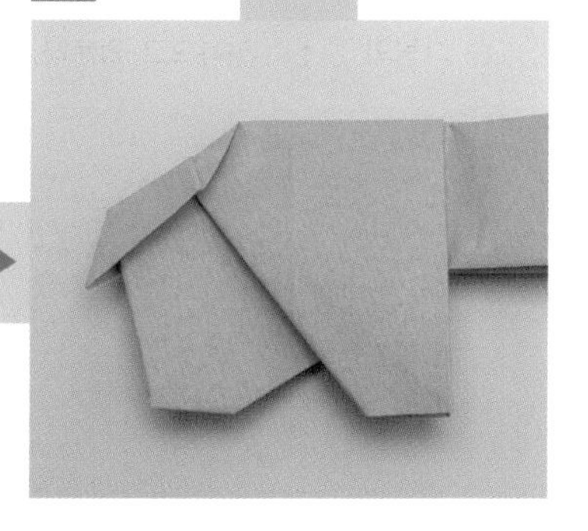

23 그림의 선대로 펼쳐 접는다.

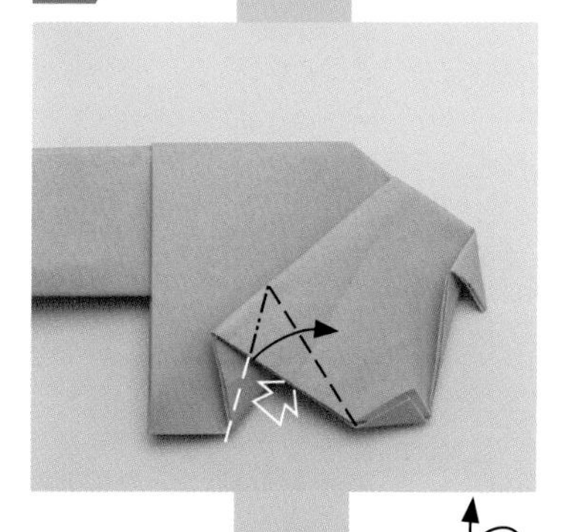

24 뒤집는다.

25 선으로 둘러싼 부분을 펼친다.

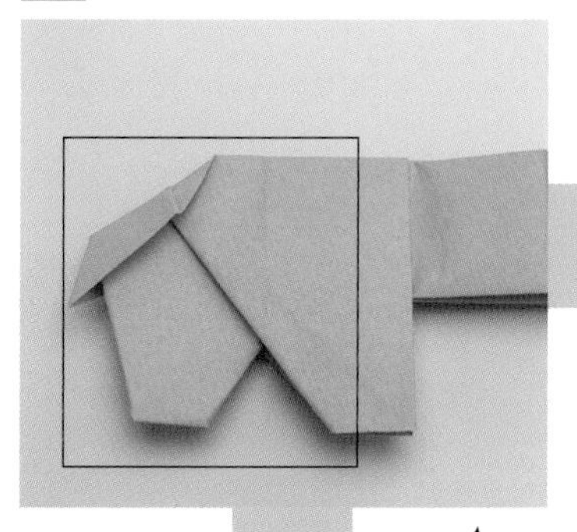

26 벌려서 회전한다.

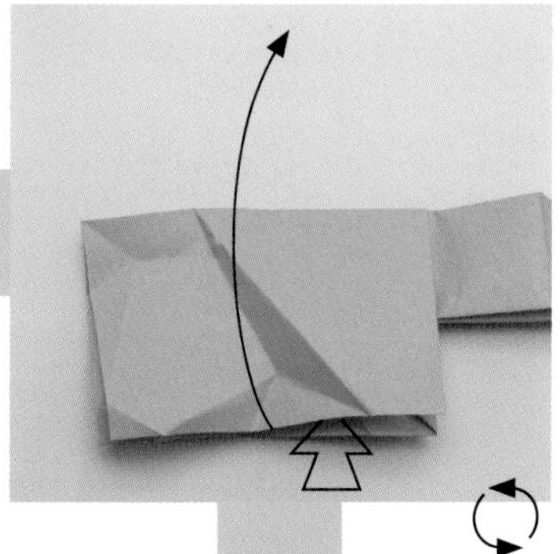

27 오른쪽 반은 붙어있는 주름을 산골짜기 모양으로 바꾸어 꺾는다

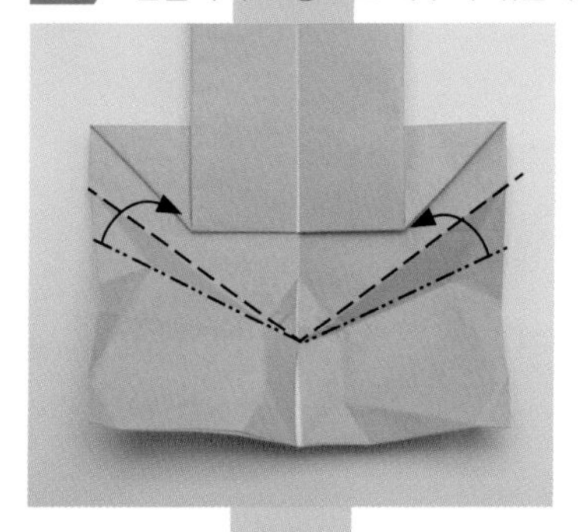

28 오른쪽 반은 붙어있는 주름을 산골짜기 모양처럼 꺾는다.

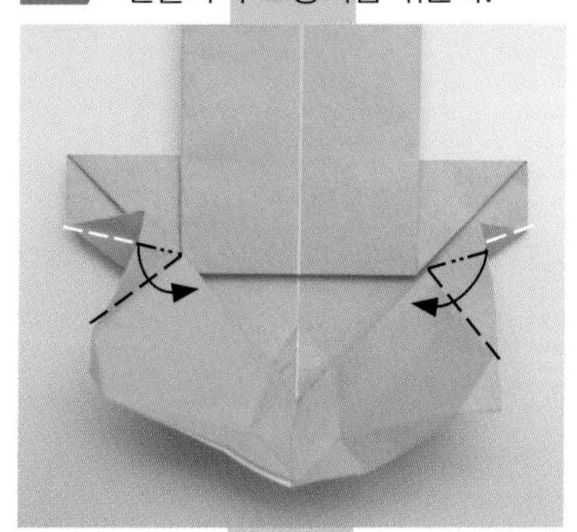

29 그림의 선대로 접는다.

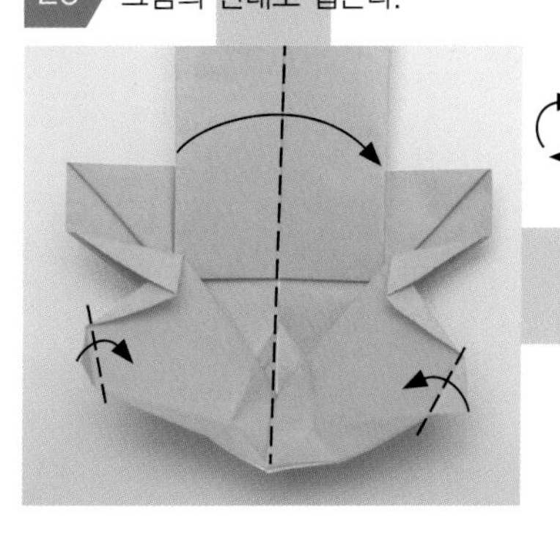

30 붙어 있는 주름을 사용하여 중간을 나눠 접는다.

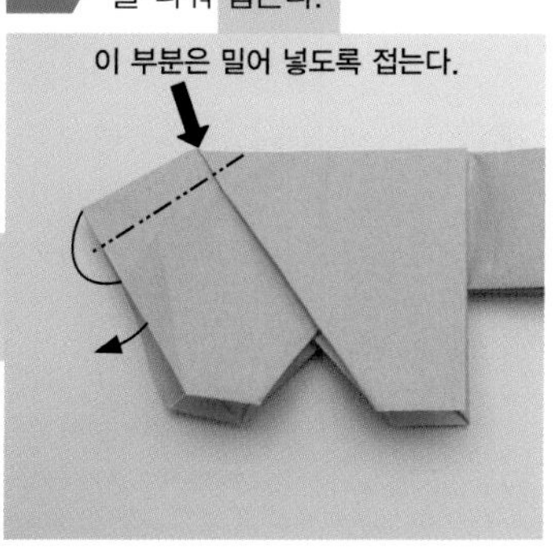

31 붙어 있는 주름을 써서 안쪽으로 접는다.

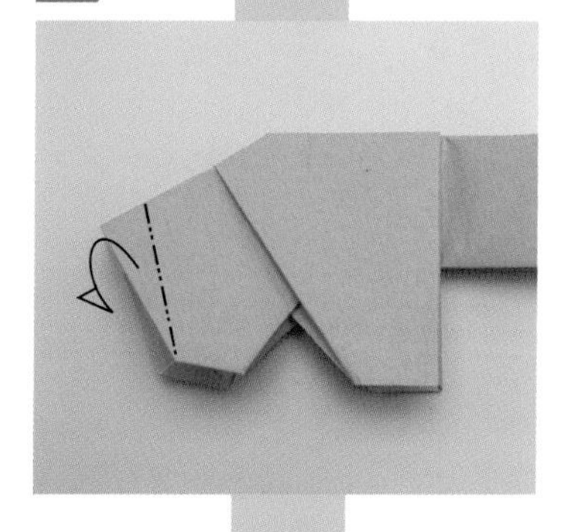

32 반대쪽 것 31 과 마찬가지로 접는다.

33 가운데를 나눠 접는다.

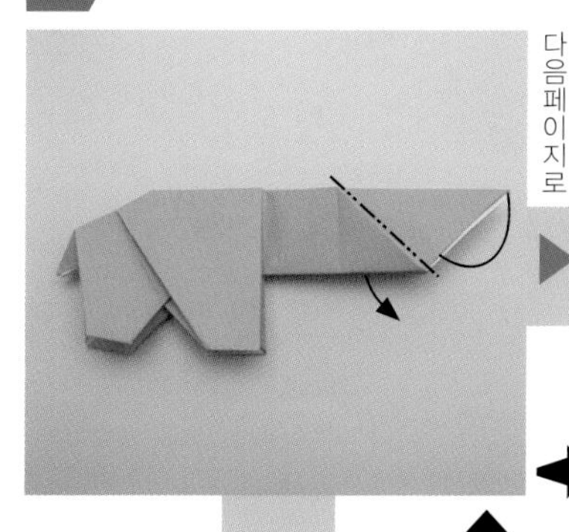

다음페이지로

34 그림의 위치에 주름을 잡는다.

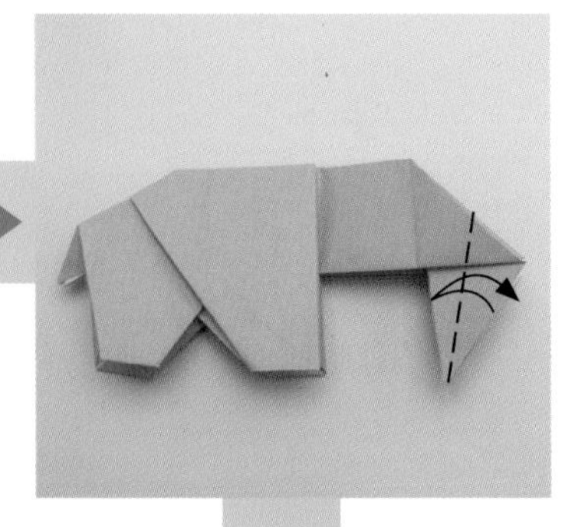

35 굵은 화살표 부분을 누르면서 펼친다.

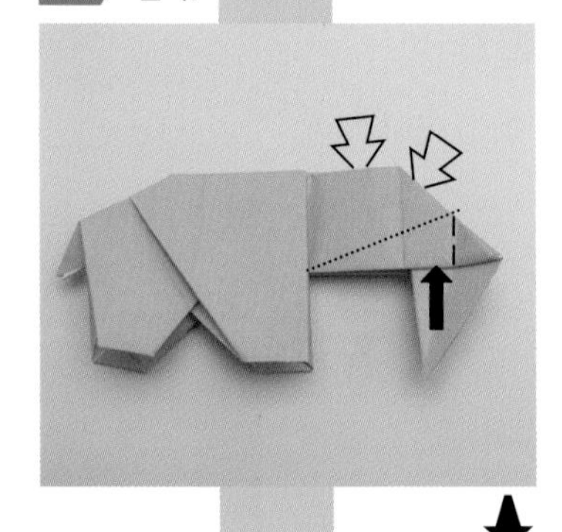

36 그림의 선으로 접는다.

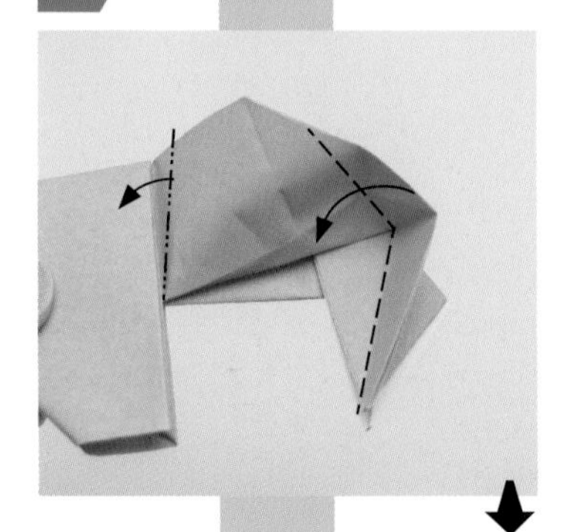

37 반대쪽도 34~36 과 같이 접는다.

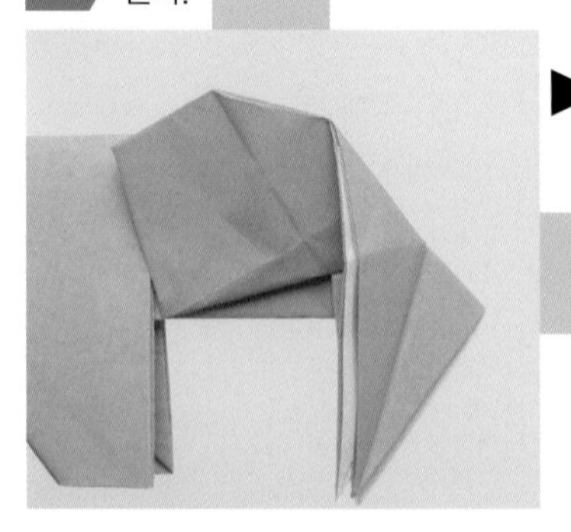

38 그림 부분을 입체적으로펼친다.

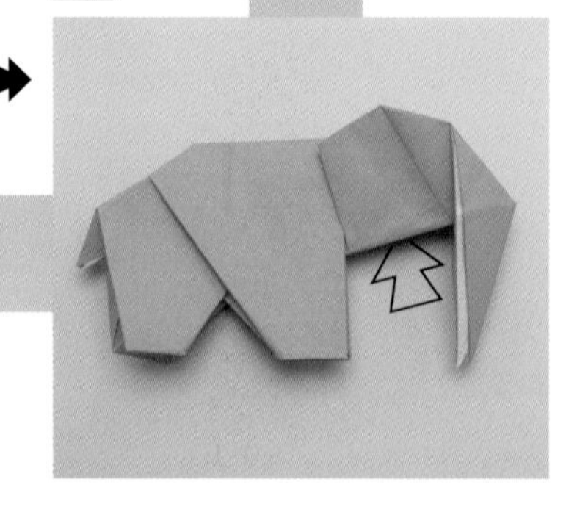

39 시선을 바꾼다.

40 위에서 밀어 넣듯이 접는다.

41 머리를 몸에 씌우듯이 접는다.

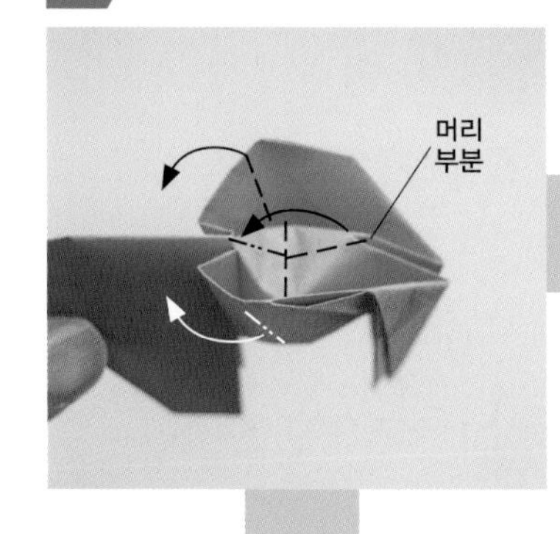

42 옆에서 본다.

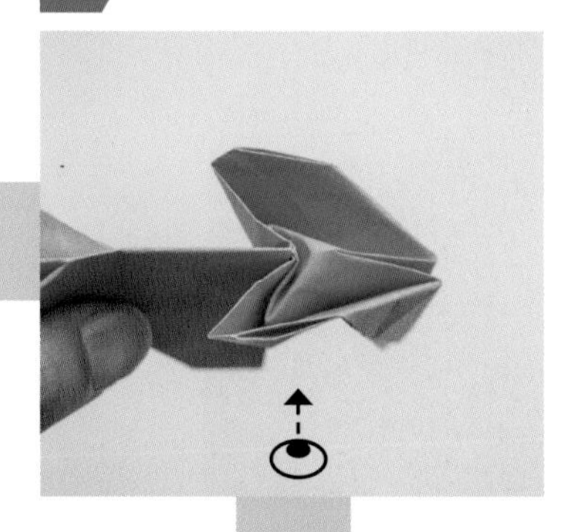

43 어금니가 되는 부분(안쪽 하얀 부분)을 그림의 선대로 접는다.

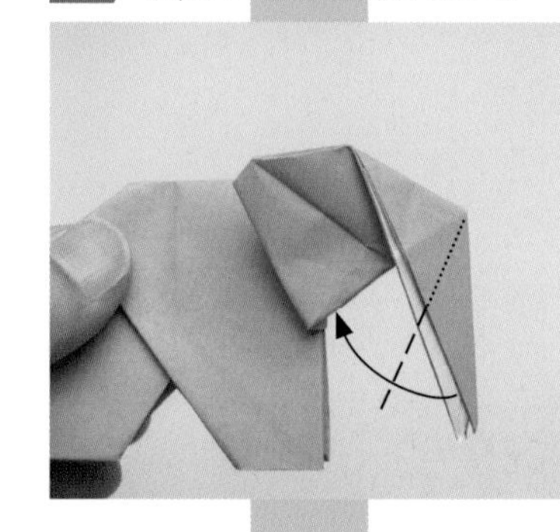

44 어금니를 앞으로 꺾어 반대쪽도 43~44 와 같이 접다

완 성

01 가장자리와 가장자리를 반으로 나눠 접어서 주름을 잡는다.

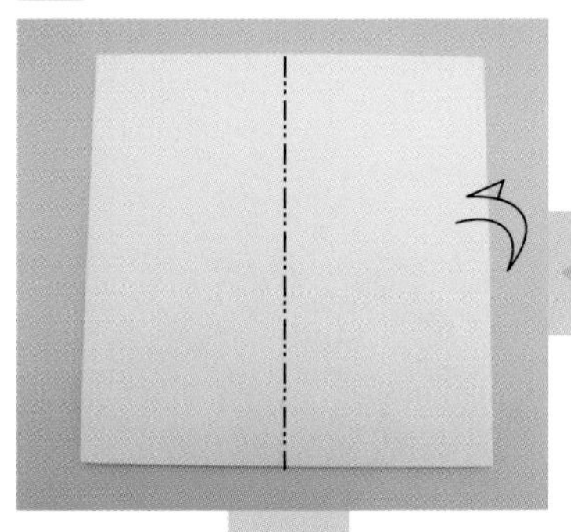

02 가장자리를 중심으로 가지런히 접는다.

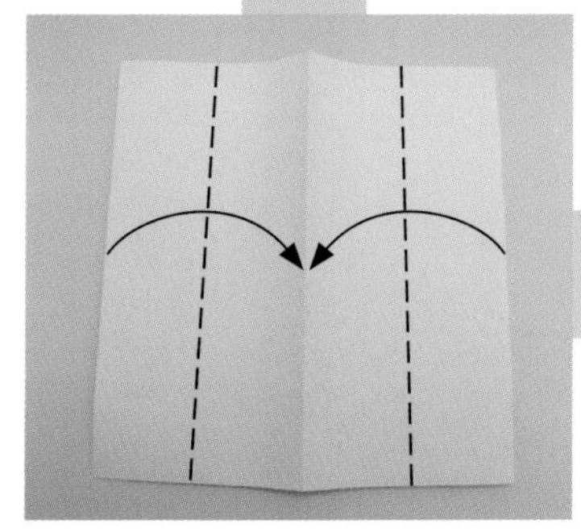

03 반으로 접는다.

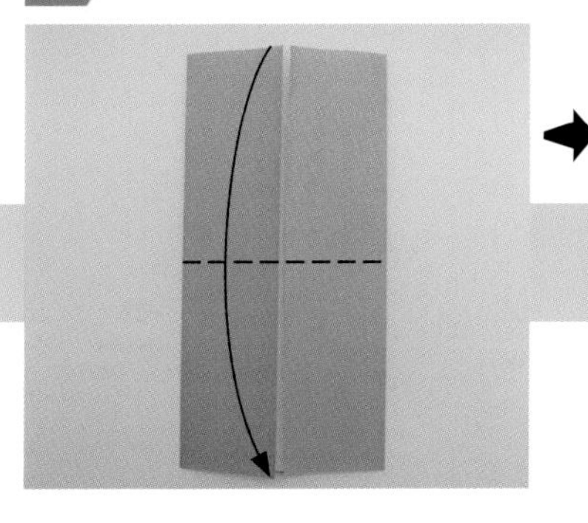

04 앞쪽만 반으로 접는다.

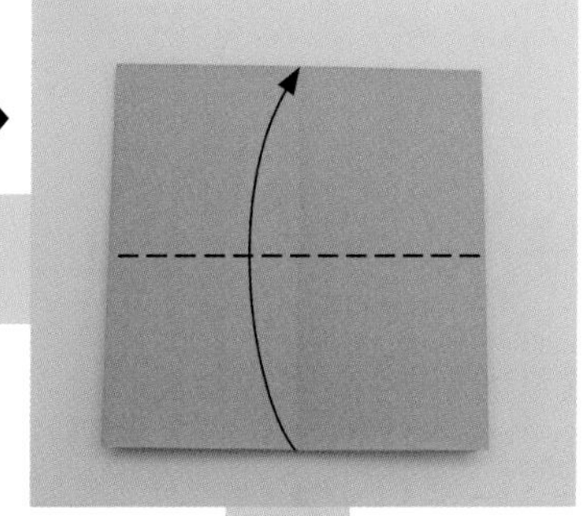

05 함께 반으로 접는다.

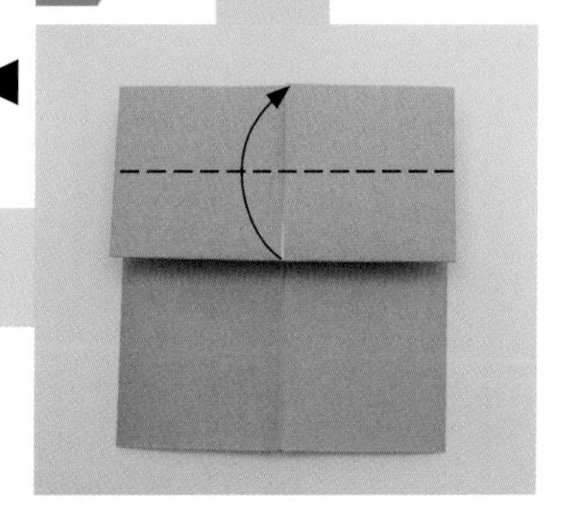

06 펼친다.

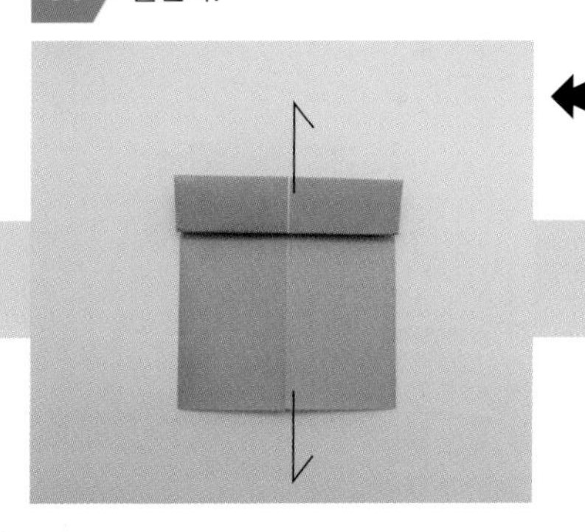

07 그림의 선대로 접는다.

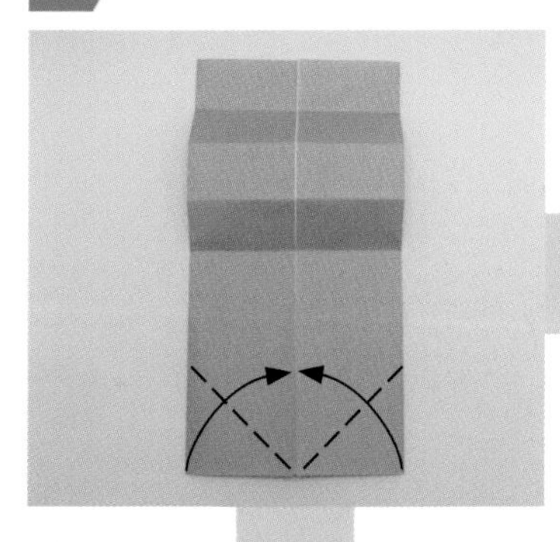

08 그림의 위치에 주름을 잡아서 주름이 잡히면 펼친다.

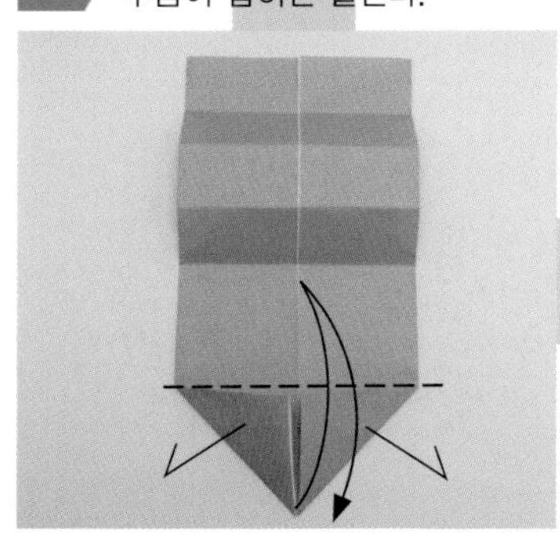

09 그림의 선대로 벌리고 삼각형으로 접는다.

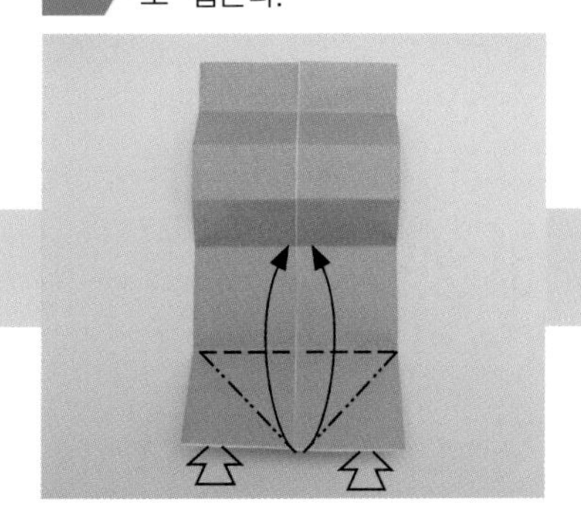

10 뒤로 접는다

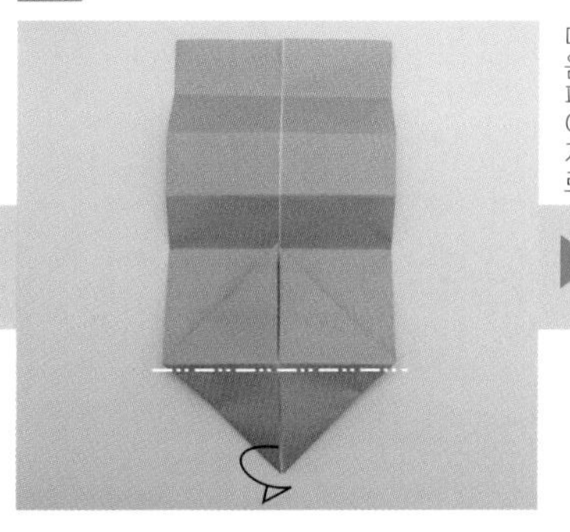

다음페이지로

11 화살표 방향으로 향한다.

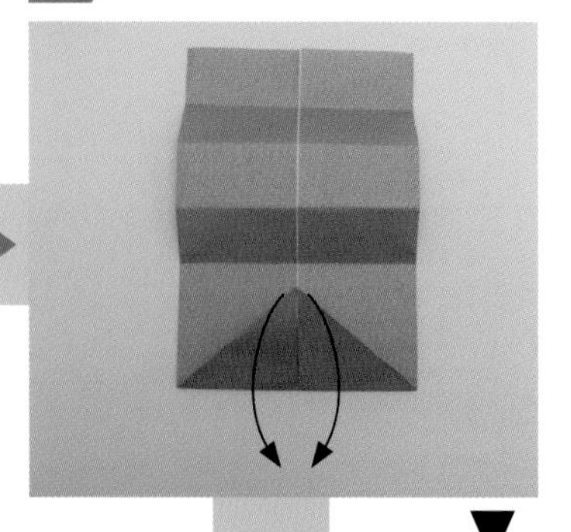

12 계단 접기를 한다.

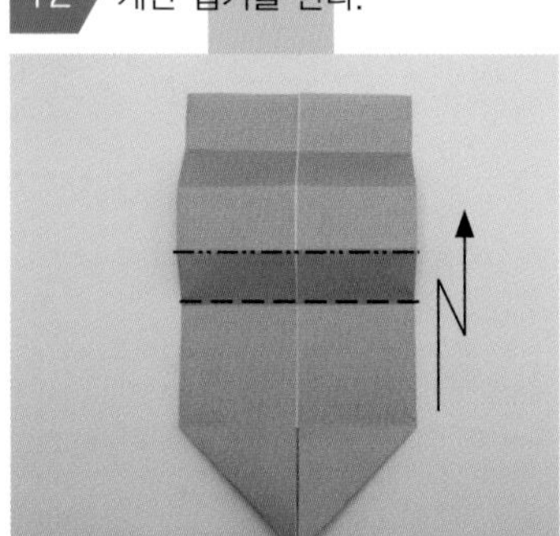

13 그림의 선대로 벌리고 아랫부분을 삼각형으로 접는다.

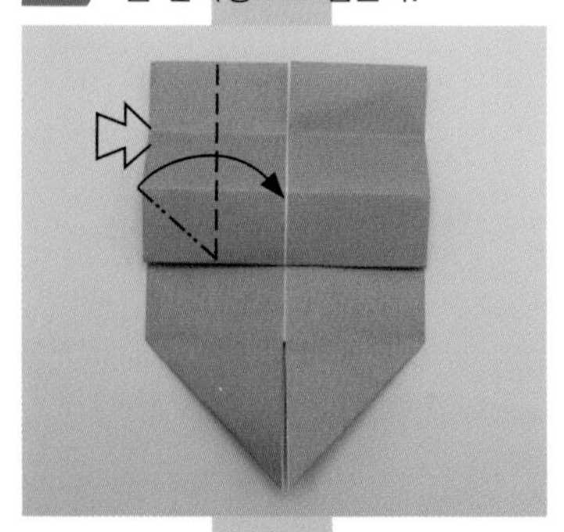

14 그림의 선대로 접는다.

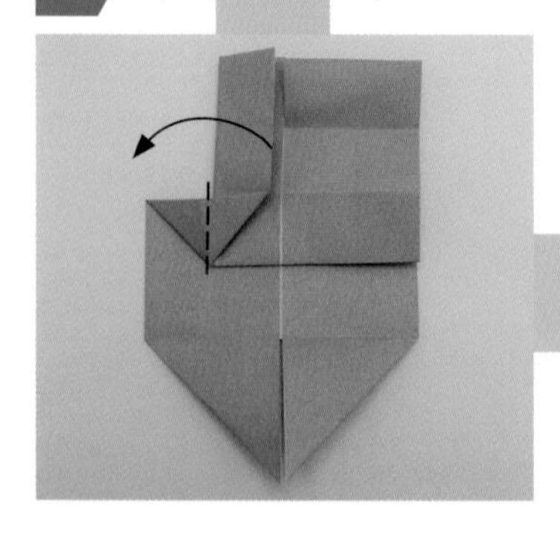

15 그림의 위치를 연다.

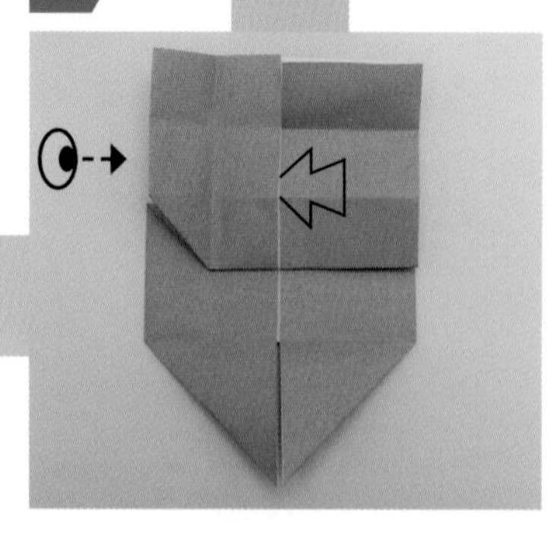

16 굵은 화살표 부분을 밀어 넣듯이 접는다.

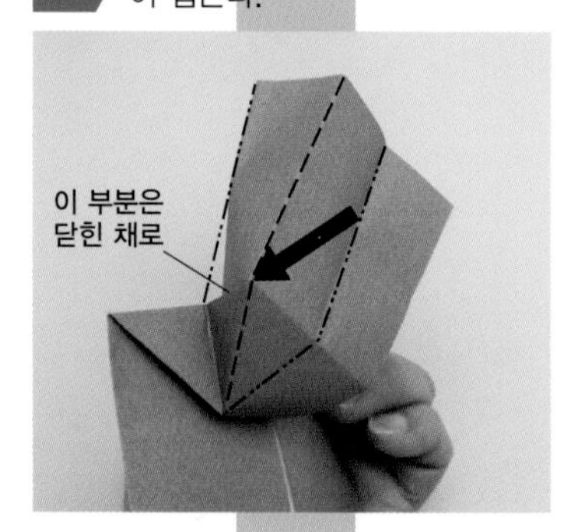

17 닫는다.

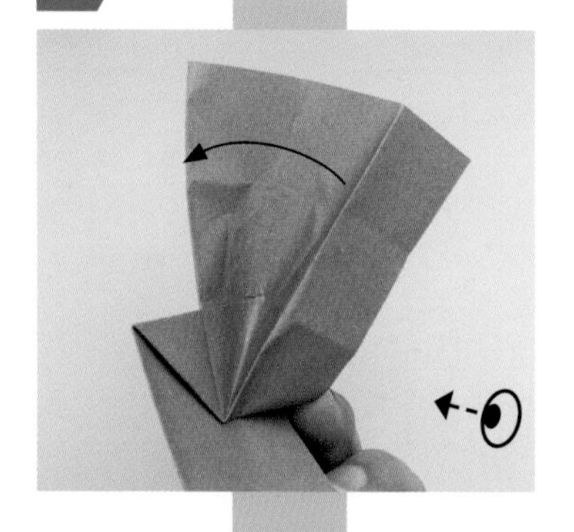

18 오른쪽도 13 ~ 17 과 같이 접는다.

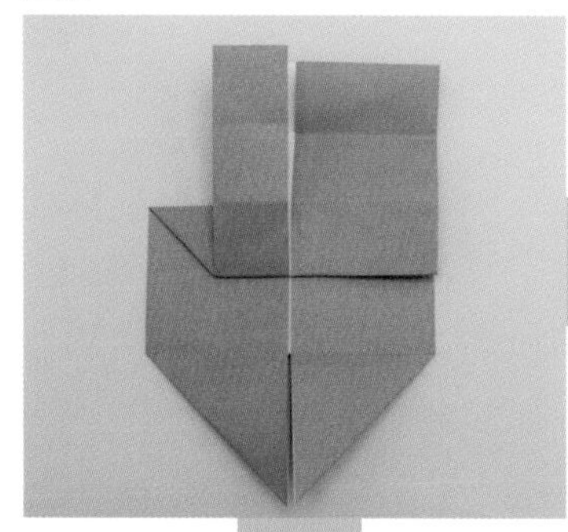

19 굵은 화살표 부분을 밀어 넣듯이 그림의 선대로 펼친다.

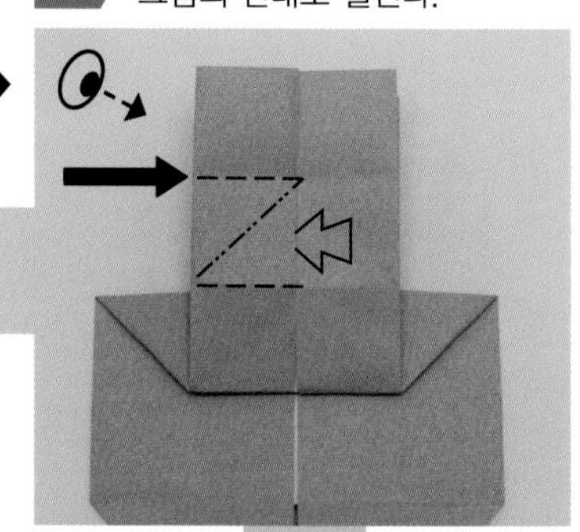

20 그림의 선대로 삼각형으로 펼친다.

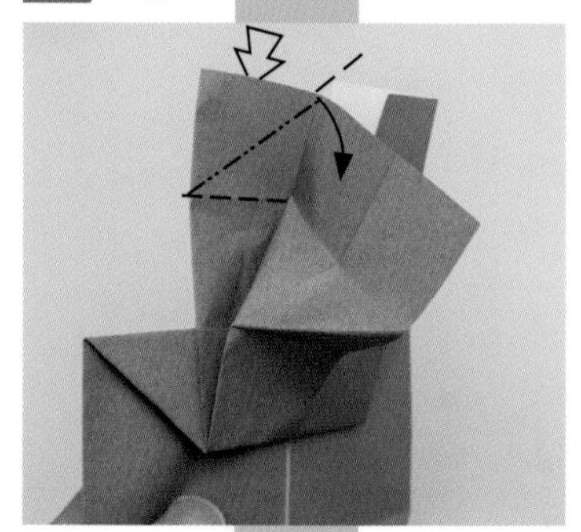

21 그림의 선으로 접는다.

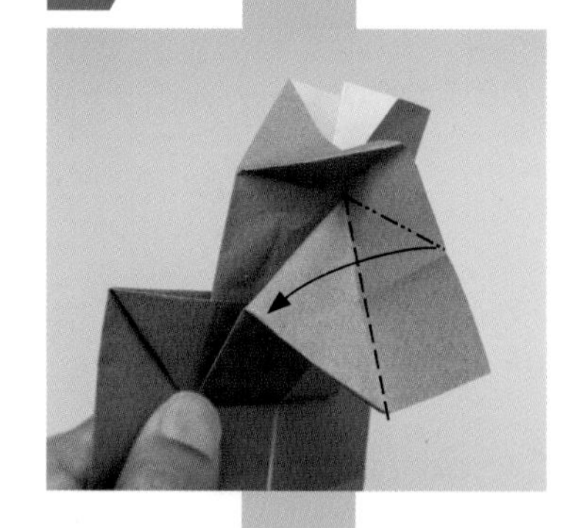

21 -2 접는 과정

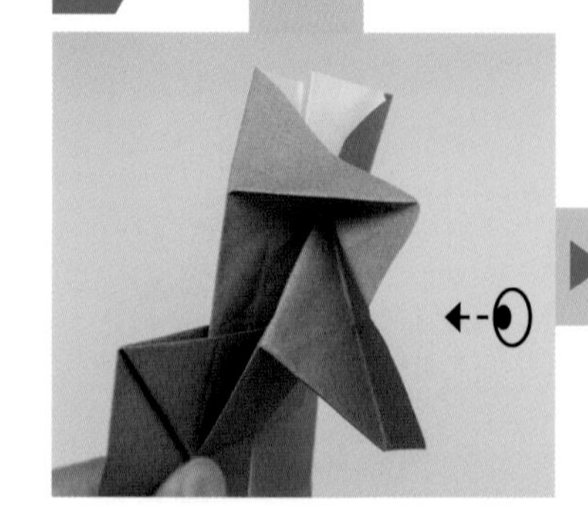

22 확대하기

23 그림의 선대로 펼쳐 접는다.

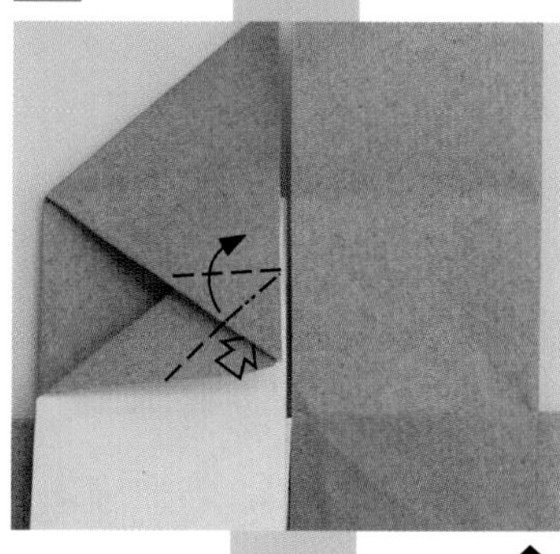

24 그림의 선대로 펼쳐 접는다.

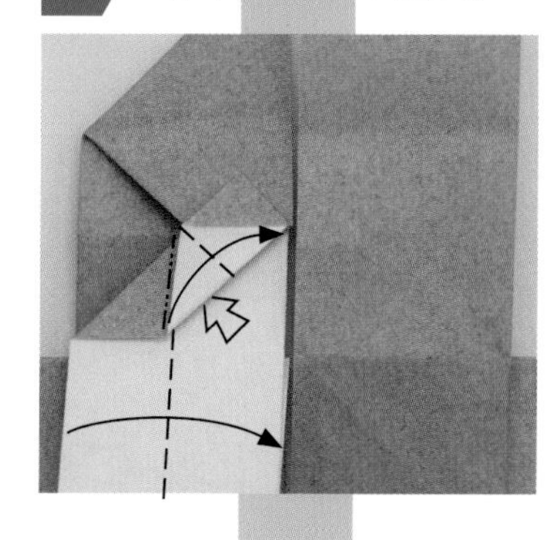

25 그림의 선대로 펼쳐 접는다.

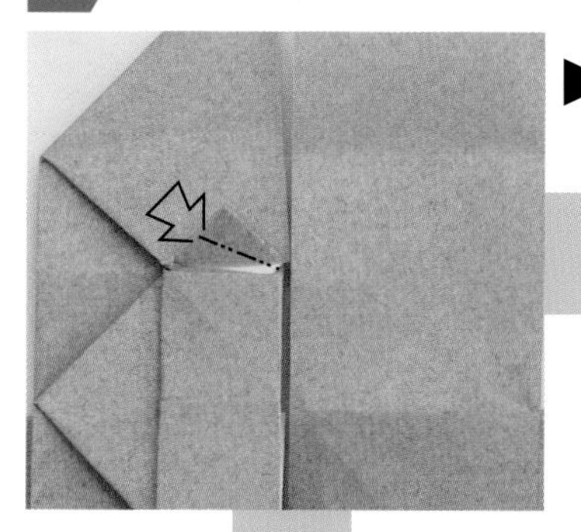

26 뒤로 접어 넣는다.

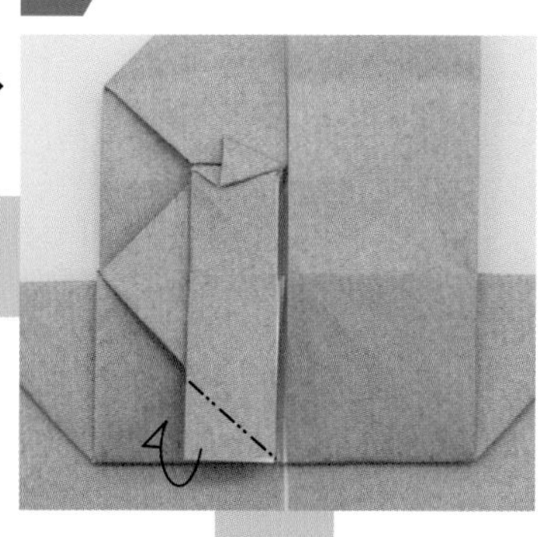

27 오른쪽도 19 ~ 26 과 같이 접는다.

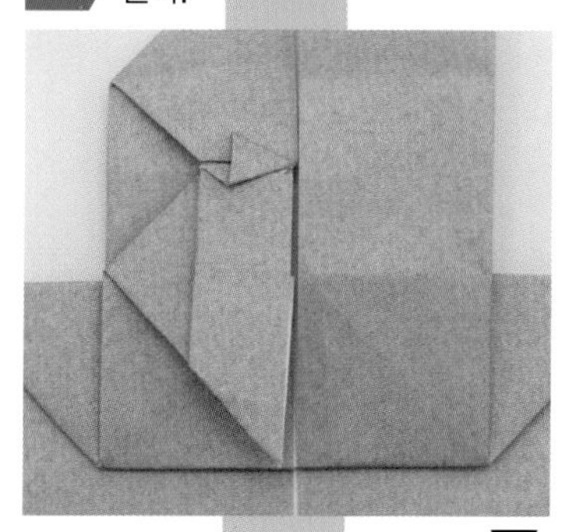

28 그림의 선대로 접는다.

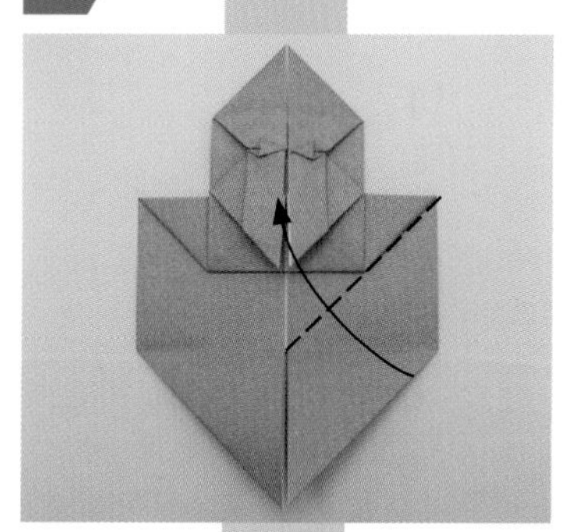

29 그림의 선대로 접는다.

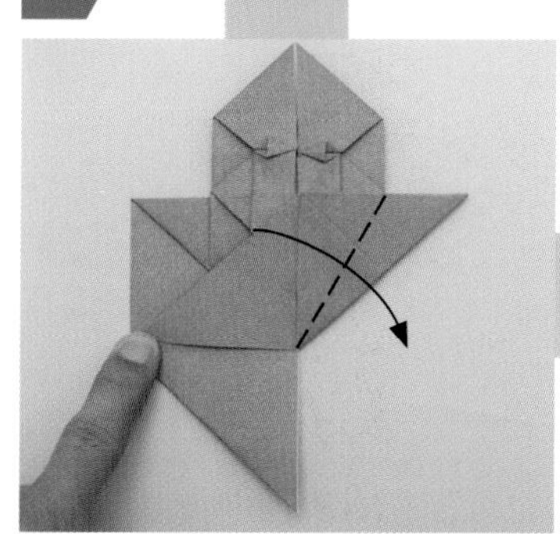

30 그림의 선대로 벌리고 네모지게 접는다.

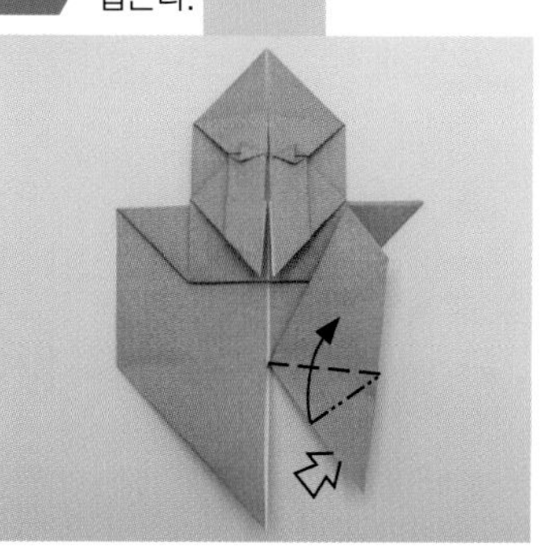

31 그림의 위치에 주름을 잡는다.

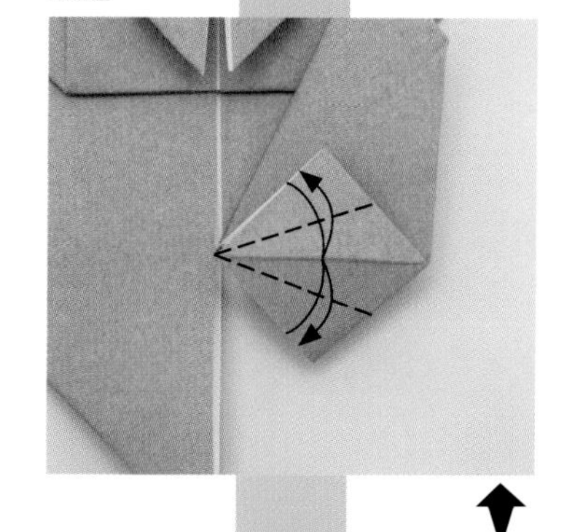

32 그림의 선대로 펼쳐서 중심으로 닫는다.

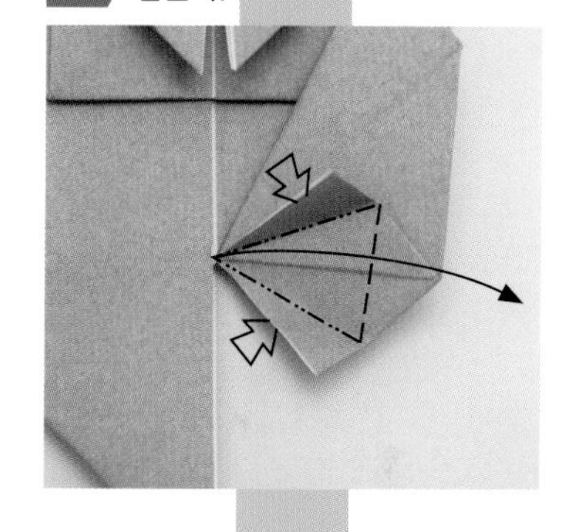

33 그림의 선을 중심으로 회전한다.

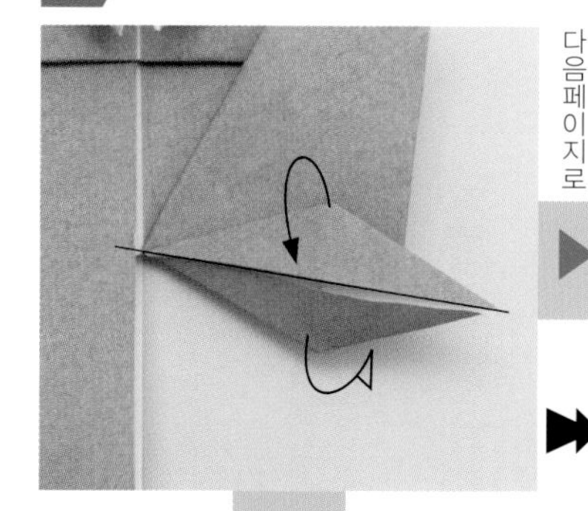

다음페이지로

34 왼쪽도 28 ~ 33 과 같이 접는다.

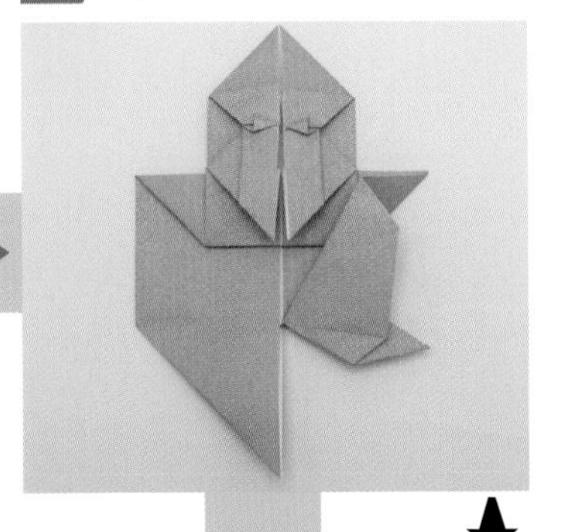

35 선으로 둘러싼 부분을 아래로 내려 교체한다. (36 참조)

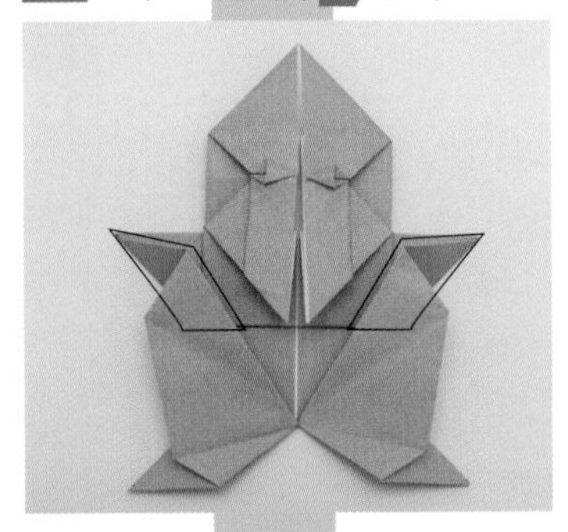

36 확대

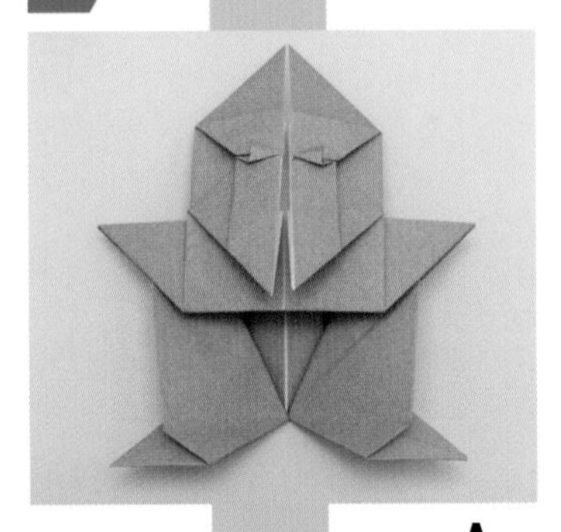

37 그림의 선대로 접는다.

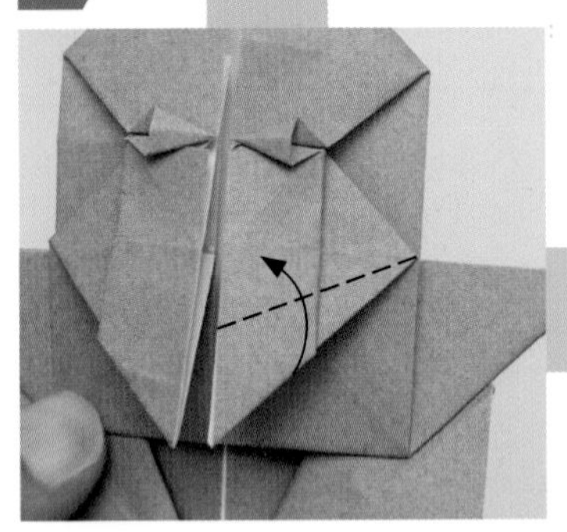

38 접혀 있는 부분을 끌어당겨 내놓는다.

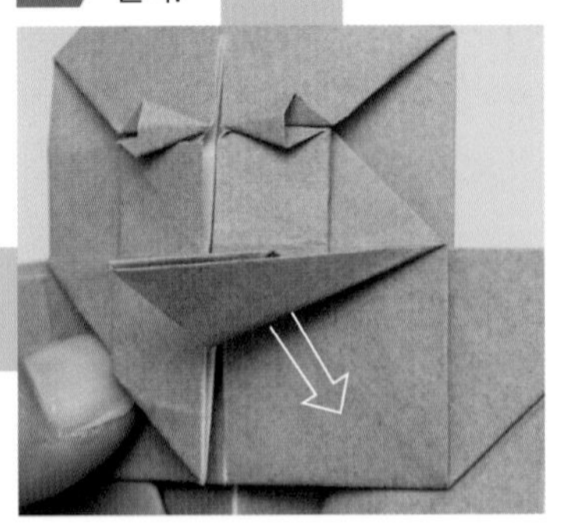

39 그림의 선대로 접는다.

40 뒤로 접어 넣는다.

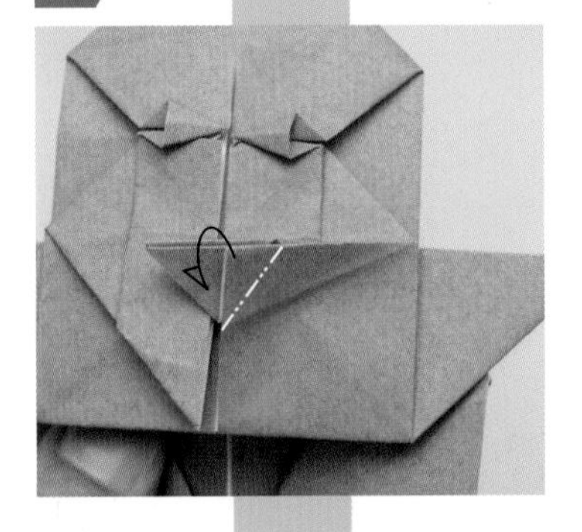

41 왼쪽도 37 ~ 40 과 같이 접는다.

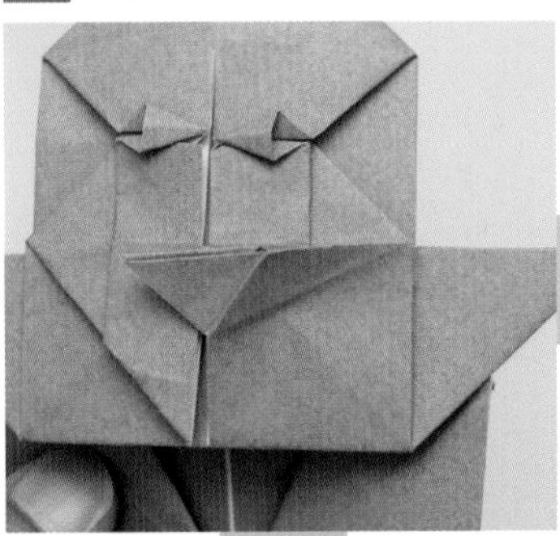

42 그림의 선대로 접는다.

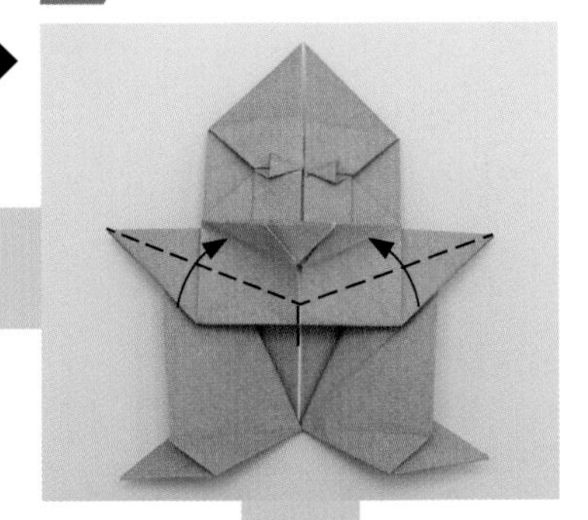

43 반으로 접어서 회전한다.

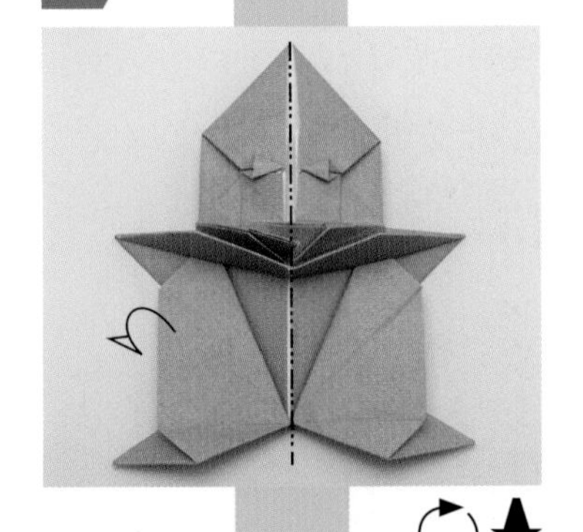

44 그림의 위치를 조금 펼친다.

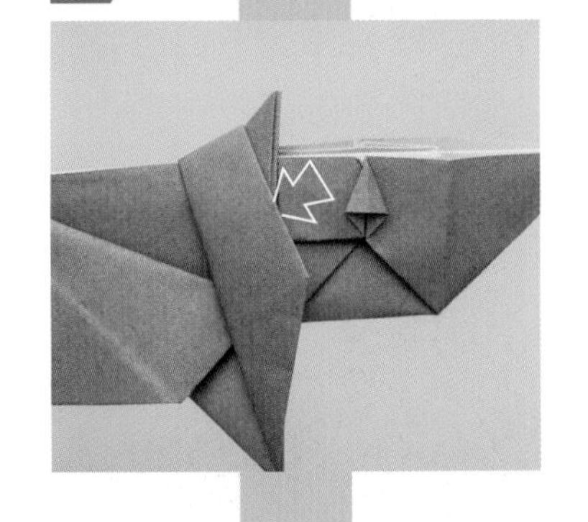

45 머리를 앞쪽으로 끌어낸다. (46 참조)

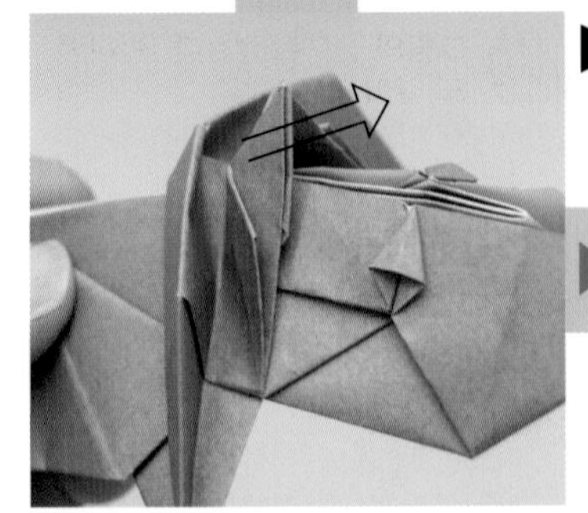

46 그림의 선으로 접는다. (반대편도 같이 접는다.)

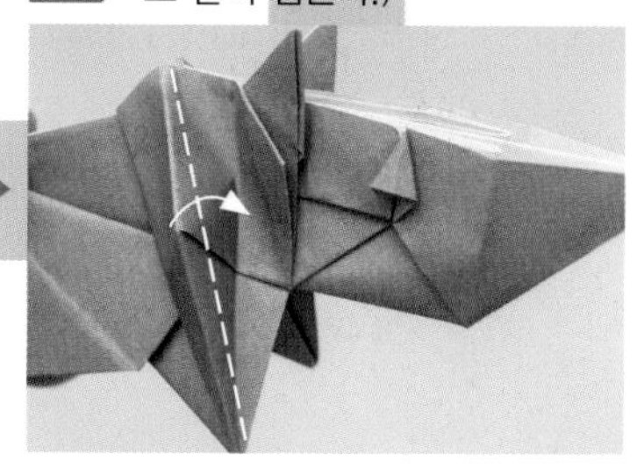

47 안쪽으로 접어 넣는다(반대쪽도 같이 접는다.)

48 들어 올려 덮어씌운다.

49 귀 부분을 살짝 펼친다. (반대쪽도 같이 접는다.)

50 아래부분을 펼친다.

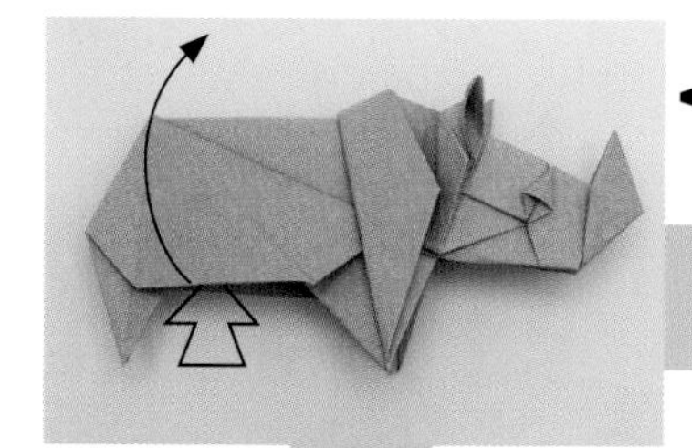

51 펼친다.

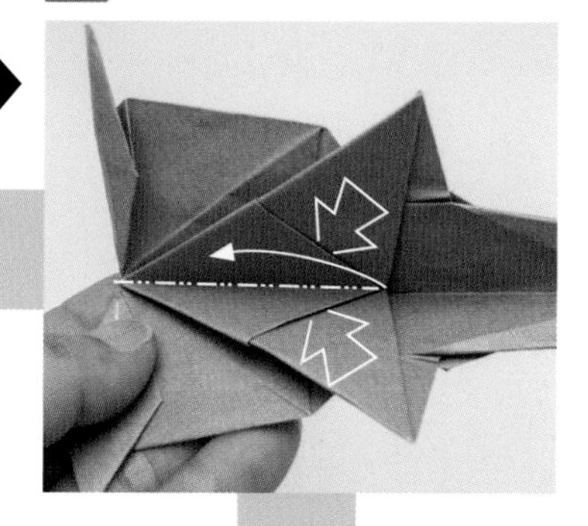

52 접혀 있는 부분을 더 끌어낸다.

53 그림의 선대로 벌려 네모 모양이 나오게 한다.

54 그림의 선대로 펼치고 중심에서 닫는다.

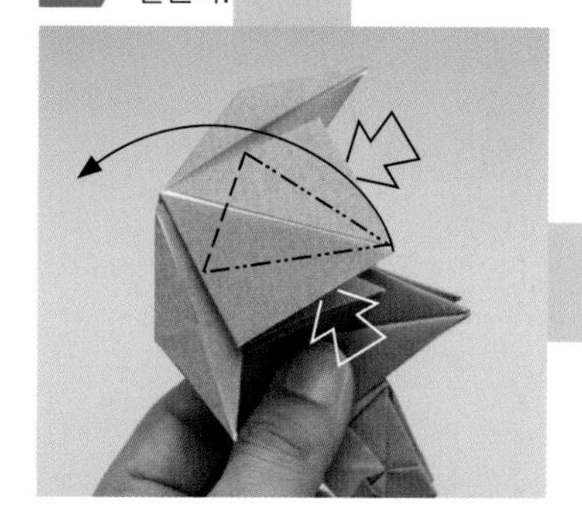

55 닫는다.

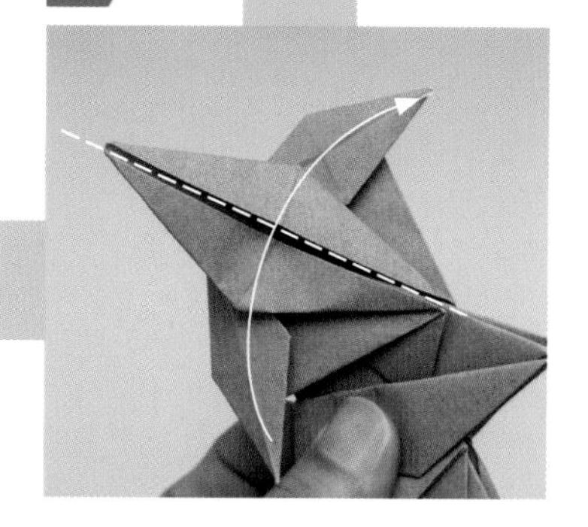

56 가운데를 나눠 접는다.

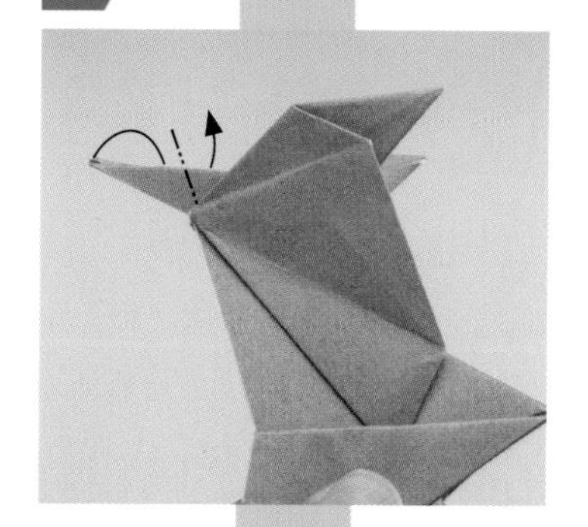

57 전체를 본다.

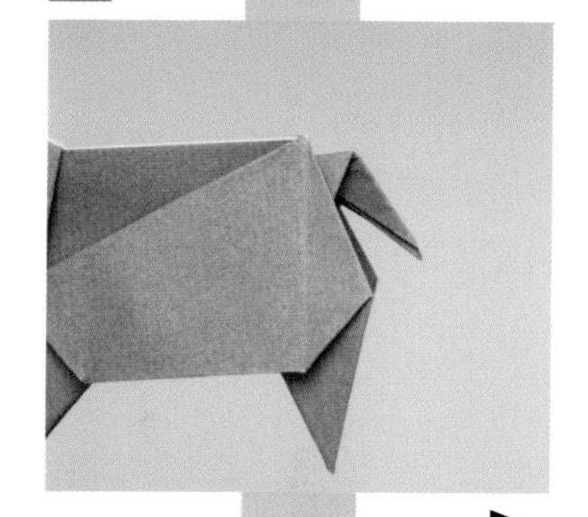

완 성

WHITE-EYE
동박새

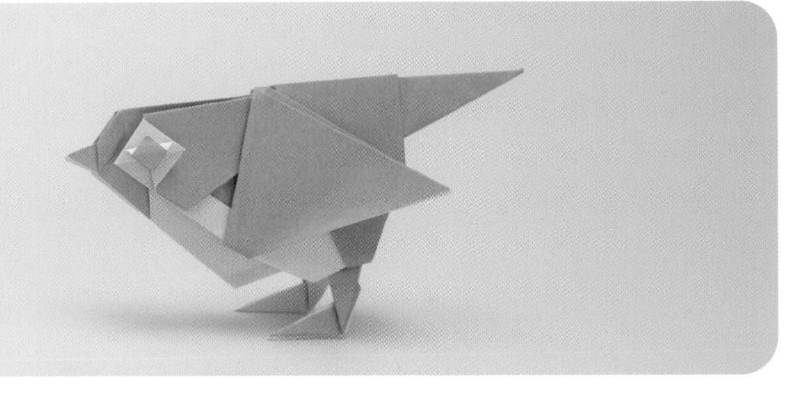

난이도★★★★★☆☆

스타트!

01 가장자리와 가장자리를 가로세로 반으로 접어 주름을 잡아 뒤집는다

02 모서리를 중심으로 가지런히 접는다.

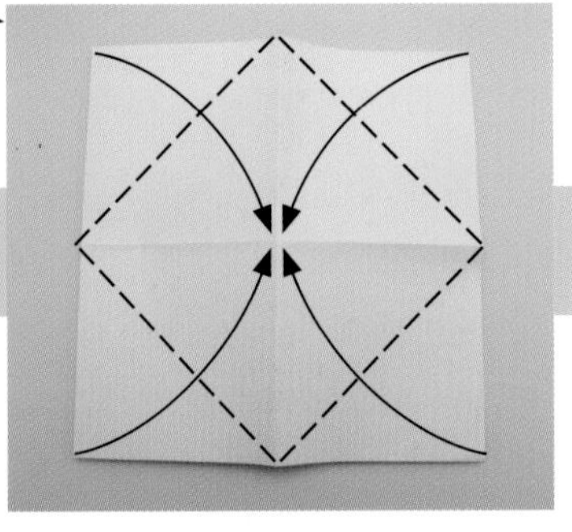

03 뒤집는다.

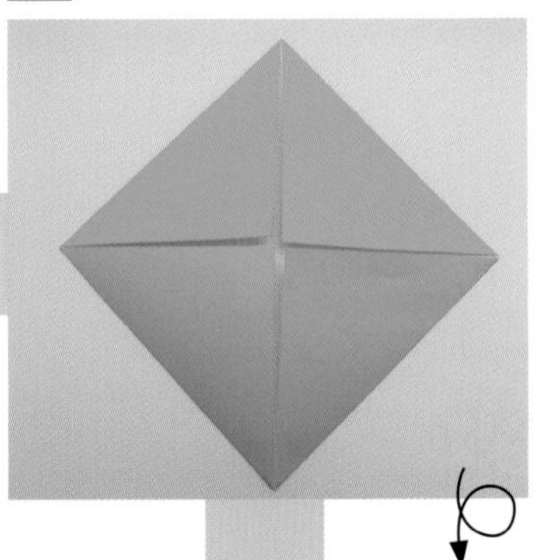

04 그림의 선대로 꺽음 접기 (접는 방법은 015페이지 참조)

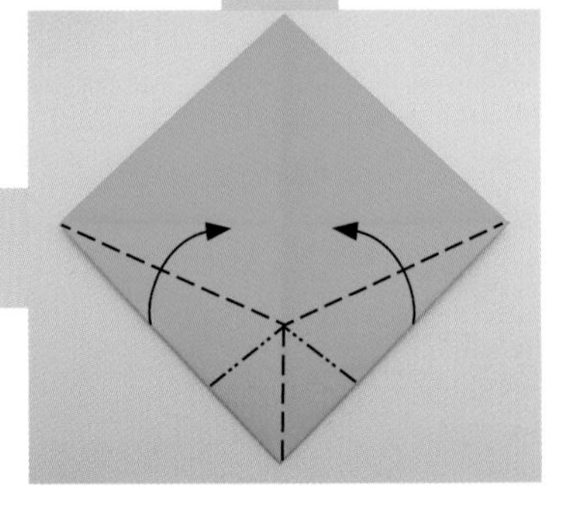

05 뒤쪽으로 접혀 있는 부분을 앞으로 내민다.

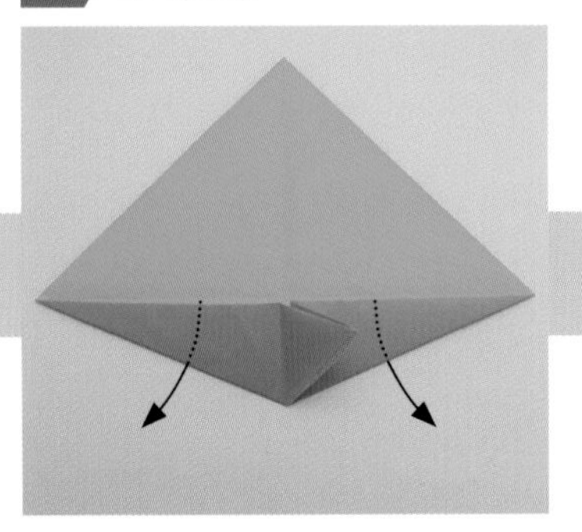

06 윗쪽도 04~05 과 같이 접는다.

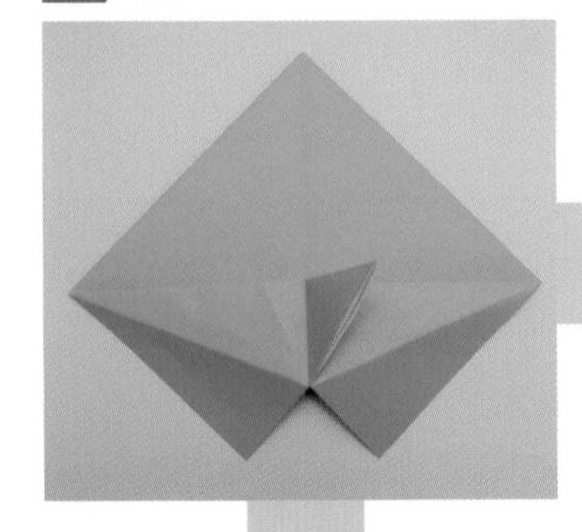

07 그림 선을 접기

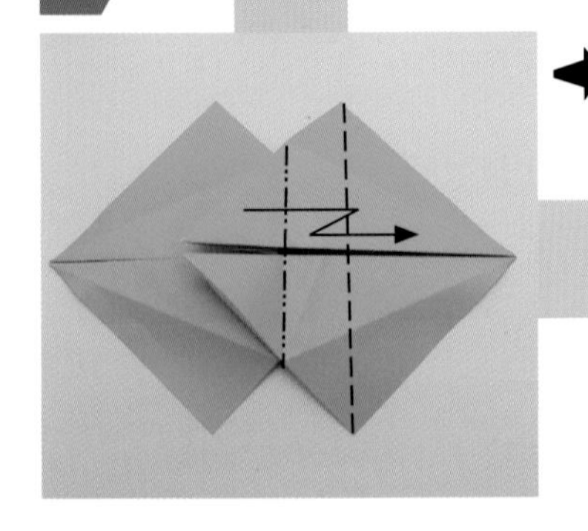

08 접히는 위치를 돌려 접는다.

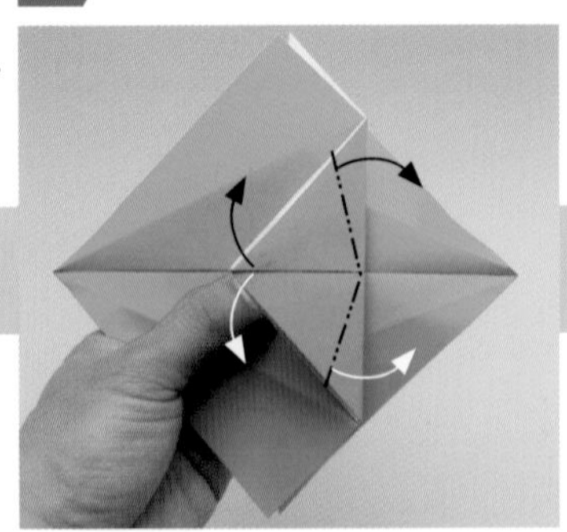

09 살짝 벌려서 시선을 바꾼다.

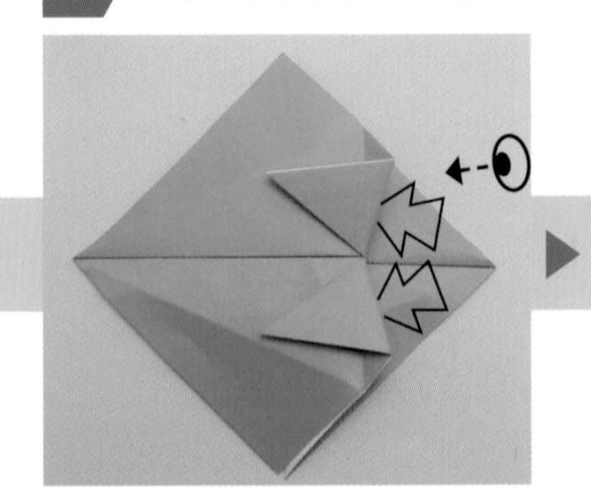

10 그림의 선대로 접는다.

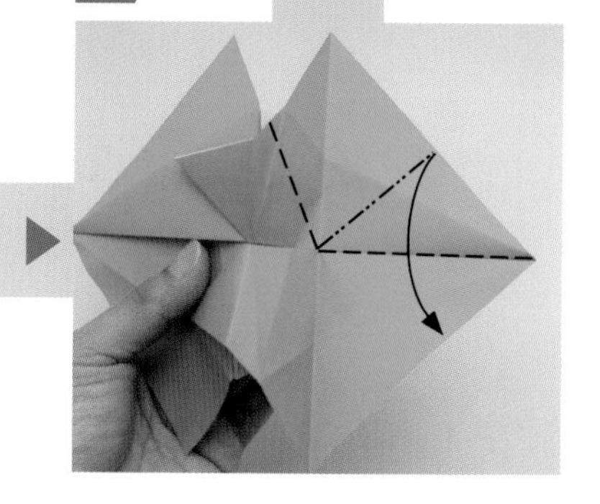

10-2 접는 과정

11 그림의 선대로 펼쳐 접는다.

12 중간 정도 접듯이 뒤로 접어 넣는다.

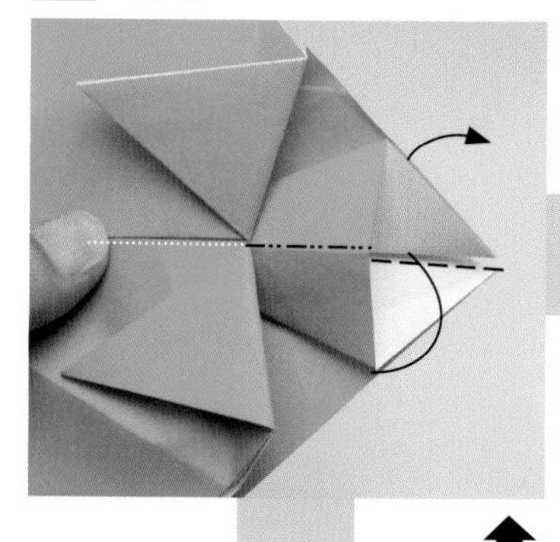

13 아래쪽 나머지도 10 ~ 12 과 같이 접는다.

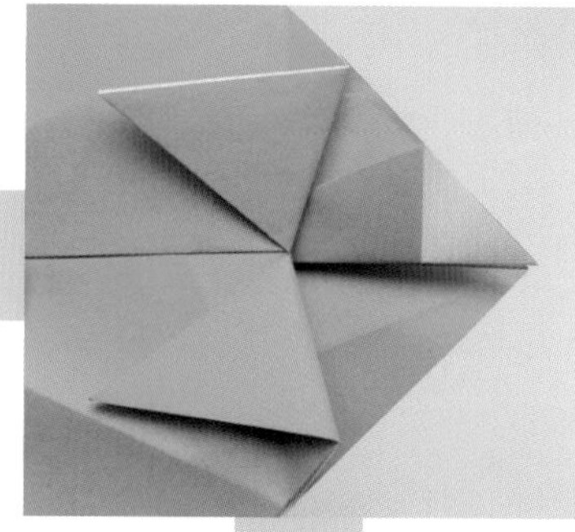

14 아래로 젖힌다.

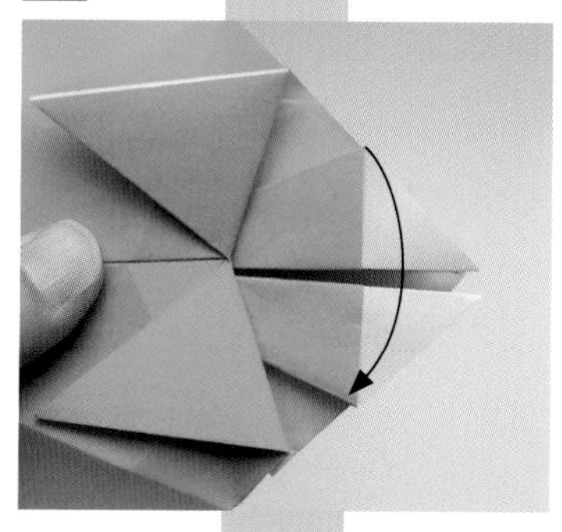

15 그림의 선대로 접는다.

16 그림의 선대로 접는다.

17 오른쪽으로 되돌린다.

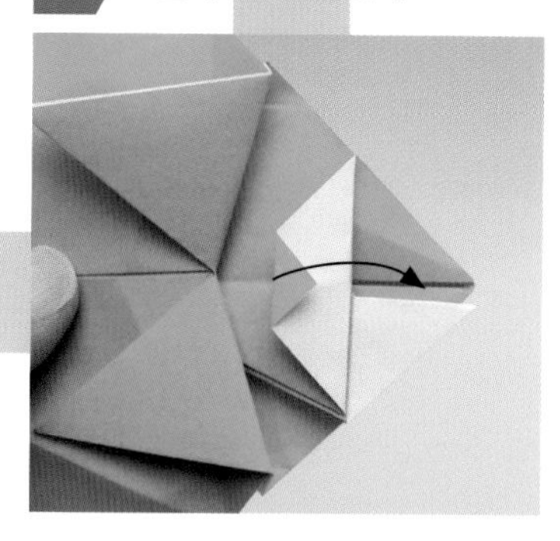

18 그림의 선대로 접는다.

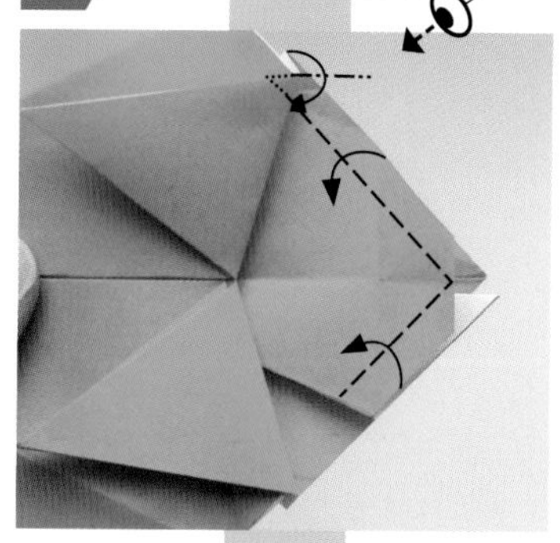

시선의 위치에서 봤을 때

19 그림의 선대로 접는다.

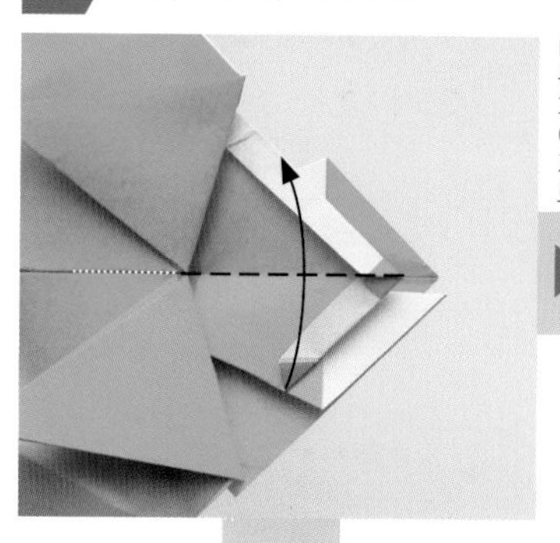

다음페이지로

20 그림의 선대로 벌려 네모 모양이 나오게 한다.

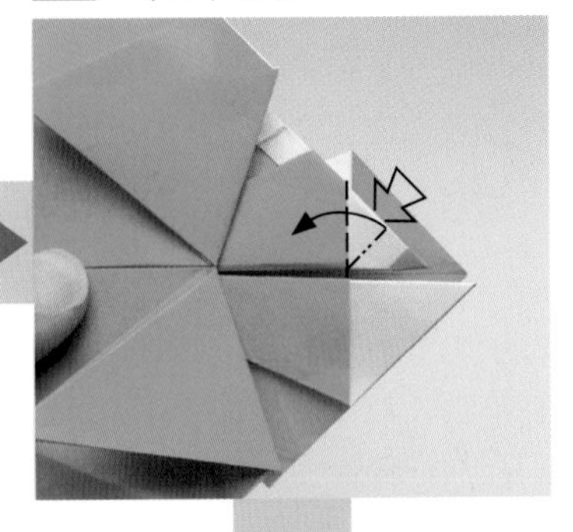

21 아래쪽도 14 ~ 20 과 같이 접는다.

22 그림의 선대로 뒤로 접는다.

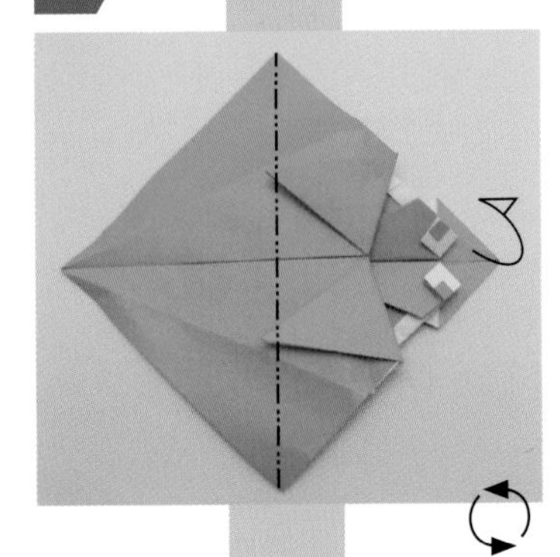

23 그림의 위치에 주름을 잡는다.

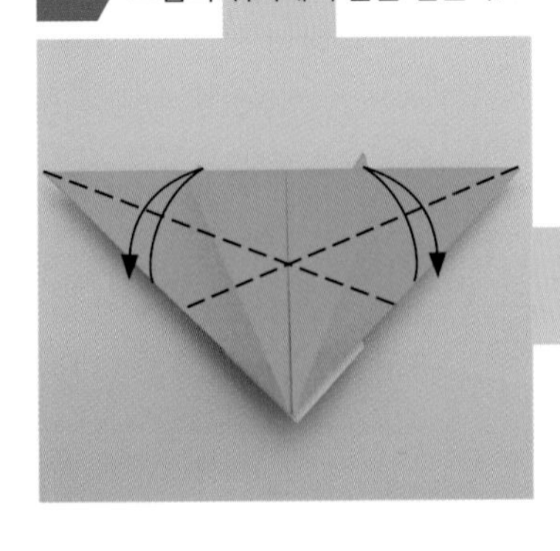

24 그림의 위치(붙어 있는 주름이 교차하고 있는 곳)에서 접는다.

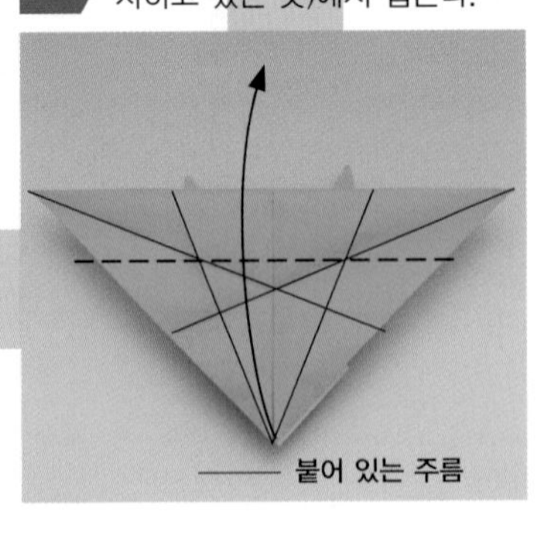
붙어 있는 주름

25 그림의 선대로 펼쳐 접는다.

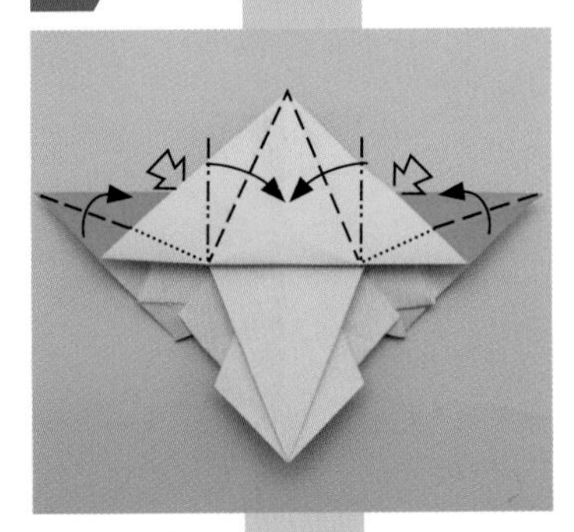

26 선으로 둘러싼 부분을 하단의 한 장과 교체한다. (27 참조)

27 그림의 선대로 가볍게 접는다.

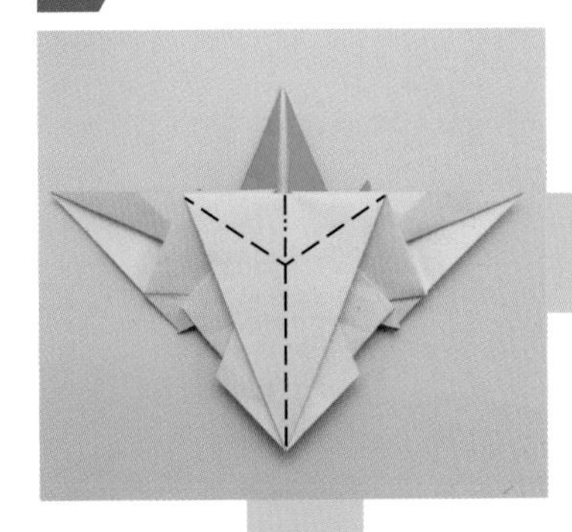

28 시선을 바꾼다.

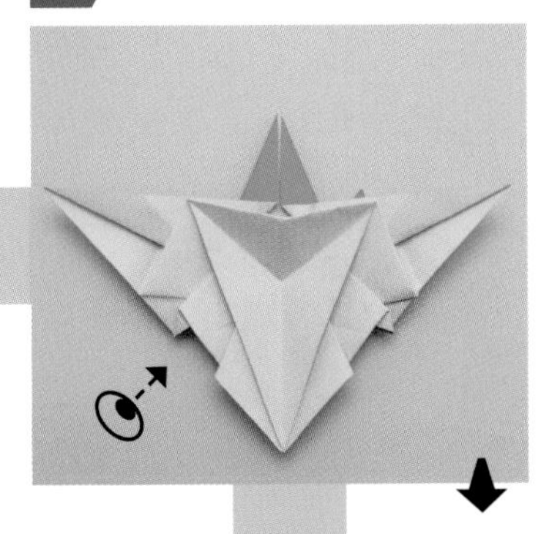

29 표면의 한 장을 끌어내기 위해 뒤집는다.

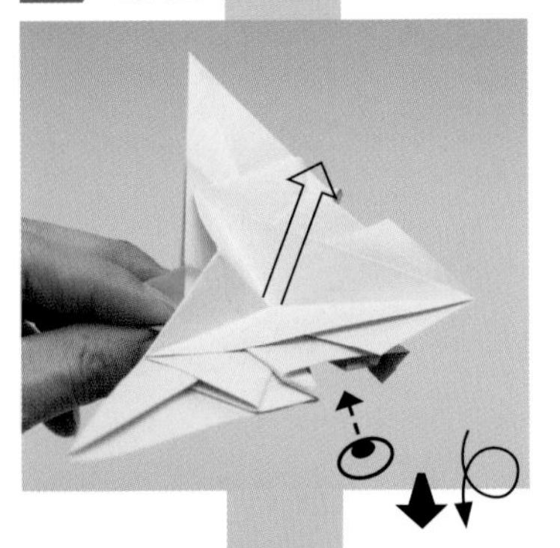

29-2 화살표의 위치 틈으로 가는 막대기 등을 써서 밀어내다.

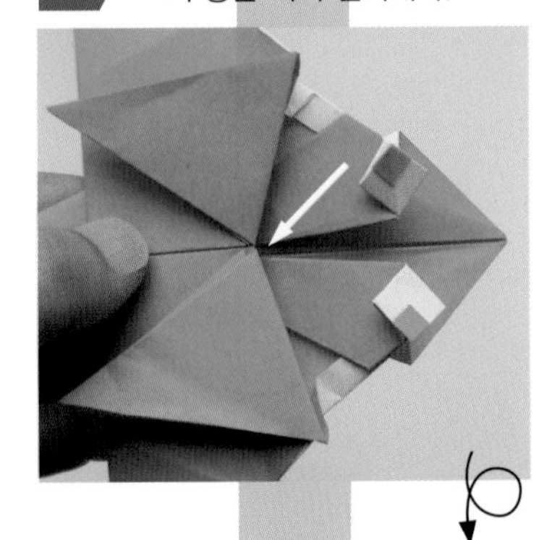

30 위로 끌어올린다.

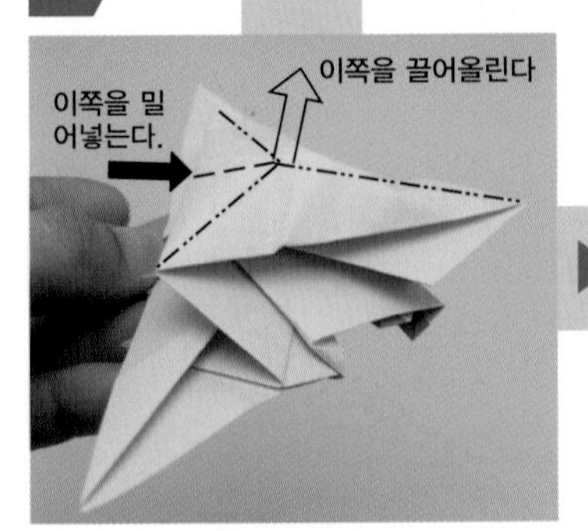
이쪽을 끌어올린다
이쪽을 밀 어넣는다.

31 닫는다.

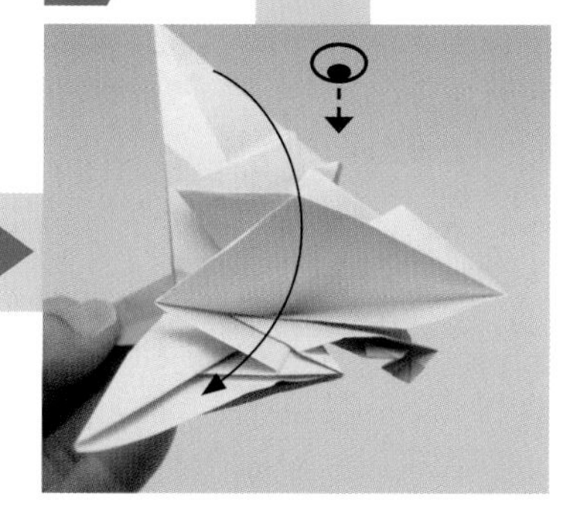

32 오른쪽으로 넘긴다.

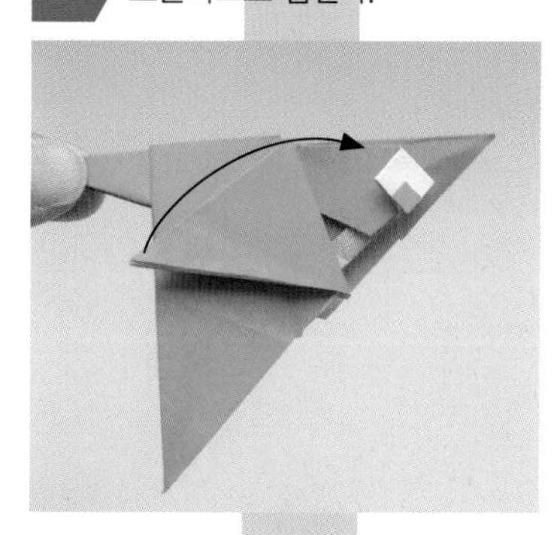

33 그림의 선대로 펼쳐 접는다.

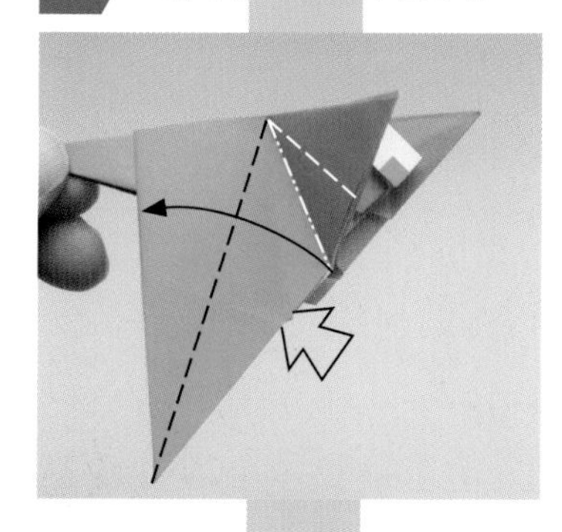

34 일단 펼친다.

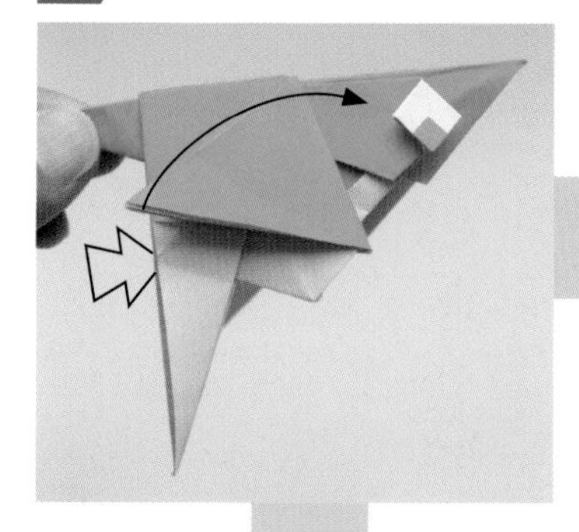

35 골짜기를 뒤로 접어 넣는다.

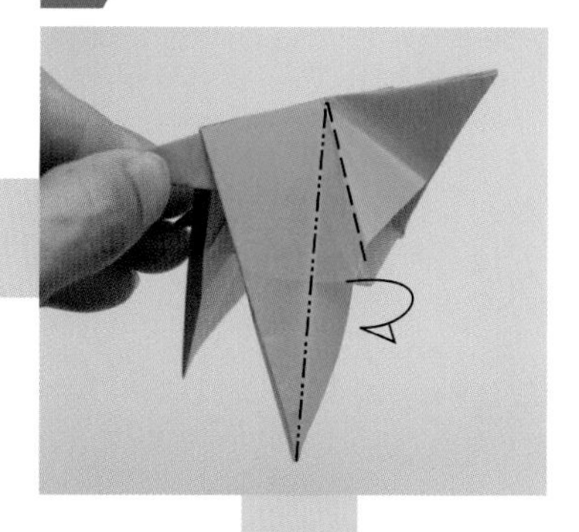

36 가운데로 밀어 접는다.

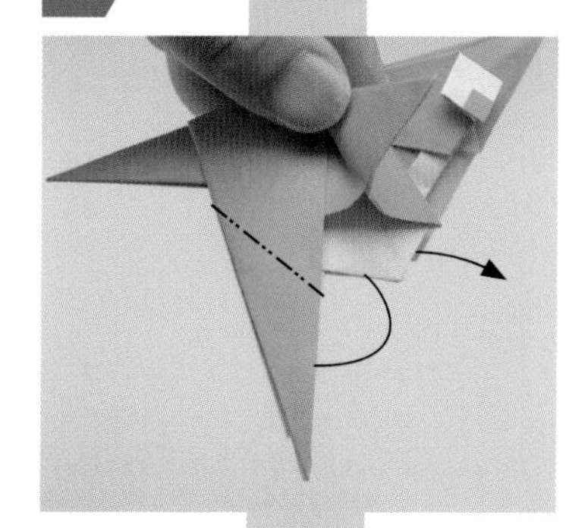

37 가운데로 밀어 접는다.

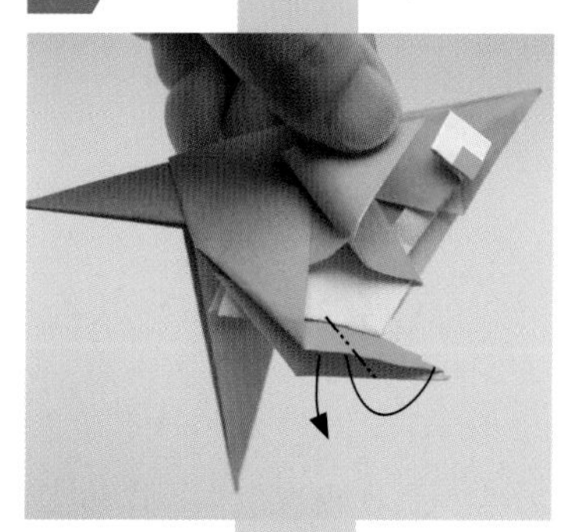

38 가운데로 밀어 접는다.

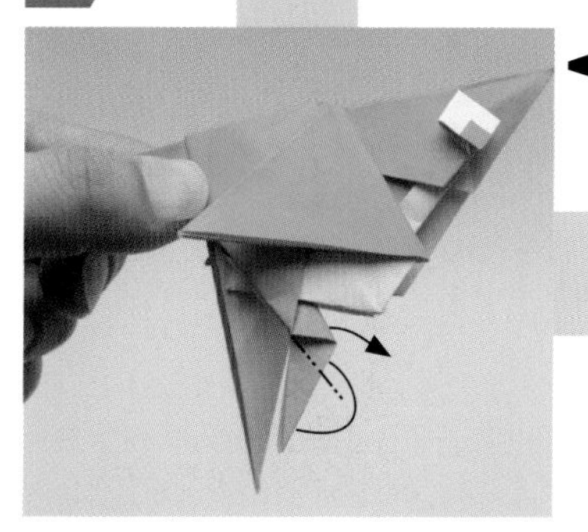

39 뒤로 접어 넣는다.

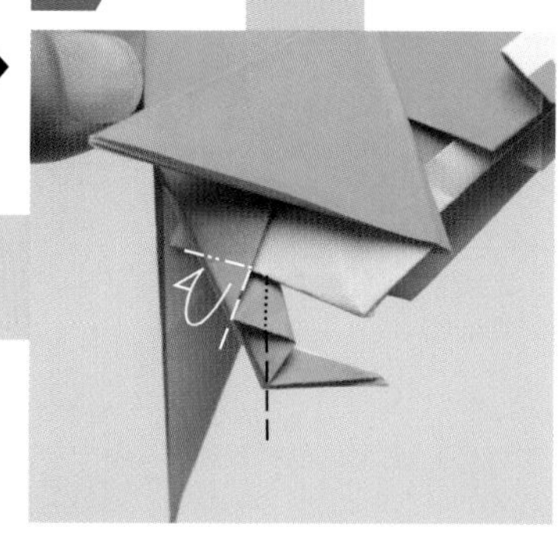

40 뒤집는다.

41 뒤로 접어 넣는다.

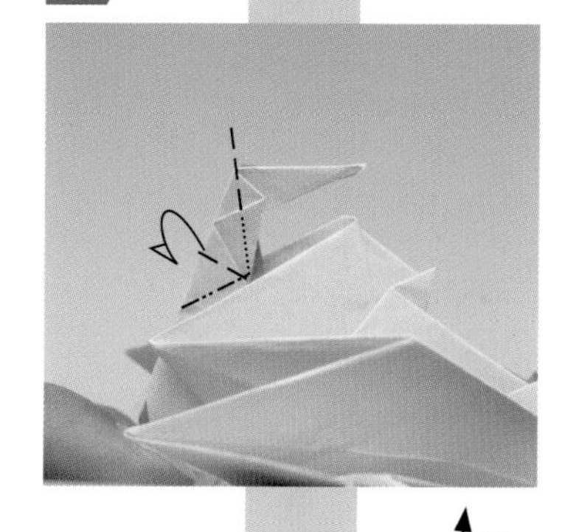

42 뒤집는다.

다음페이지로

43 뒤로 접는다

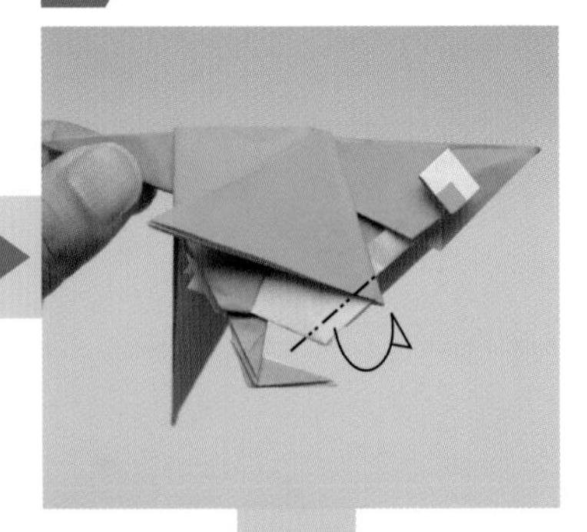

44 반대쪽도 32 ~ 43 과 같이 접는다.

45 중심 부분으로 좌우 양쪽 도면부분을 밀어넣는다.(47 참조)

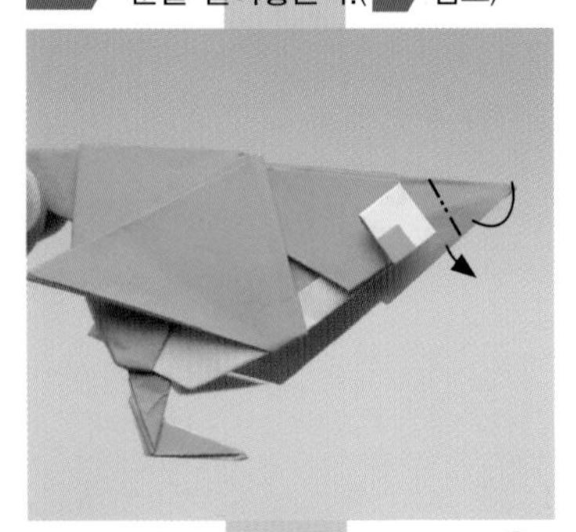

46 시선을 바꾼다.

47 부리를 세워 일으킨다.

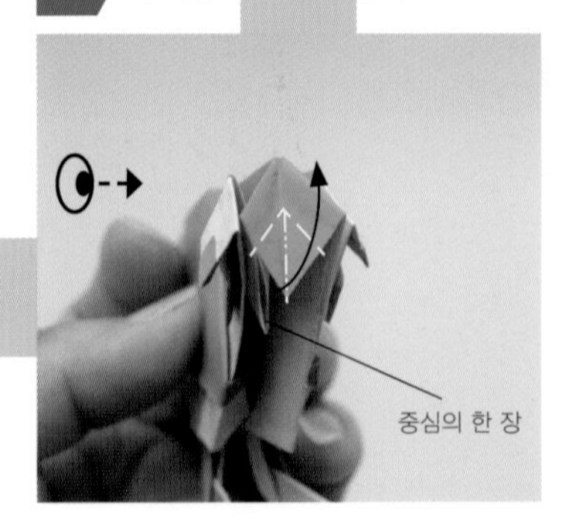

48 뒤로 접어 넣는다.(반대쪽도 동일)

49 눈 부분을 계단으로 접어(검은눈 부분은 그대로)(반대쪽도 동일)

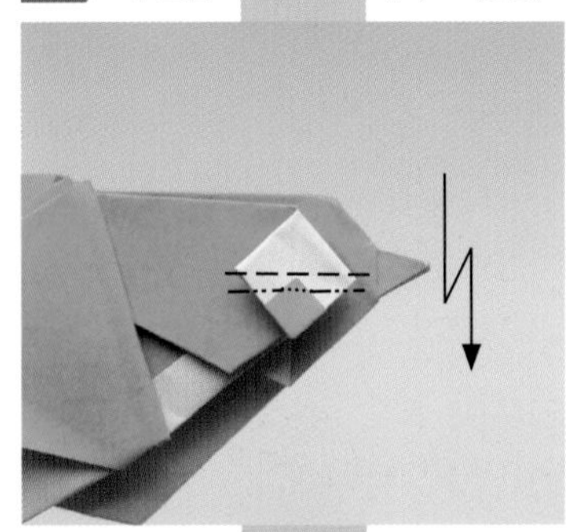

50 배 쪽에서 봤을 때

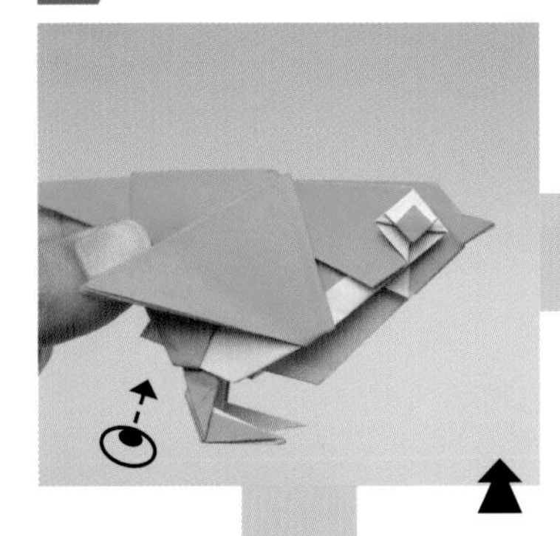

51 화살표 방향으로 정리한다.

52 함께 접어서 안쪽으로 넣는다.

53 닫는다.

완 성

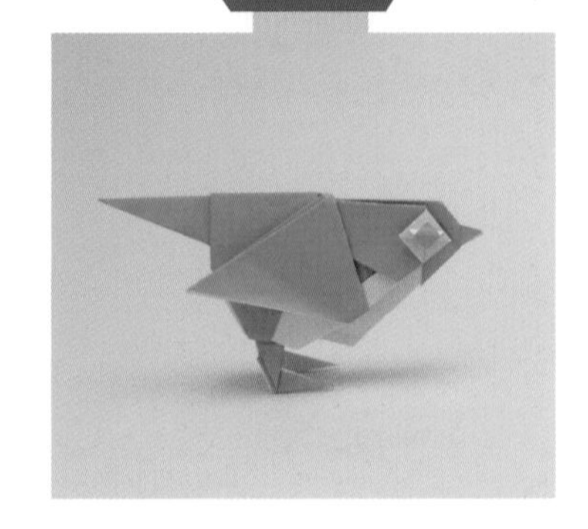

SLOTH
나무늘보

난이도★★★★★★☆

어미 24×24cm 새끼 15×15cm종이접기 용지사용
새끼를 접을 때는 머리를 40 거꾸로 향합니다.

스타트

01 모서리와 모서리를 가지런히 하여 반으로 접어서 주름을 잡는다.

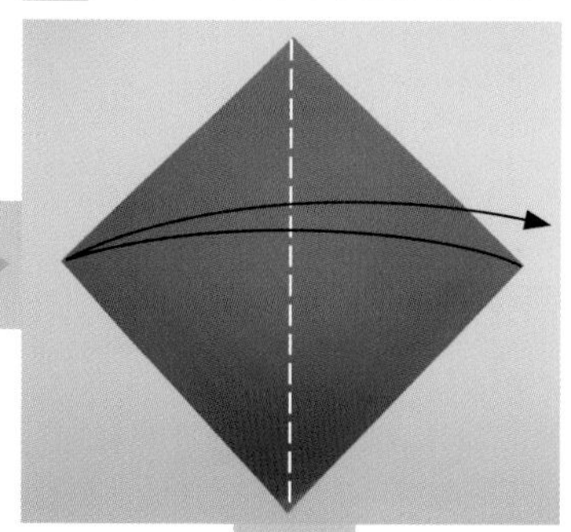

02 모서리와 모서리를 반으로 접는다.

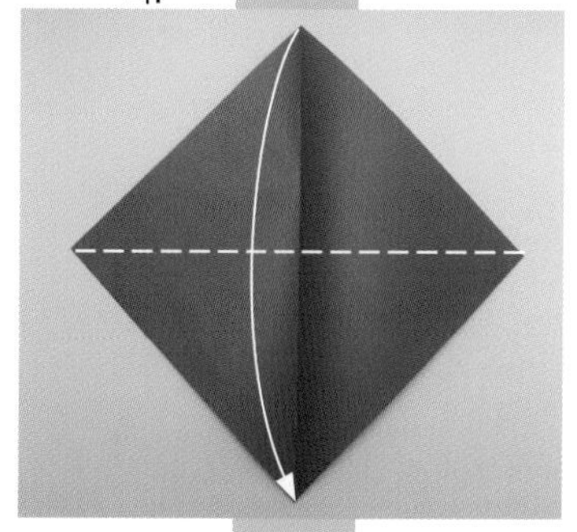

03 모서리와 가장자리를 가지런히 갖추고 접어 접기선을 만든다.

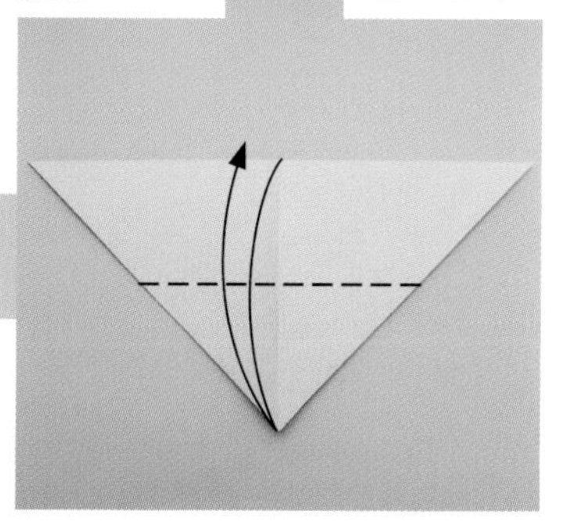

04 가장자리를 가지런히 접는다.

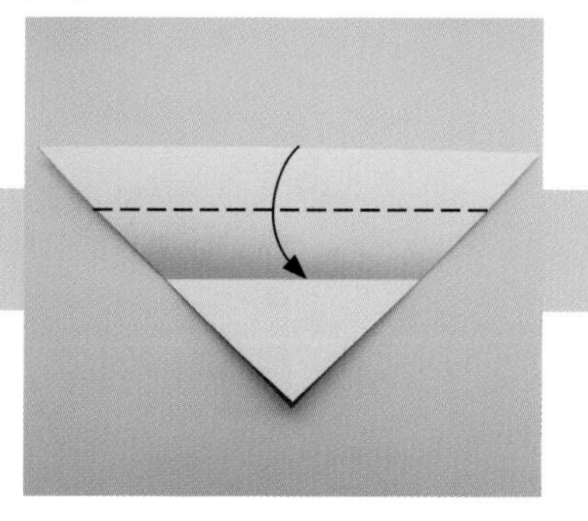

05 가장자리를 가지런히 접는다.

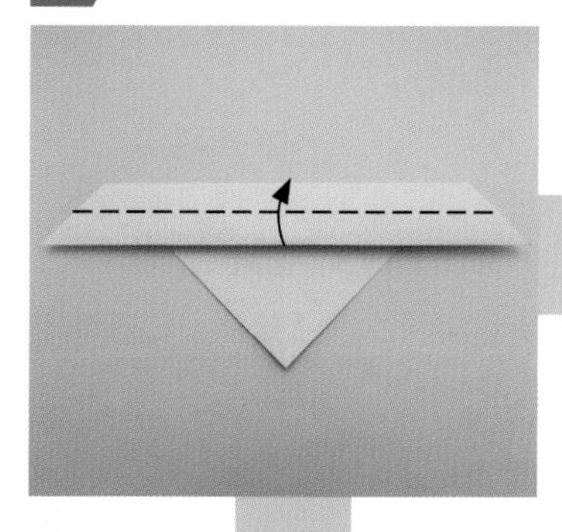

06 바로 앞의 한 칸을 밀어낸다.

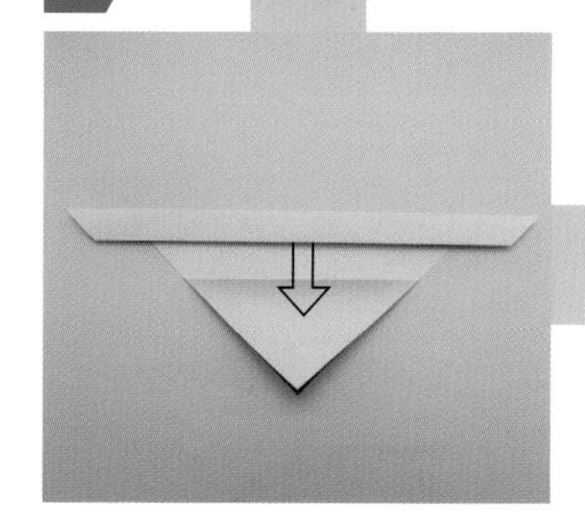

07 그림의 선대로 접는다.

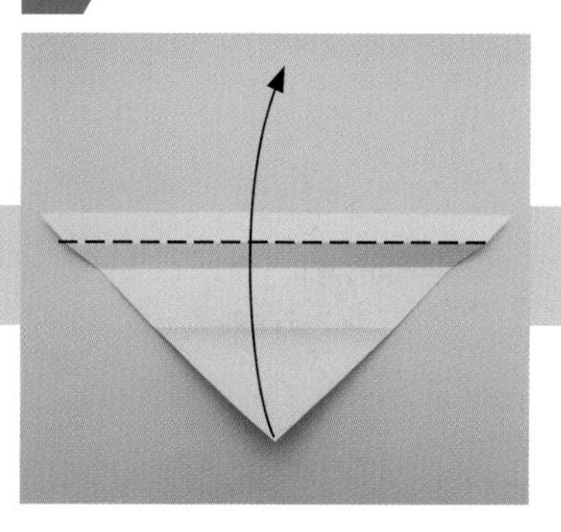

08 그림의 위치를 중심으로 가지런히 접는다.

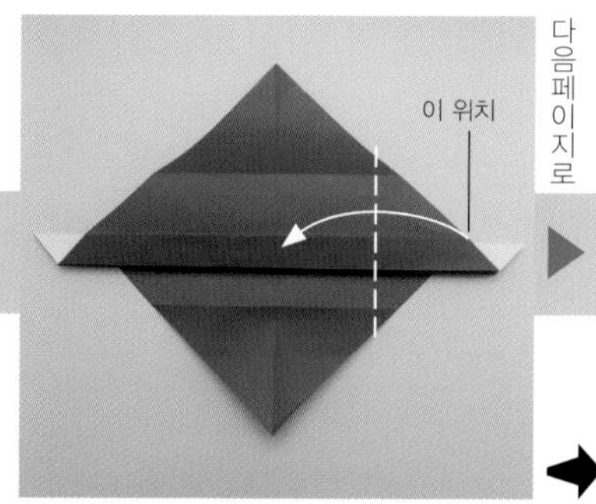

다음페이지로

09 가장자리를 가지런히 갖추고 접어서 주름을 잡는다.

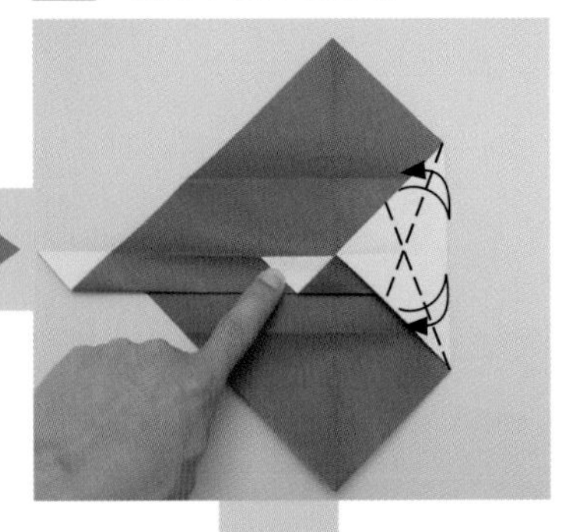

10 그림의 선으로 접는다.

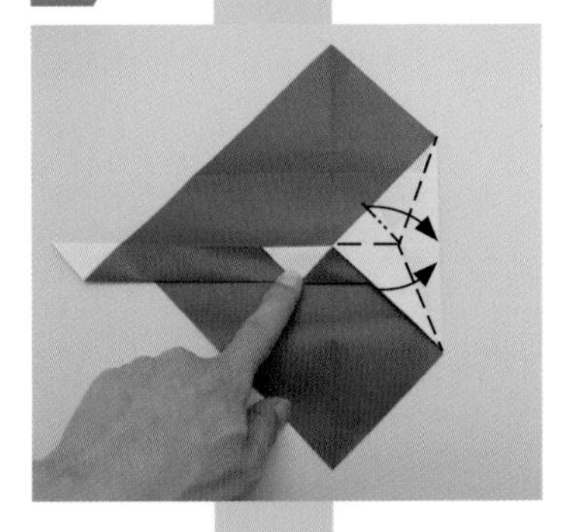

11 왼쪽도 08 ~ 10 과 같이 접는다.

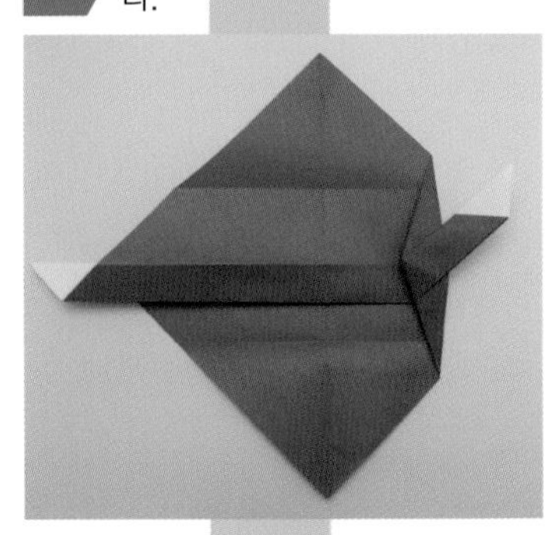

12 선으로 둘러싼 부분 확대

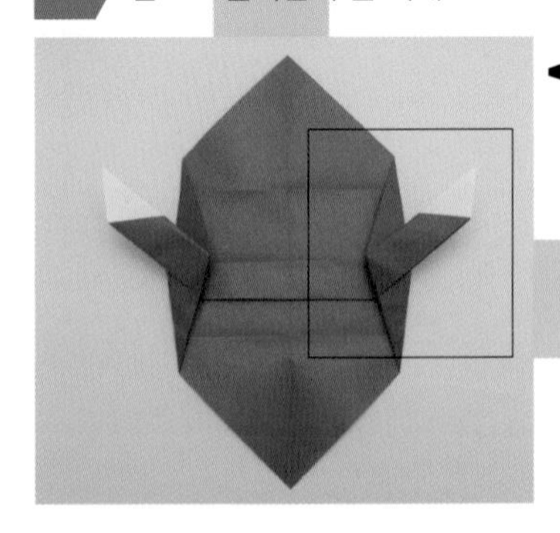

13 그림의 선대로 접는다.(14 참조)

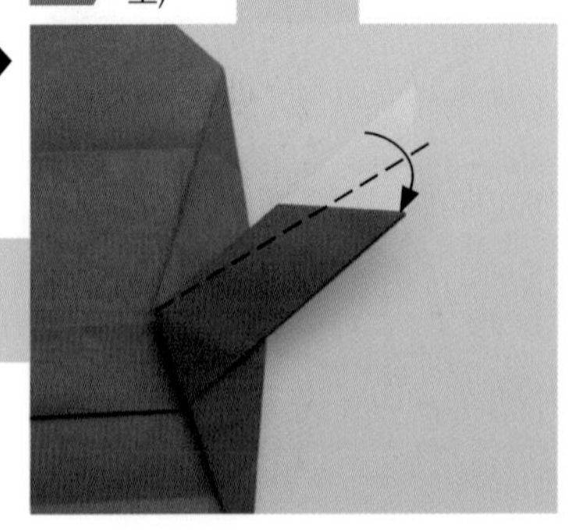

14 가닥이 잡히면 되돌린다.

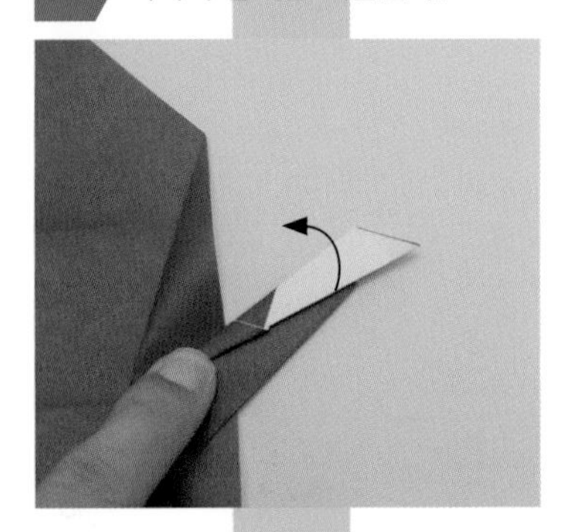

15 양쪽을 가운데 안쪽으로 밀어넣는다.

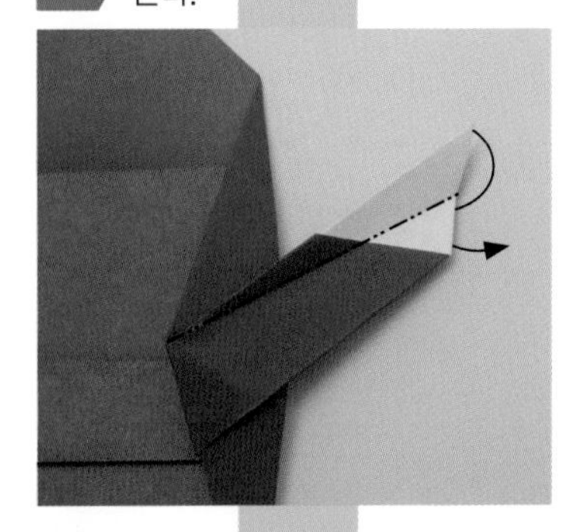

16 그림의 선대로 접는다.

17 뒤쪽으로 꺾는다.

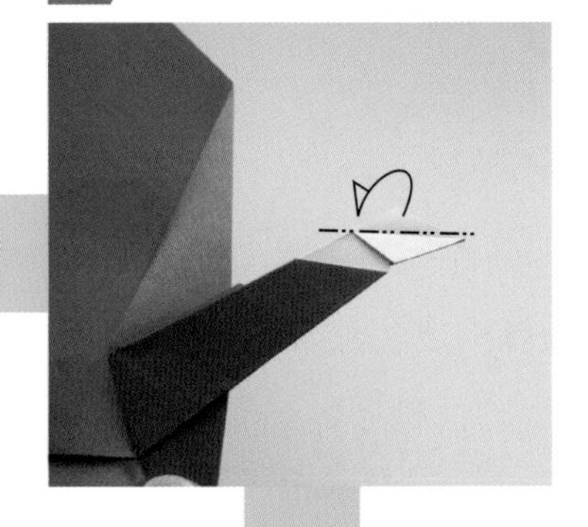

18 그림의 선대로 꺾는다.

19 전체를 본다.

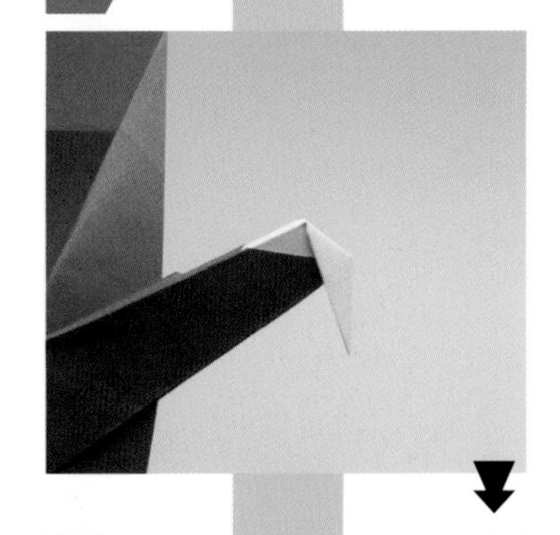

20 왼쪽도 13 ~ 19 과 같이 접는다.

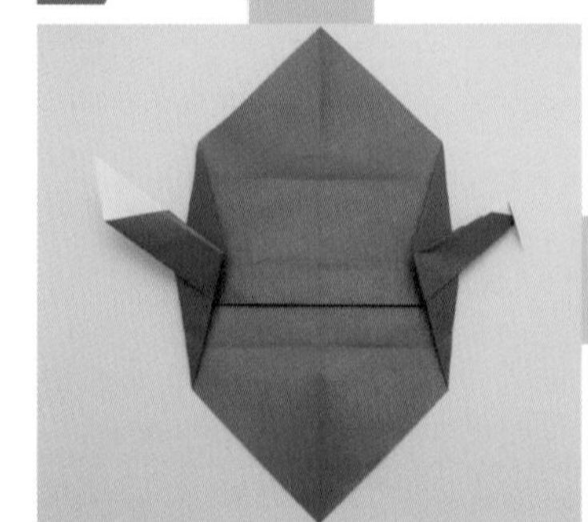

21 반으로 접는다.

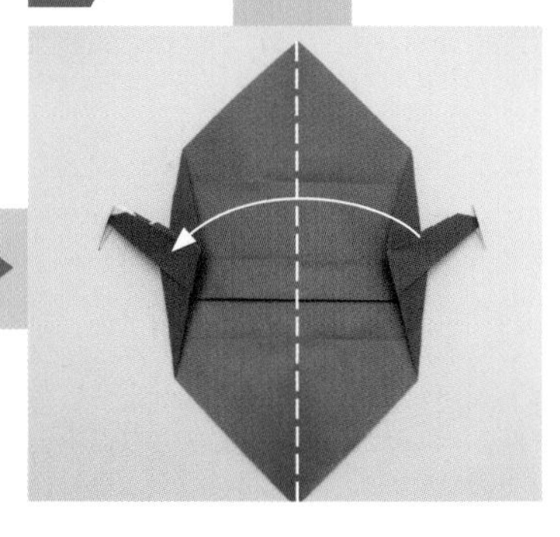

22 반으로 접는다.

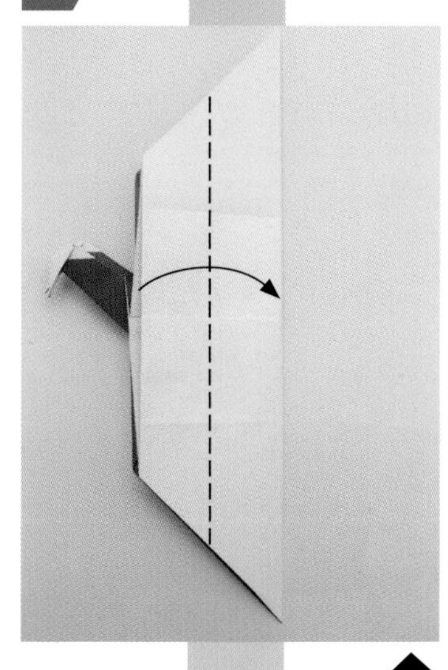

23 뒤쪽으로 반으로 접는다.

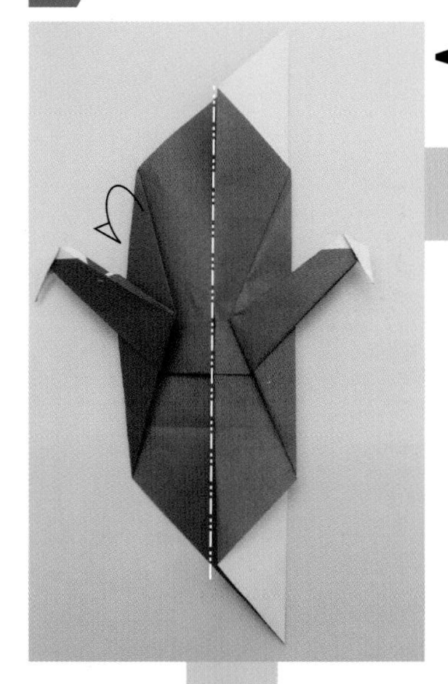

24 그림의 선대로 벌려 네모 모양이 나오게 한다.

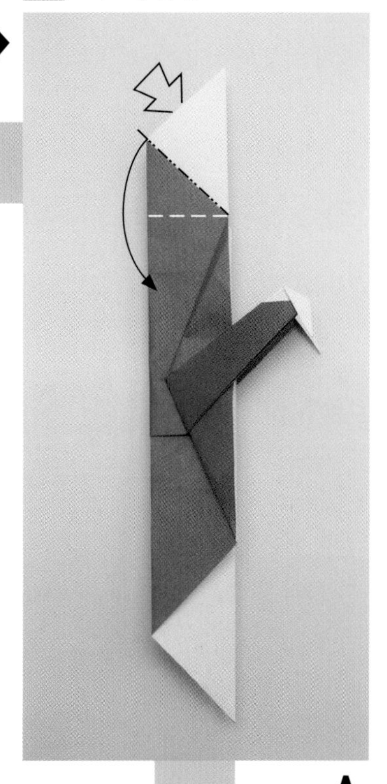

25 90° 회전한다.

26 반을 접어서 주름을 잡는다.

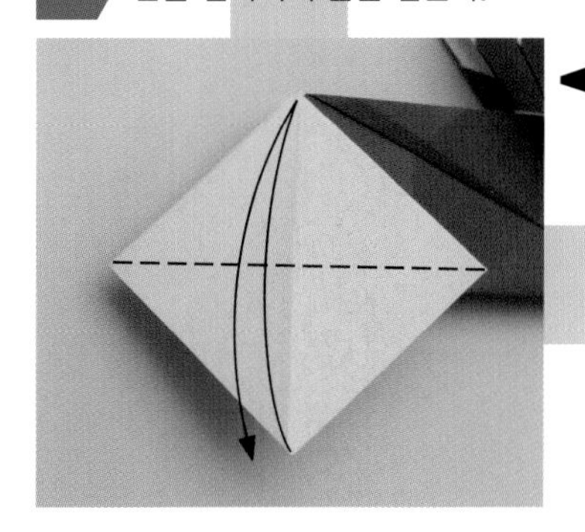

27 접힘줄에 각을 맞추어 접어서 주름을 잡는다.

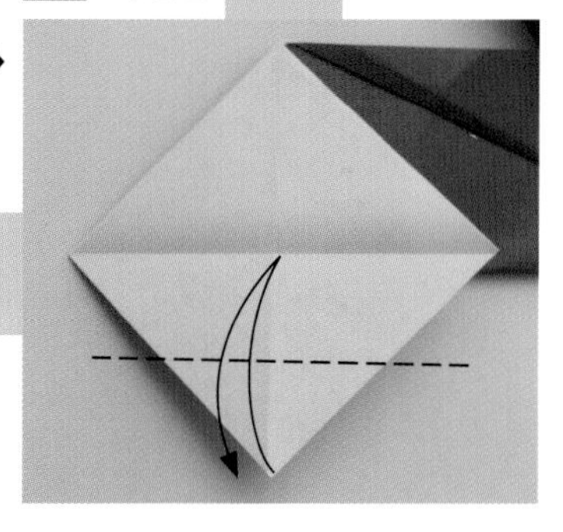

28 27 나온 주름에 각을 맞추어 접는다.

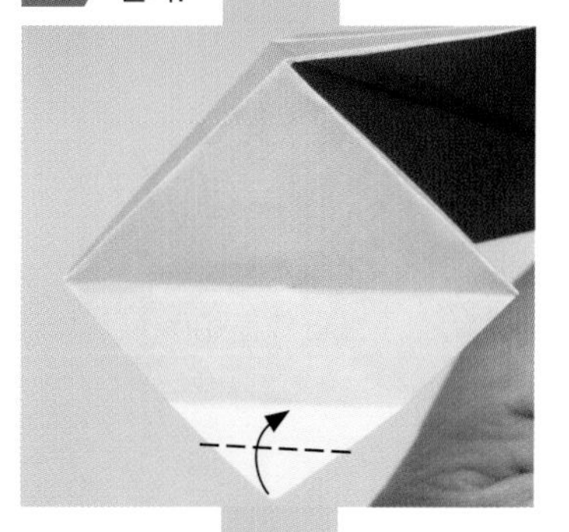

29 그림 선을 접기

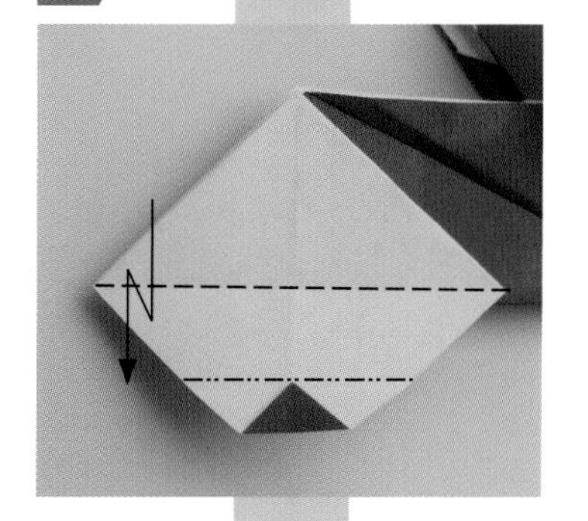

30 위쪽으로 펼친다.

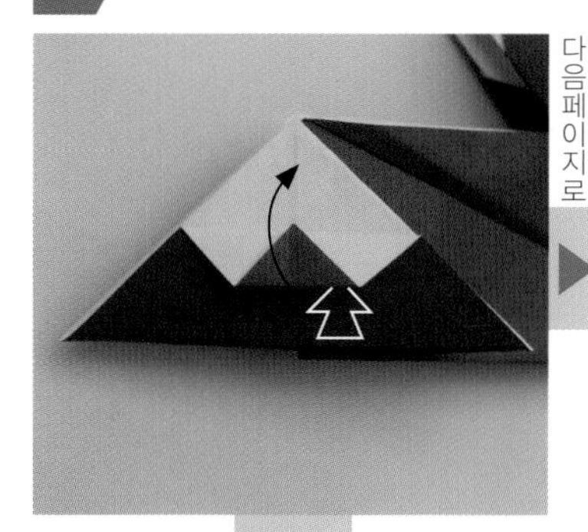

다음페이지로

31 그림의 선대로 접는다.

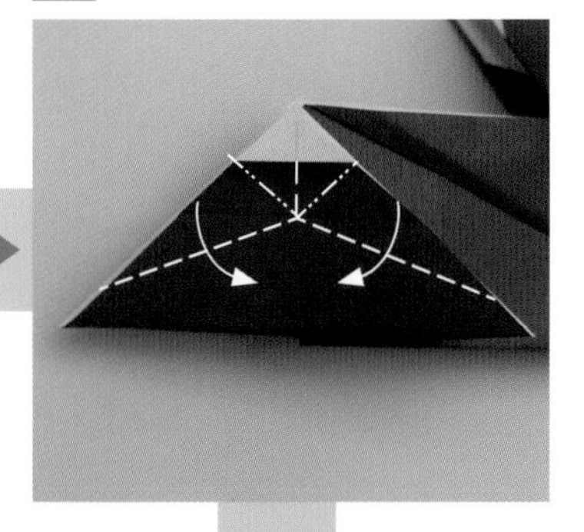

31-2 접는 과정

32 그림의 선대로 펼쳐 접는다.

33 그림의 선대로 접는다.(34 참조)

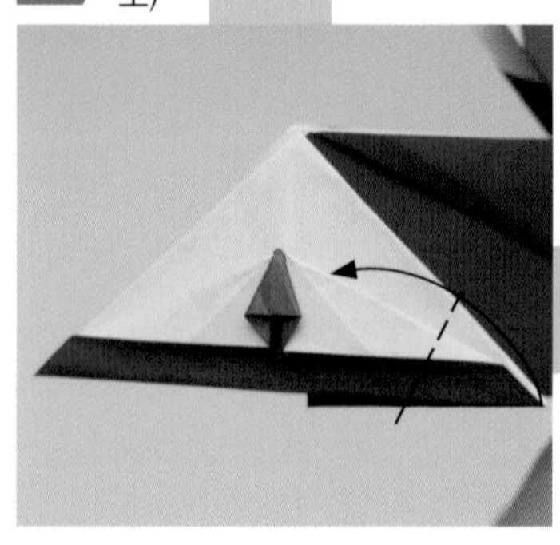

34 가닥이 잡히면 되돌린다.

35 그림의 선대로 펼쳐 접는다.

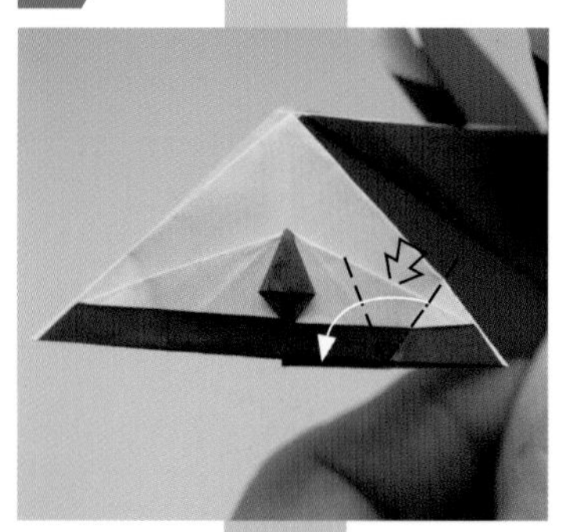

36 그림의 선대로 접어서 꽂는다.

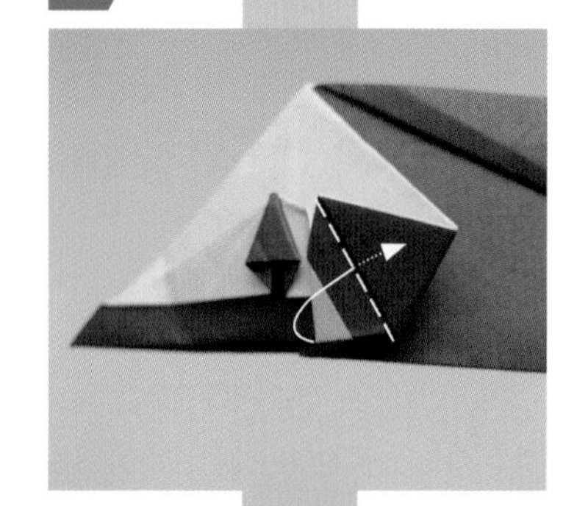

36-2 꽂는 중간 과정

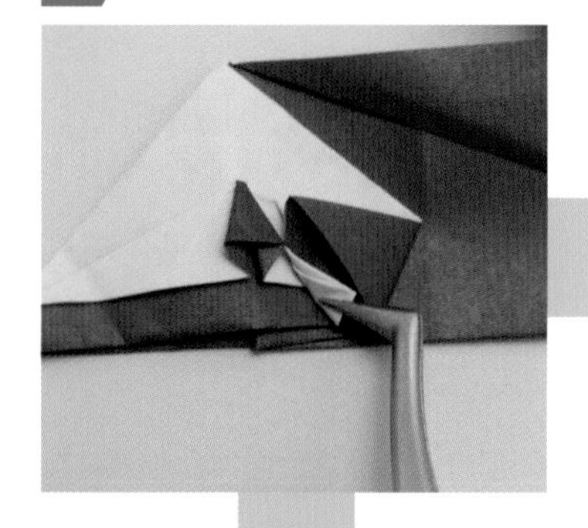

37 왼쪽도 33 ~ 36 과 같이 접는다.

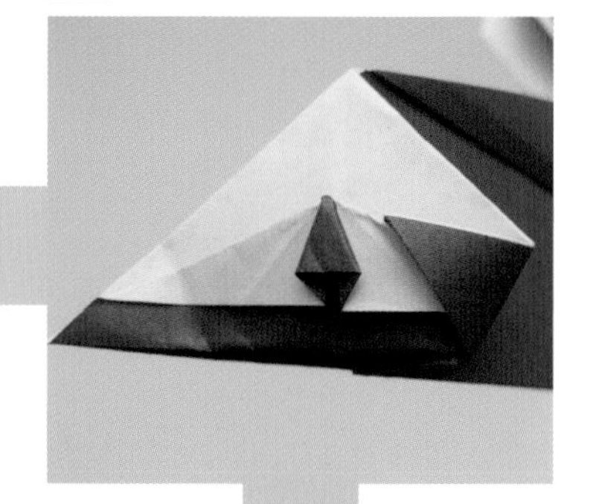

38 90도 회전한다.

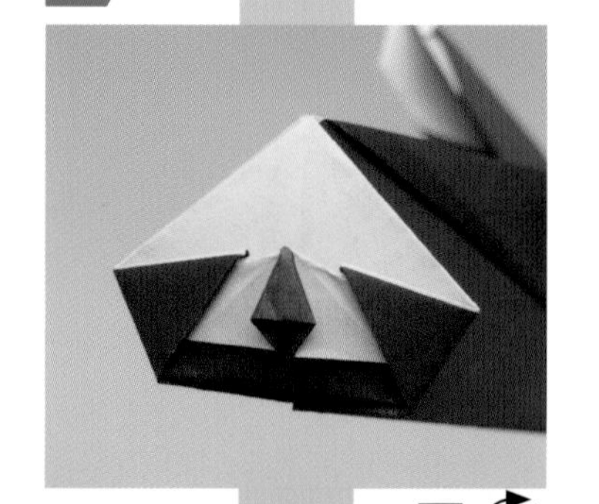

39 그림의 선대로 중심으로 회전한다.

40 그림의 선대로 열어 접는다.(반대측도 동시에 접는다.)

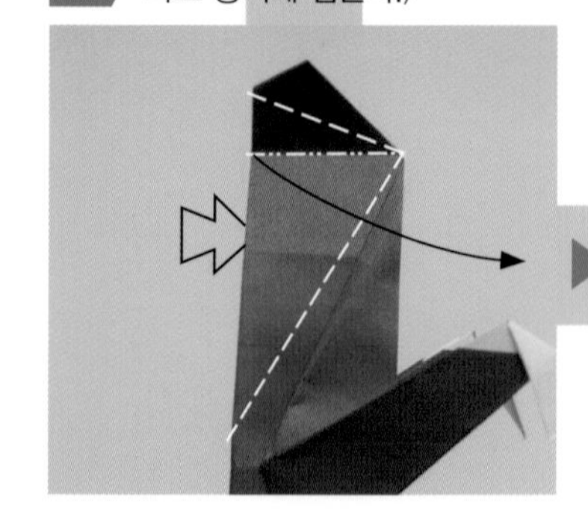

40 -2 접는 과정

41 그림 선을 접기
(얼굴은 위에서 씌운다.)

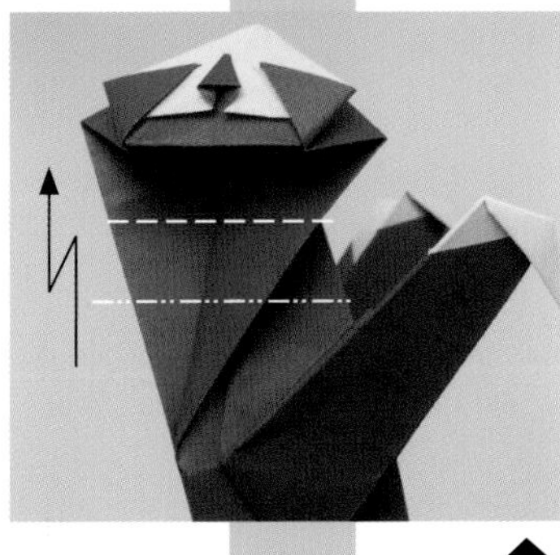

41 -2 계단 접기 중간 단계

42 이렇게 되면 일단 접어서 뒤집는다.

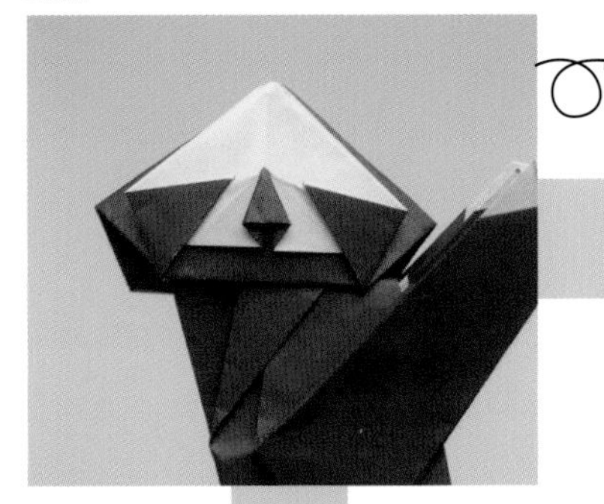

43 펼친다.

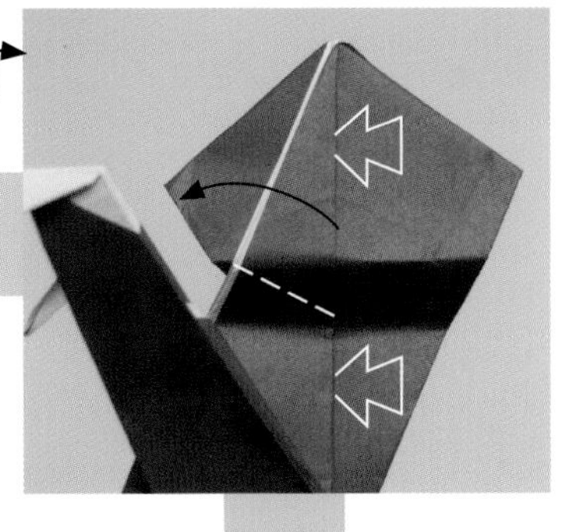

44 그림의 선과 원래의 주름을 사용하여 접는다.

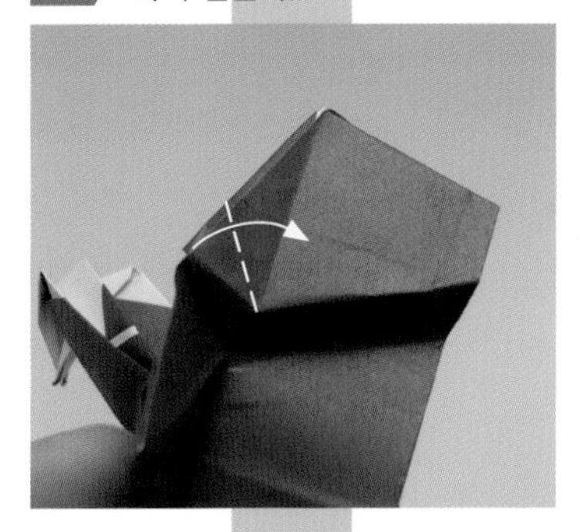

44 -2 접는 과정

45 뒤집는다

46 함께 뒤로 접는다

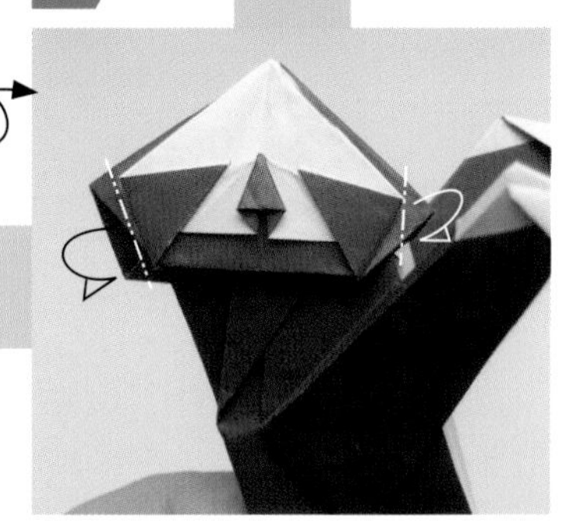

47 함께 위에서 말듯이 접는다

48 ①코 윗쪽을 뒤로 접어 넣는다.
②뒤로 접는다

49 다음은 전체본다.

다음페이지로

50 앞면 그림의 선대로 펼쳐 접는다.

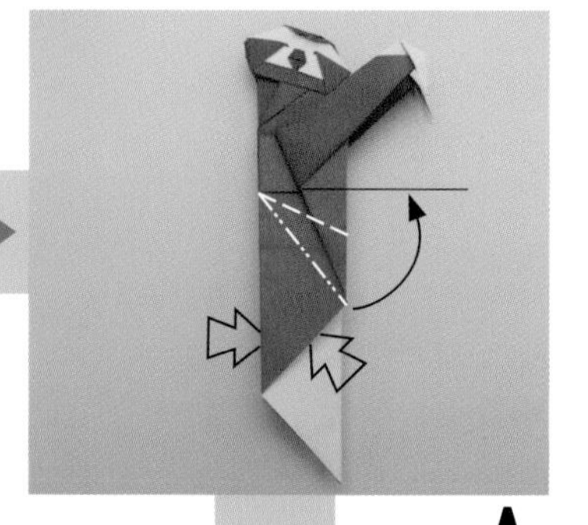

50-2 접는 과정

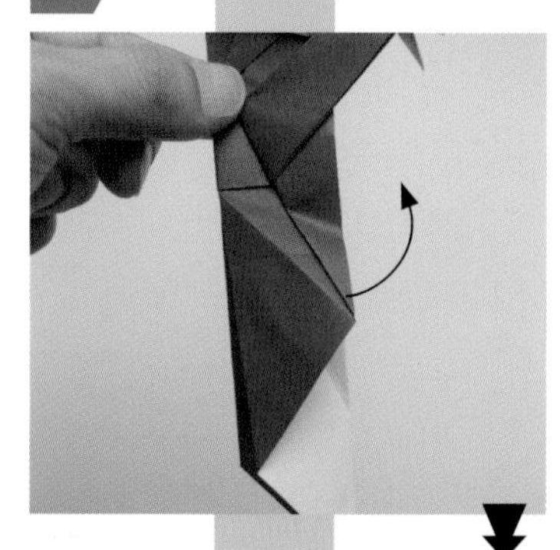

51 그림의 위치를 아래쪽으로 접는다.

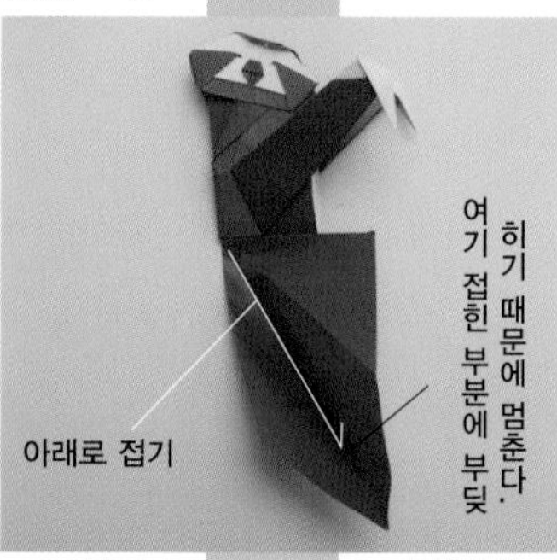

아래로 접기
여기 접힌 부분에 부딪히기 때문에 멈춘다.

52 뒤집는다

53 반대쪽에 정렬하려면 그림의 선대로 펼쳐 접는다.

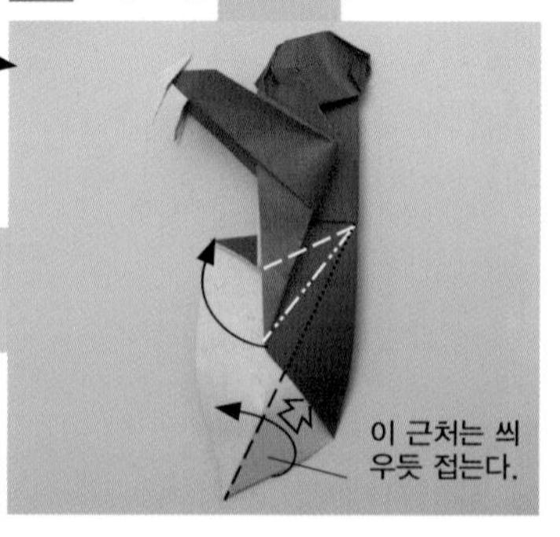

이 근처는 씌우듯 접는다.

54 AB 정렬 및 접는다.

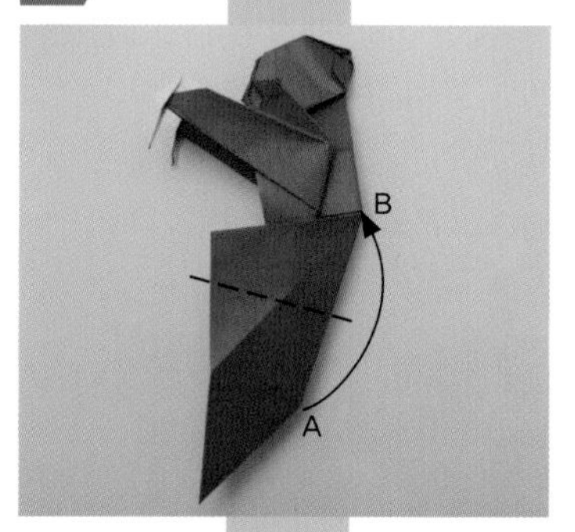

55 주름이 잡히면 원래대로 편다.

56 그림의 위치를 열어 시선을 바꾼다.

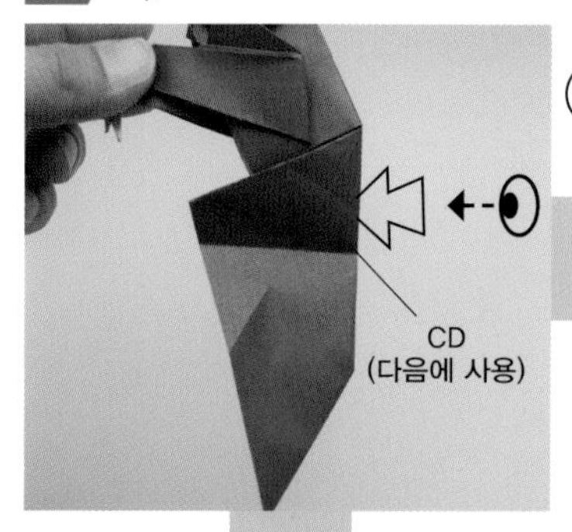

57 붙어 있는 접힌 위치 CD를 묶듯이 접는다.

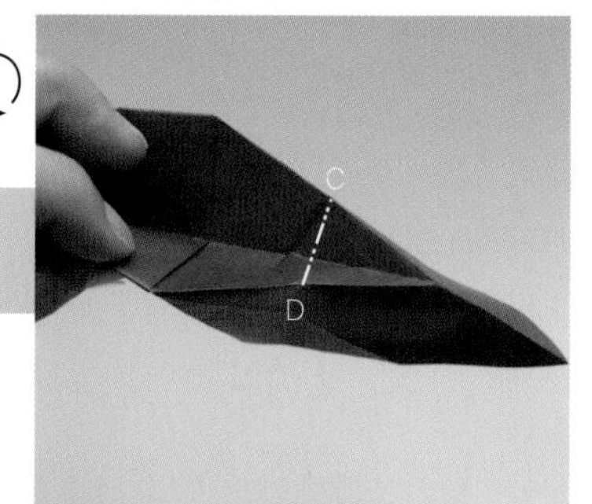

58 윗쪽을 꼬집듯이 접는다.

59 그림의 선대로 접는다. (반대쪽도 마찬가지)

60 시선을 바꾼다.

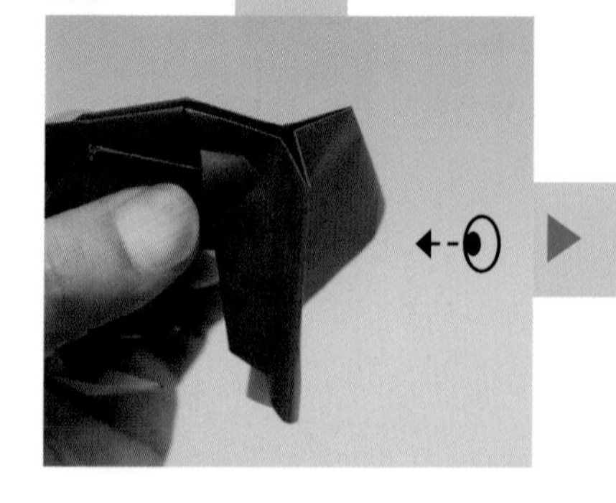

61 가장자리를 중앙에 정렬하고 접는다.

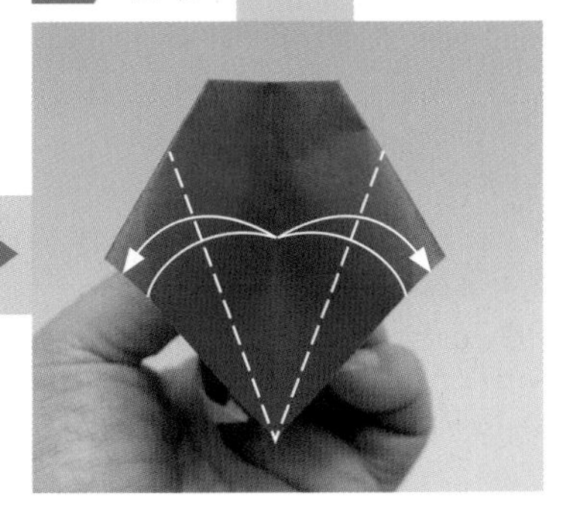

62 위를 펼친다.

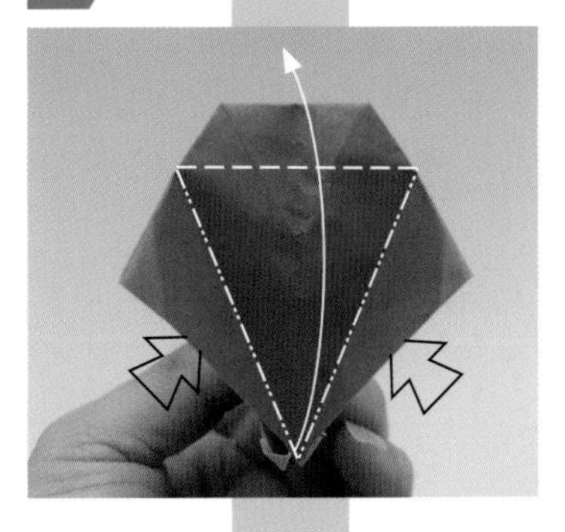

63 안쪽으로 밀어 닫는다.

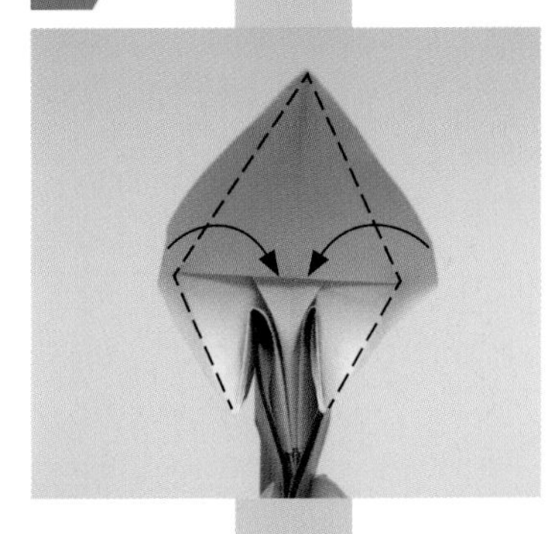

64 닫는다.

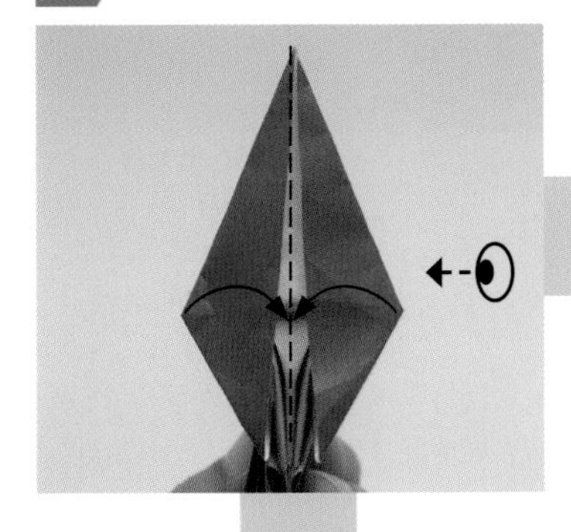

65 그림의 선대로 그 사이에 밀어 넣는다.

66 펼친다.

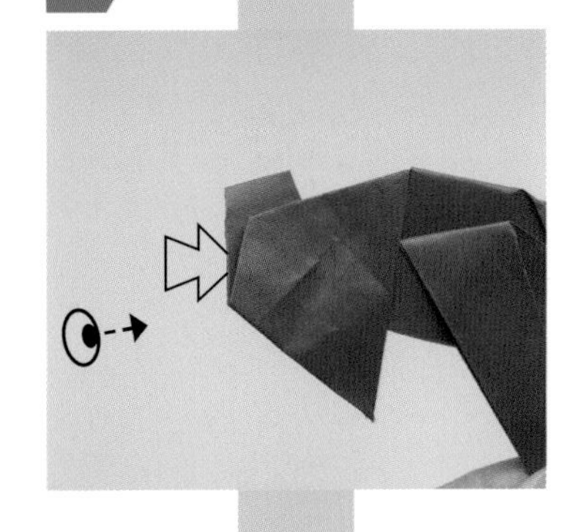

67 그림의 선대로 그 사이에 밀어 넣는다.

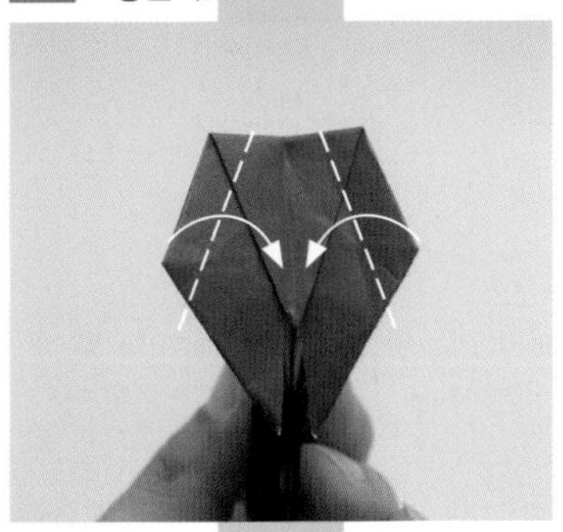

68 닫는다.

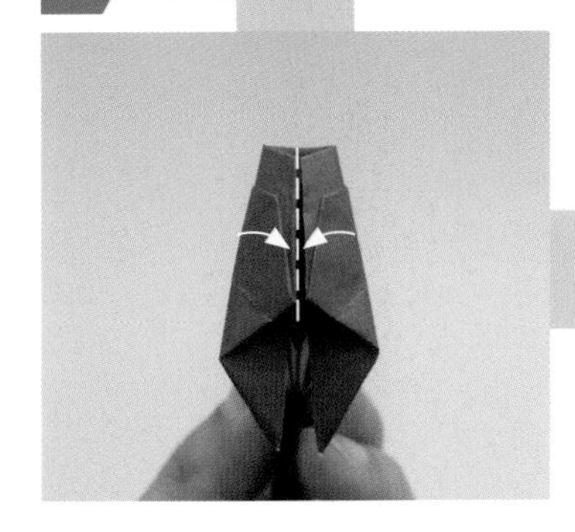

69 그림의 선대로 안쪽으로 다른 각도로 접는다.

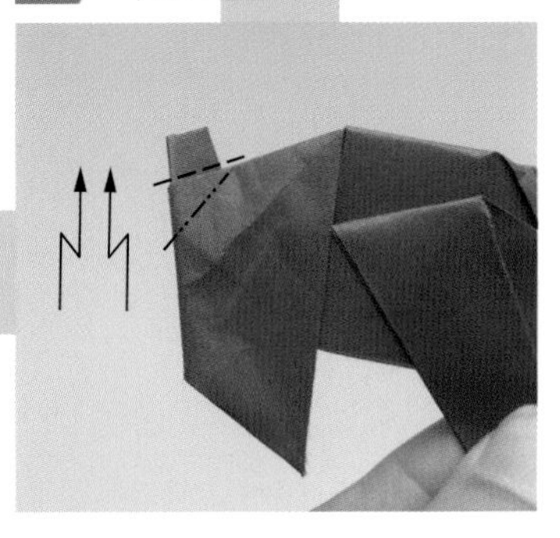

70 회전하여 전체를 본다.

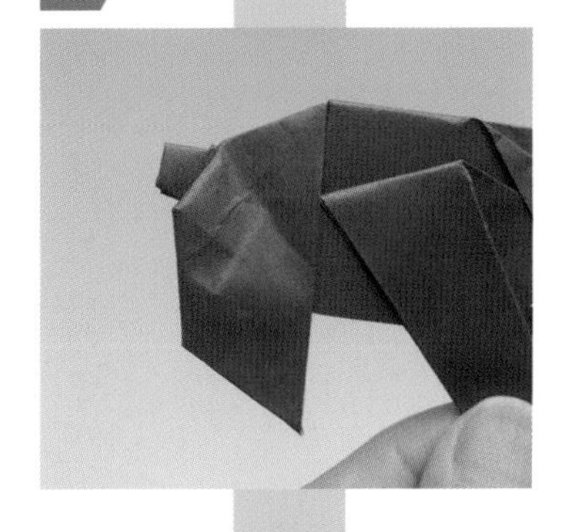

완 성

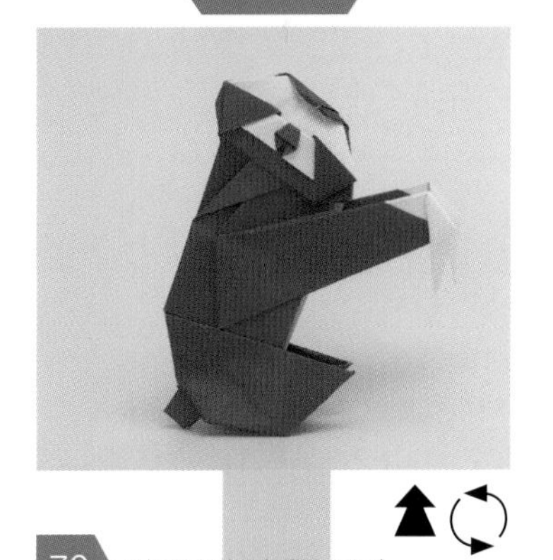

컵 가장자리에 걸 수도 있다.

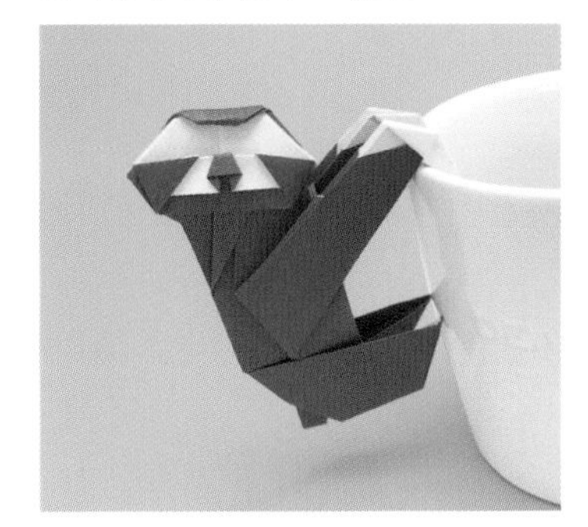

RACCOON
너구리

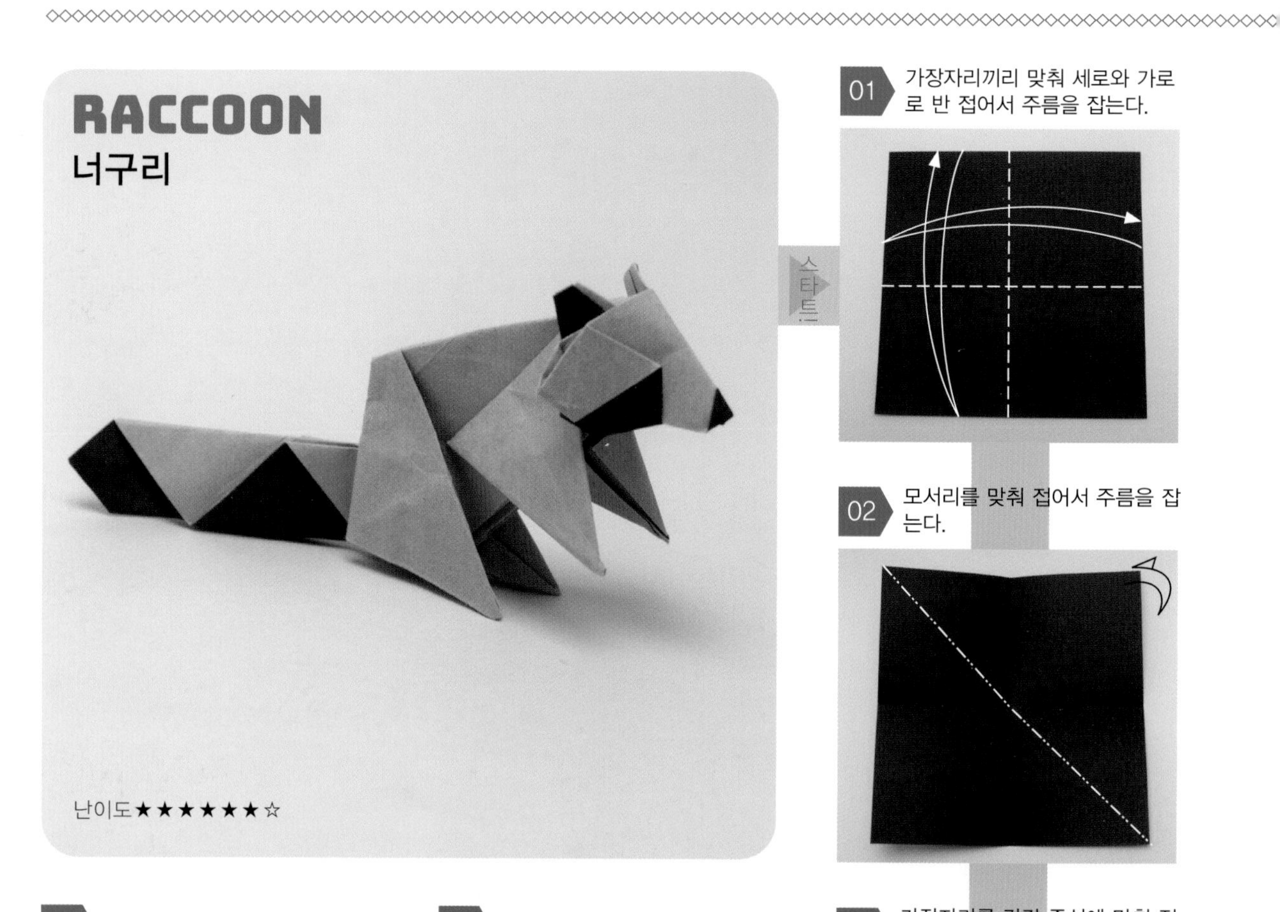

난이도★★★★★★☆

01 가장자리끼리 맞춰 세로와 가로로 반 접어서 주름을 잡는다.

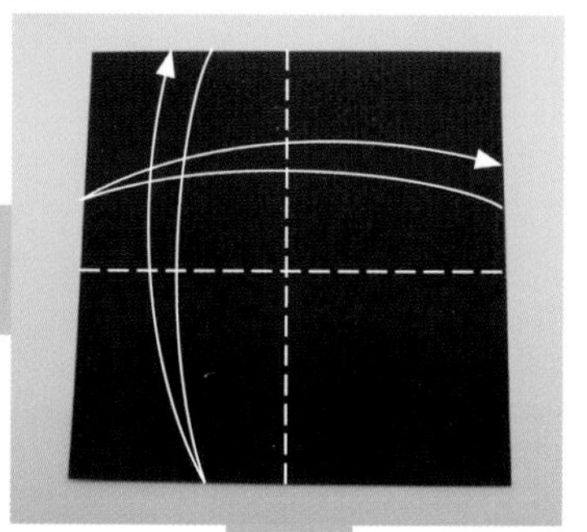

02 모서리를 맞춰 접어서 주름을 잡는다.

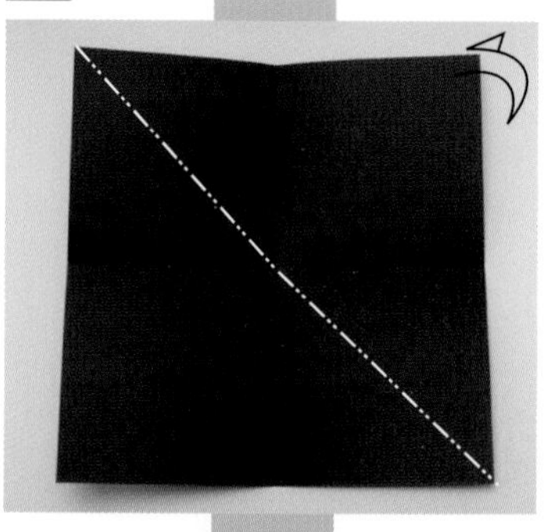

03 가장자리를 각각 중심에 맞춰 접고, 모서리를 반으로 접는다.

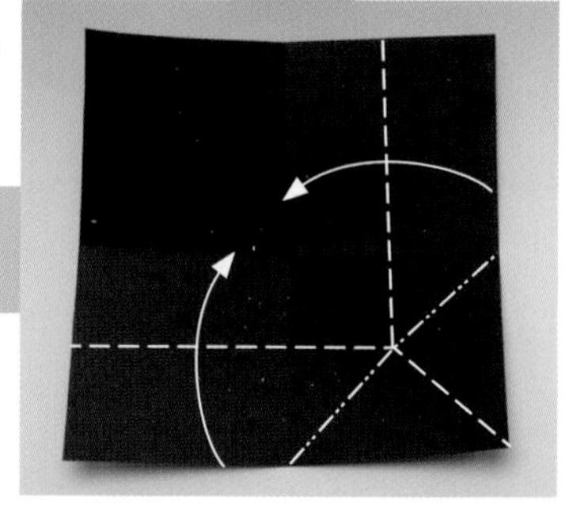

04 그림의 위치에 접는 선을 만든다.

05 그림의 위치에 주름을 잡는다.

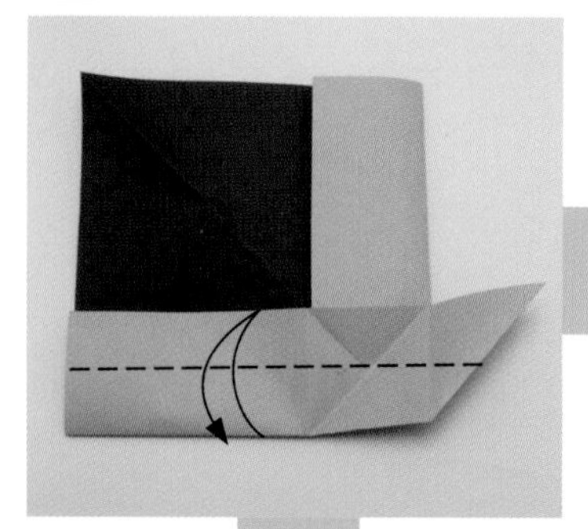

06 화살표 방향으로 기울여 접는다.

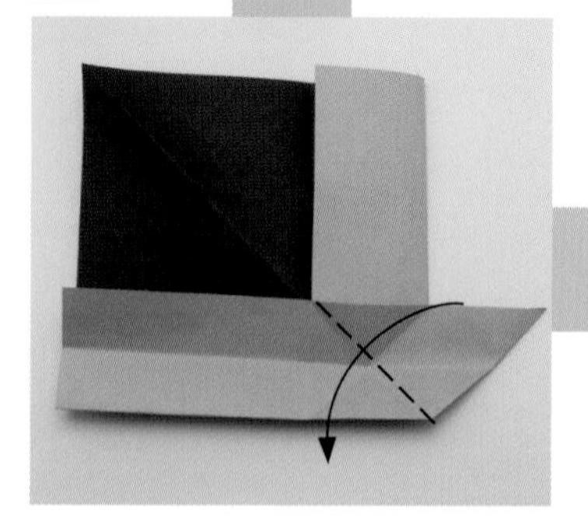

07 그림의 위치에 주름을 잡는다.

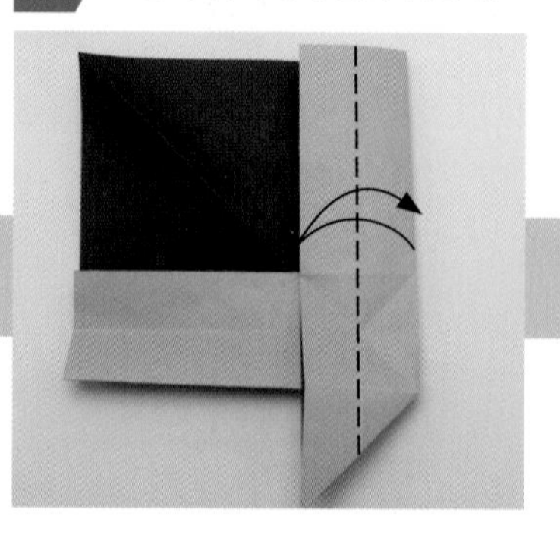

08 그림의 선대로 접어서 주름을 붙인다.

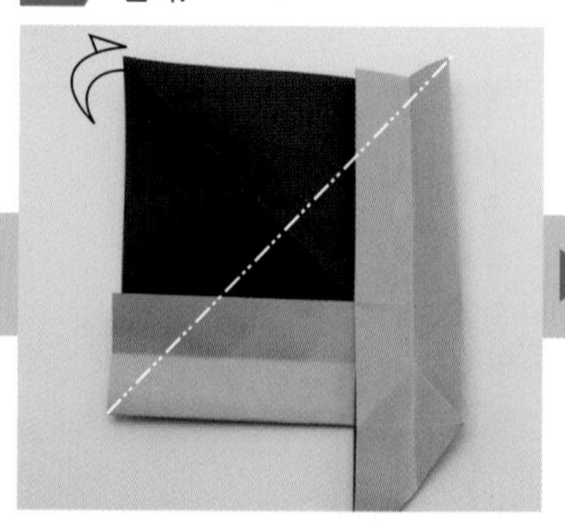

09 반전

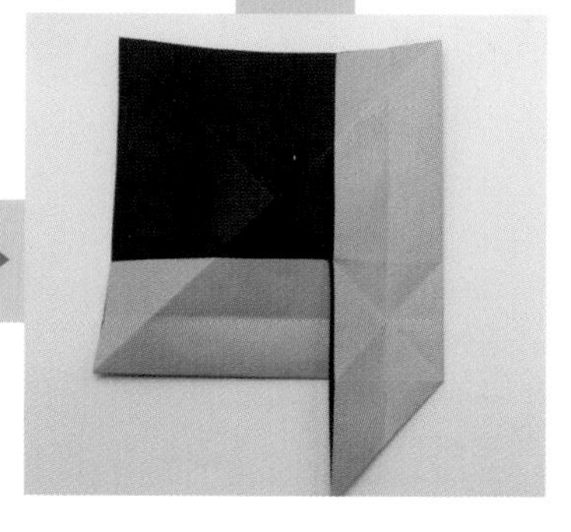

10 그림의 선을 따라 중심으로 접는다.

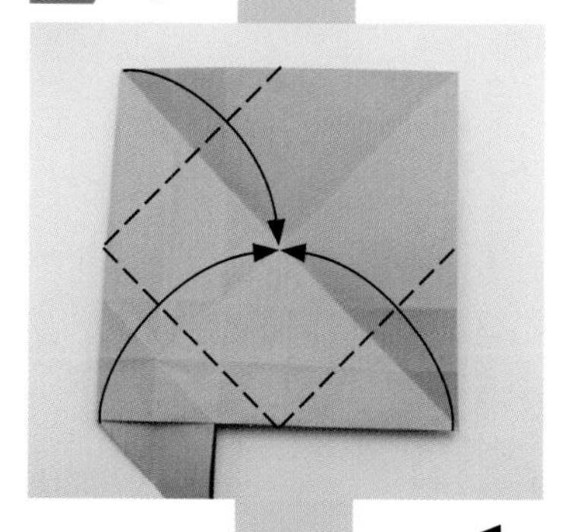

11 접는 선이 생기면 펼친다.

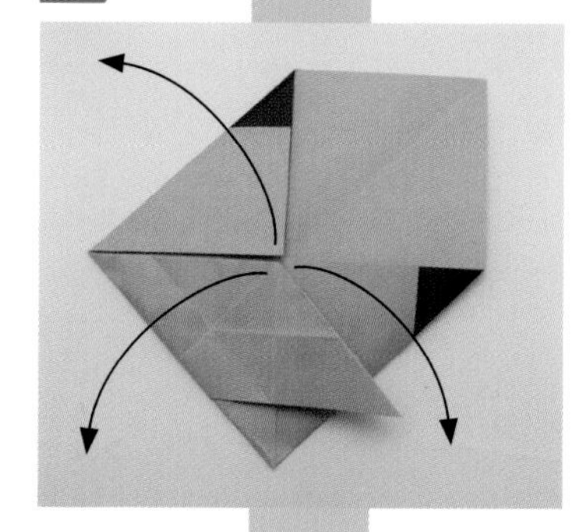

12 뒷면으로 접혀 있는 부분을 펼친다.

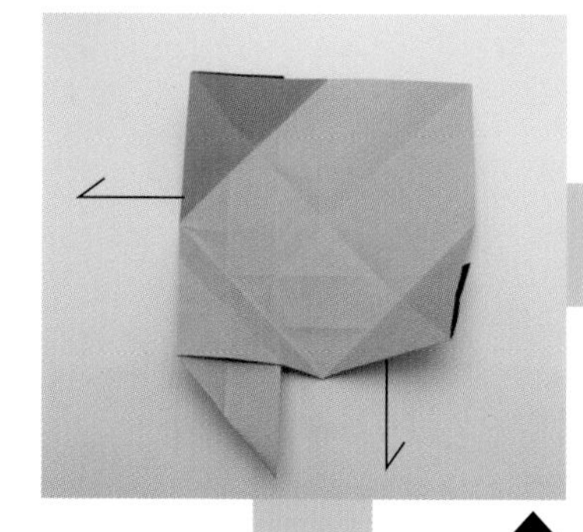

13 그림의 선대로 입체적으로 접는다

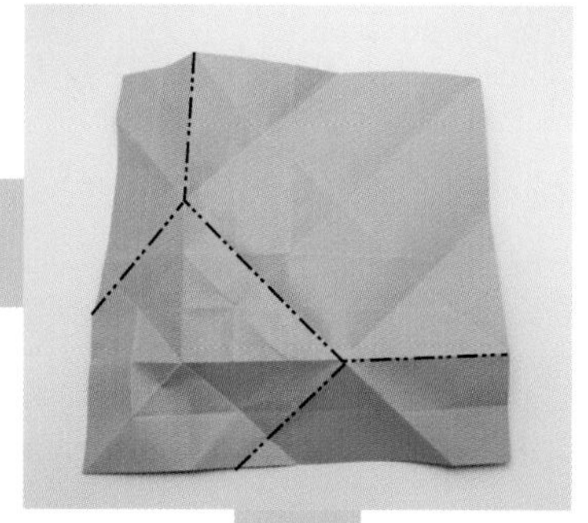

14 그림의 선대로 입체적으로 접는다

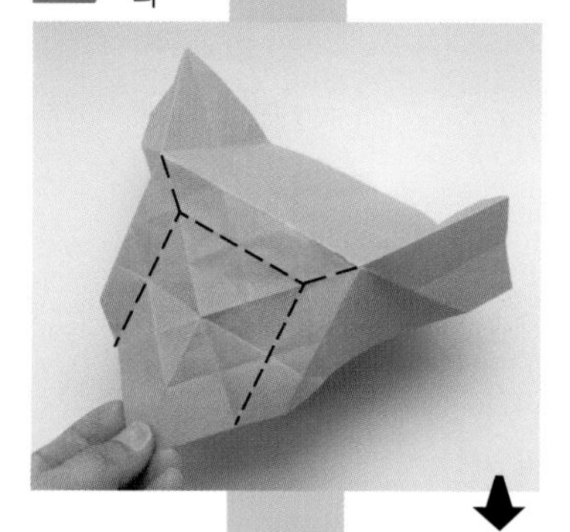

15 그림의 선을 추가하여 접어 접는다.

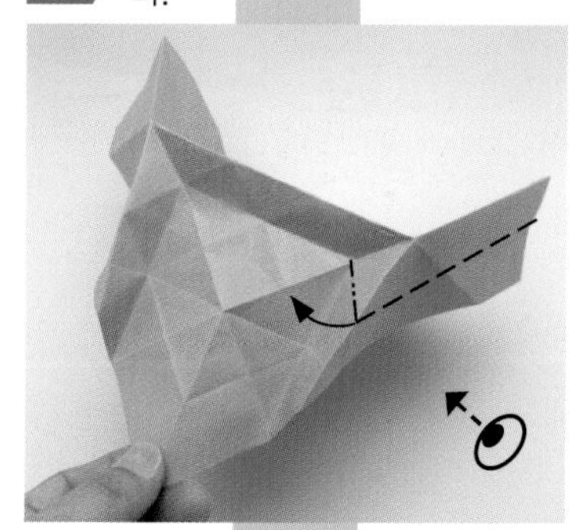

15-2 옆에서 본 모습.

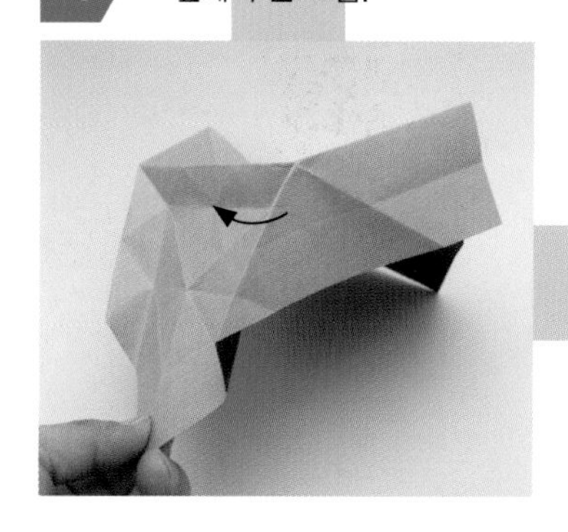

15-3 접는 과정

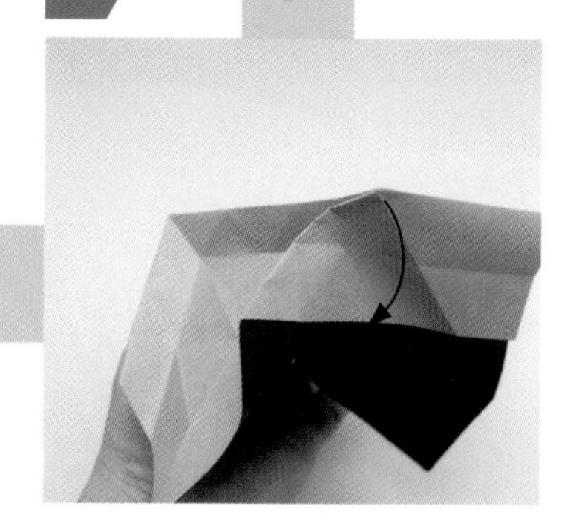

15-4 접는 과정

16 반대쪽도 15 같은 방식으로 접는다.

17 뒤집는다

다음페이지로

18 그림의 선대로 접는다.

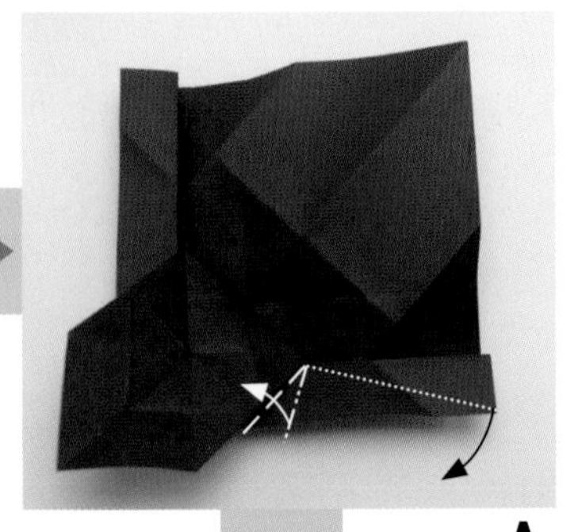

19 그림의 선대로 접는다.

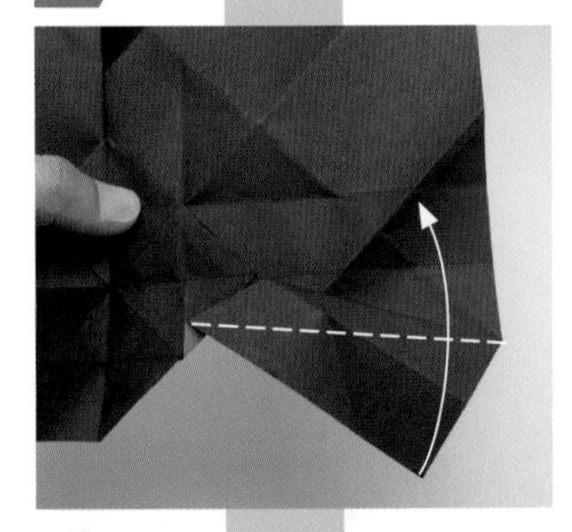

20 반대쪽도 18 ~ 19 와 같이 접다.

21 선으로 둘러싼 부분 확대

22 중심에 맞춰 접어서 주름을 잡는다.

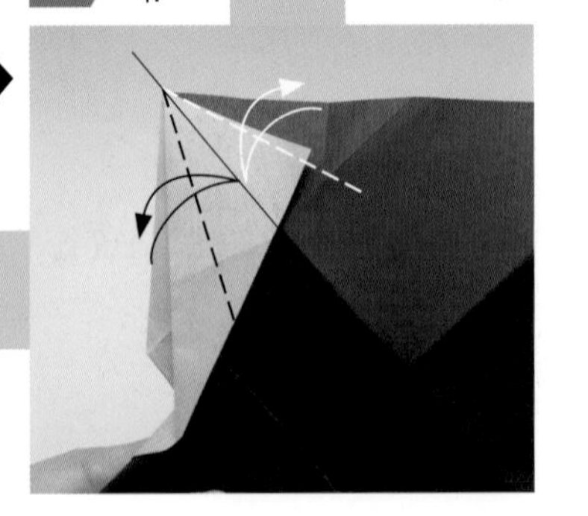

23 반대쪽도 22 같은 방식으로 접는 선을 만든다.

24 이미 생긴 접는 선을 따라 접는다.

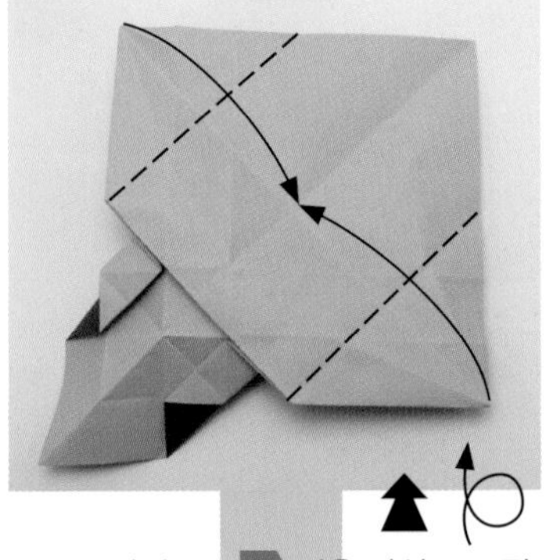

25 각각 가장자리와 가장자리를 맞춰 접어서 주름을 잡는다.

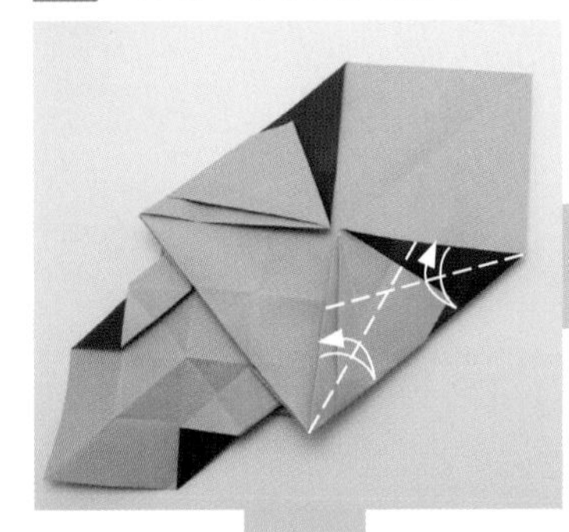

26 이미 생긴 접는 선과 그림의 선을 따라 접는다.

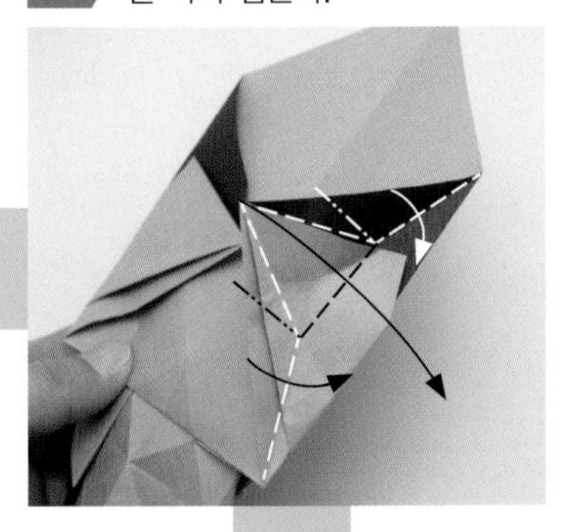

26-2 접는 과정

27 반대쪽도 25 ~ 26 와 같은 방식으로 접는다.

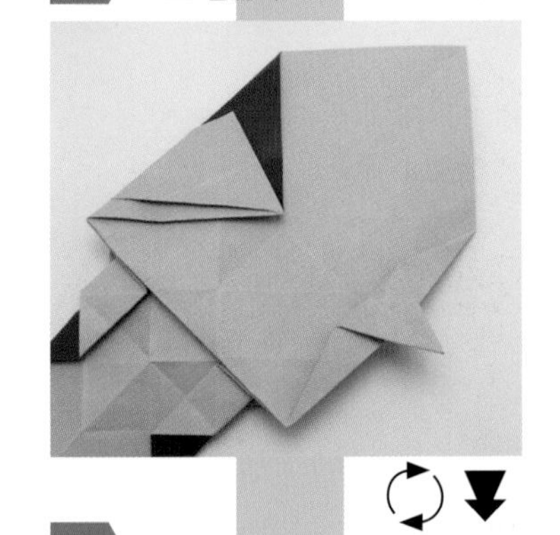

28 반으로 접는다.

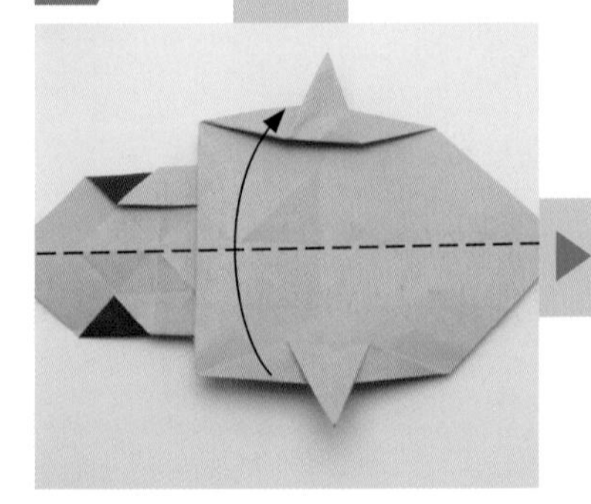

29 그림의 선대로 접는다.

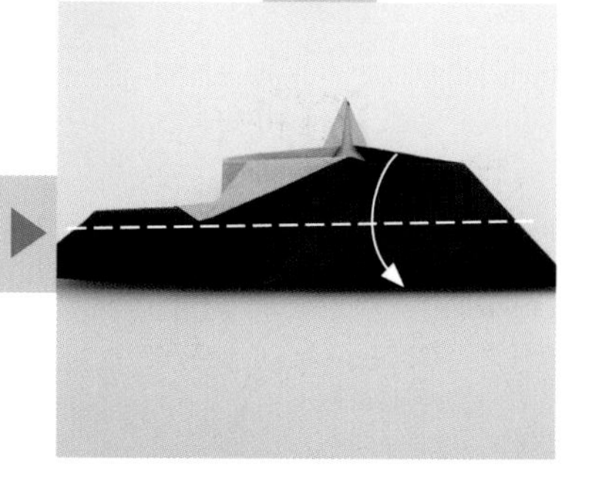

30 뒤쪽으로 꺾는다.

31 선으로 둘러싼 부분 확대

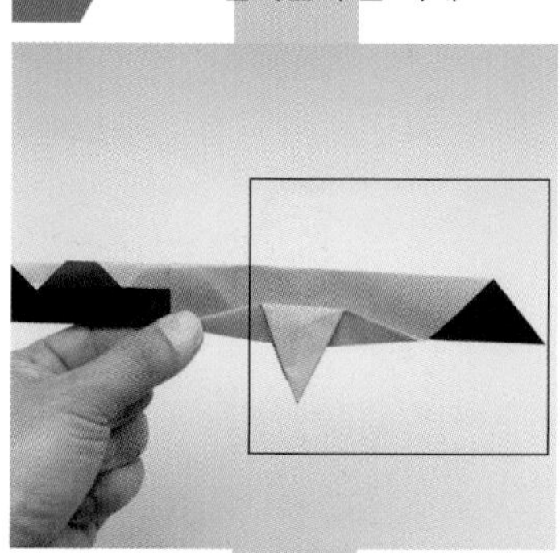

32 그림의 선대로 접는다.

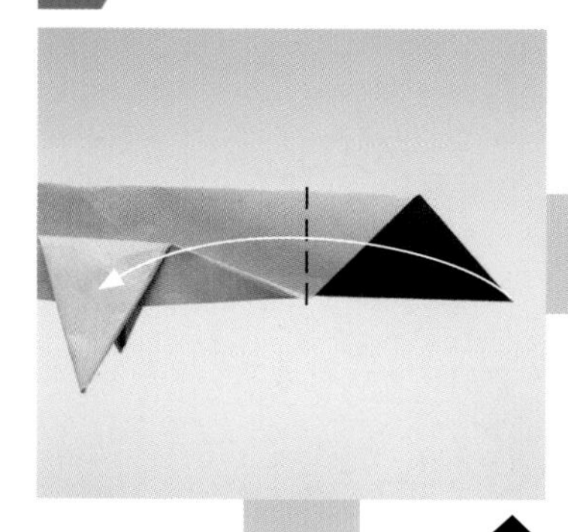

33 그림의 선대로 접는다.

34 접는 선이 생기면 펼친다.

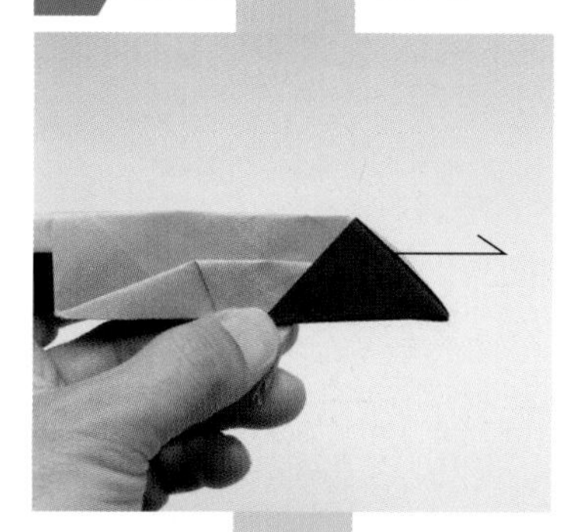

35 펼친다.

36 그림의 선대로 입체적으로 접는다

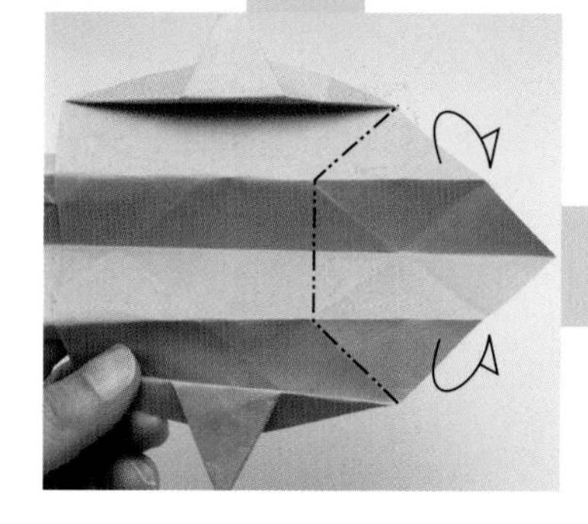

37 그림의 선으로 접는다.

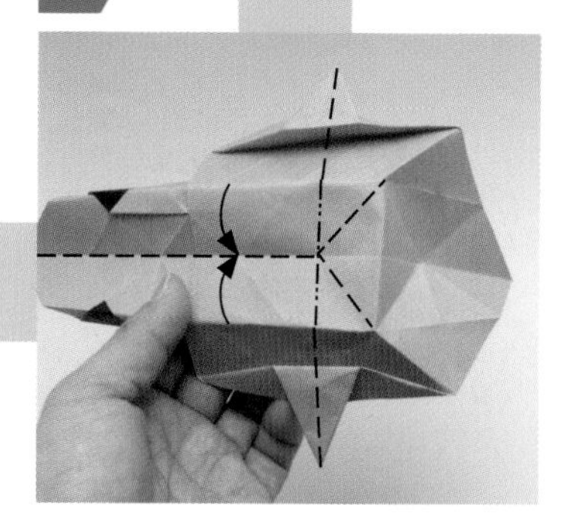

38 시선을 바꾼다.

39 그림의 선대로 접는다.

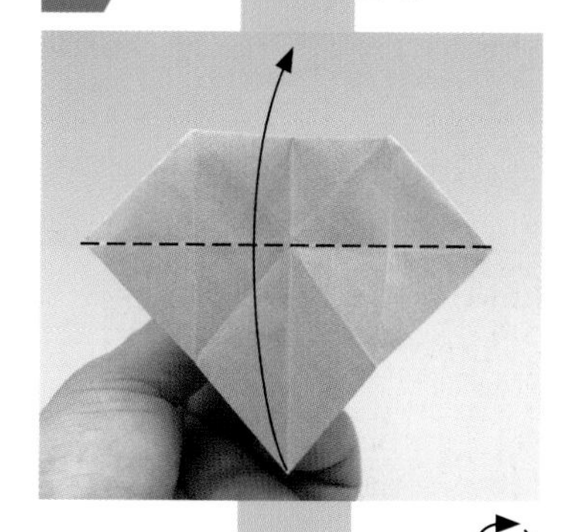

40 그림의 41 선을 따라 접는다.

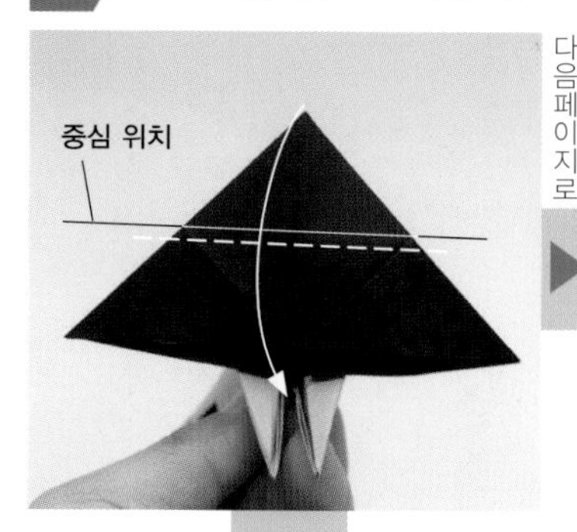

다음페이지로

41 조금만 위쪽으로 접는다.

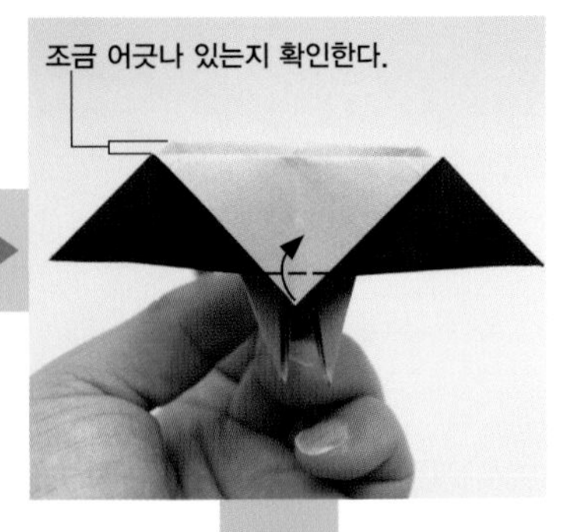

42 그림의 위치에 주름을 잡는다.

43 그림의 선대로 (44 참조)

44 조금 열고 위에서 본다.

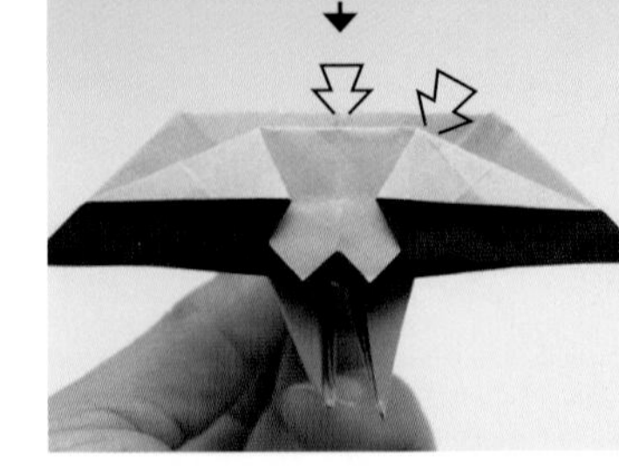

45 그림의 선으로 접는다.

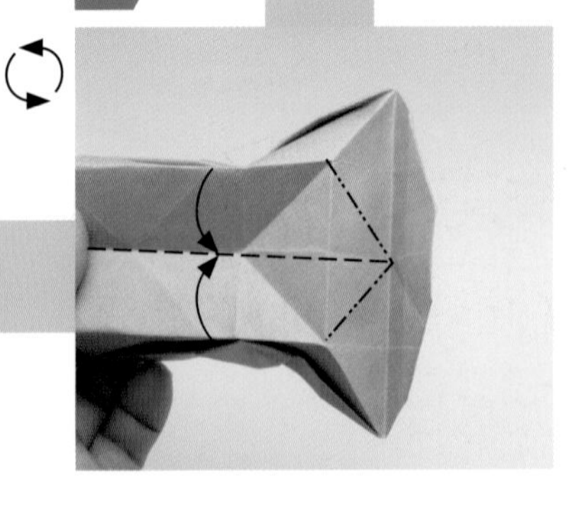

45 -2 접는 과정

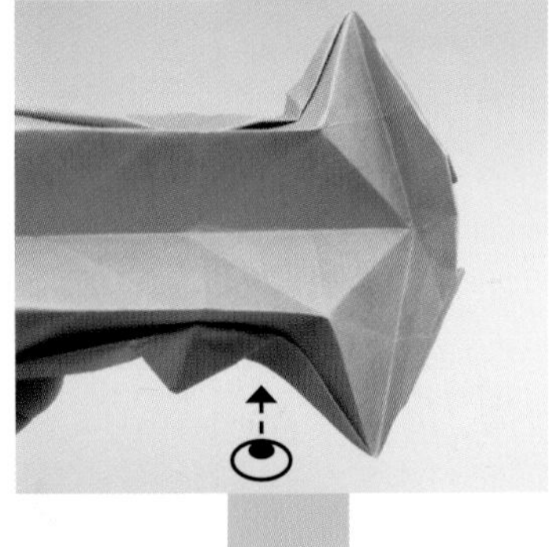

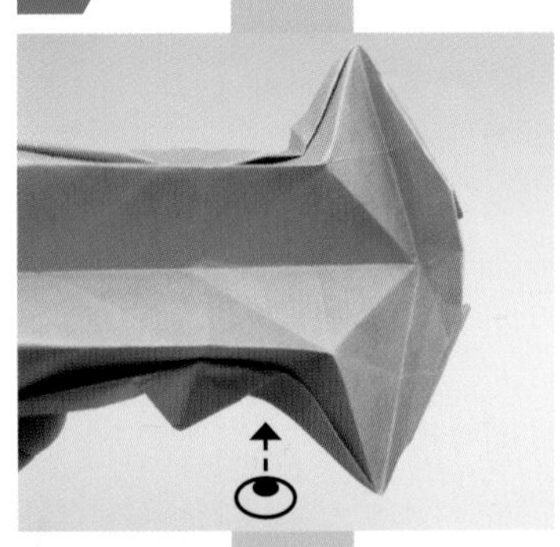

46 접는 위치를 약간 어긋나게 하여 접고, 머리 부분을 덮는다 (반대쪽도 동시에 진행)

47 그림의 선을 따라 안쪽 접기(반대쪽도 동일하게)

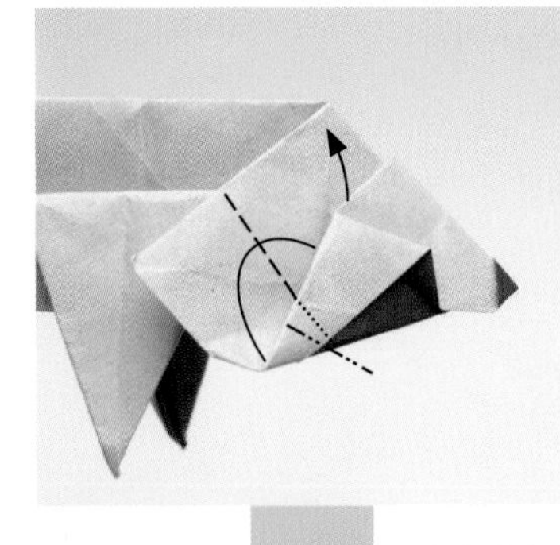

48 그림의 선대로 안쪽 접기 (반대쪽도 동일하게)

49 앞쪽을 열고 안쪽 접기를 한다 (반대쪽도 동일하게)

50 전체를 본다.

51 펼쳐서 위에서 본다.

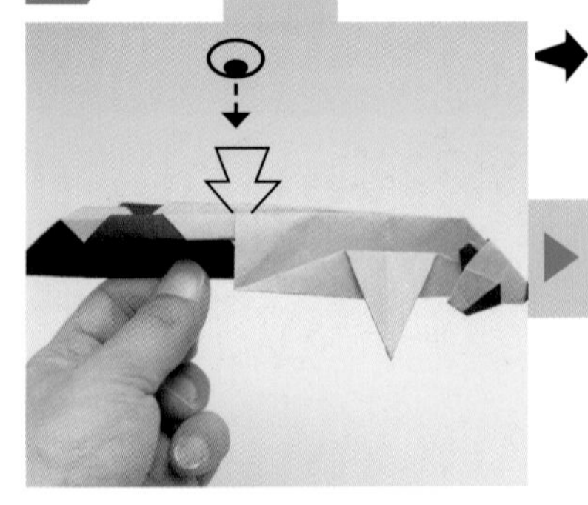

52 이미 생긴 접는 선을 따라 입체적으로 접는다.

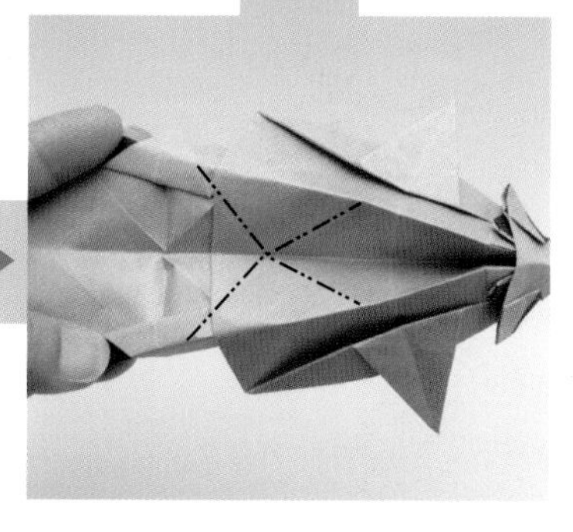

53 그림의 선대로 접는다.

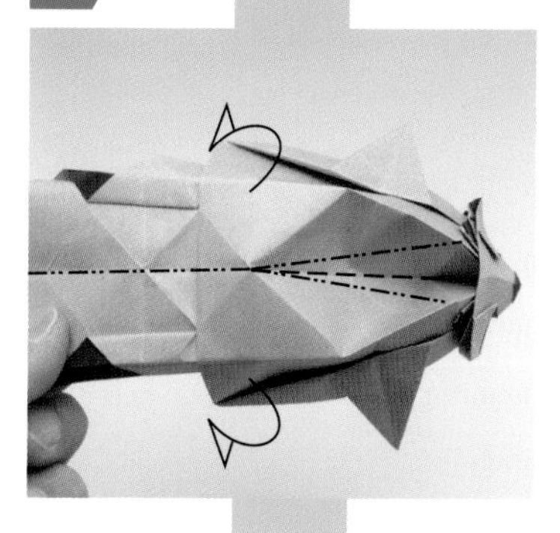

54 옆에서 본다.

55 모서리 A를 함께 반으로 접어 접는 선을 만든다.

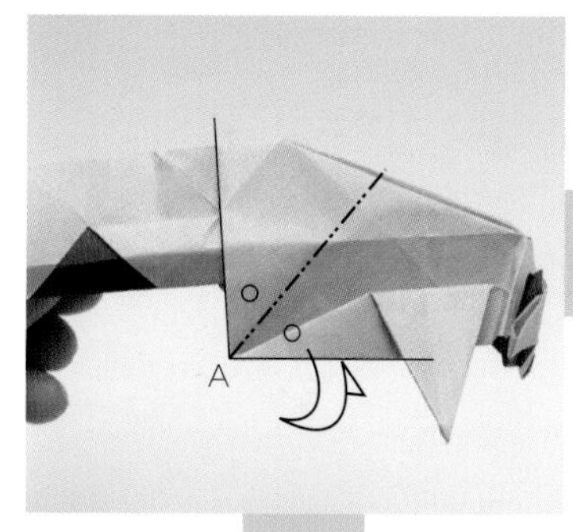

56 그림의 선을 따라 덮듯이 접는다(반대쪽도 동시에 접는다).

57 그림의 선대로 접어서 주름을 붙인다.

58 굵은 화살표 부분을 눌러 넣듯이 그림의 선을 따라 안쪽 접기한다.

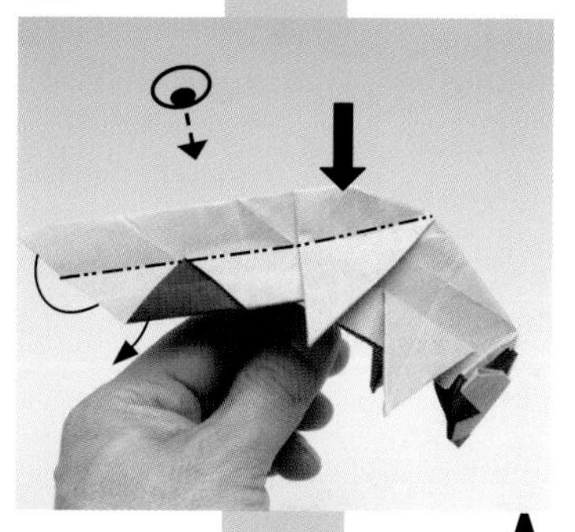

59 접혀 있는 부분을 펼친다.

60 그림의 선으로 접는다.

61 옆에서 본다.

62 앞쪽만 그림의 선을 따라 뒤로 접어 넣는다.

63 앞으로 접어 넣는다.

다음페이지로

64 시선을 바꾼다.

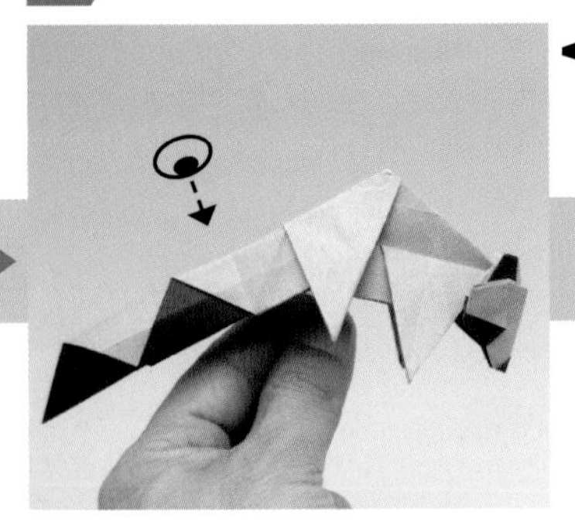

65 그림의 선을 따라 각도를 조정하여 안쪽으로 계단 접기를 한다.

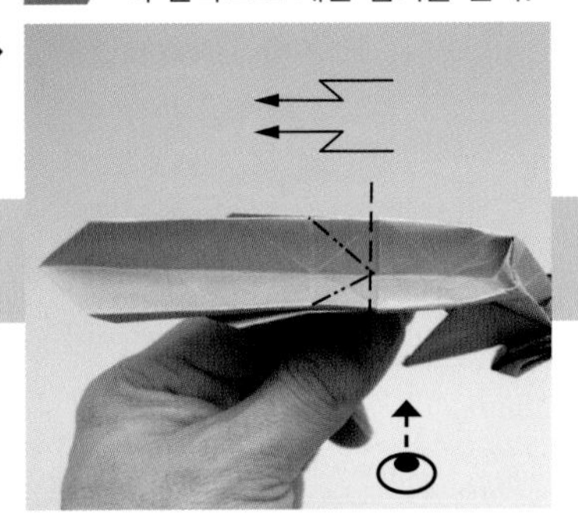

66 안쪽 접기

67 그림의 선대로 접는다.

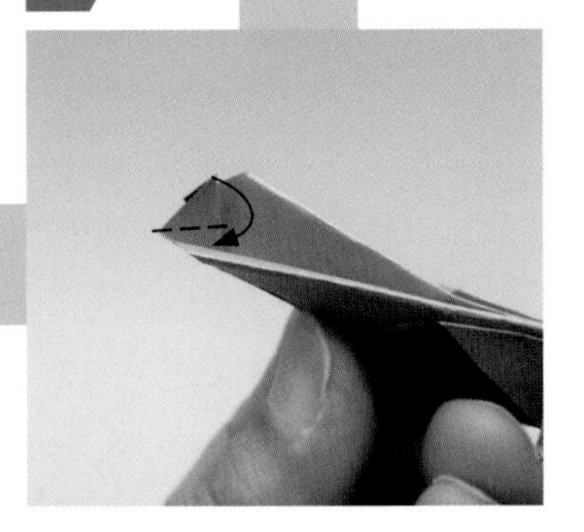

68 닫는다.

69 전체를 본다.

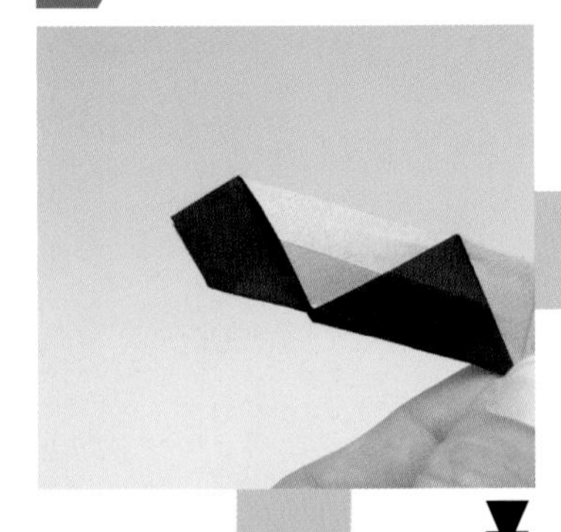

완 성

스타트

01 가장자리와 가장자리를 가지런히 하여 반으로 나눠 접어서 주름을 잡는다.

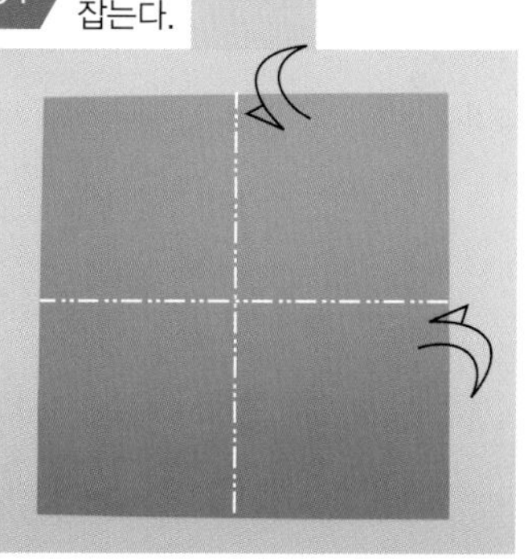

02 모서리를 중심으로 가지런히 접는다.

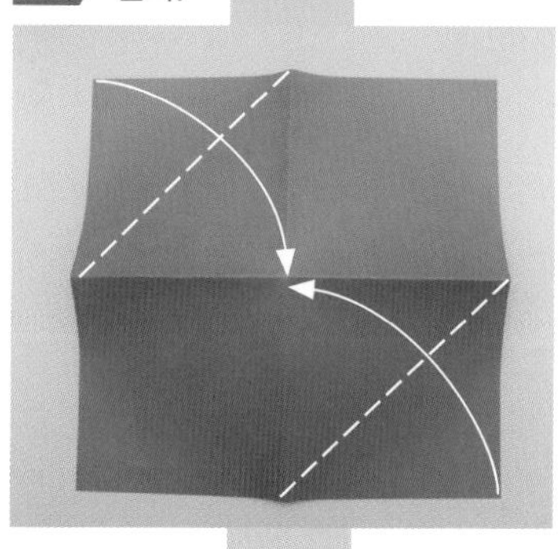

03 그림의 선대로 꺾음 접기 (접는 방법은 015페이지 참조)

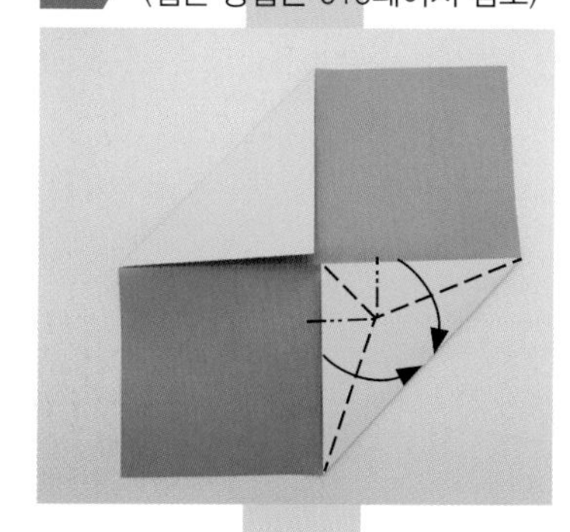

04 일단 펼친다.

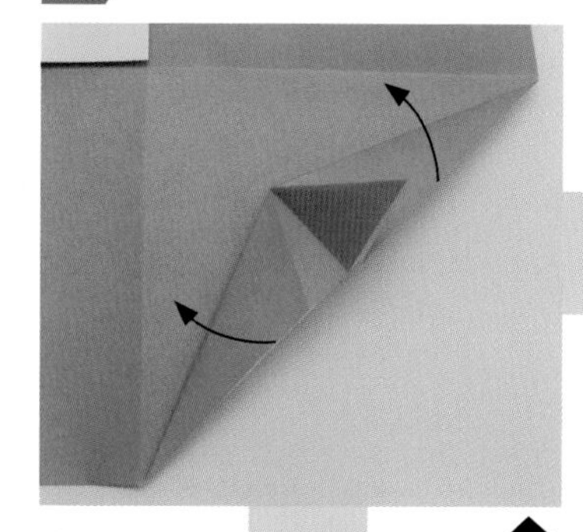

05 그림의 선대로 접는다.

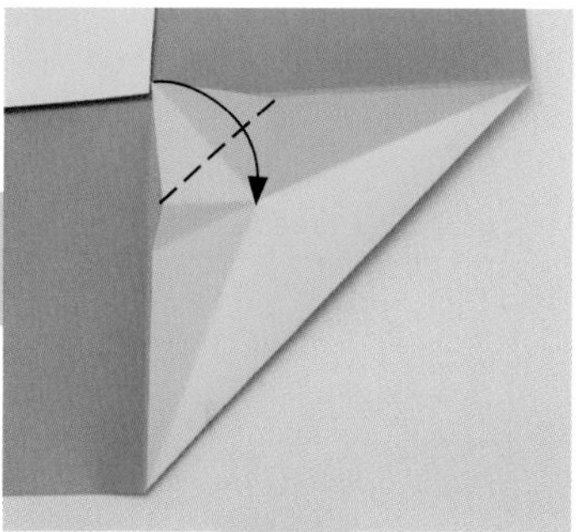

06 붙어 있는 주름으로 접는다

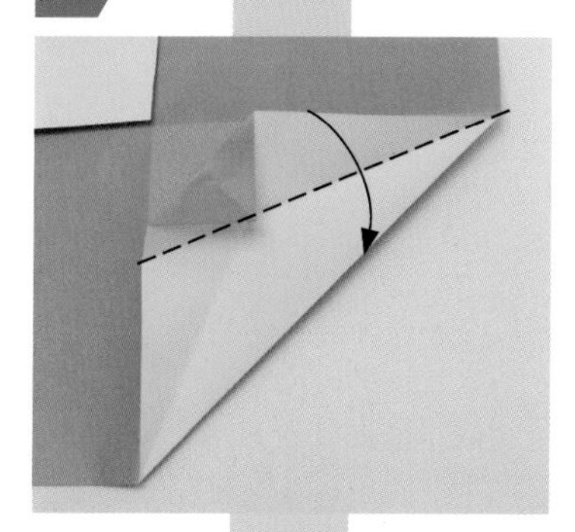

07 그림의 선대로 가운데로 밀어 넣는다.

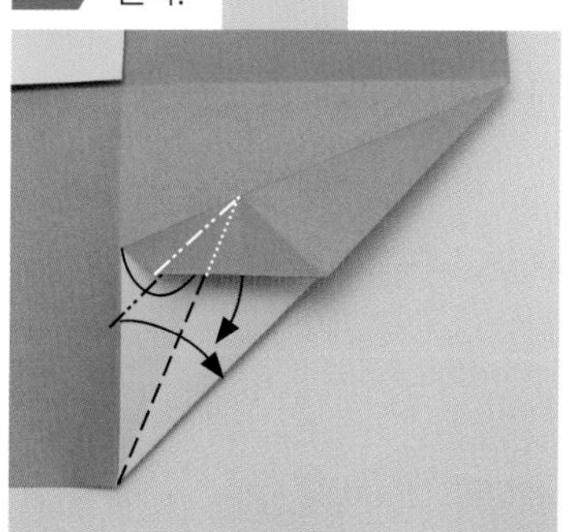

08 선으로 둘러싸인 부분도 03 ~07 과 같은 방법으로 접는다.

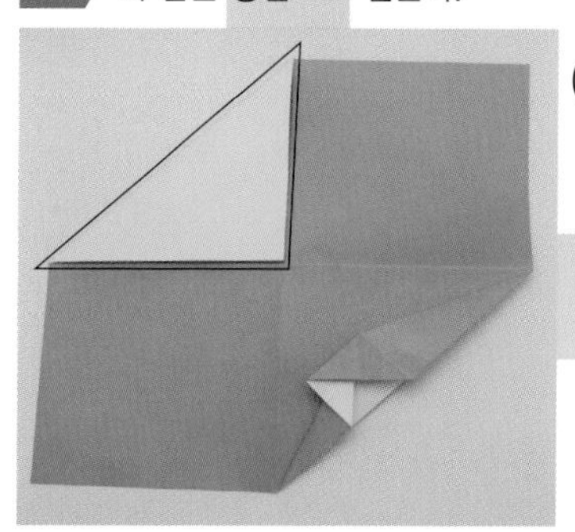

09 반으로 접는다.

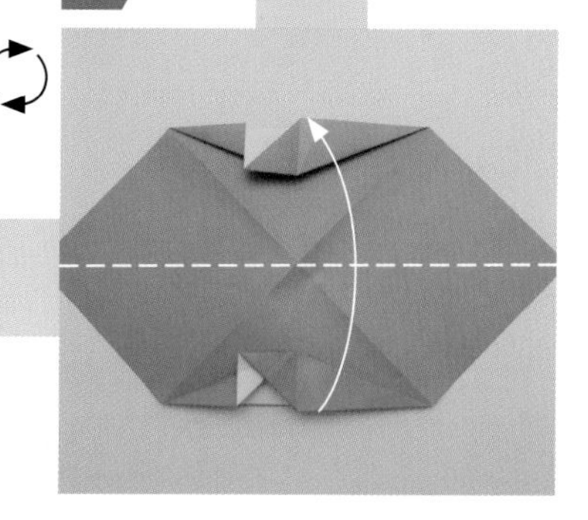

10 반으로 접는다.

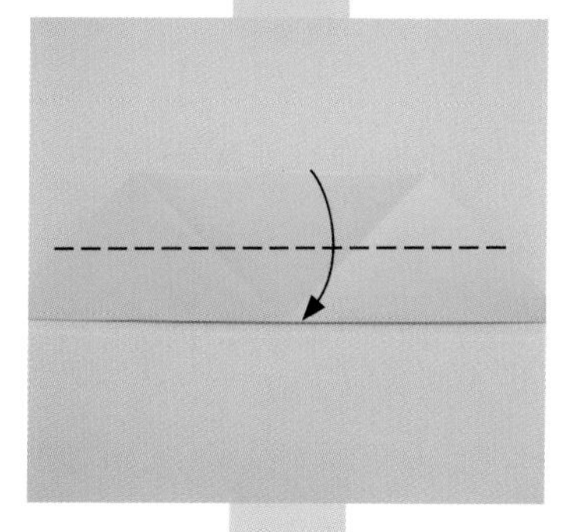

11 뒤쪽으로 꺾는다.

12 그림의 위치에 주름을 잡는다.

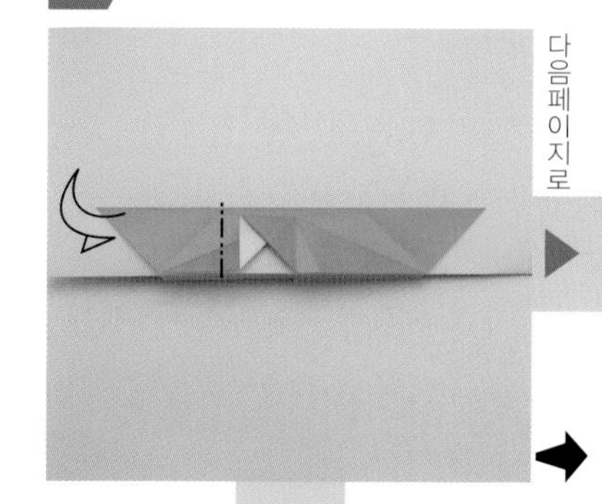

다음페이지로

13 펼친다.

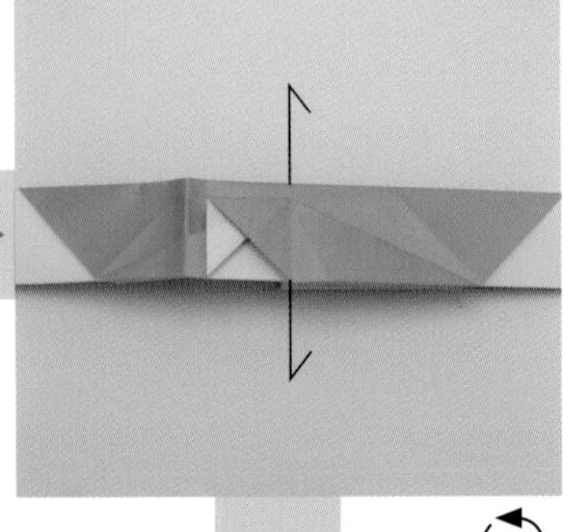

14 뒤집는다

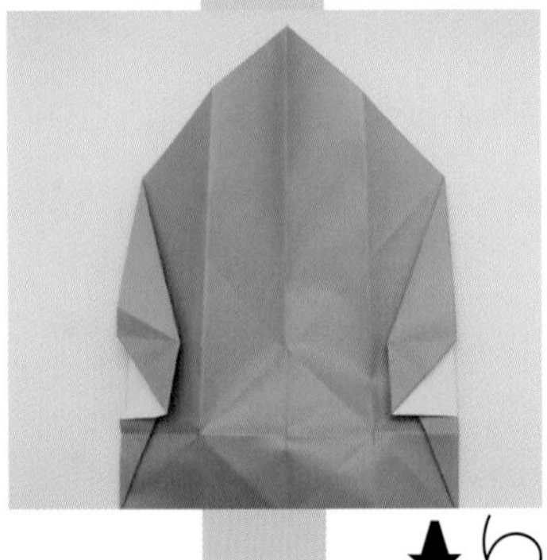

15 그림의 선대로 접는다.

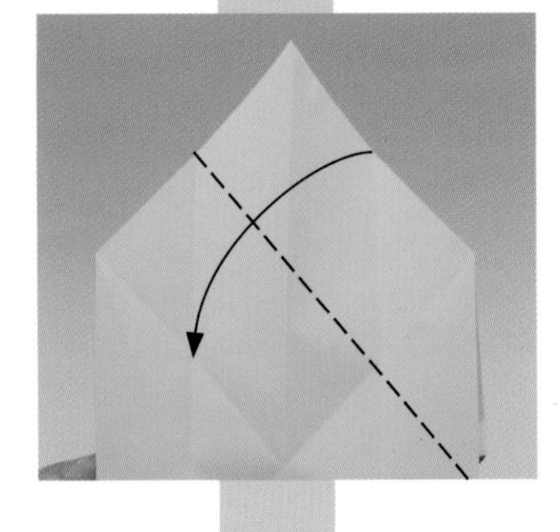

16 접힌부분을 함께 반으로 접는다.

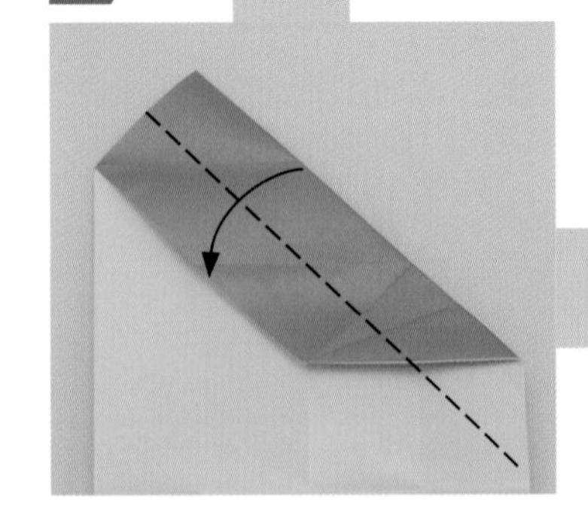

17 펼친다.

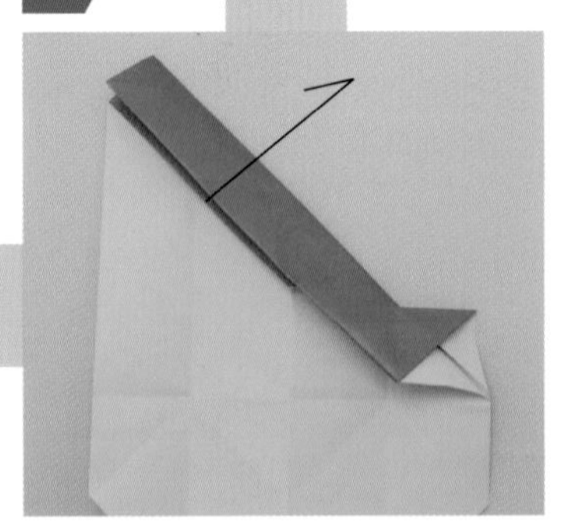

18 그림의 선대로 접는다.

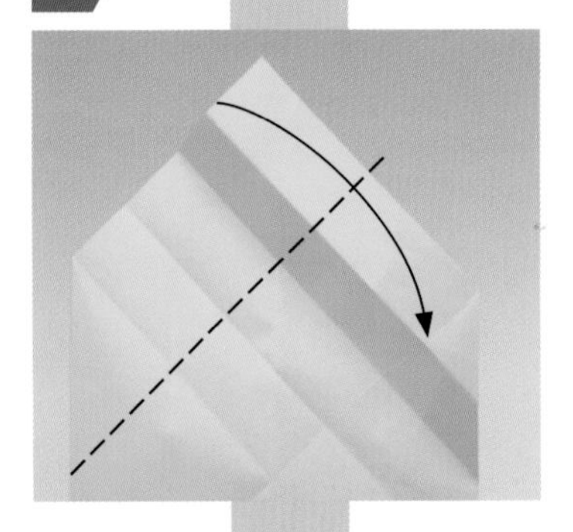

19 접힌 부분을 함께 반으로 접는다.

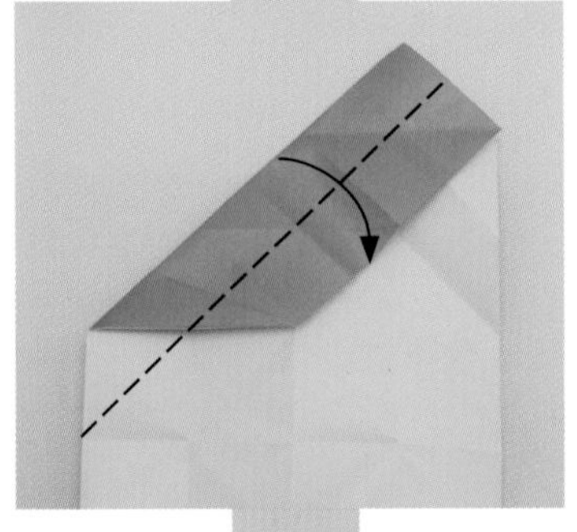

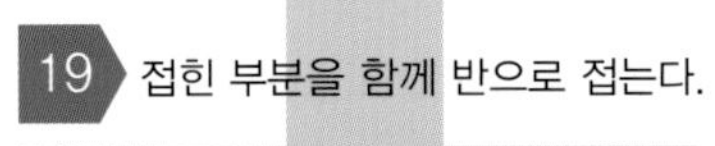

20 펼친다.

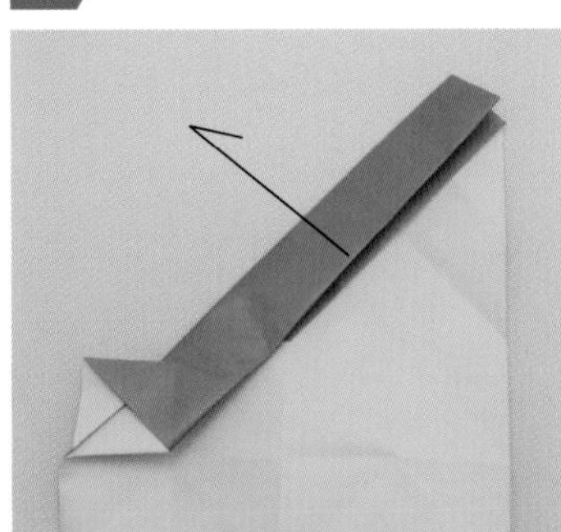

21 그림의 선대로 접는다.

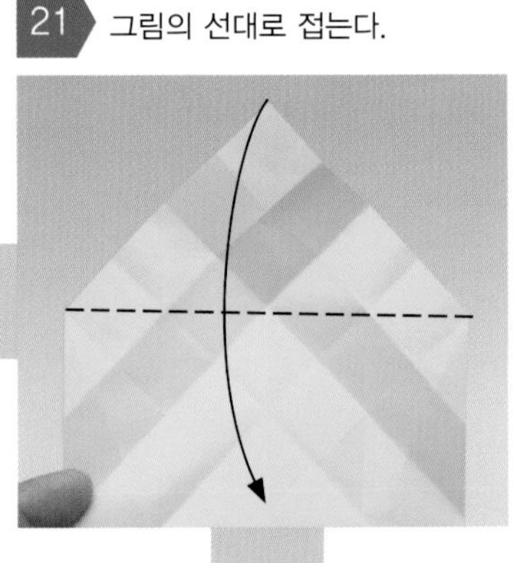

22 안쪽으로 접어 밀어넣는다.

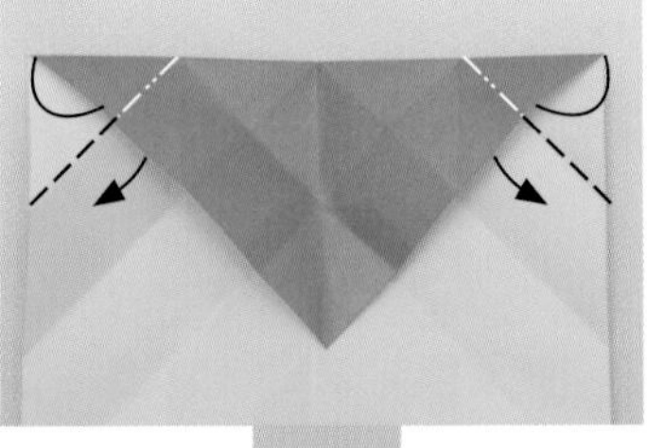

23 함께 그림의 선대로 접어 접기선을 만든다.

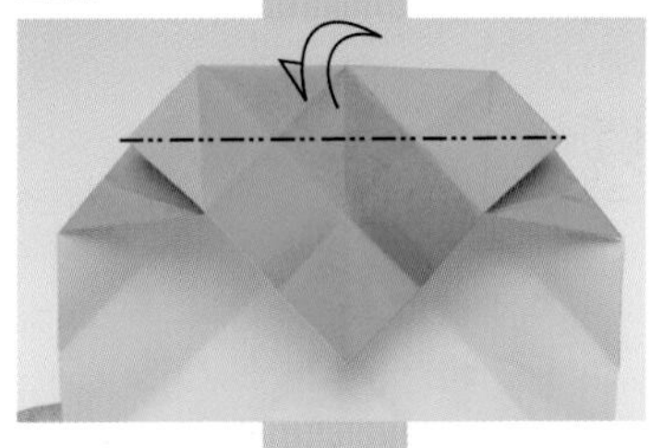

24 그림의 위치에 주름을 잡는다.

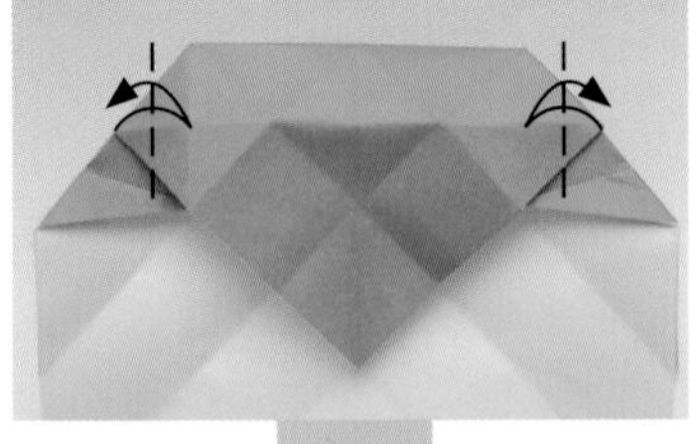

25 그 사이에 안쪽으로 접어 밀어넣는다.

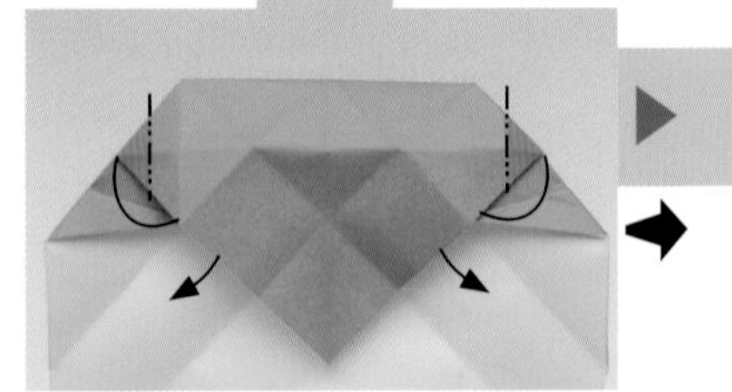

26 그림의 선대로 접는다.

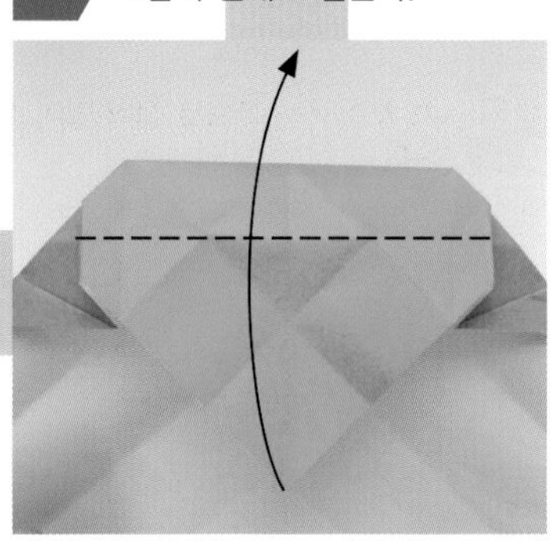

27 안쪽으로 접어 밀어넣는다.

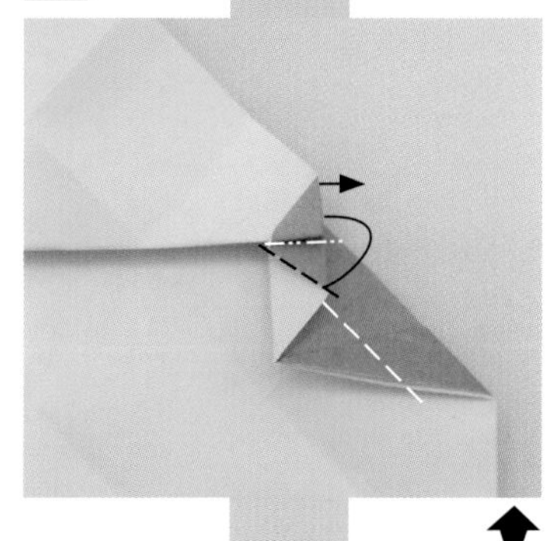

28 펼친다.

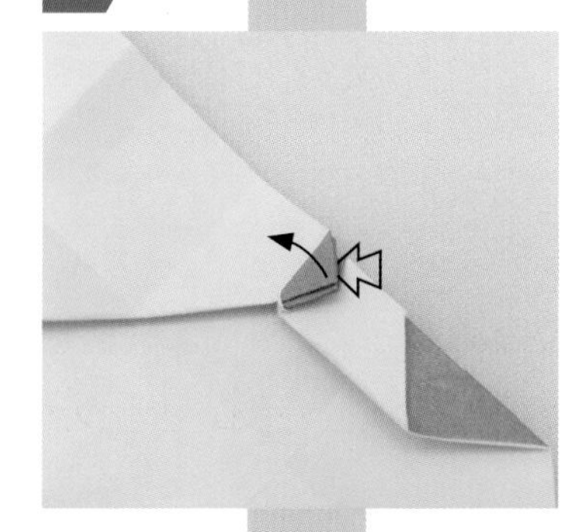

29 왼쪽도 27 ~ 28 과 같이 접는다.

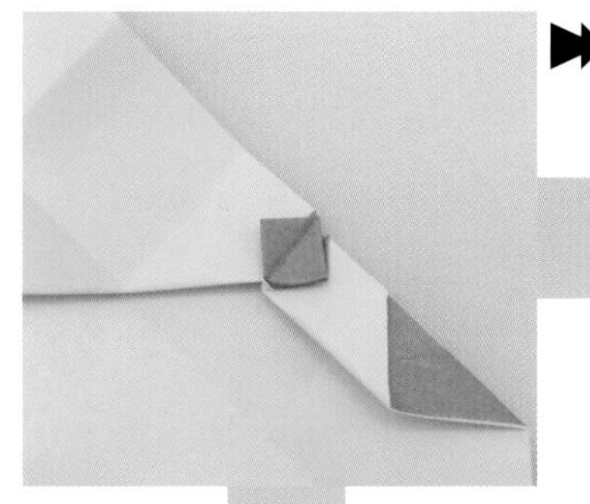

30 그림의 선대로 접는다.

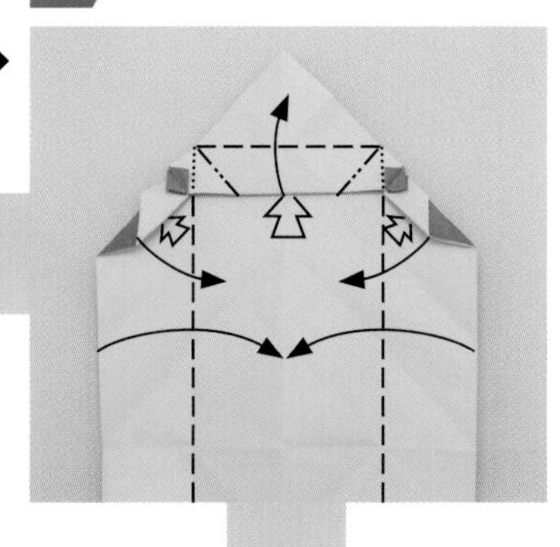

31 선으로 둘러싼 부분 확대

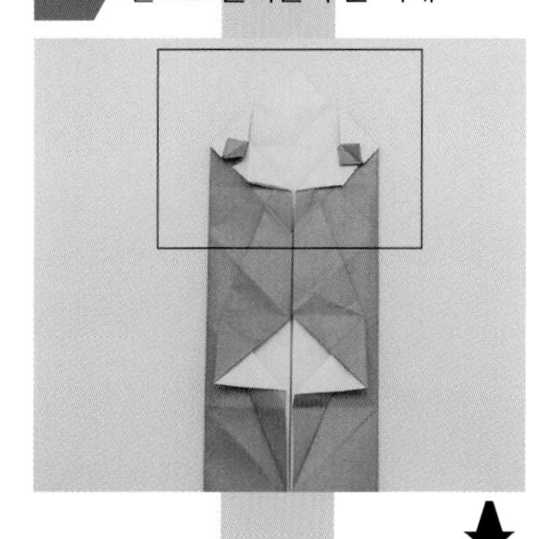

32 그림의 선으로 접는다.

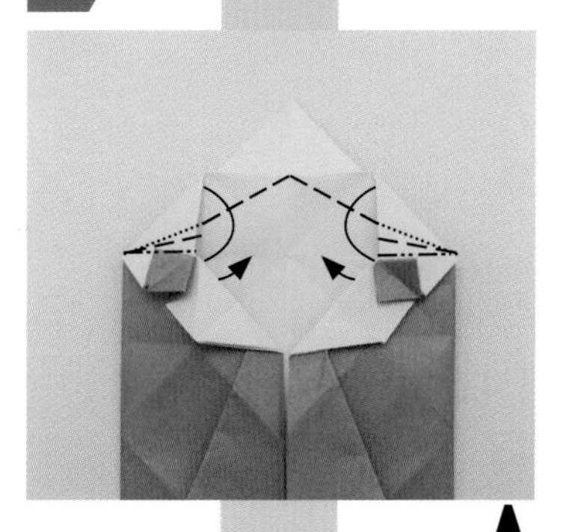

33 그림의 위치를 열어 시선을 바꾼다.

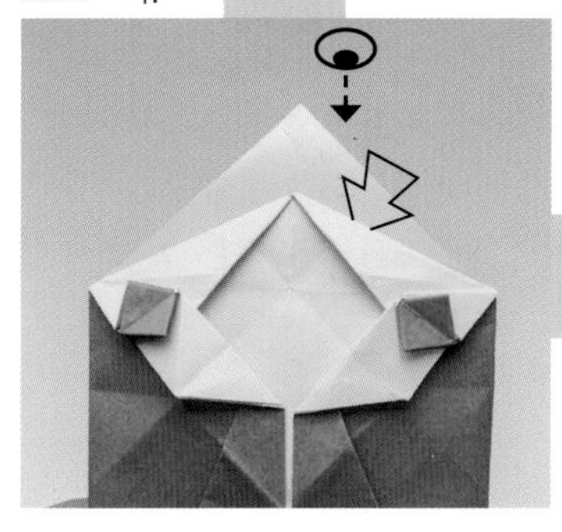

34 그림의 선대로 입체적으로 접는다.

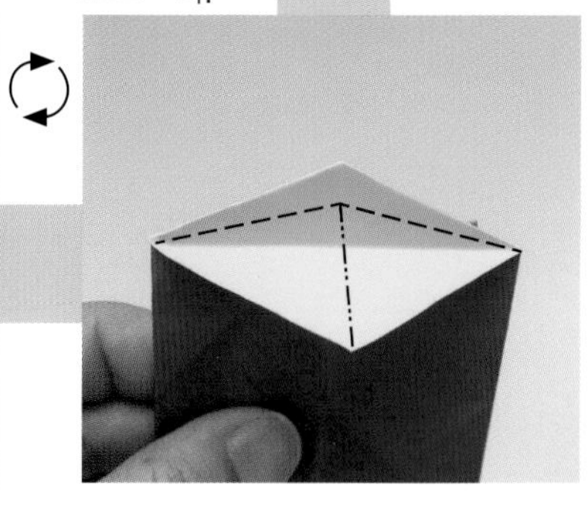

35 닫는다.

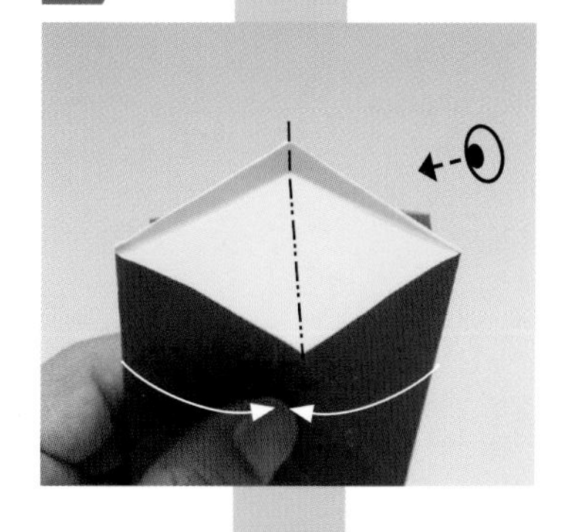

36 측면에서 본 모습

37 선으로 둘러싼 부분 확대

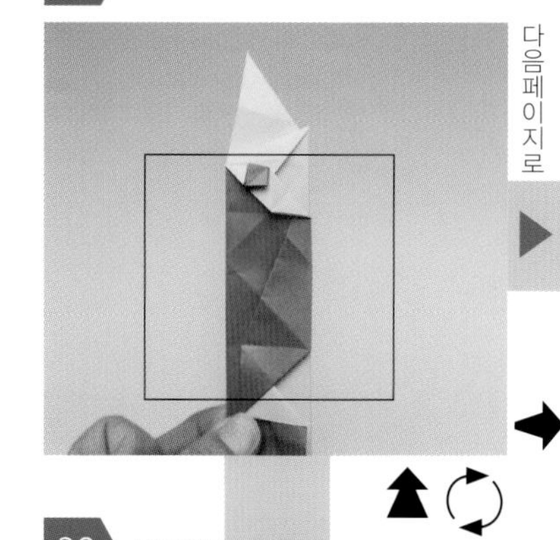

다음페이지로

38 그림의 위치를 접어서 주름을 잡는다.

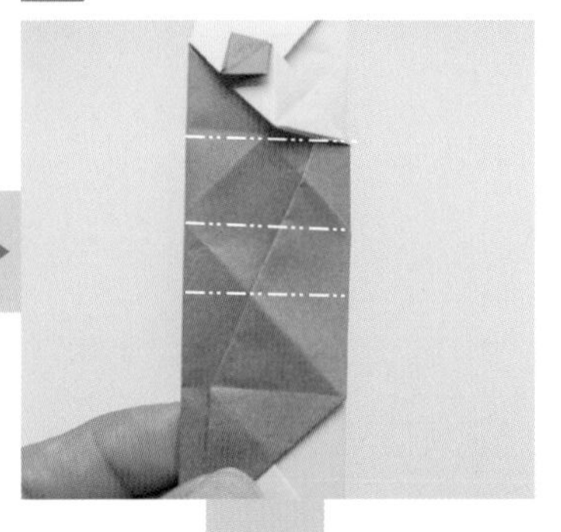

39 함께 그림의 선대로 입체적으로 접는다

40 펼친다.(반대쪽도 마찬가지)

41 굵은 화살표 부분을 밀어 넣듯이 접는다.(뒤에서도 펼친다.)

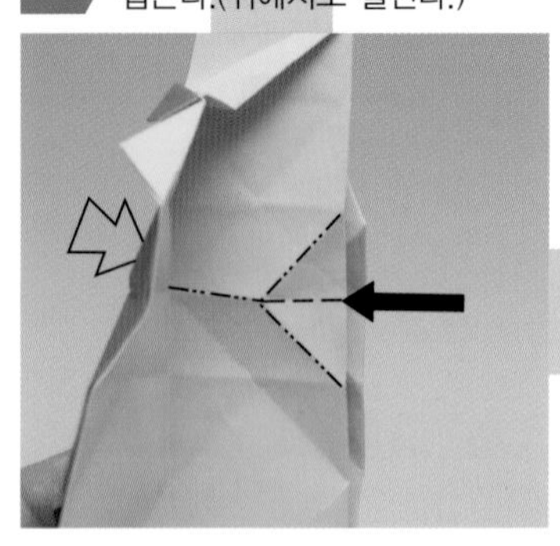

42 닫는다. (반대쪽도 마찬가지)

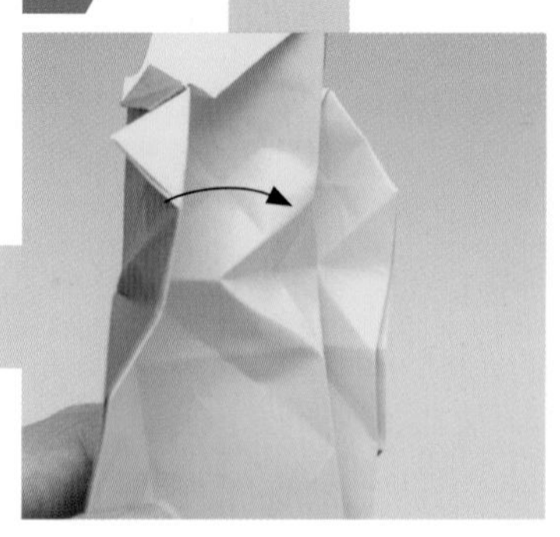

43 그림의 선대로 접는다. (반대쪽도 마찬가지)

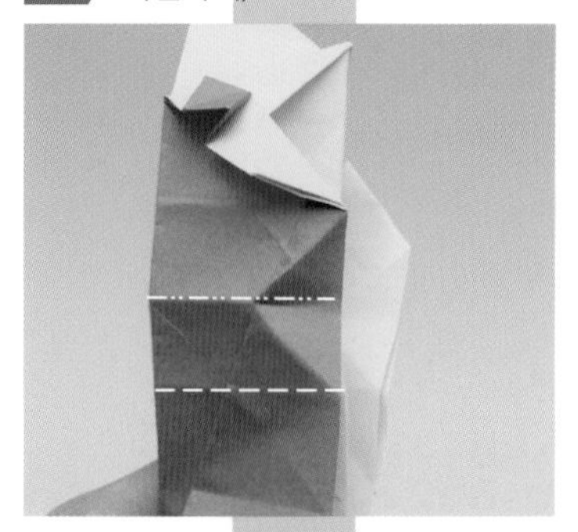

44 그림의 선대로 각도를 바꾼 안쪽으로 접는다.

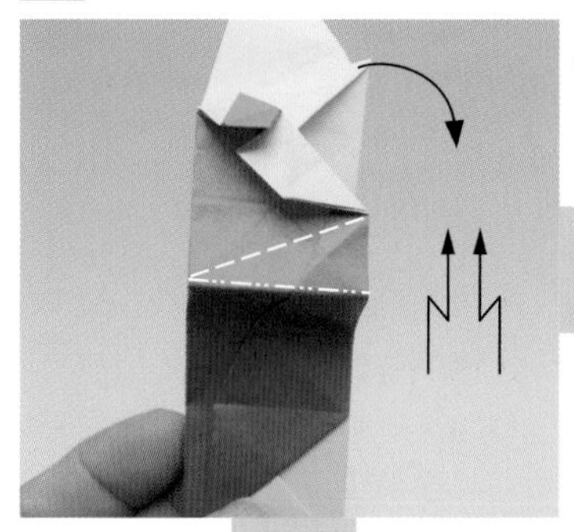

비스듬히 봤을 때

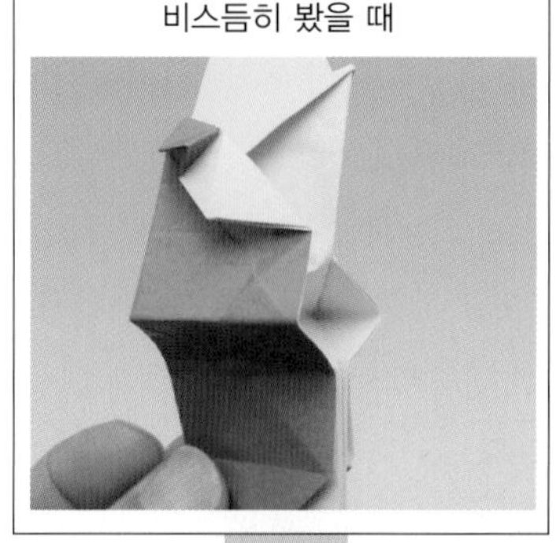

45 뒤로 접어 넣는다.(반대쪽도 마찬가지)

46 그림의 선대로 접는다. (47 참조)

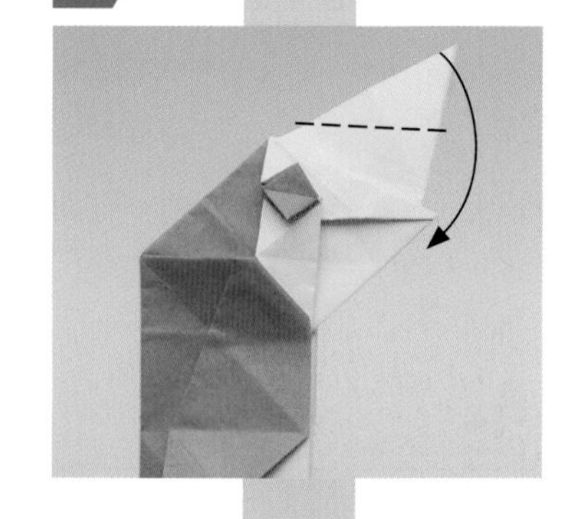

47 접을 때 다시 넣어 돌린다.

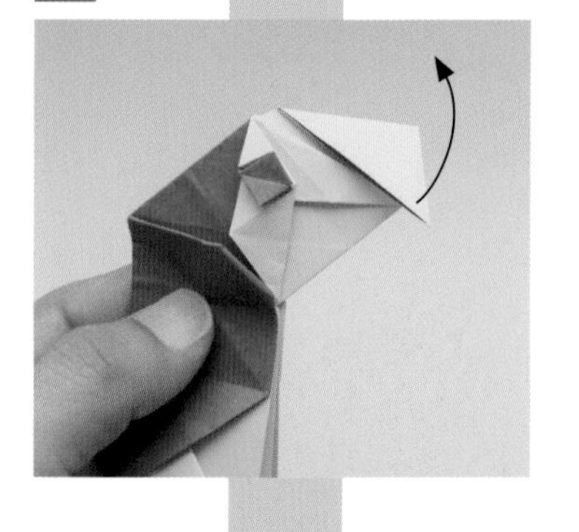

48 선을 중심으로 뒤집어 씌운다.

49 그림의 위치에 주름을 잡는다.

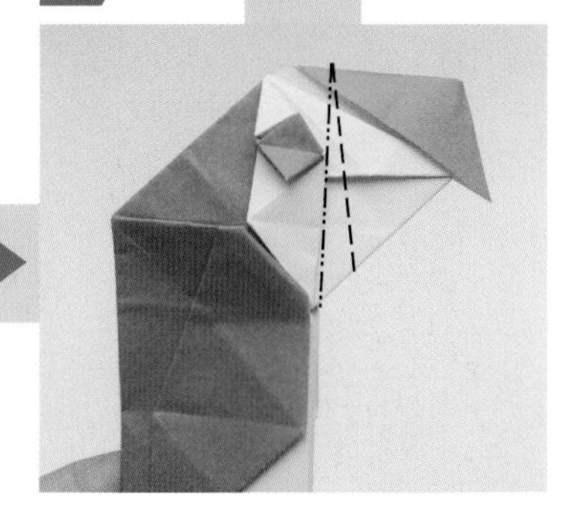

50 그림의 선대로 각도를 바꾼 안쪽으로 계단접기

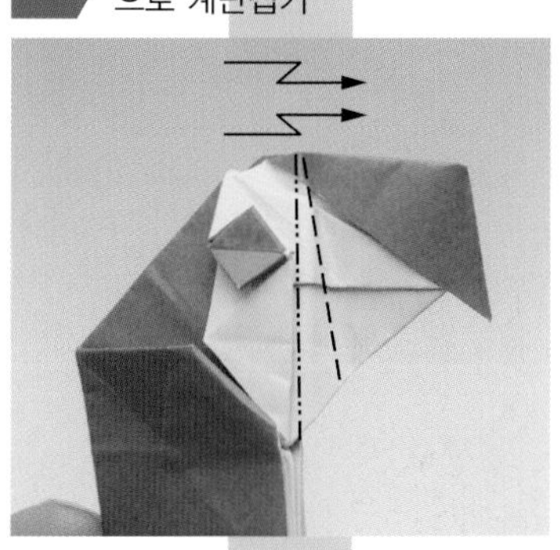

비스듬히 봤을 때

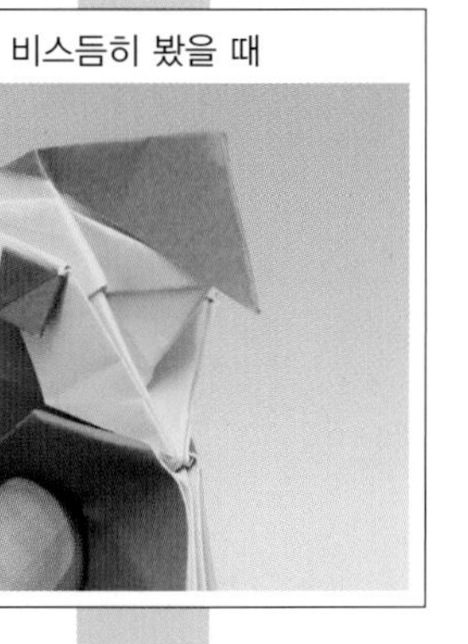

51 안쪽으로 접기(반대쪽도 동일)

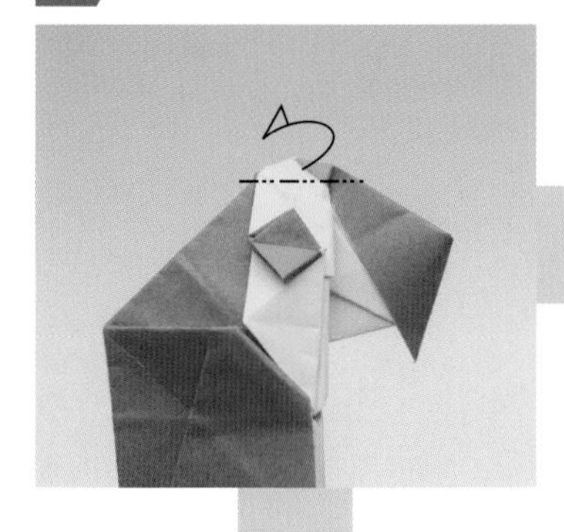

52 전체를 본다.

53 그림의 위치를 열어 시선을 바꾼다.

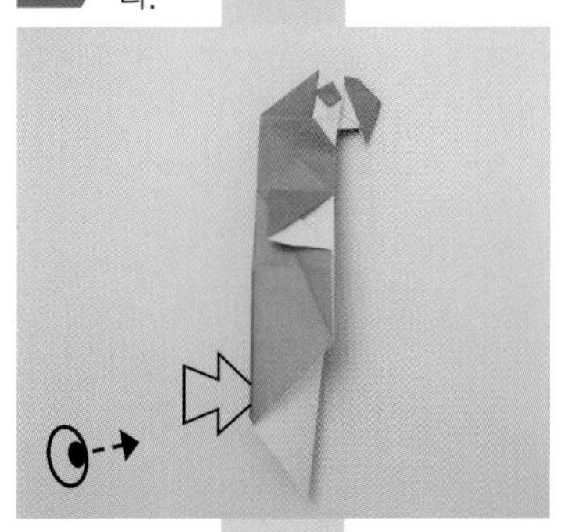

54 붙어있는 주름을 이용하여 펼친다.

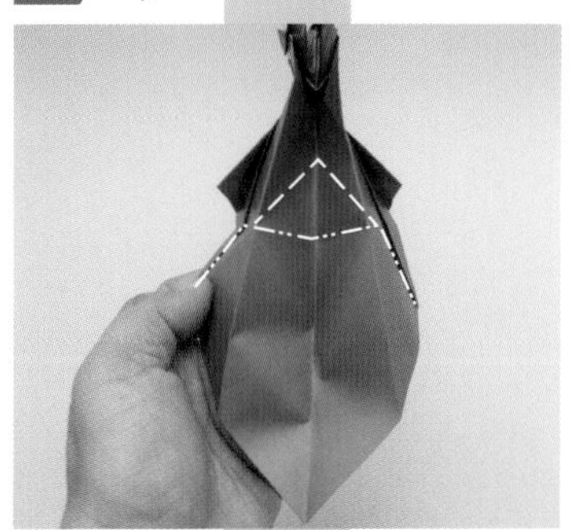

55 좌우로 단단히 펼친다.

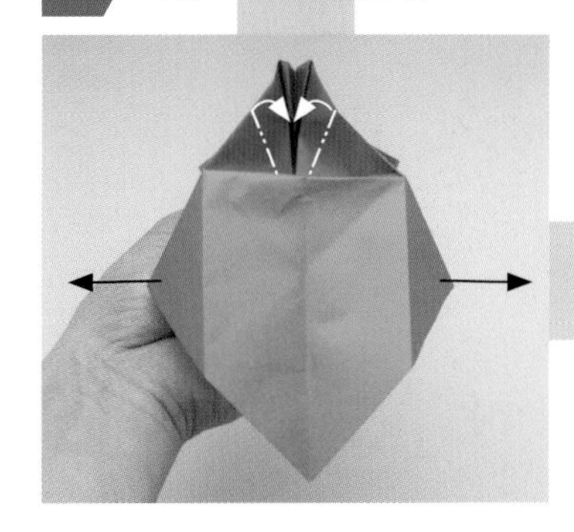

56 그림의 선대로 접는다.

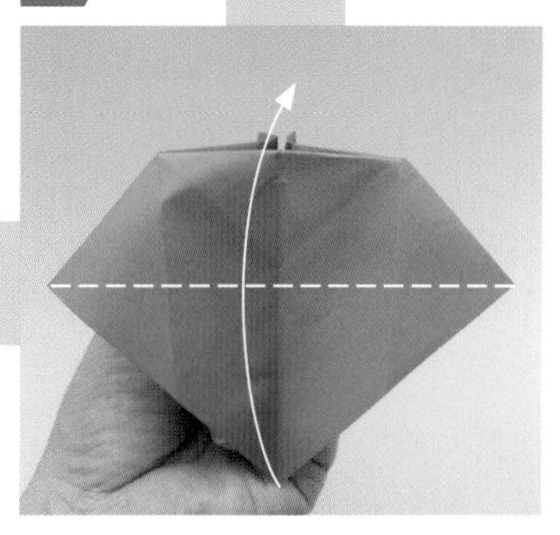

57 그림의 선대로 가볍게 접는다.

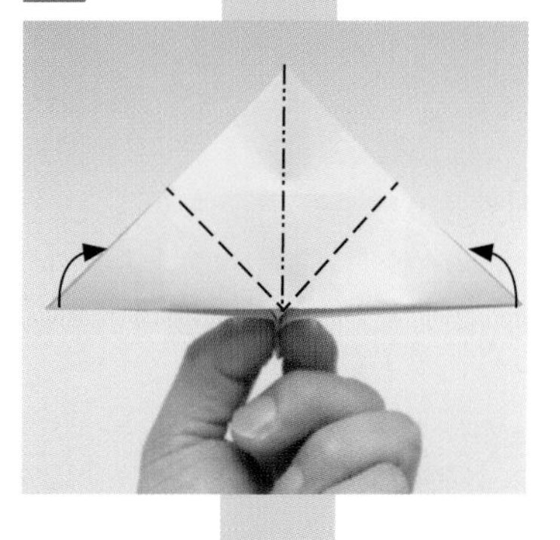

58 그림의 선대로 접는다.

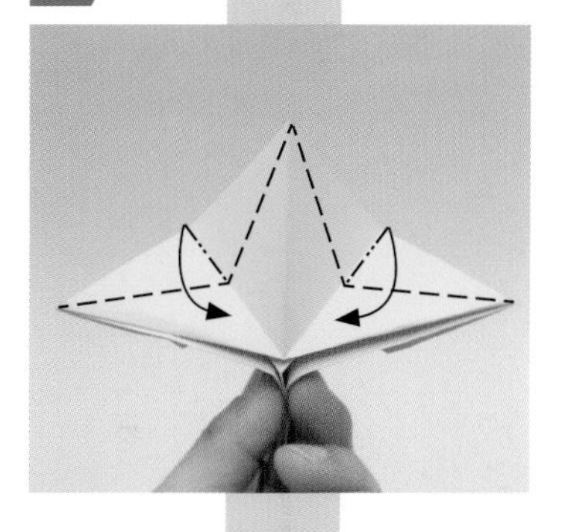

59 닫는다.

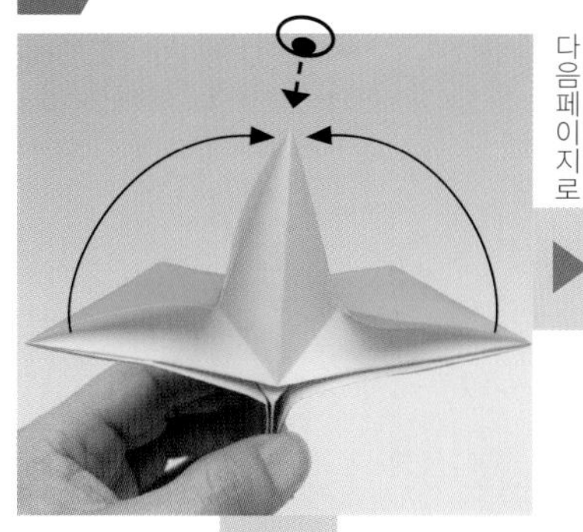

다음페이지로

60 옆에서 봤을 때

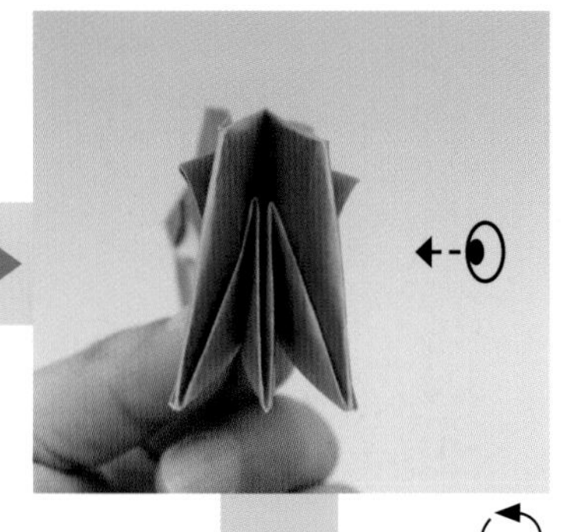

61 펼친다.

62 그림의 선대로 접어서 꽂는다.

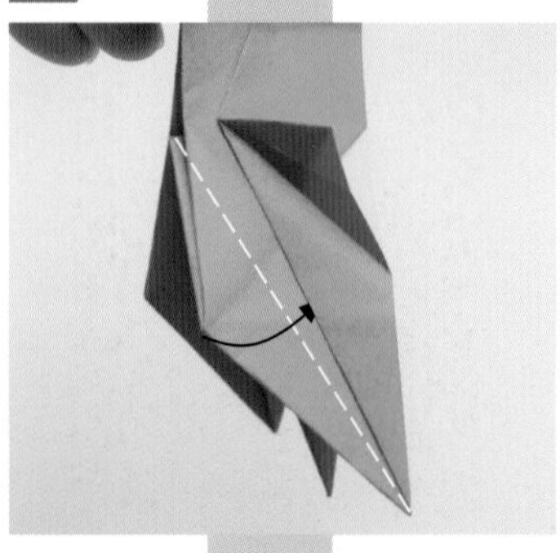

63 반대쪽 62 와 마찬가지로 접어서 열린 61 부분을 한다.

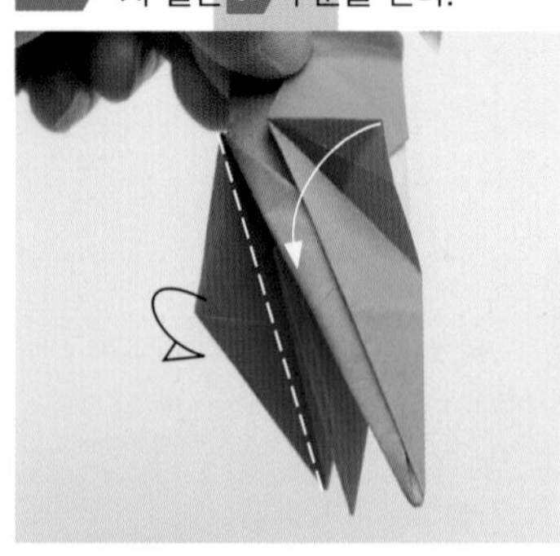

64 전체를 봤을 때

65 앞발이 되는 부분을 가운데를 중심으로 뒤집는다.

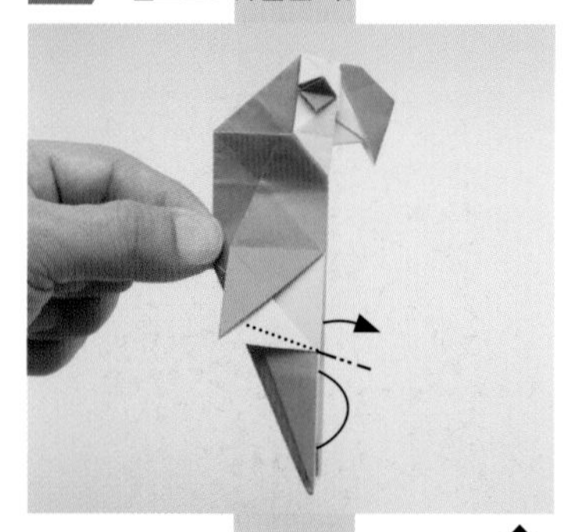

66 그림의 선대로 뒤로 접어 넣는다.

확대해서 비스듬히 봤을 때

67 안쪽으로 밀어 접는다.

비스듬히 봤을 때

68 다른 쪽 다리도 65 ~ 67 과 같이 접는다

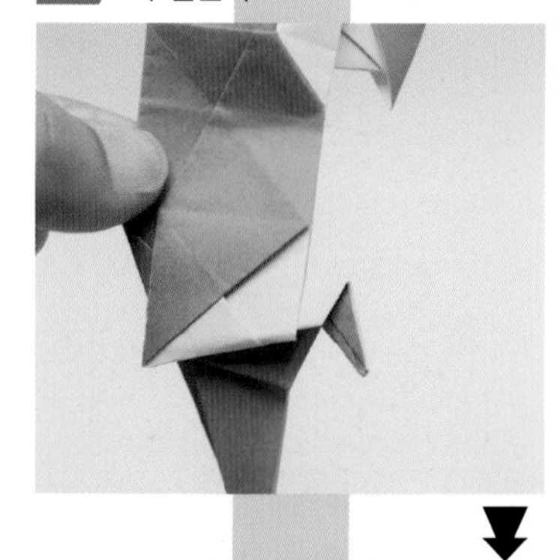

완 성

KOALA
코알라

난이도★★★★★☆☆

스타트

01 가장자리와 가장자리를 세로와 수평으로 반으로 주름을 잡는다.

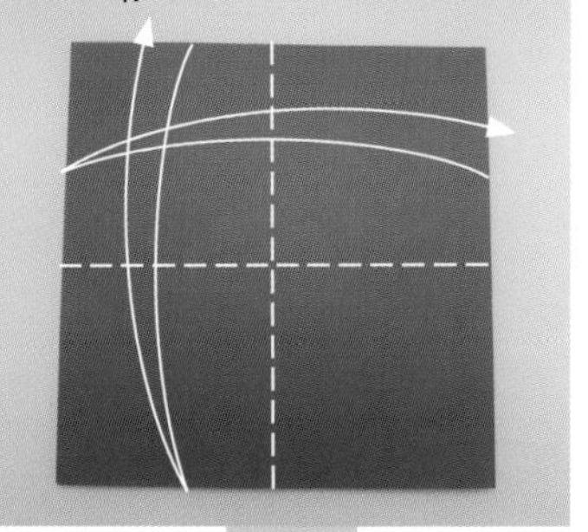

02 모서리와 모서리를 정렬하고 접는다.

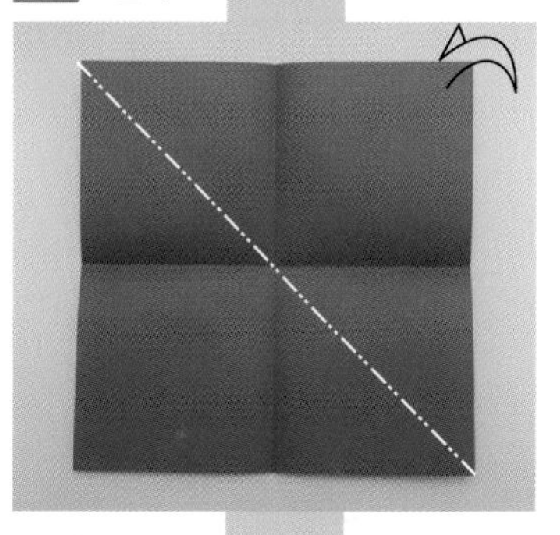

03 각각의 가장자리와 가장자리 정렬하고 접어서 주름을 잡는다.

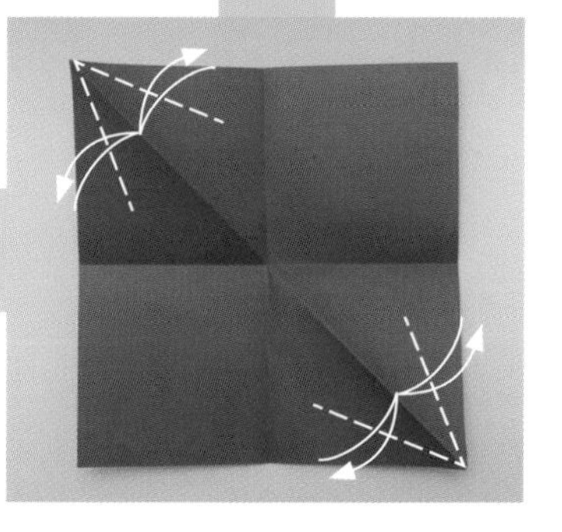

04 뒤집는다

05 모서리를 중심으로 가지런히 접는다.

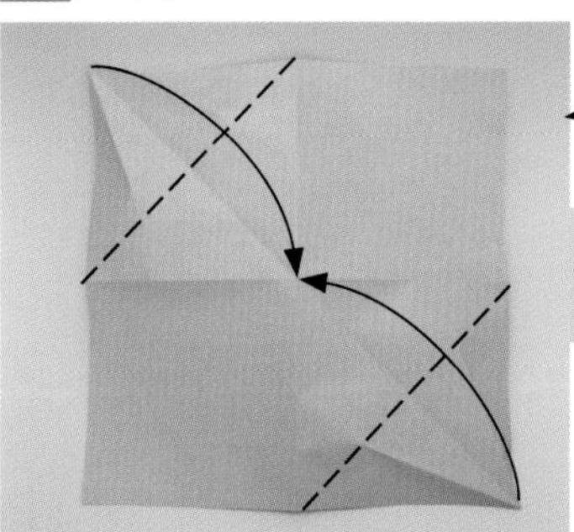

06 각각의 가장자리와 가장자리 정렬하고 접어서 주름을 잡는다.

07 그림의 선대로 접는다.

08 그림의 선대로 뒤쪽으로 꺾는다.

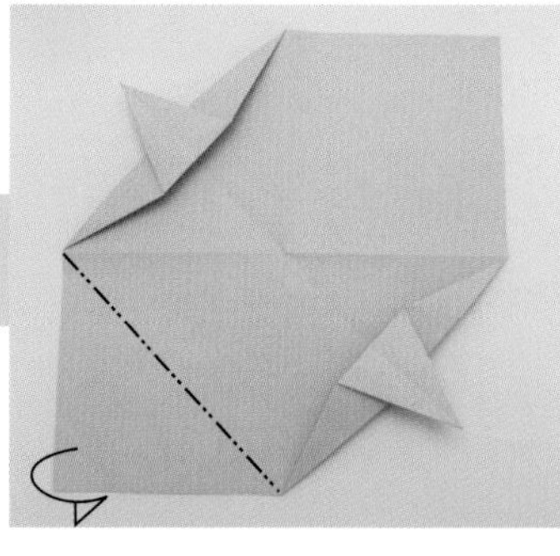

다음페이지로

09 반으로 접는다.

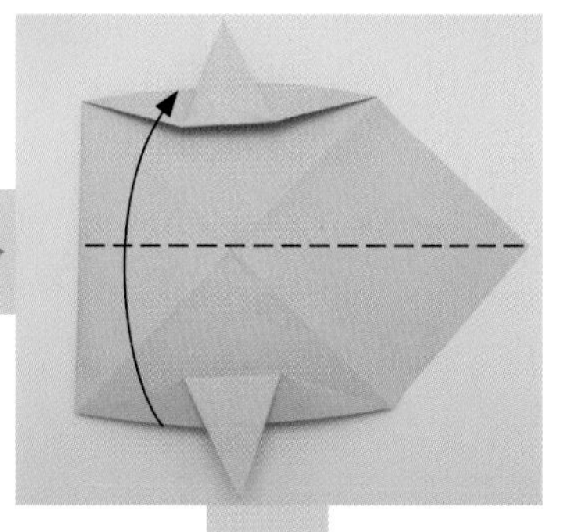

10 그림의 선대로 접는다.

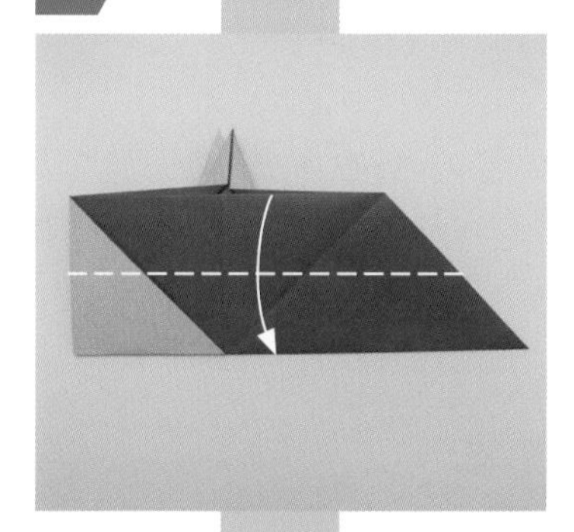

11 그림의 선대로 뒤쪽으로 꺾는다.

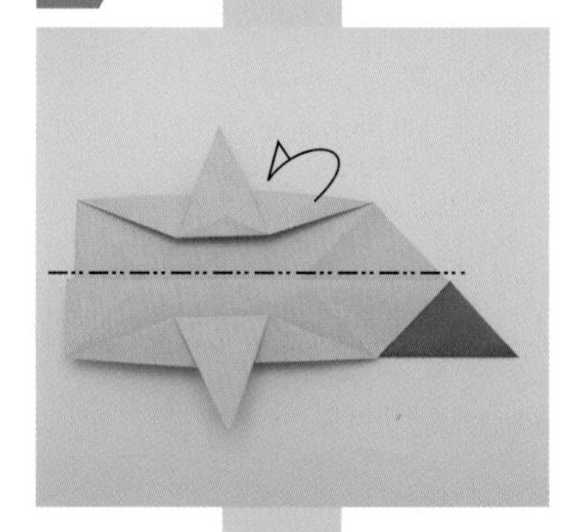

12 펼친다.

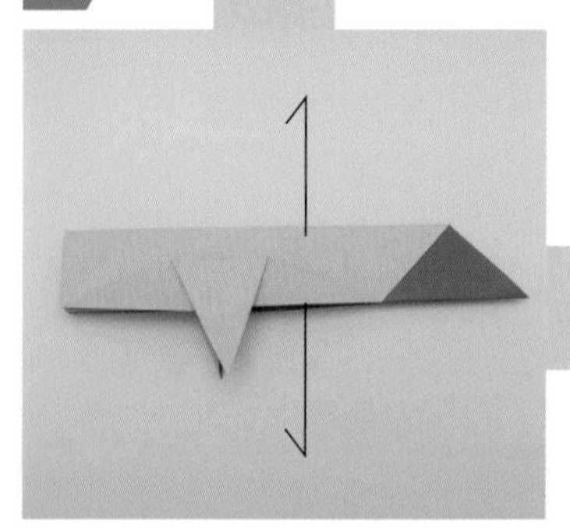

13 그림의 선대로 접는다.

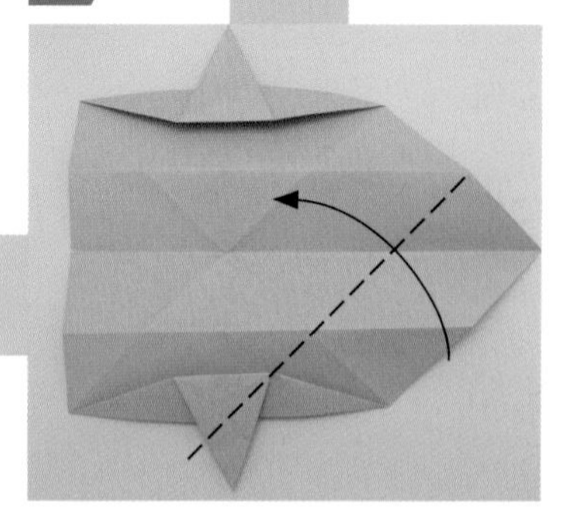

14 그림의 선대로 접는다.

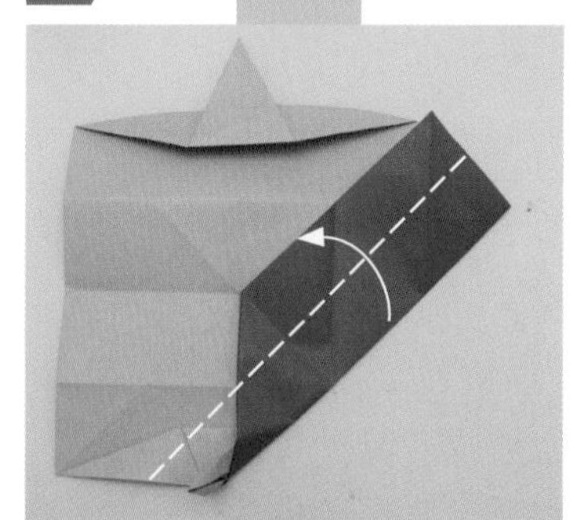

15 접는 선이 생기면 펼친다.

16 그림의 선대로 접는다.

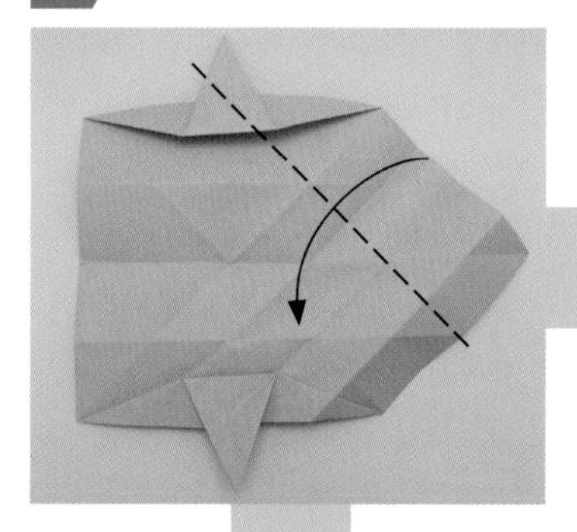

17 그림의 선대로 접는다.

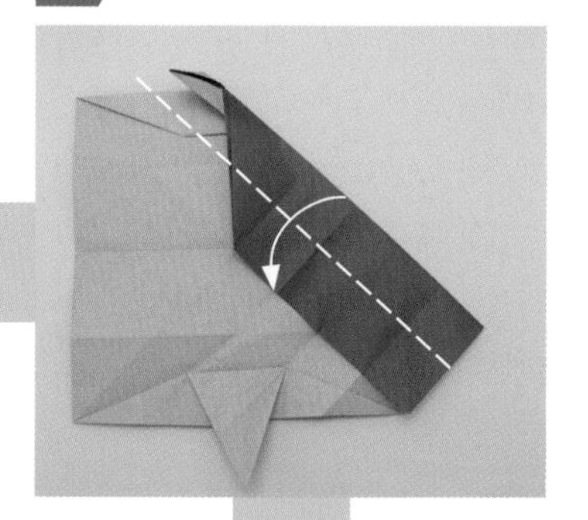

18 접는 선이 생기면 펼친다.

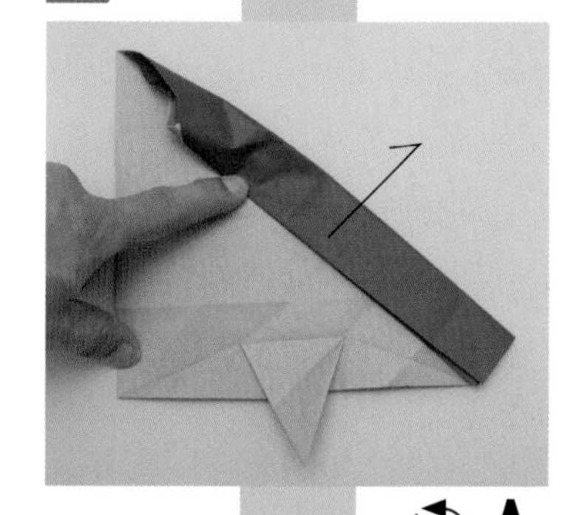

19 그림의 선대로 접는다.

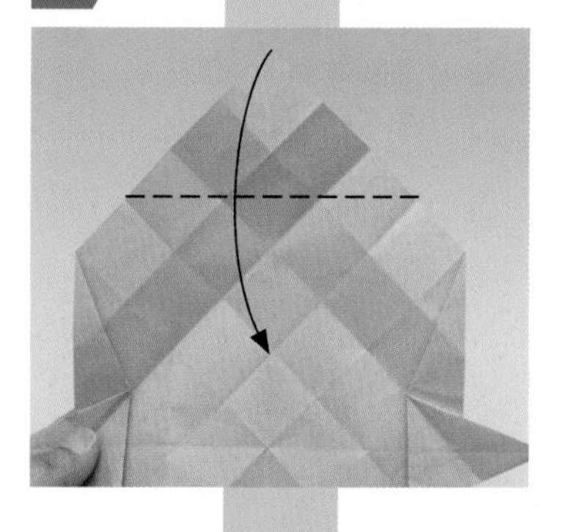

20 안쪽 접기

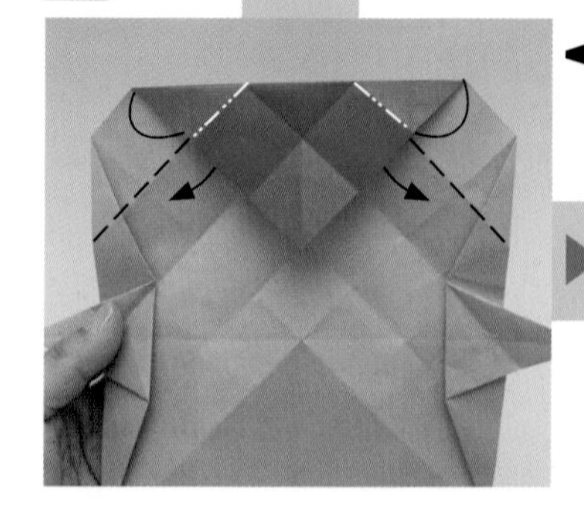

21 그림의 위치에 주름을 잡는다.

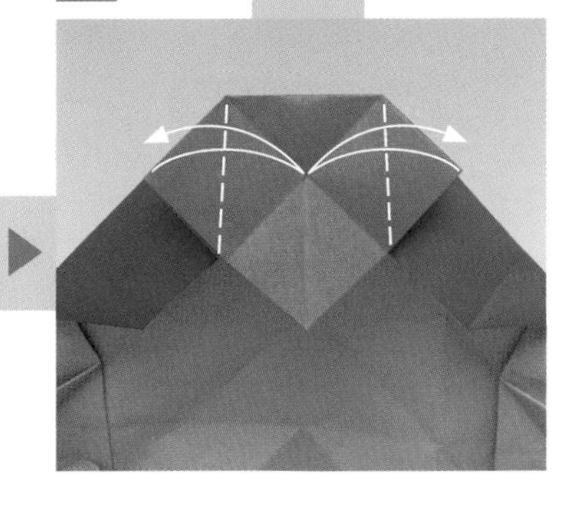

22 함께 그림의 선대로 접어 접기선을 만든다.

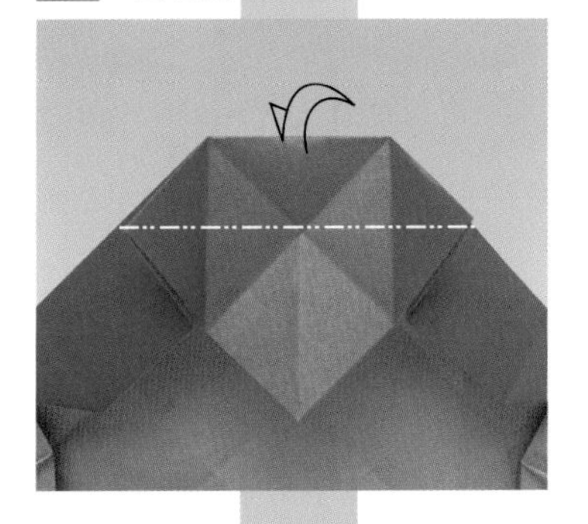

23 모서리를 접는 선에 맞춰 접어 접는 선을 만든다.

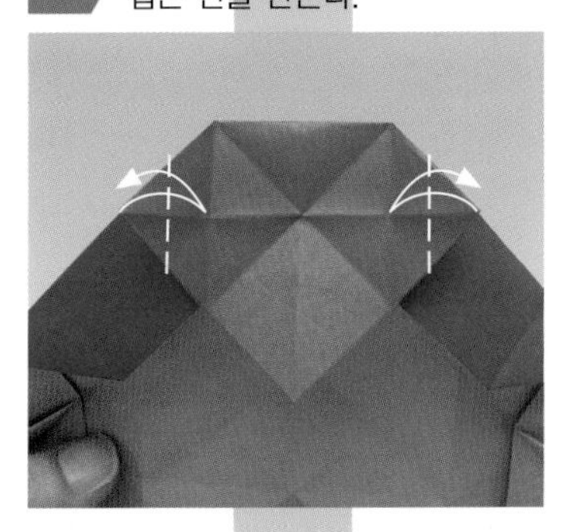

24 안쪽 접기

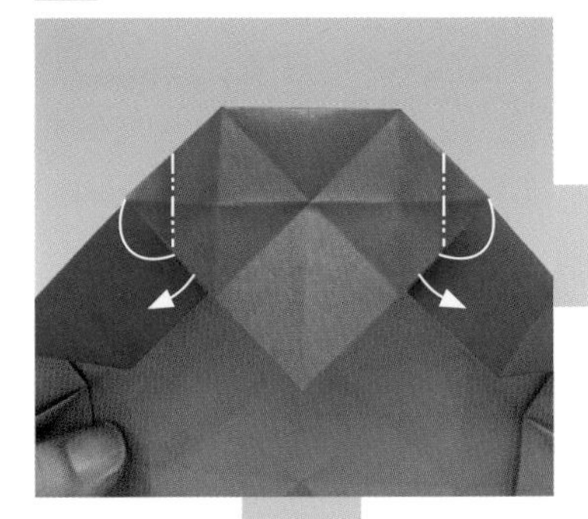

25 그림의 선대로 접는다.

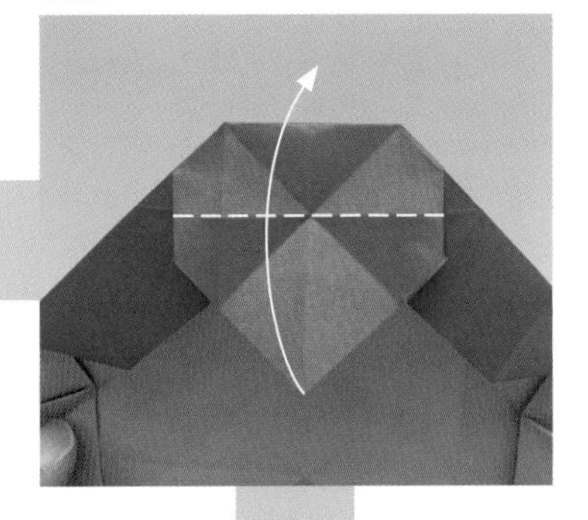

26 선으로 둘러싼 부분 확대

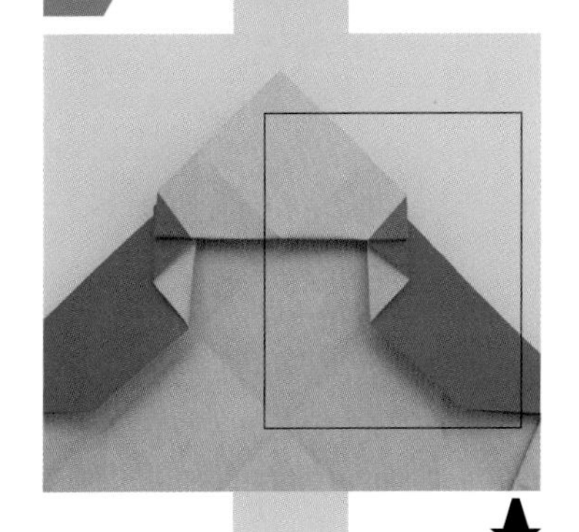

27 안쪽을 갈라 접는다.

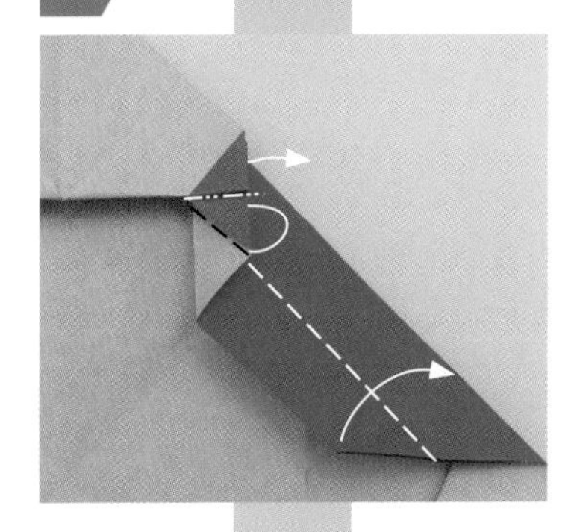

28 펼친다.

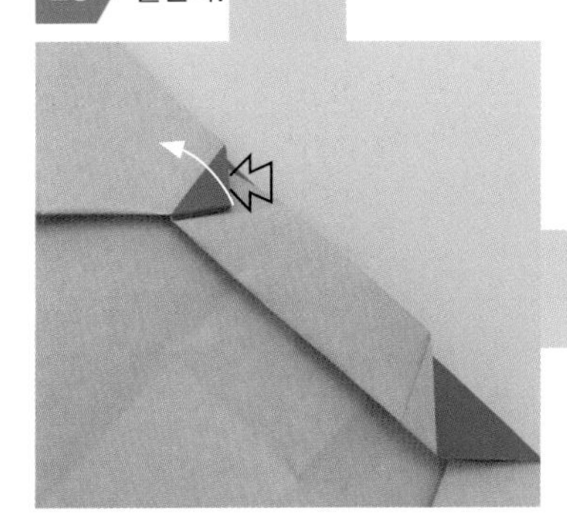

29 왼쪽도 27 과 28 같이 접는다.

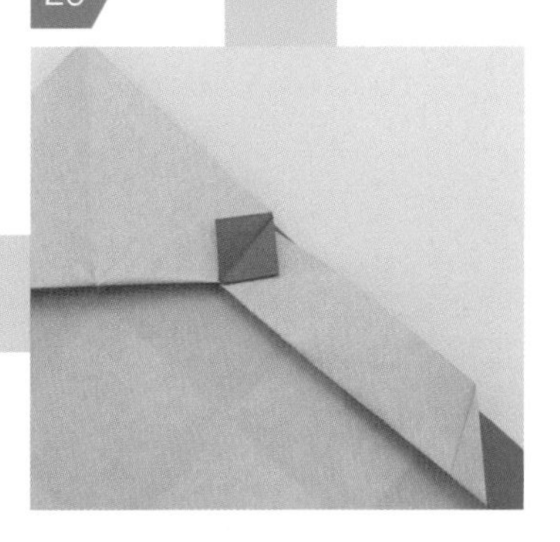

30 그림의 선대로 접는다.

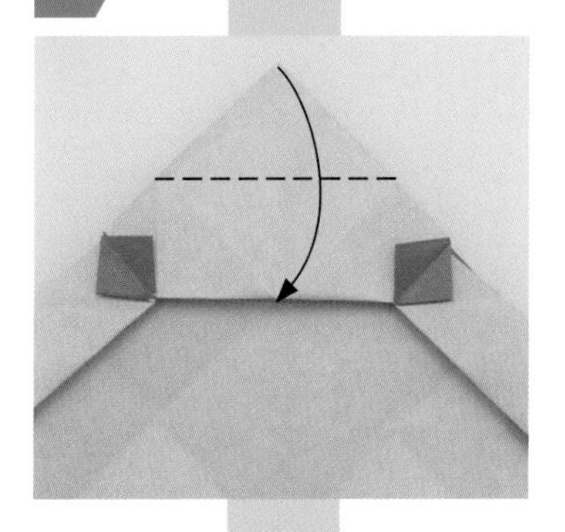

31 조금만 뒤로 접어 넣는다.

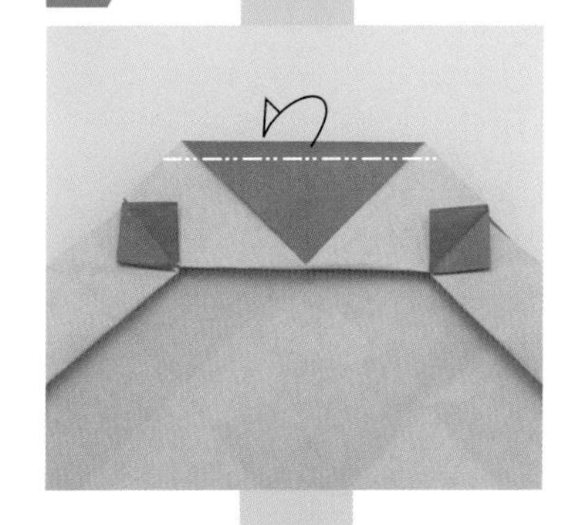

32 그림의 위치에 주름을 잡는다.

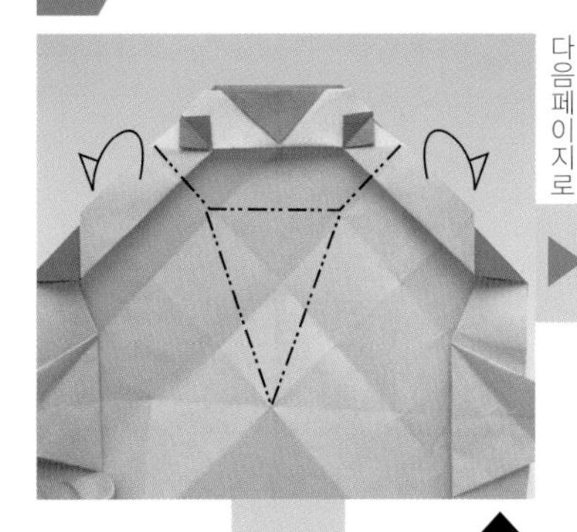

다음페이지로

33 다음은 전체를 본다.

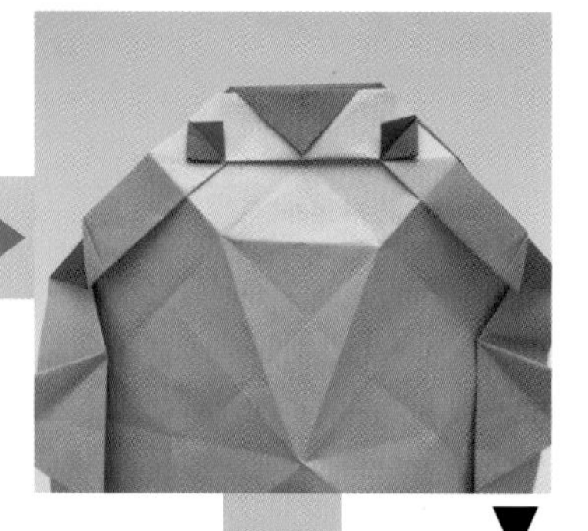

34 그림의 선으로 접는다.

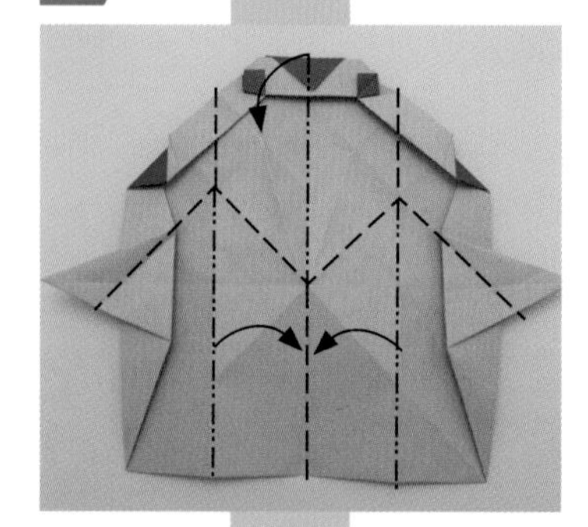

34-2 접는 과정

34-3 접는 과정

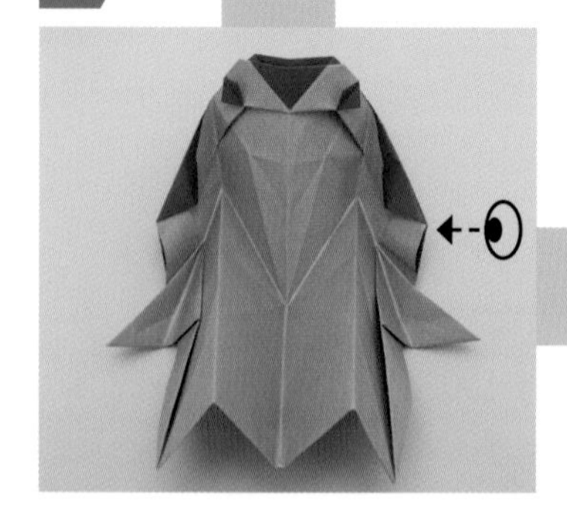

35 펼친다.

36 그림의 위치를 연다.

37 그림의 위치를 연다.

38 그림의 위치를 열어 시선을 바꾼다.

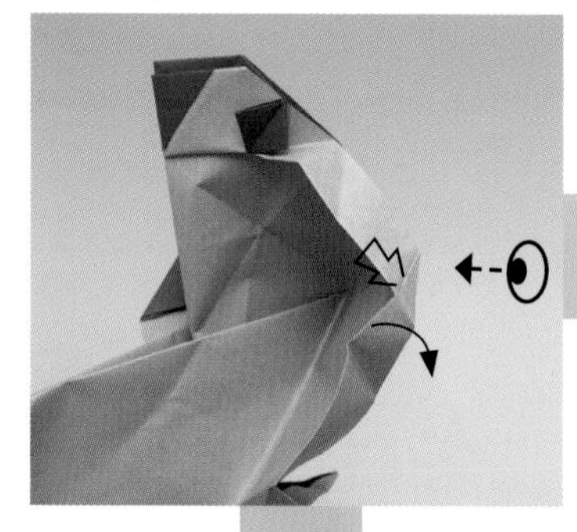

39 그림의 선대로 접는다.

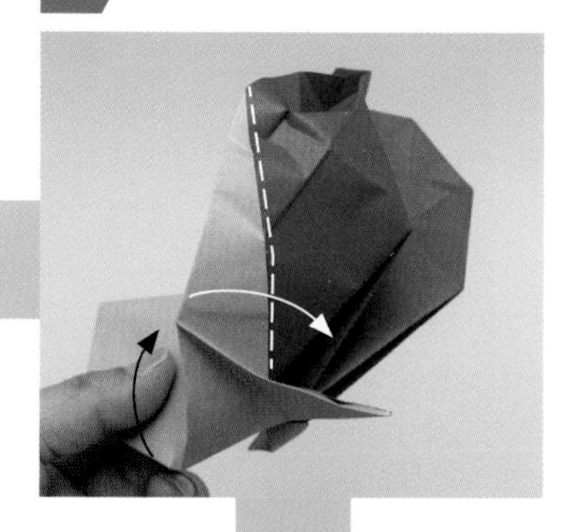

40 그림의 선대로 접는다.

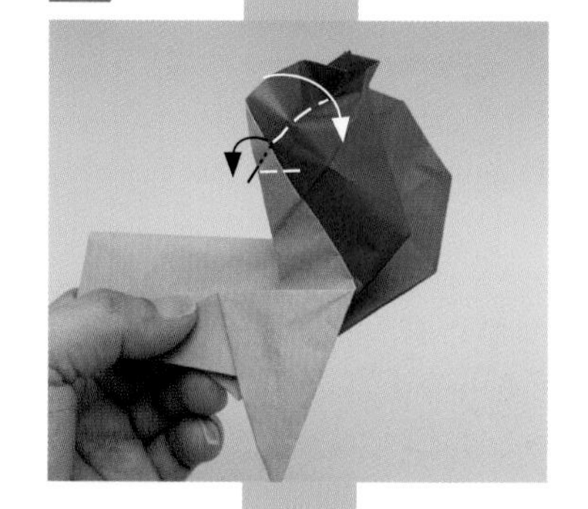

41 원래대로 접는다. (42 참조)

42 반대쪽도 35 와 41 같이 접다

43 그림의 선을 따라 접었다가 펼친다.

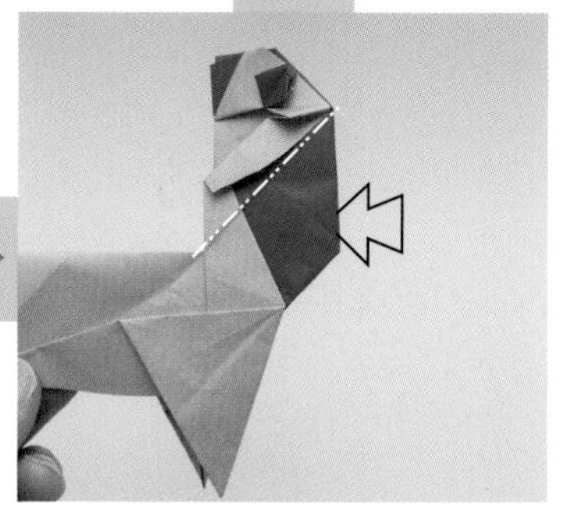

44 시선을 바꾼다.

45 그림의 위치를 연다.

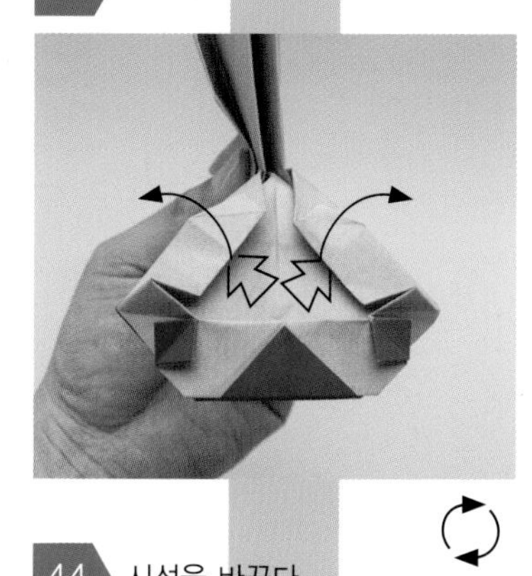

46 그림의 위치를 연다.

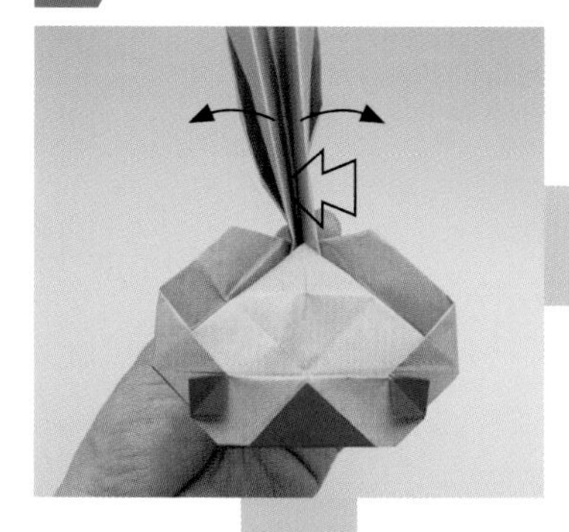

47 32 생성된 접는 선을 따라 입체적으로 접는다.

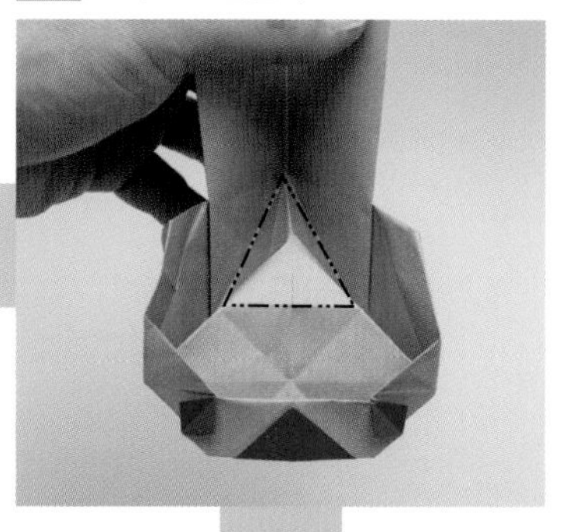

48 굵은 화살표 부분을 눌러 넣듯이 접는다.

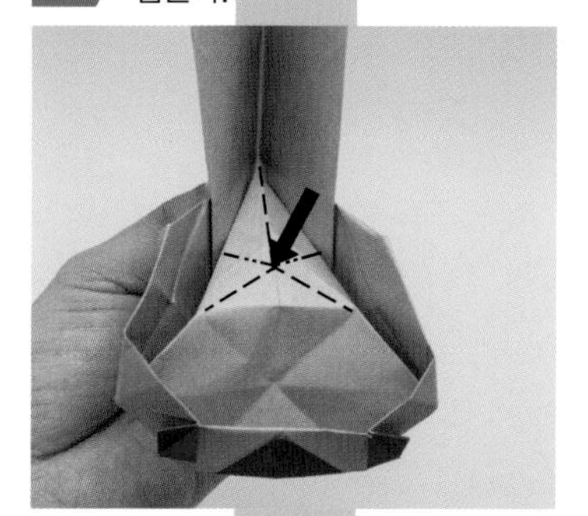

49 옆에서 본다.

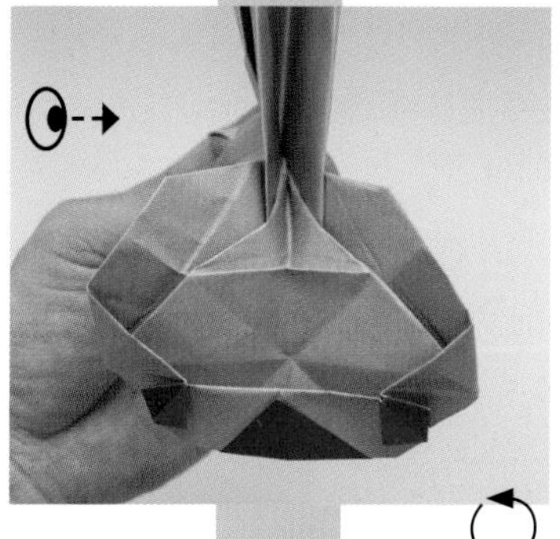

50 ① 오른쪽으로 접어 넣는다.
② 머리 전체를 정면으로 향하도록 접는다.

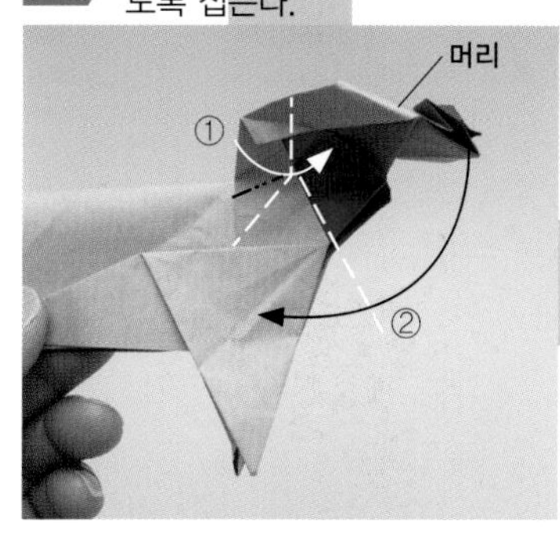

51 아래에서 본다.

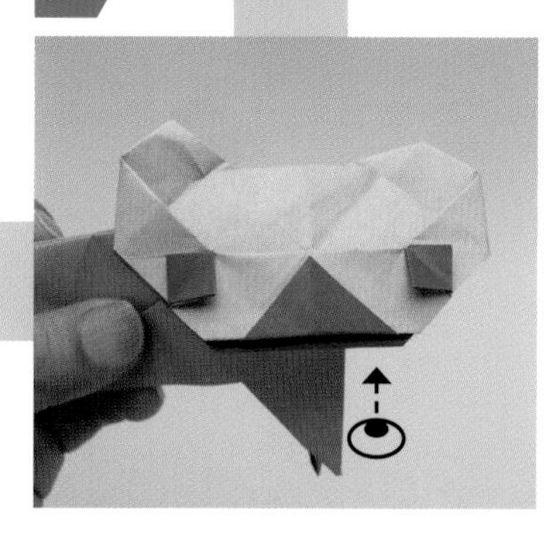

52 그림의 선대로 접는다.

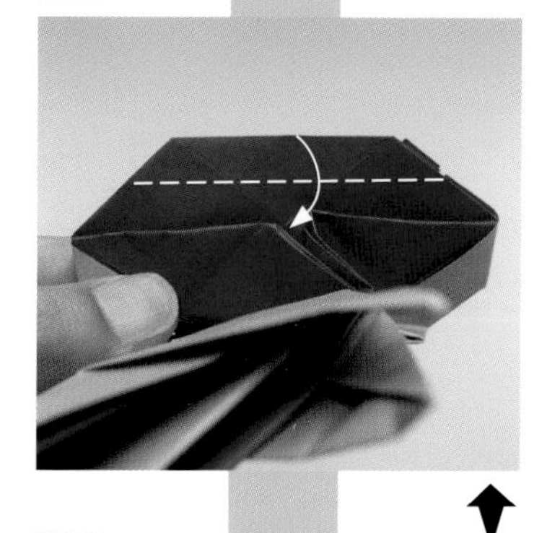

53 정면에서 본다.

54 그림의 선대로 입체적으로 접는다

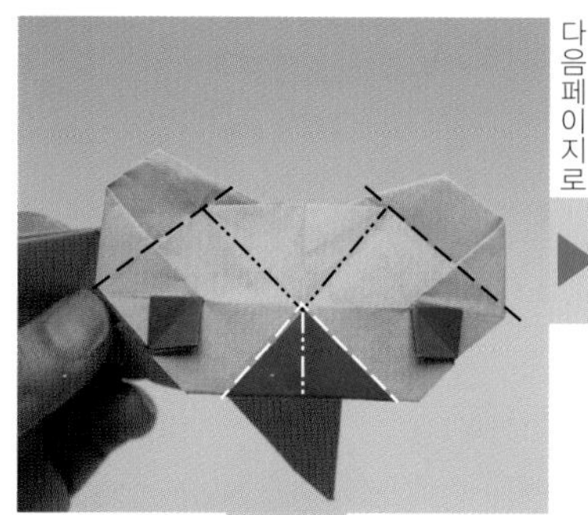

다음페이지로

55 전체를 본다.

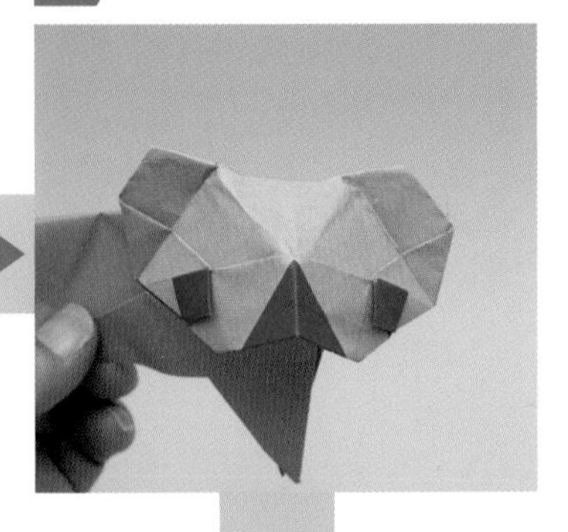

56 그림의 선대로 접는다.

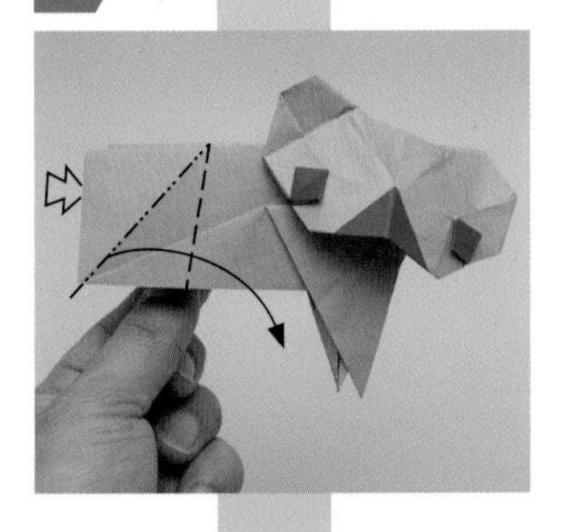

57 반대쪽도 56 같은 방식으로 접는다.

58 중심에서 안쪽 접기 한다.

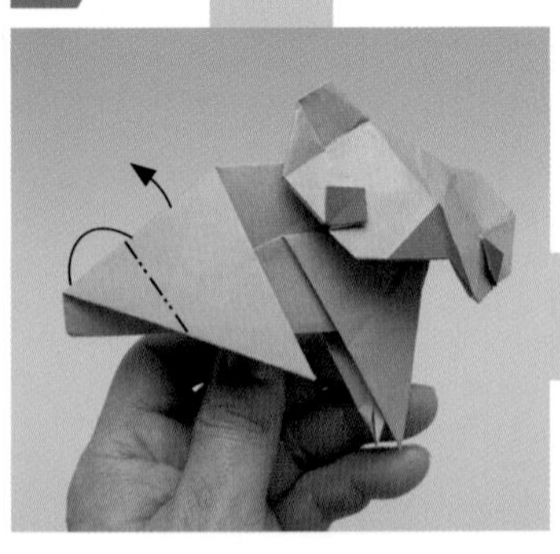

59 안쪽으로 접어 넣는다 (반대쪽도 동일하게).

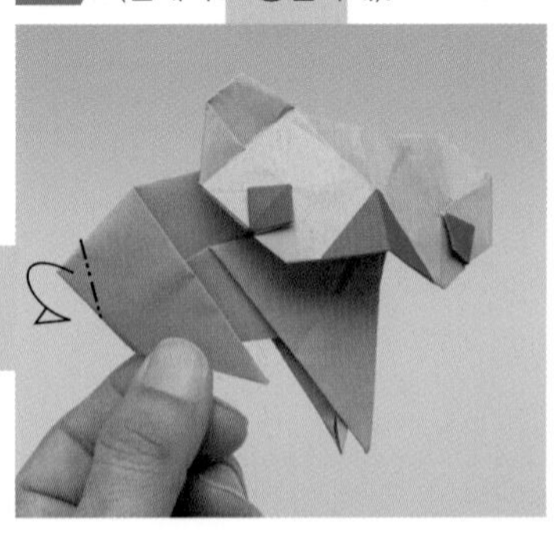

60 ①②의 순서대로 각도를 조정하여 계단 접기 한다.

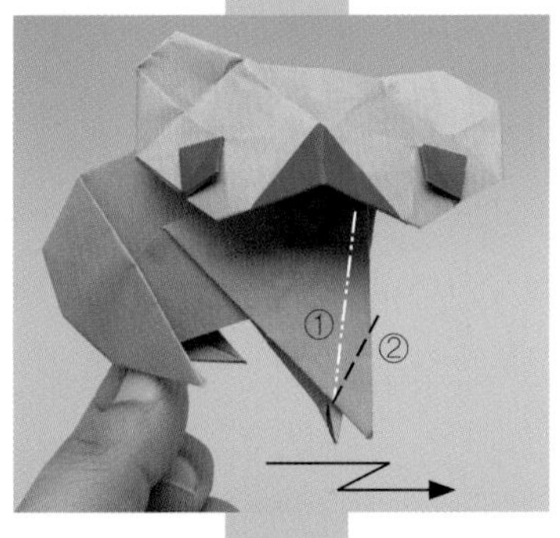

60-2 ①이 끝난 상태.

61 반대쪽도 60 같은 방식으로 접는다.

기본 형 완성.

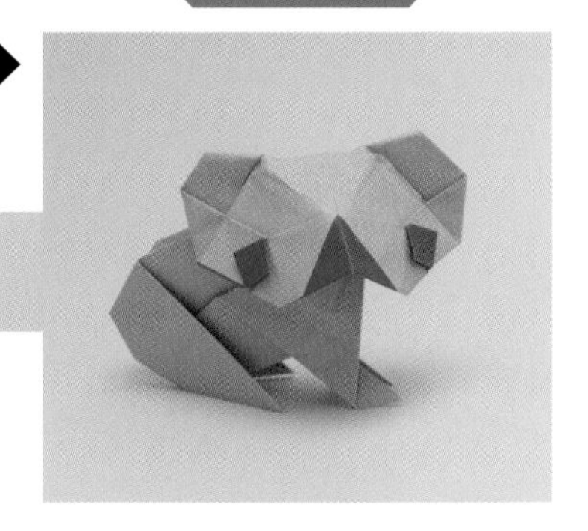

부모와 자식 버전을 만드는 방법

어미…24×24cm종이접기 용지사용
새끼…15×15cm종이접기 용지사용

아이는 목의 60 ①까지 접는다.

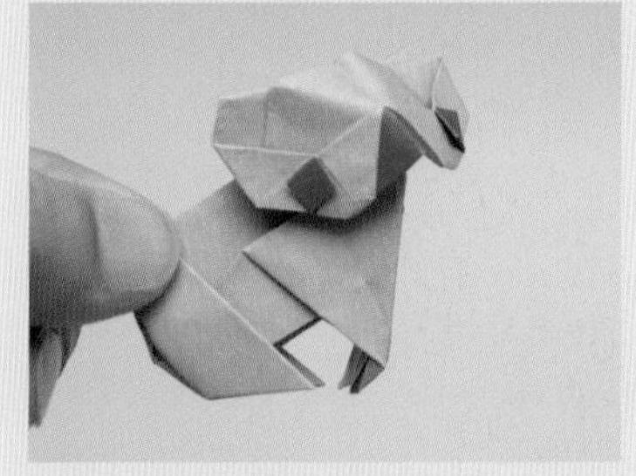

부모의 엉덩이에 아이를 끼고 앞발 끝을 그림 위치에 꽂는다.

완 성

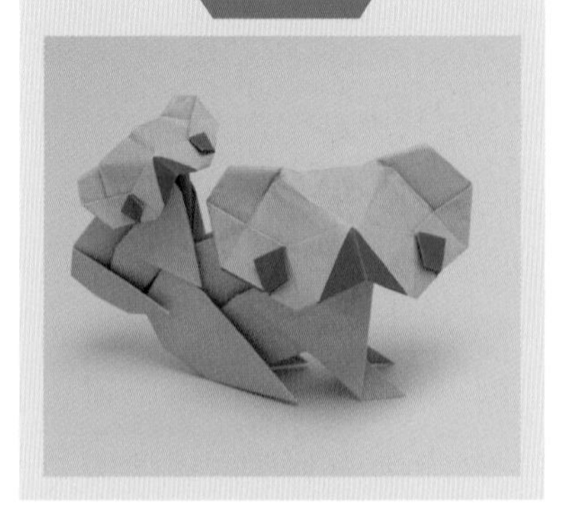

퍼그…24×24cm사용
스케이트보드…15×15cm사용

연필 잡기 버전 만드는 법

발끝을 모아 3번 감듯이 접는다.

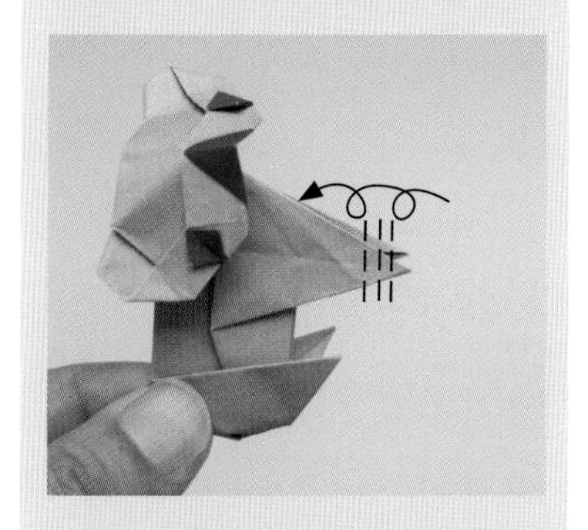

다리 틈에 연필을 끼워 넣는다

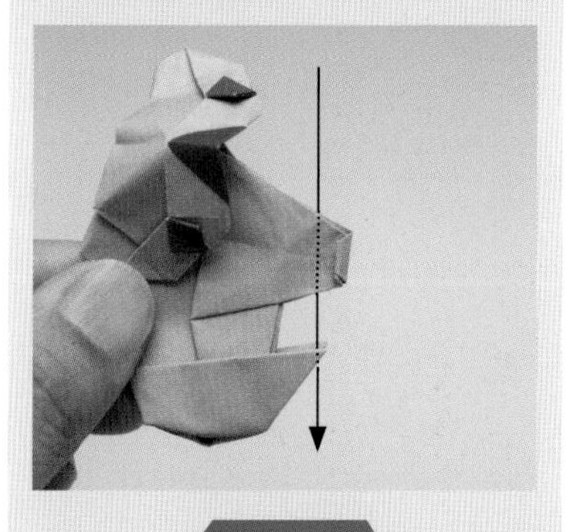

완 성

PUG
퍼그

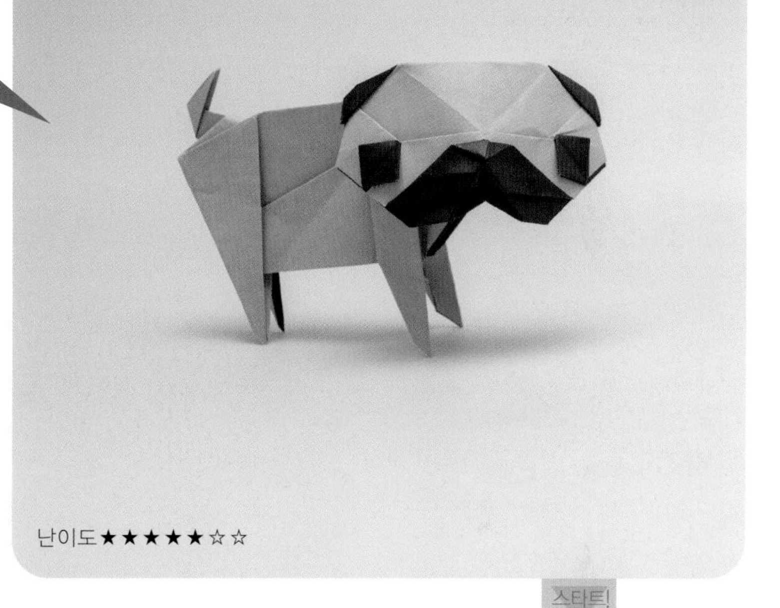

난이도★★★★★☆☆

스타트!

01 가장자리를 세로와 수평으로 반으로 정렬 접어서 주름을 잡는다.

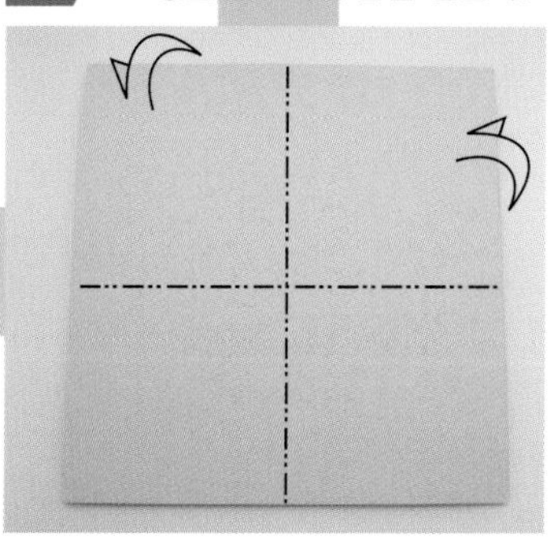

02 모서리를 중심으로 가지런히 접는다.

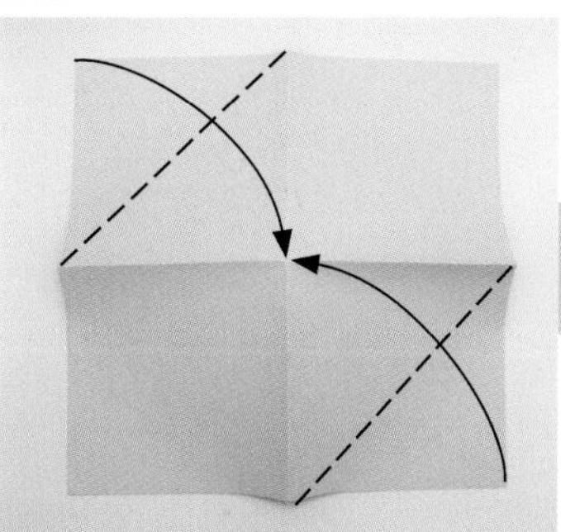

03 그림의 선대로 꺽음 접기 (접는 방법은 015페이지 참조)

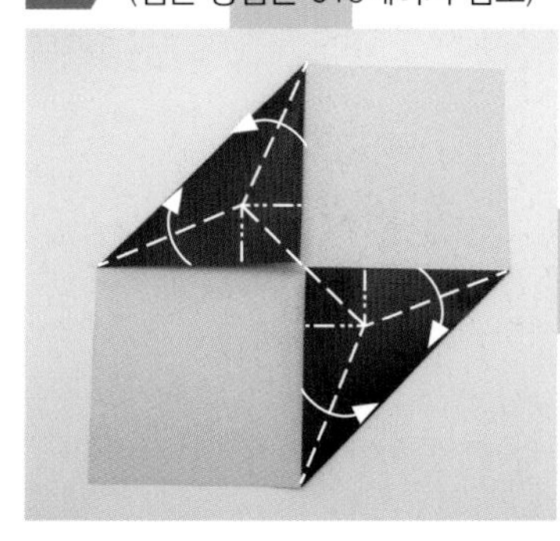

04 반으로 접는다.

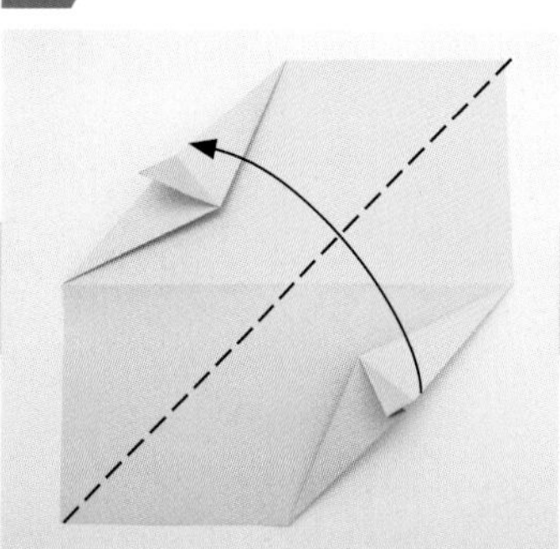

다음페이지로

05 반으로 접는다.

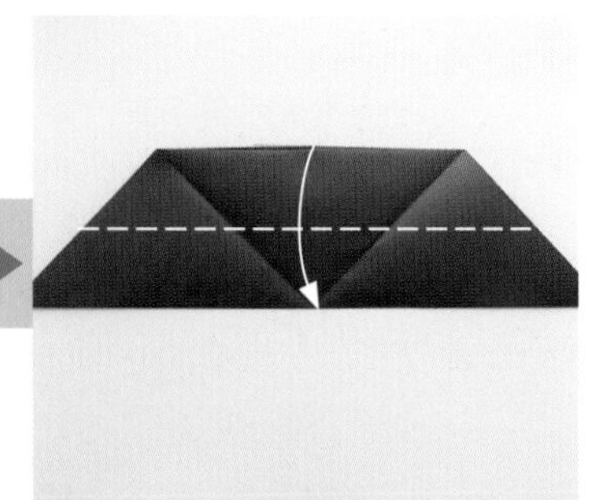

06 그림의 선대로 뒤쪽으로 꺾는다.

07 펼친다.

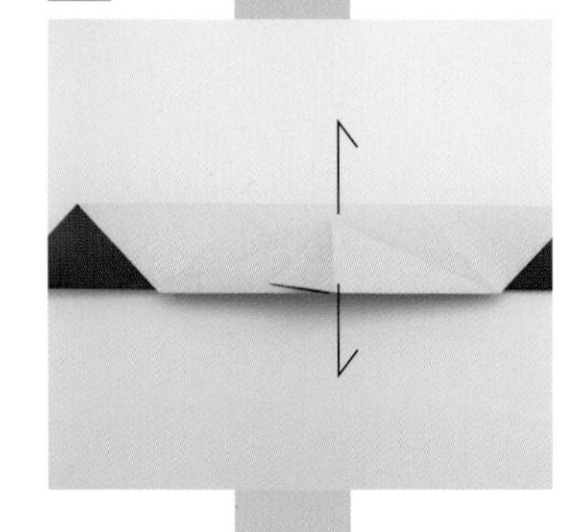

08 뒤집는다

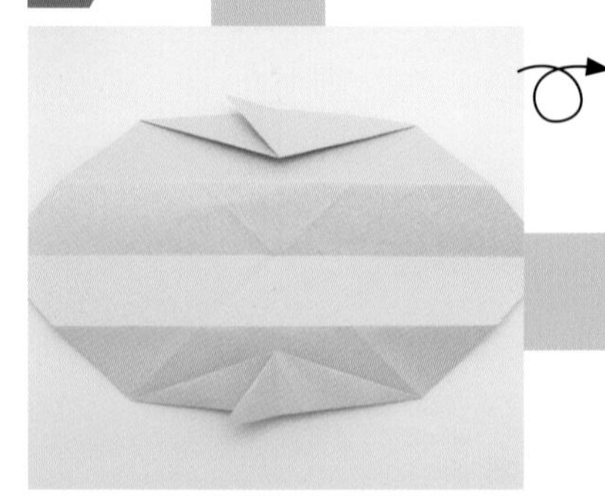

09 가장자리를 중심에 맞춰 접어 접는 선을 만든다.

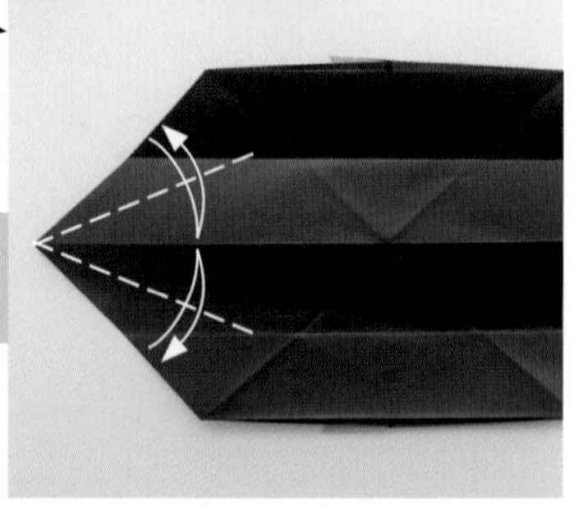

10 그림의 선대로 접는다.

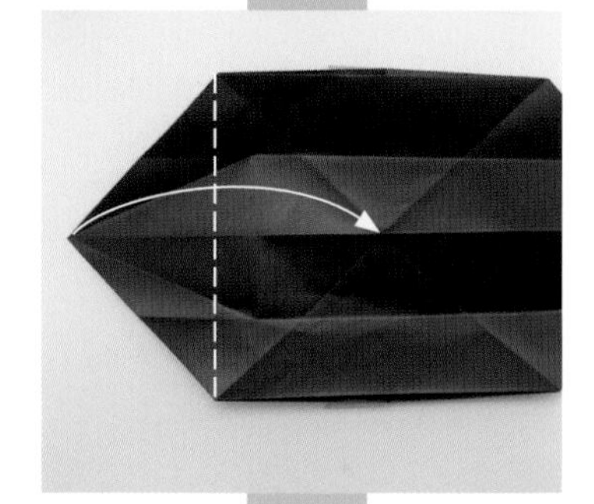

11 각각 가장자리와 가장자리를 맞춰 접어서 주름을 잡는다.

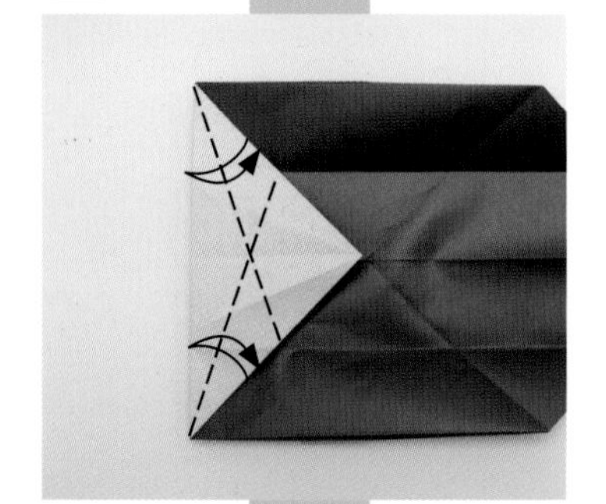

12 이미 생긴 접는 선이 교차하는 부분에서 접는다.

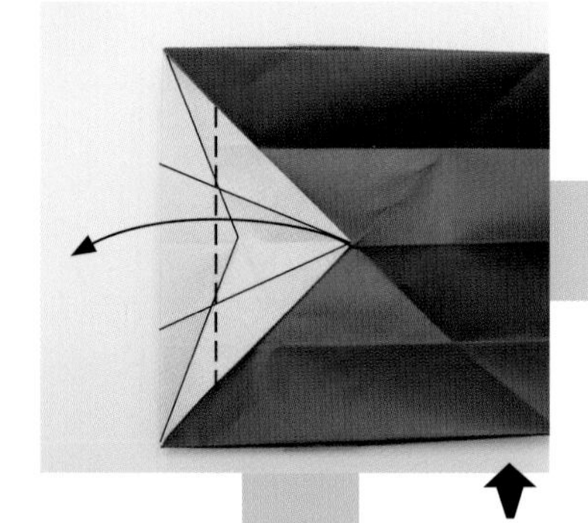

13 그림의 선대로 펼쳐 접는다.

14 뒤집는다.

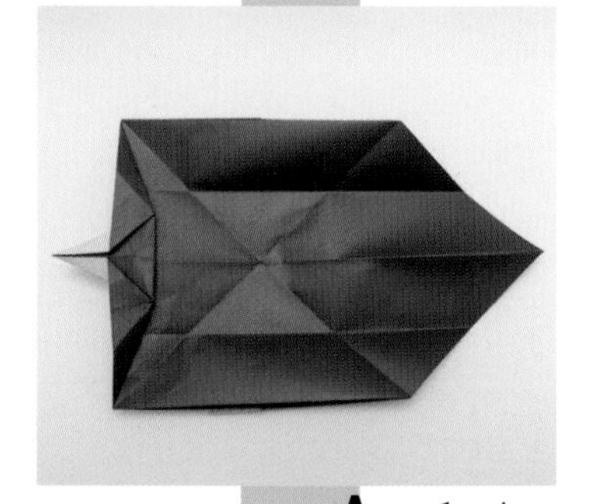

15 그림의 선대로 접는다.

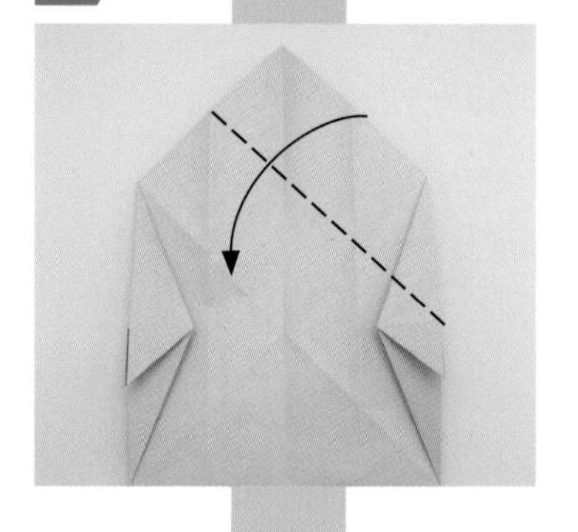

16 그림의 선대로 접는다.

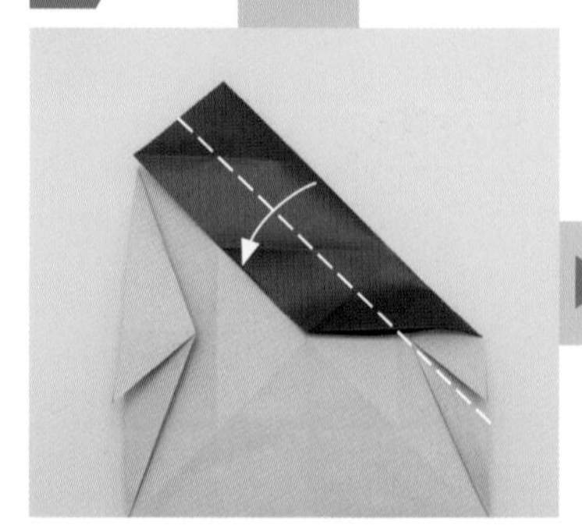

17 펼친다.

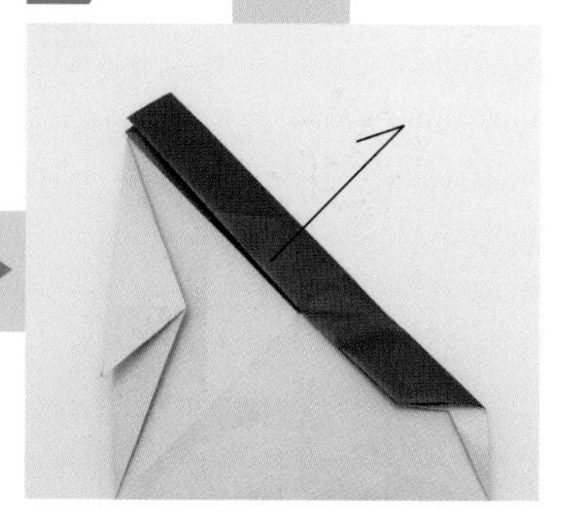

18 그림의 선대로 접는다.

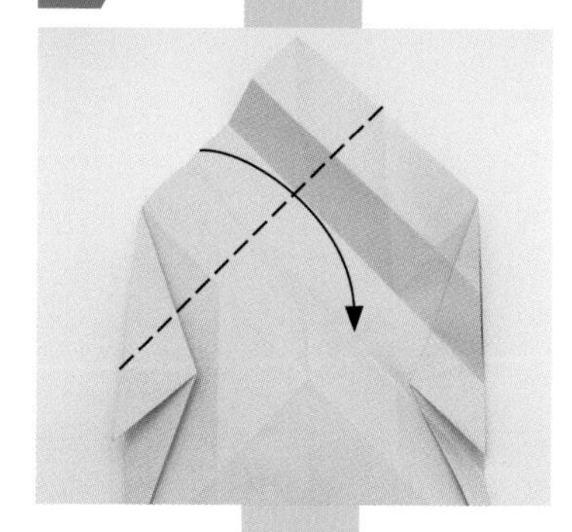

19 그림의 선대로 접는다.

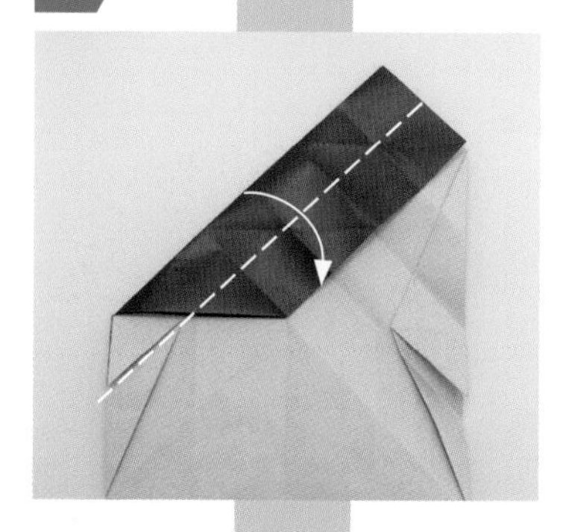

20 펼친다.

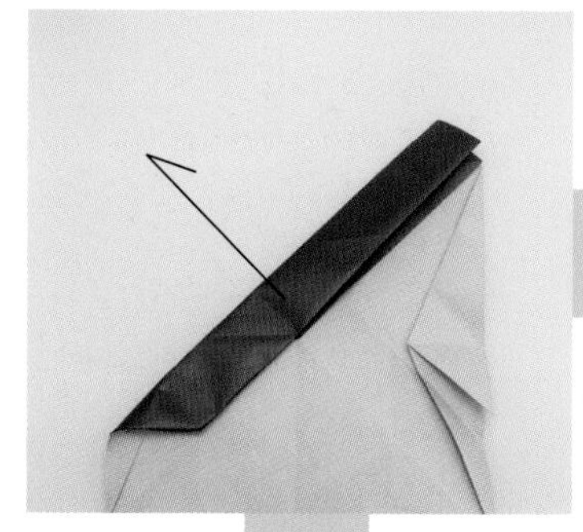

21 그림의 선대로 접는다.

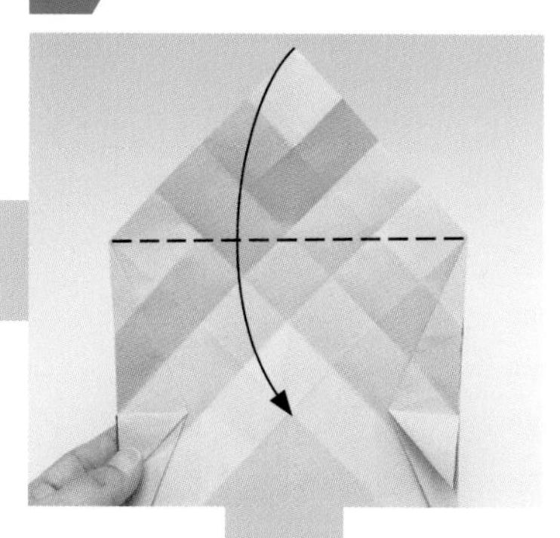

22 그림의 선대로 접는다.

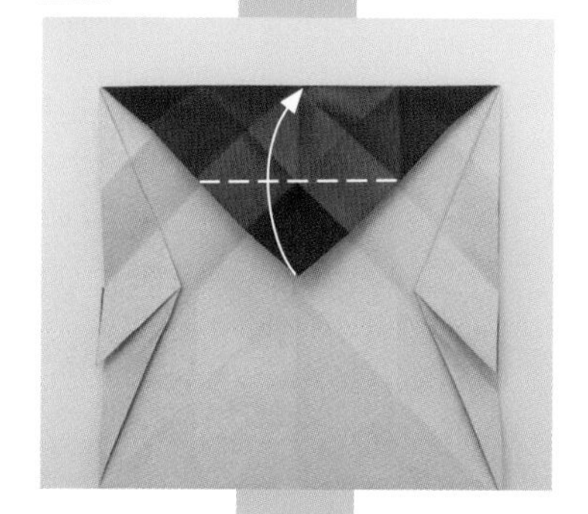

23 그림의 선대로 접는다.

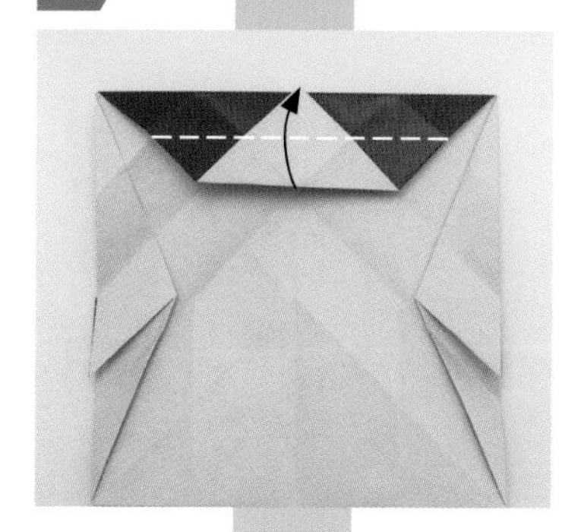

24 접는 선이 생기면 펼친다.

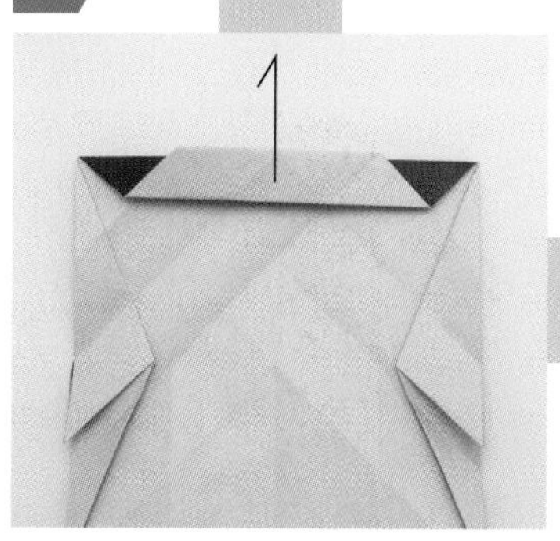

25 그림의 선대로 접는다.

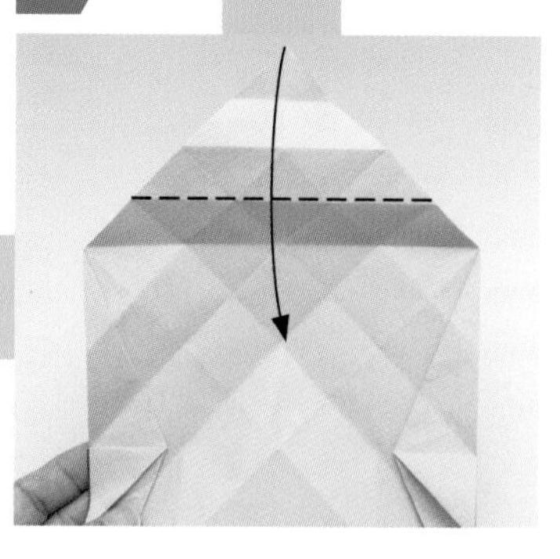

26 안쪽 접기

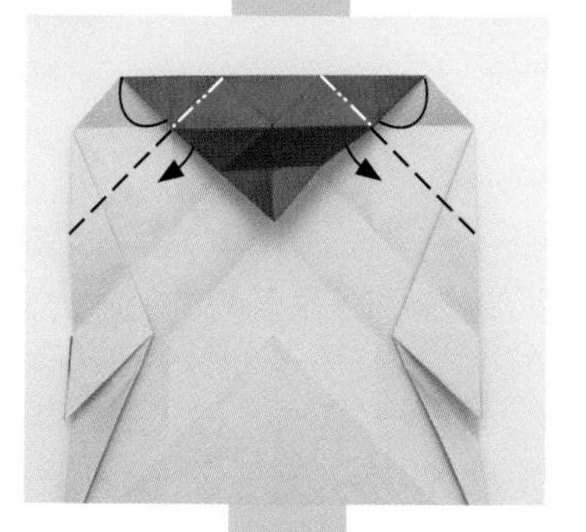

27 그림의 선대로 접어서 주름을 붙인다.

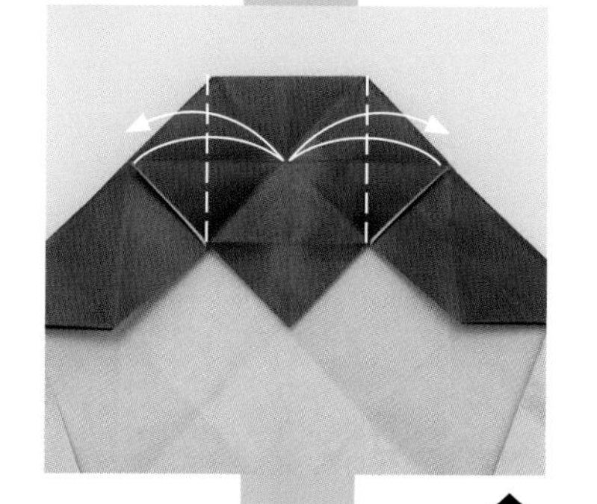

28 모서리를 접는 선에 맞춰 접어 접는 선을 만든다.

다음페이지로

29 양쪽을 접는다.

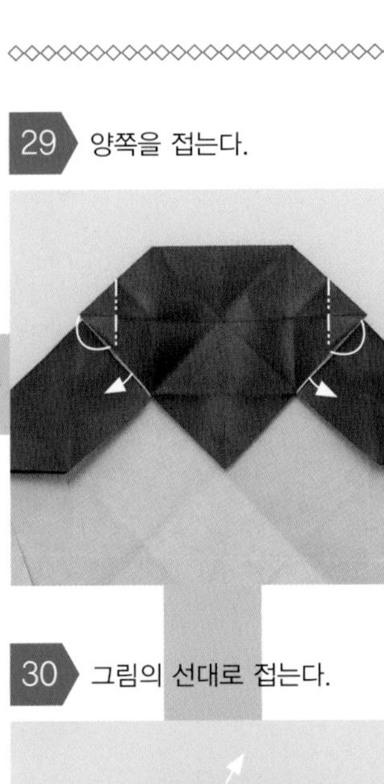
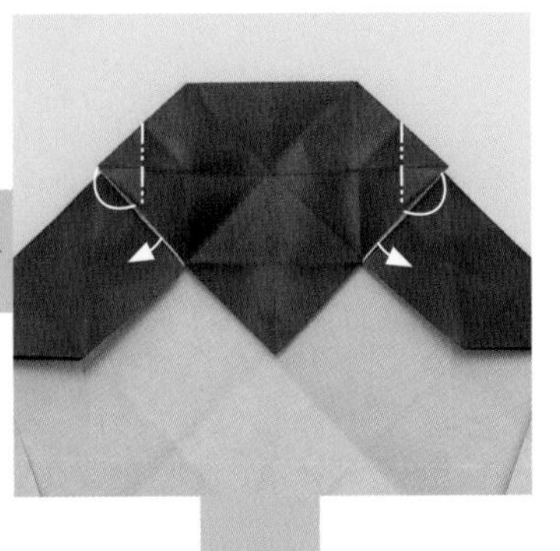

30 그림의 선대로 접는다.

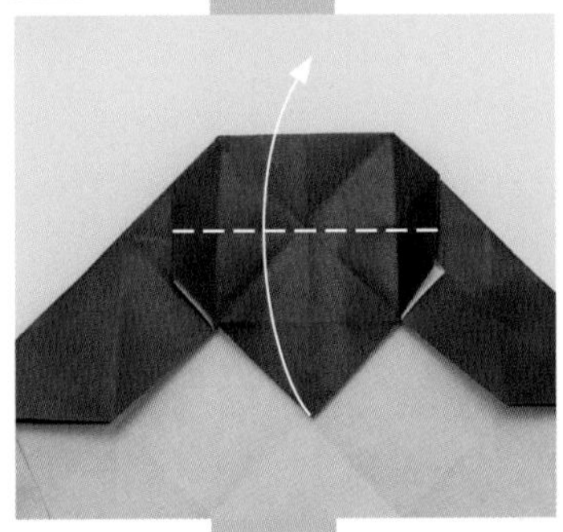

31 안쪽 접기

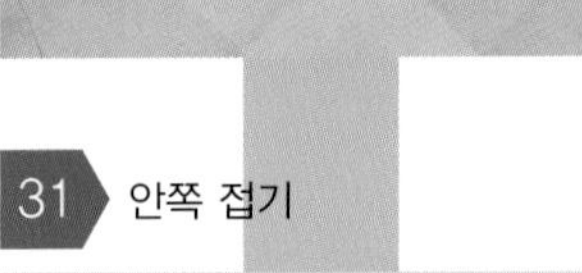

32 펼친다.

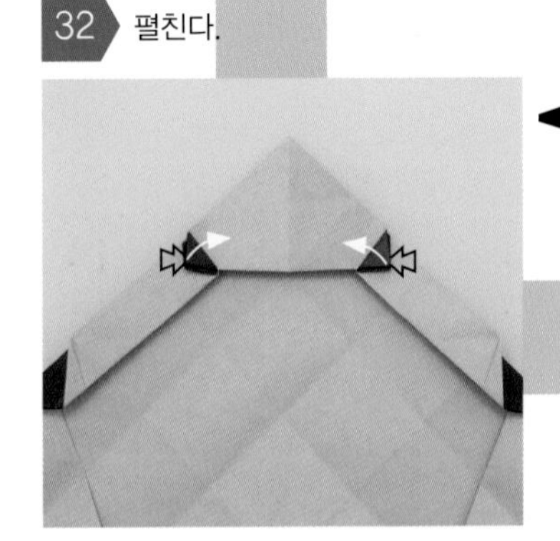

33 그림의 선대로 접는다.(34 조)

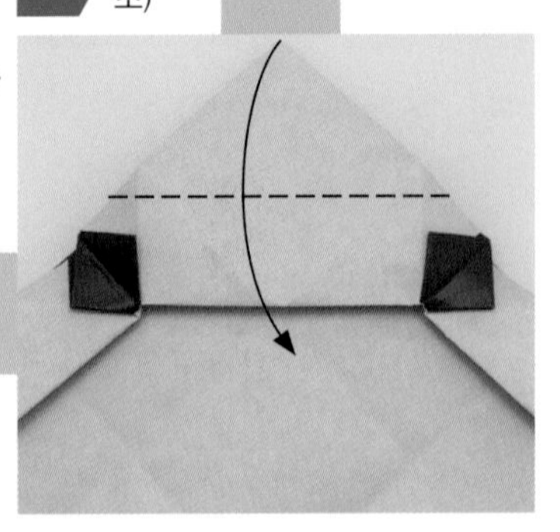

34 접는 선이 생기면 원래대로 되돌린다.

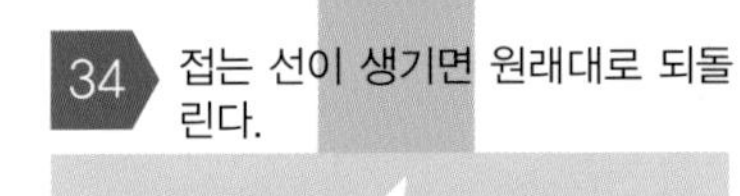

35 그림의 선대로 접는다.

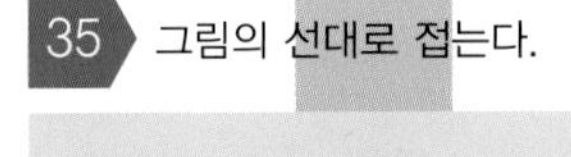

36 그림의 선대로 접는다.

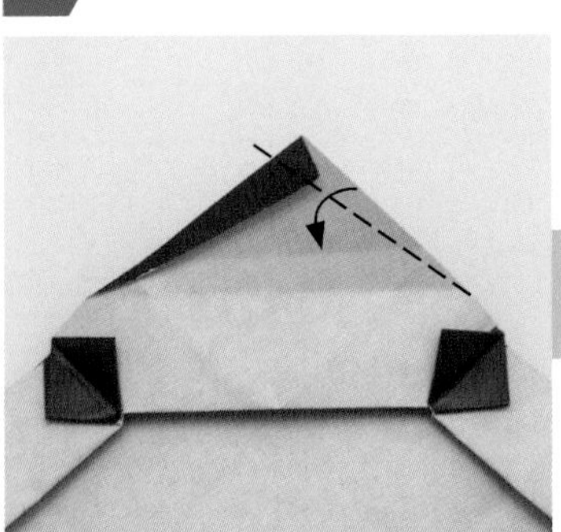

37 그림의 선대로 접는다.

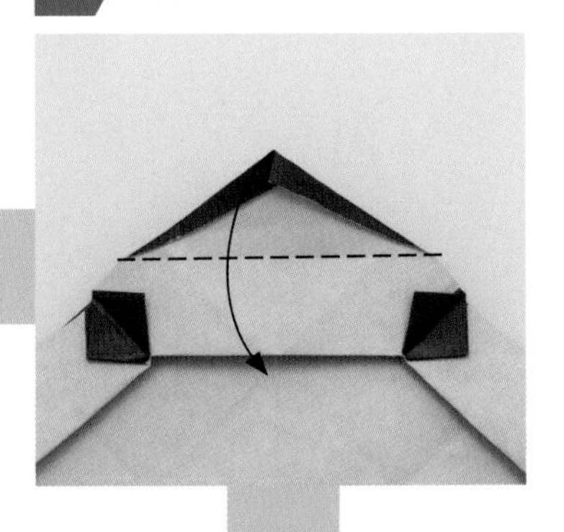

38 그림의 선대로 접는다.

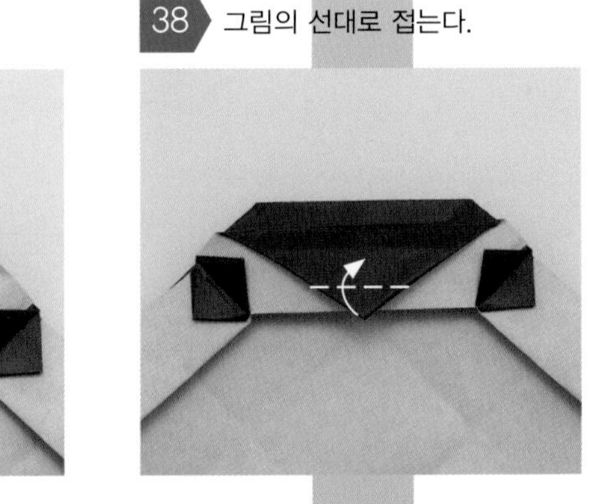

39 다음은 축소.

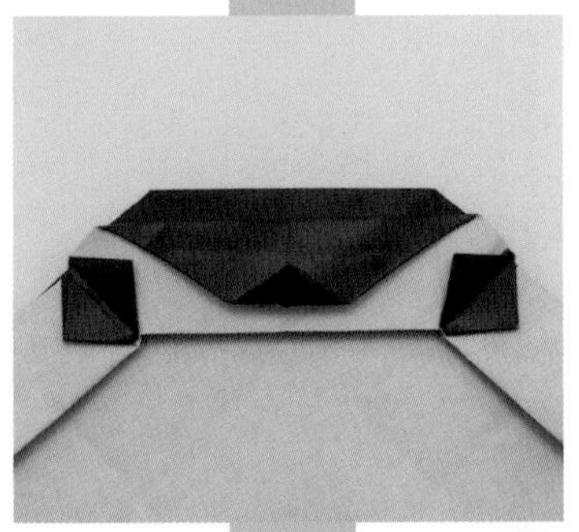

40 그림의 위치에 주름을 잡는다.

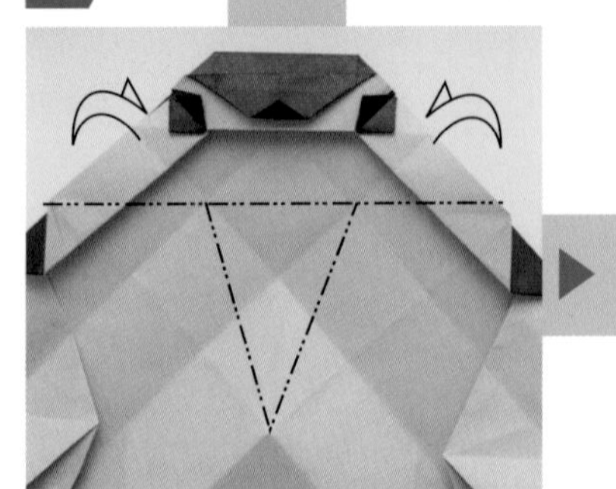

41 전체를 본다.

42 그림의 선으로 접는다.

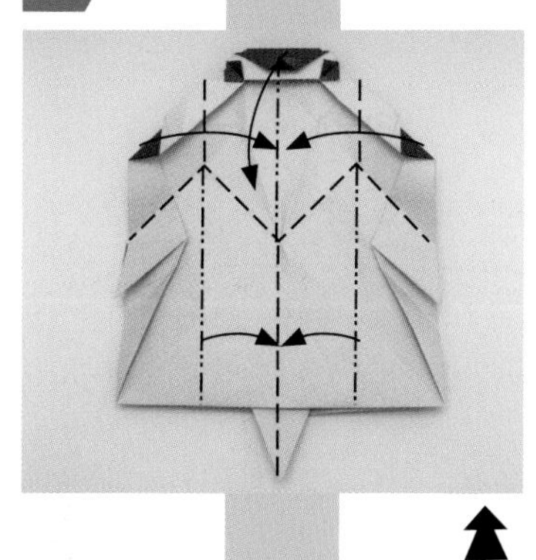

42-2 접는 과정

42-3 접는 과정

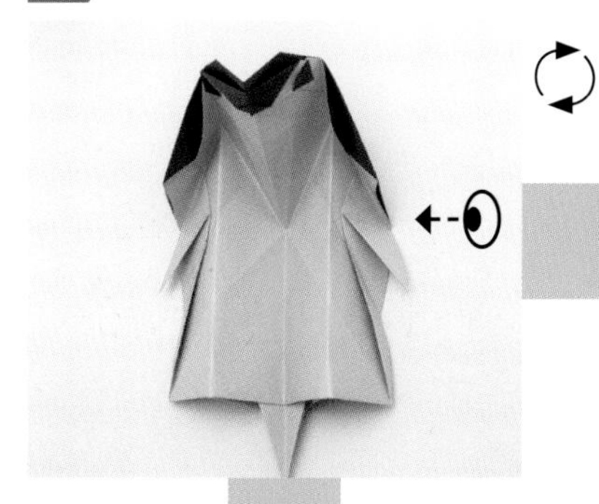

43 선으로 둘러싼 부분 확대

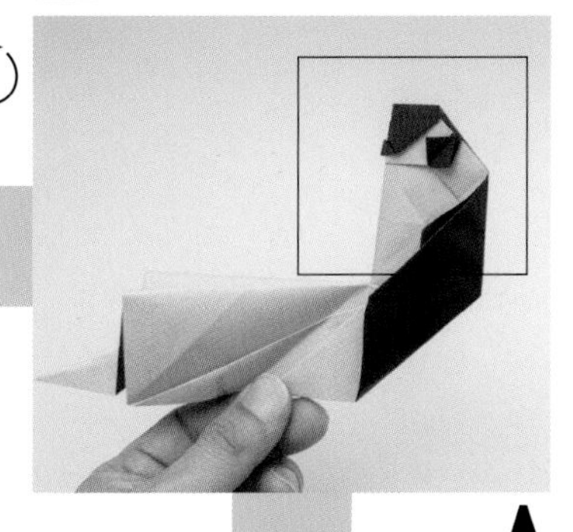

44 함께 안쪽 접기

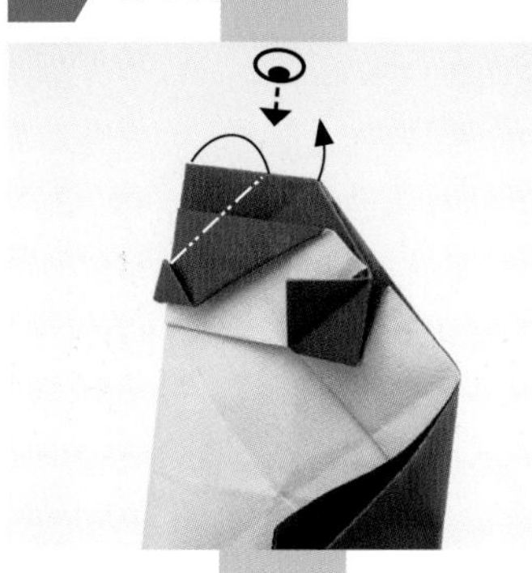

45 안쪽 접기

46 다음은 축소하고 반전한다.

47 펼친다.

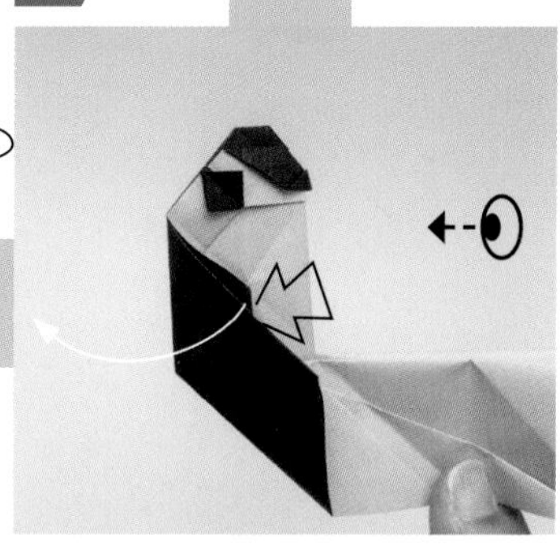

48 펼친다.

49 그림의 선으로 접는다.

50 오른쪽도 47~49 와 같은 방식으로 접는다.

다음페이지로

51 닫는다.

52 굵은 화살표 부분을 눌러 넣듯이 그림의 선을 따라 접는다.

52-2 접는 과정

53 90° 회전한다.

54 그림의 선대로 뒤로 접는다.

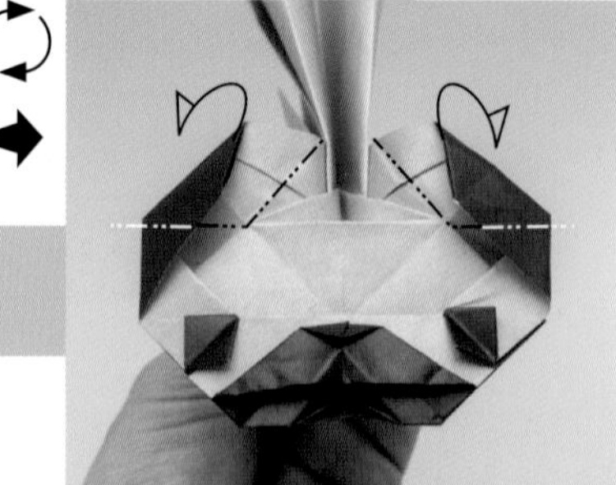

55 시선을 바꾸어 본다.

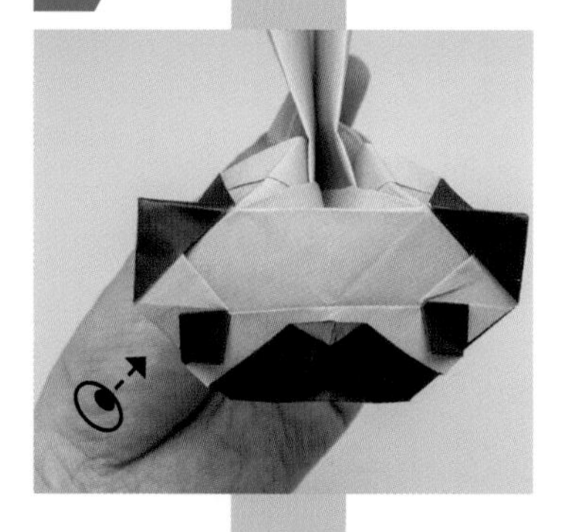

56 그림의 선대로 접는다.

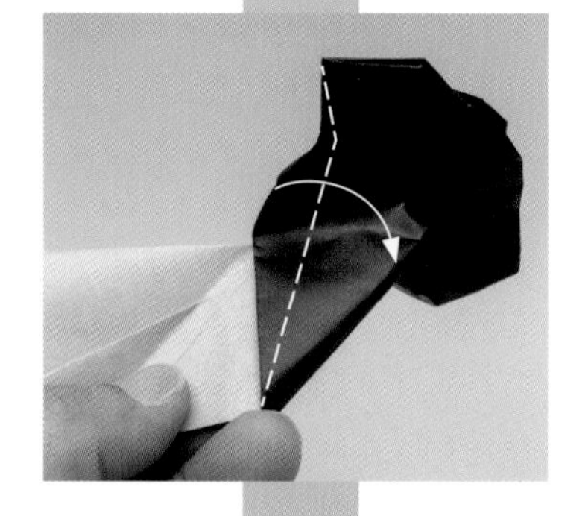

57 반대쪽도 56 같은 방식으로 접는다.

58 접혀 있는 부분을 끌어당긴다.

59 A 부분을 집어서 화살표 방향으로 기울인다.

60 그림의 선대로 접는다.

61 함께 그림의 선대로 뒤로 접는다.

62 반대쪽의 발도 58 ~ 61 와 같은 방식으로 접는다.

63 그림의 선대로 머리 부분을 앞쪽으로 접는다.

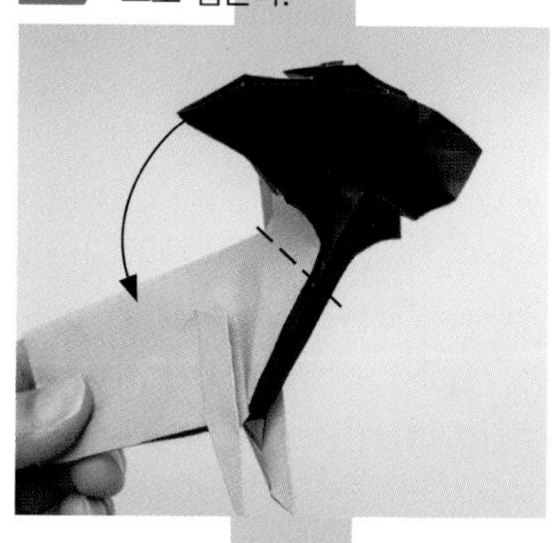

위에서 바라봤을 때

64 그림의 선대로 접는다.

65 뒤로 접는다.

66 왼쪽도 64 ~ 65 과 같이 접는다.

67 그림의 선대로 펼쳐서 접는다.

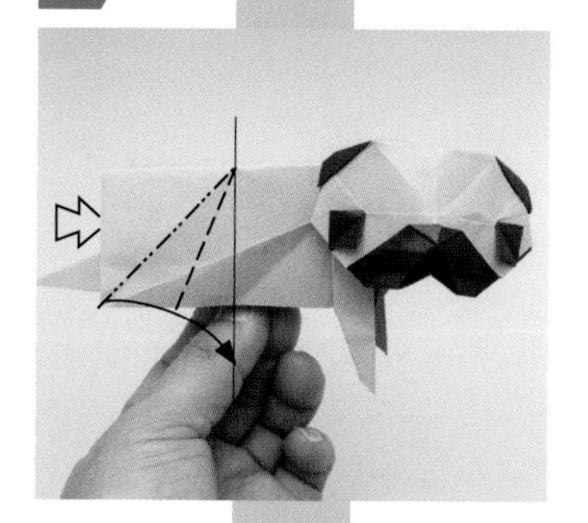

68 반대쪽의 발도 67 같은 방식으로 접는다.

69 함께 접어서 주름을 붙인다.

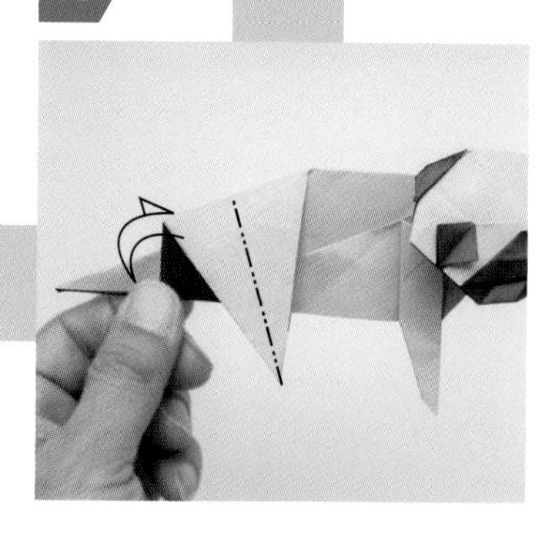

70 펼쳐서 위에서 본다.

71 그림의 선을 따라 세운다.

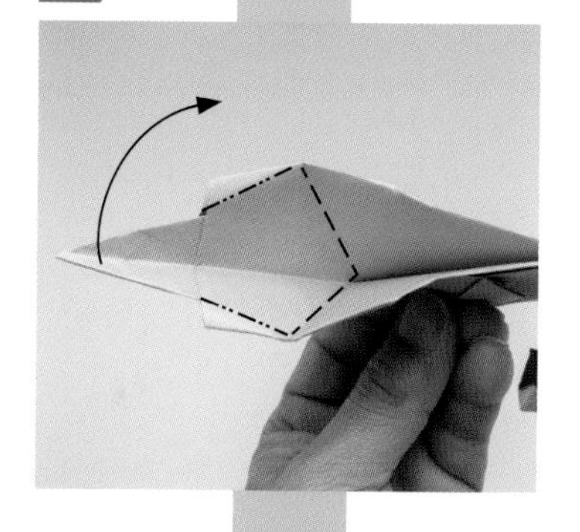

72 뒤에서 본다.

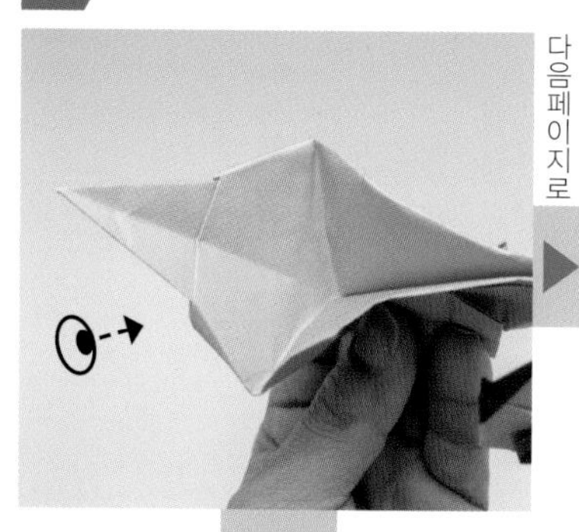

다음페이지로

73 닫는다.

74 그림의 선대로 접어서 시작

75 닫는다.

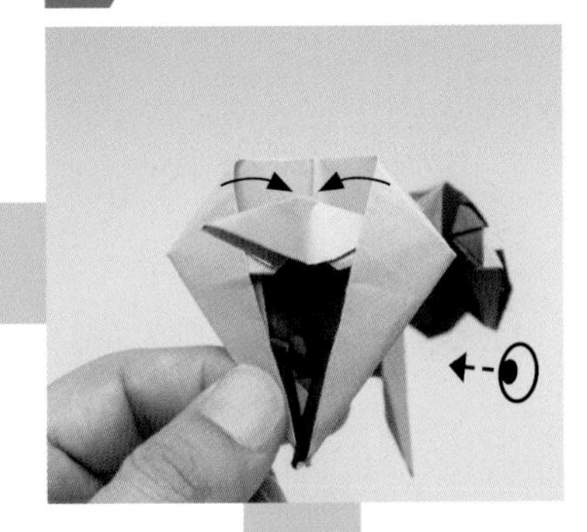

76 덮어 접기

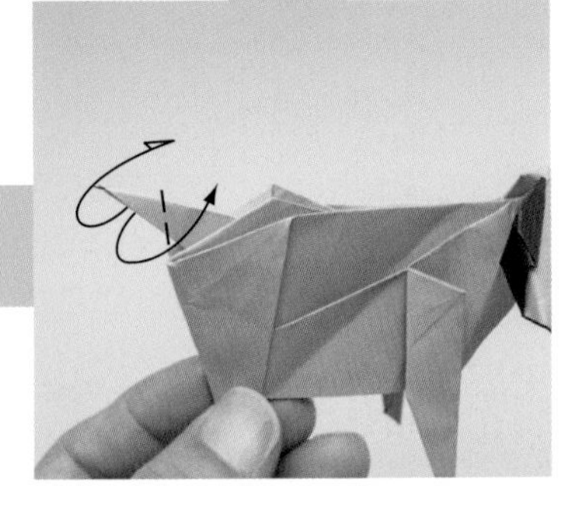

77 펼친다.

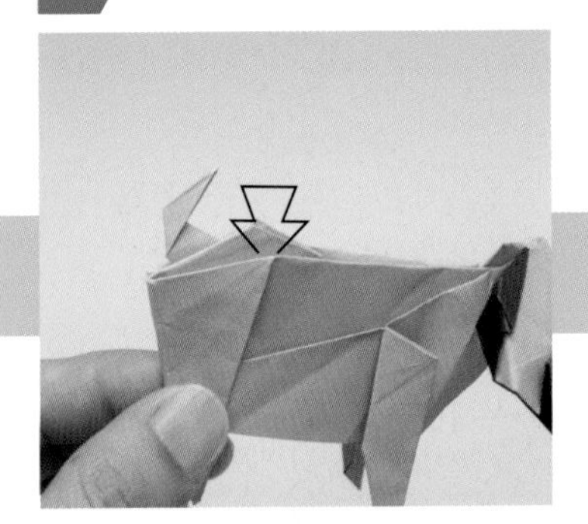

78 함께 뒤로 접어 넣는다.

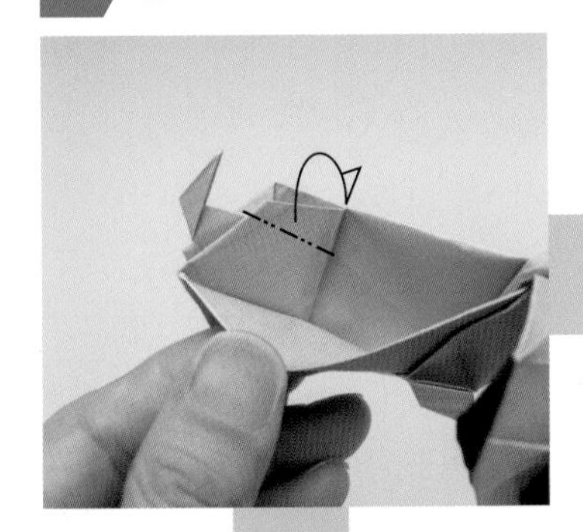

79 닫는다.

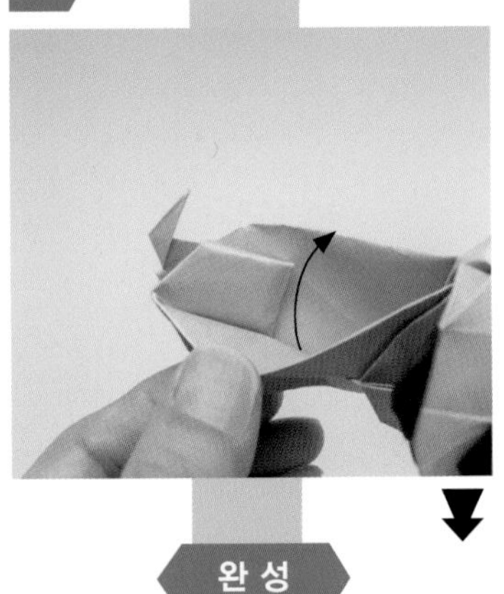

완 성

LION
사자

난이도★★★★★☆☆

퍼그의 06 을 완성된 것부터 시작(067페이지 참조)

스타트

01 그림의 선대로 접는다.

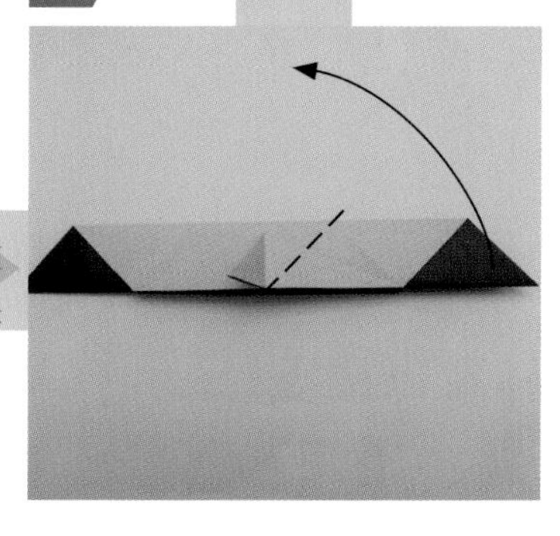

02 주름이 생기면 되돌릴 수 있다.

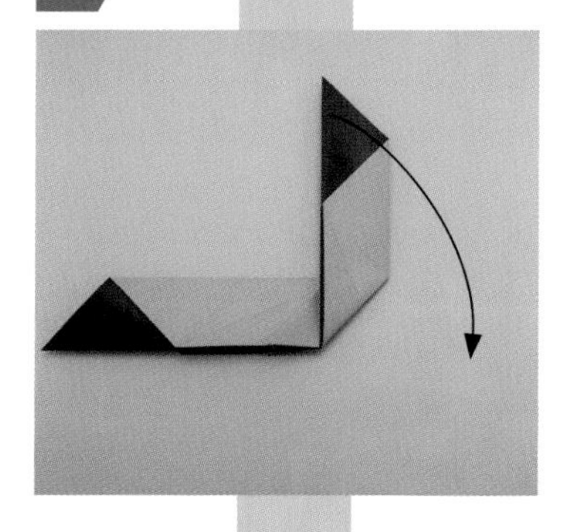

03 펼친다.

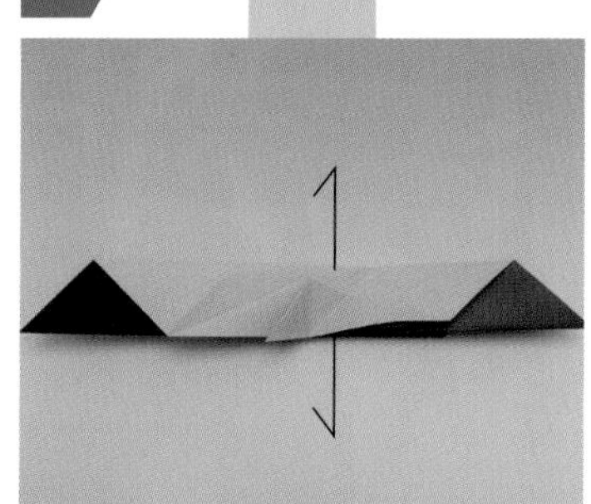

04 그림의 선으로 접는다.

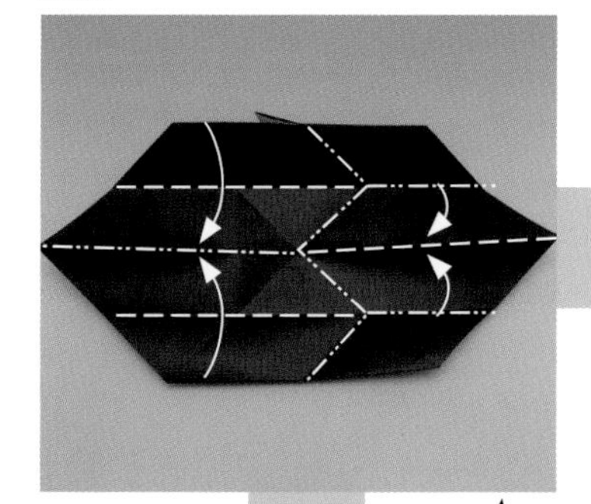

04-2 접는 과정

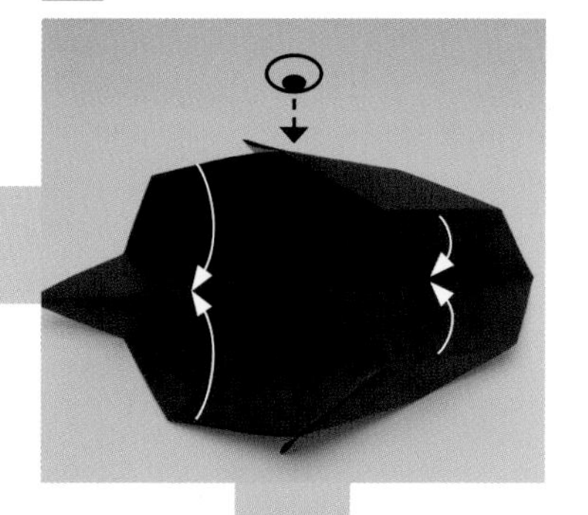

05 접힌 부분을 빼낸다.(반대편도 마찬가지)

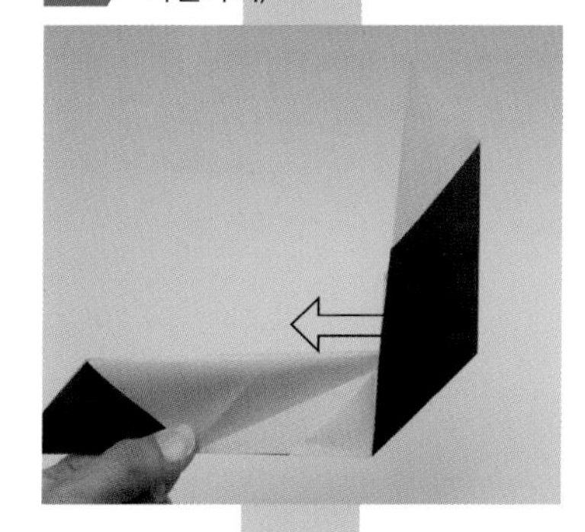

06 그림의 선대로 접는다.(반대편도 동일)

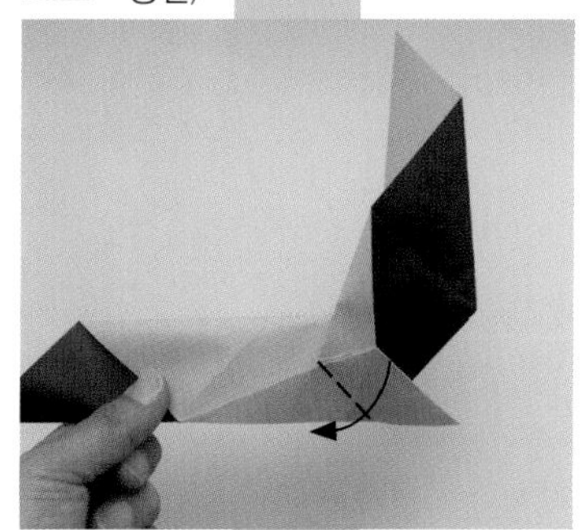

07 안쪽에서 펼친다.

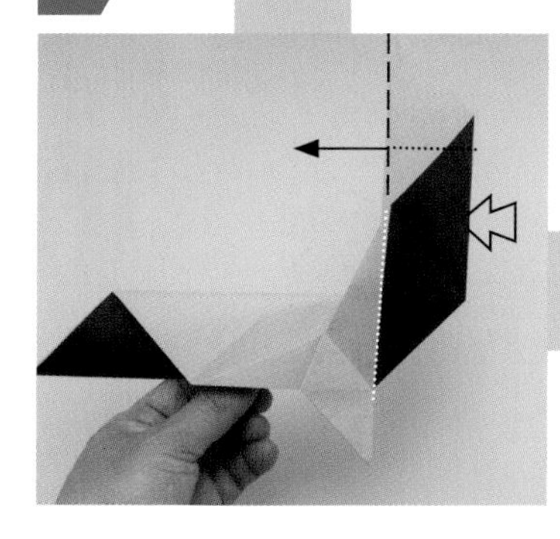

08 그림의 선대로 접는다.

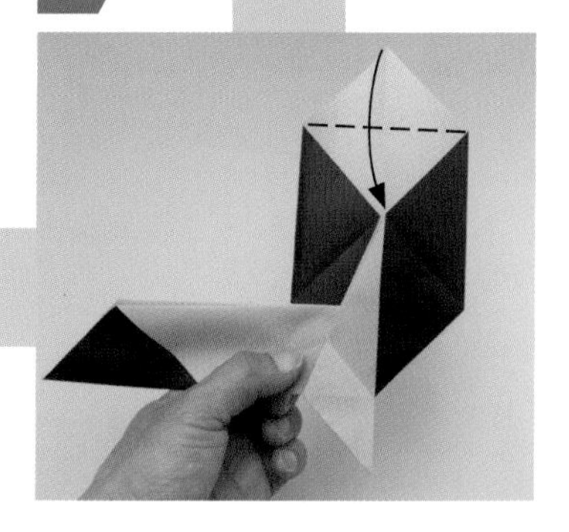

09 반전

10 그림의 선대로 접는다.

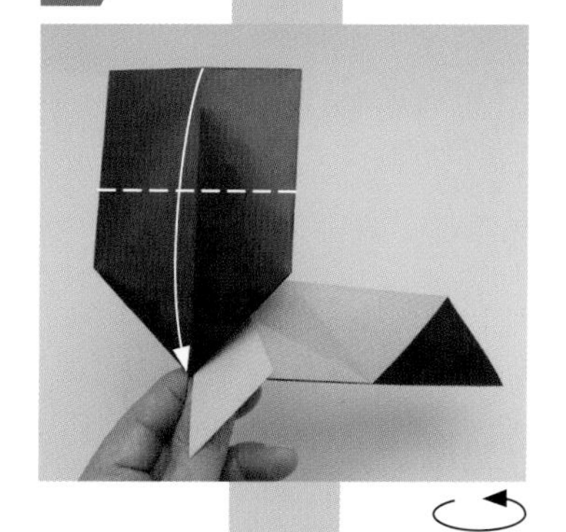

11 주름이 잡히면 열어서 반전

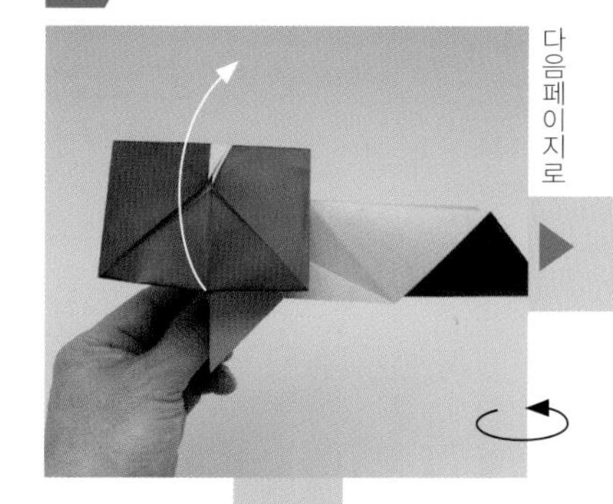

다음페이지로

12 그림의 선대로 펼쳐 접는다.

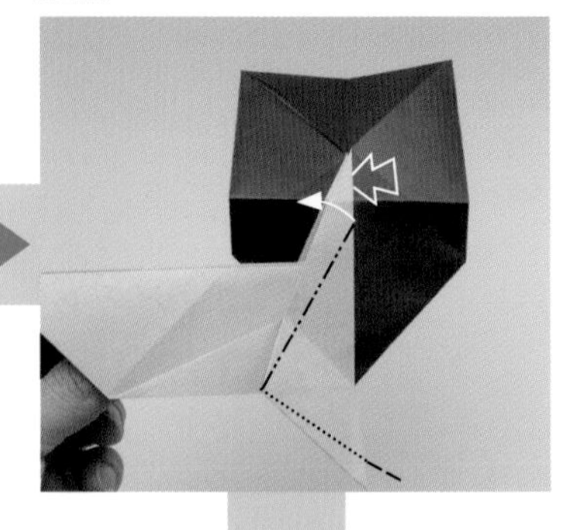

13 뒤로 접어 넣는다.

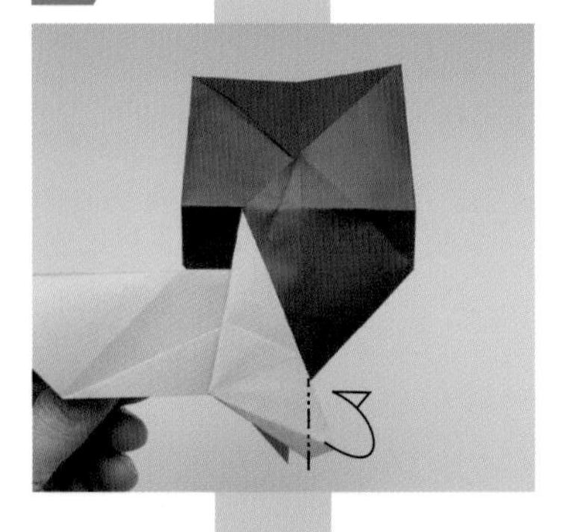

14 반전

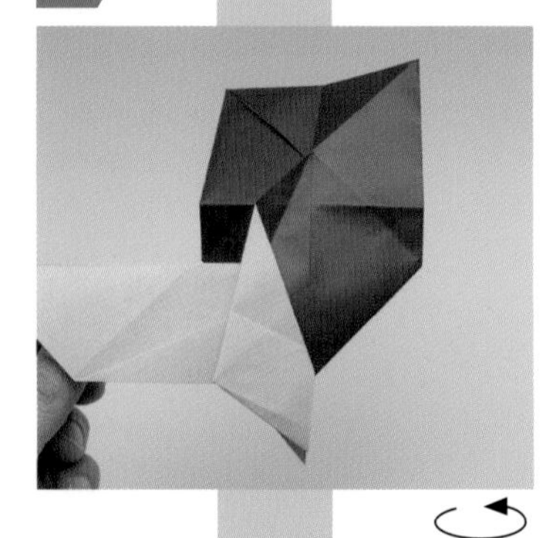

15 그림의 선대로 접는다.

16 그림의 선대로 펼쳐 접는다.

17 뒤로 접어 넣는다.

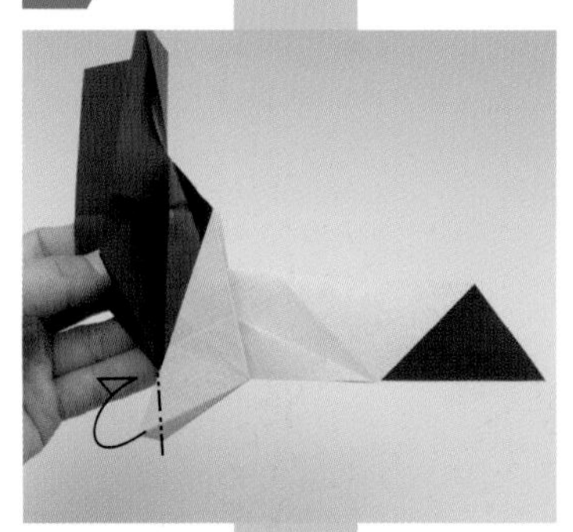

18 그림의 선대로 접는다.

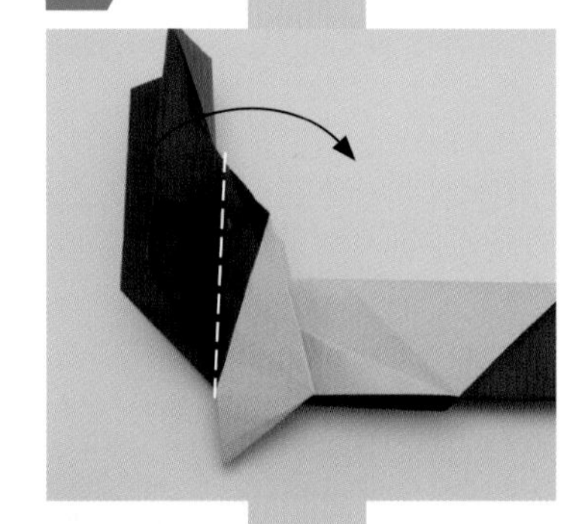

19 이미 생긴 접는 선을 따라 접는다.

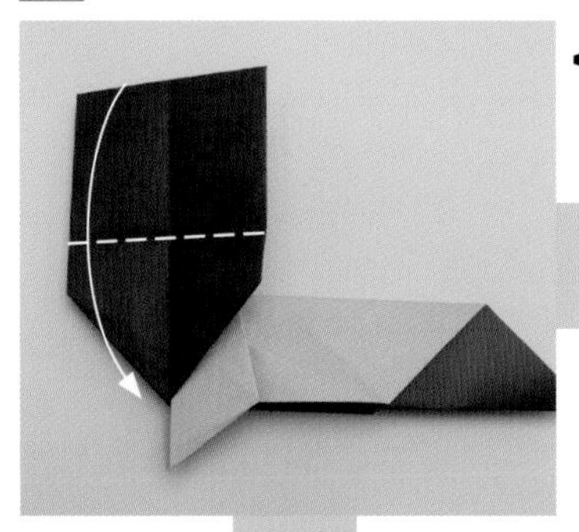

20 펼친다.

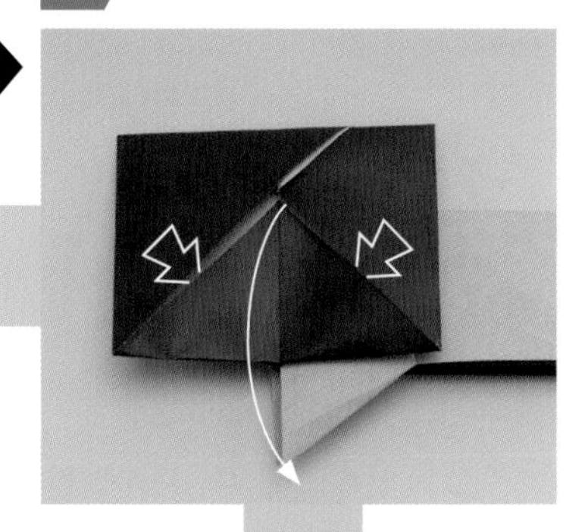

21 모서리를 접는 선에 맞춰 접어 접는 선을 만든다.

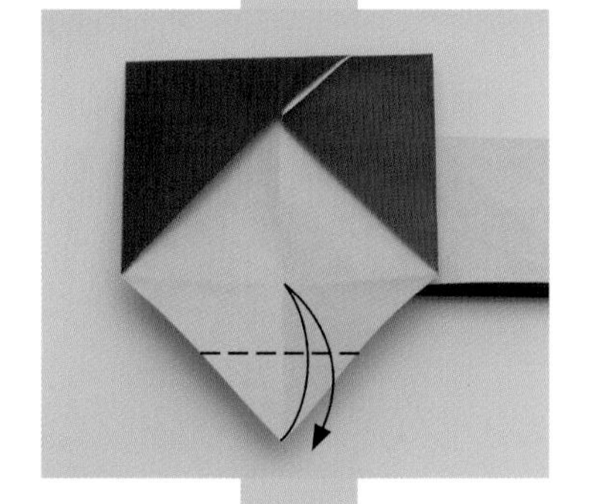

22 모서리를 접는 선에 맞춰 접는다.

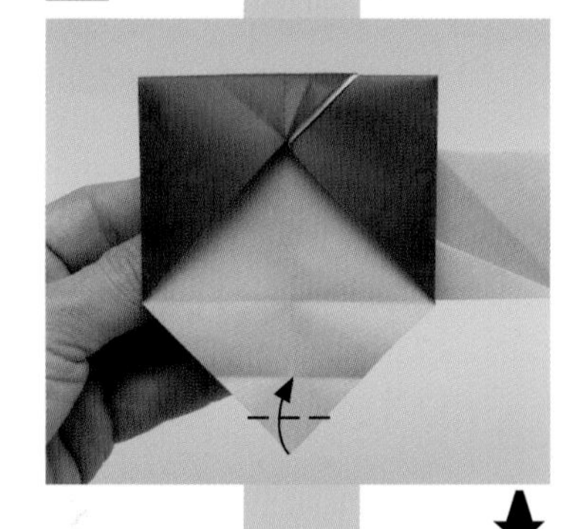

23 접은 부분을 다시 반으로 접는다.

24 위쪽으로 펼친다.

25 화살표의 가장자리를 중심에 맞춰 접는다.

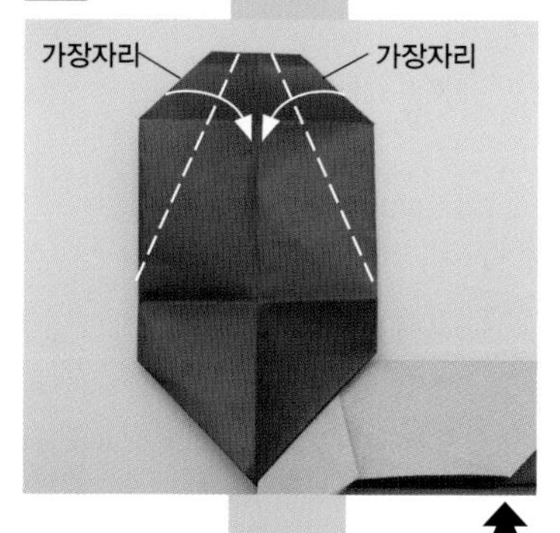

26 그림의 위치에 주름을 잡는다.

27 그림의 선대로 접는다.

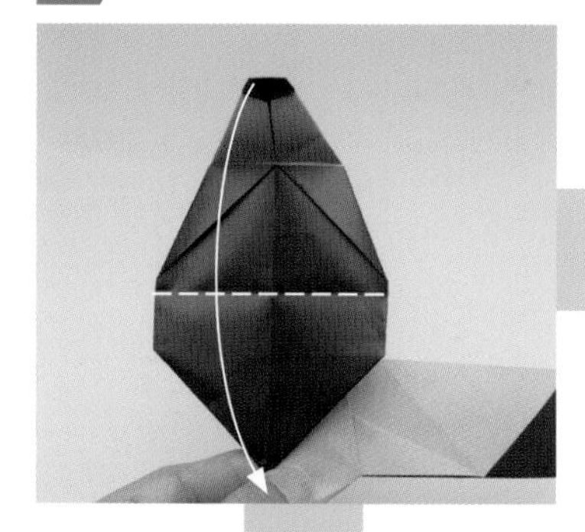

28 그림의 위치 (A의 1/3폭)에서 계단 접기를 한다.

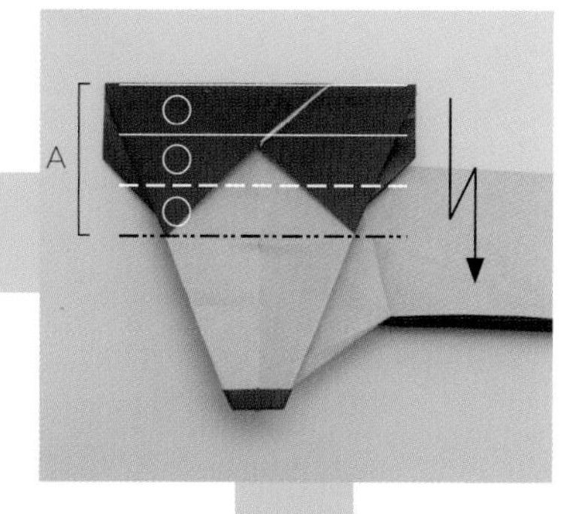

29 그림의 위치를 펼쳐서 위에서 본다.

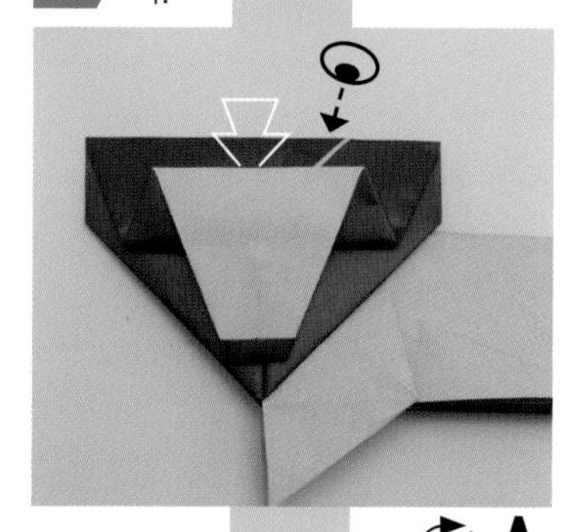

30 그림의 선대로 접는다.

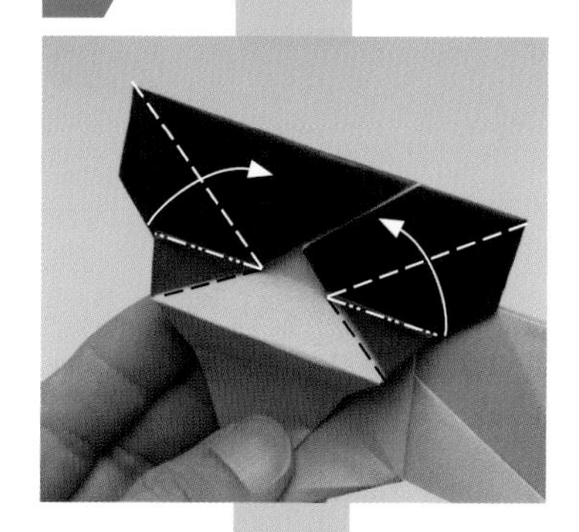

31 닫는다.

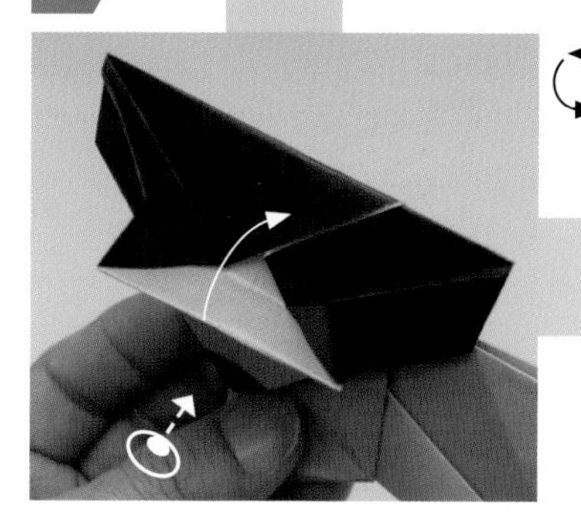

32 이렇게 되어 있는 것을 확인한 후, 다시 한 번 펼친다.

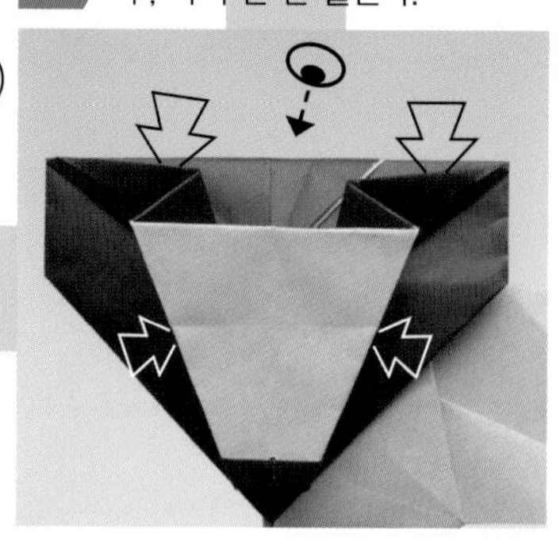

33 그림의 위치를 연다.

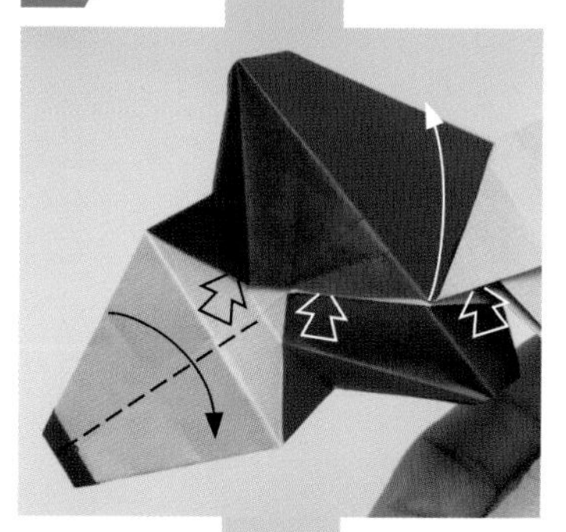

34 그림의 선대로 접는다.

35 닫는다.

다음페이지로

36 그림의 위치를 연다.

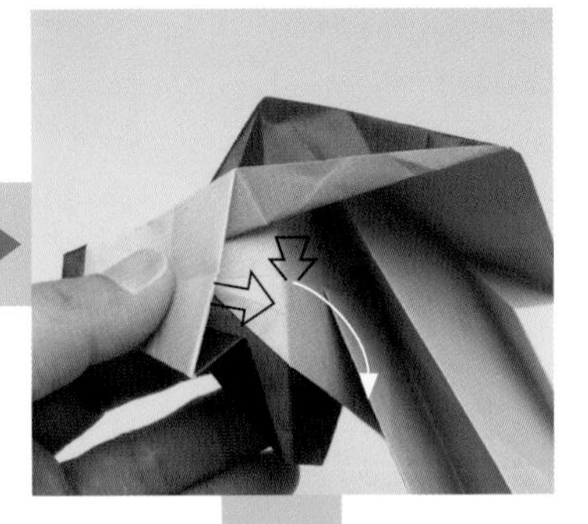

37 시선을 바꾼다.

38 그림의 선대로 접는다.

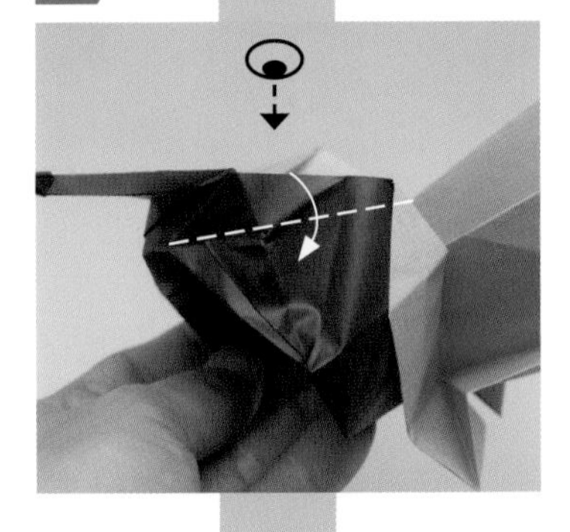

39 그림의 선대로 조금 접는다.

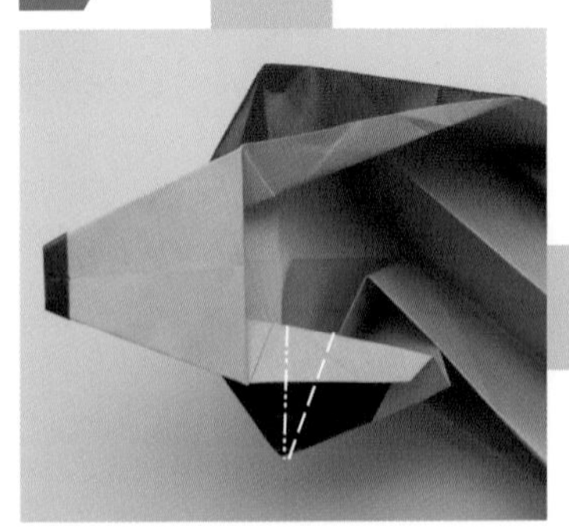

40 그림의 선을 따라 펼친 후, 안쪽으로 접어 넣는다.

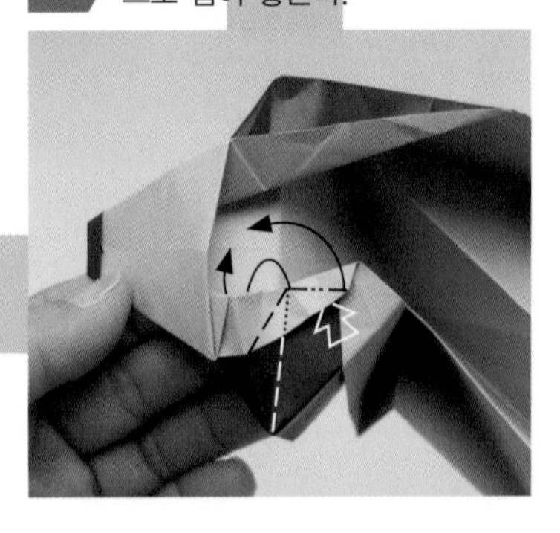

41 그림의 선대로 접는다.

42 그림의 선대로 조금 접는다.

43 그림의 선대로 안쪽으로 접어 넣는다.

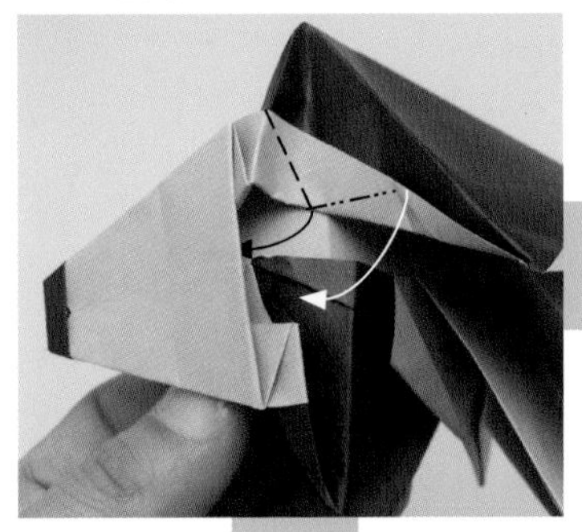

43-2 접어 넣는 도중

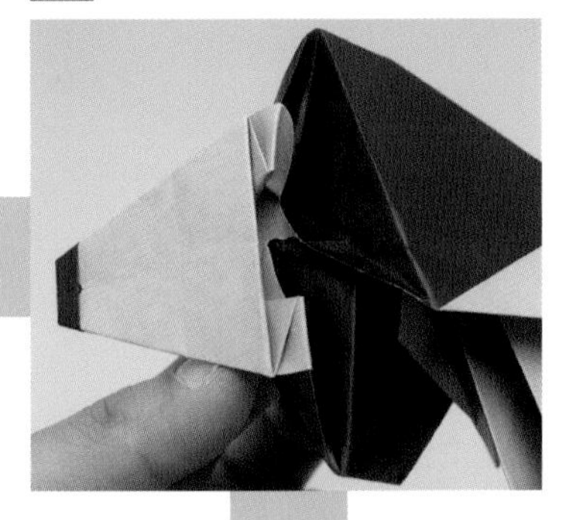

44 정면에서 본다.

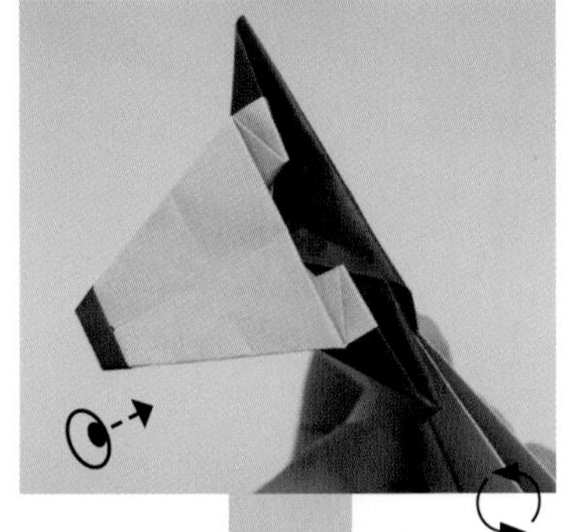

45 ① 코끝을 접는 선에 맞춰 접는다.
② 뒤로 접는다.

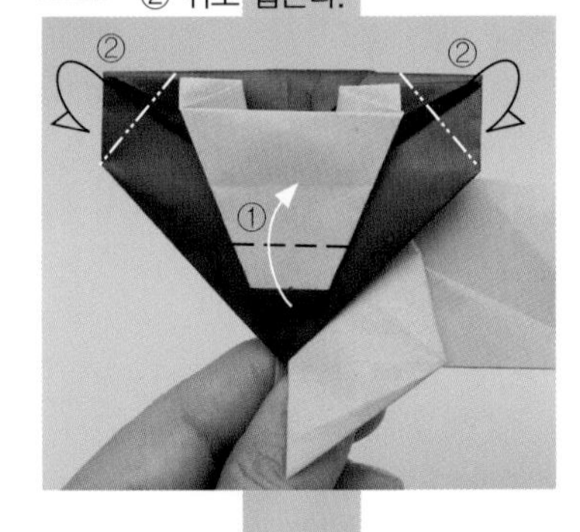

46 그림의 선을 따라 뒤로 접는다(반대쪽도 동일하게).

47 그림의 선대로 펼쳐서 접는다.

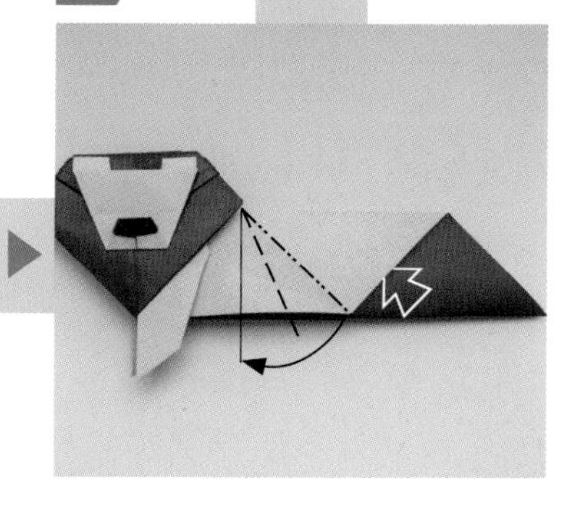

48 그림의 위치를 따라 자연스럽게 오른쪽 아래로 눌러 접는다.

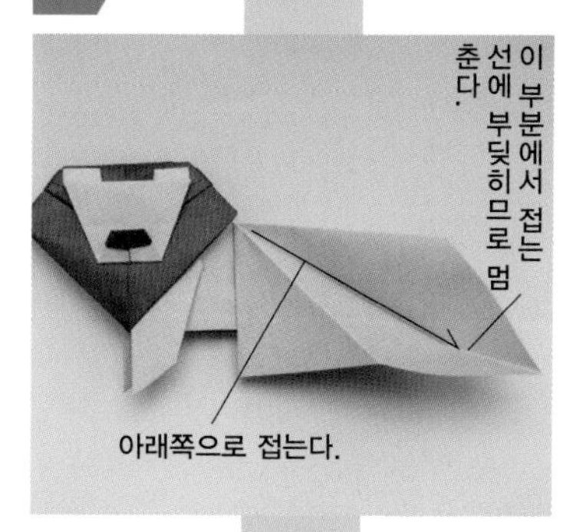

이 부분에서 접는 선에 부딪히므로 멈춘다.
아래쪽으로 접는다.

49 끝부분을 덮고 반전시킨다.

50 뒤쪽에 맞춰 접는다.

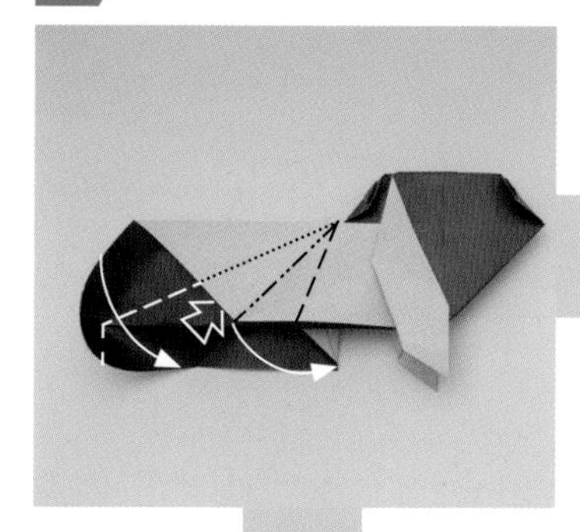

51 가장자리와 가장자리를 맞춰 접고, 접는 선을 만든다.

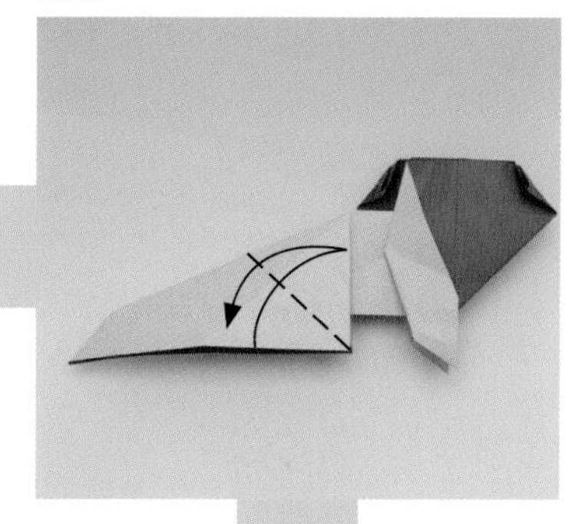

52 그림의 위치를 펼쳐서 위에서 본다.

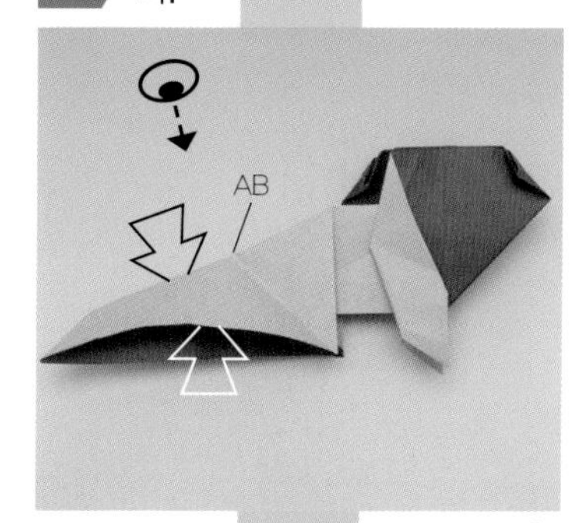

53 A와 B를 잇는 형태로 입체적으로 접는다.

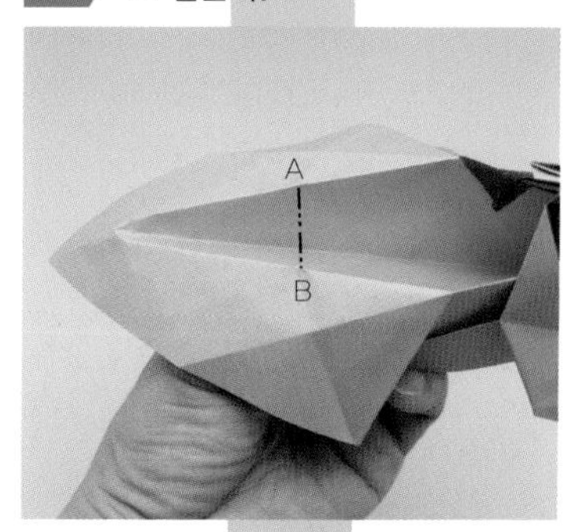

54 시선을 바꾼다.

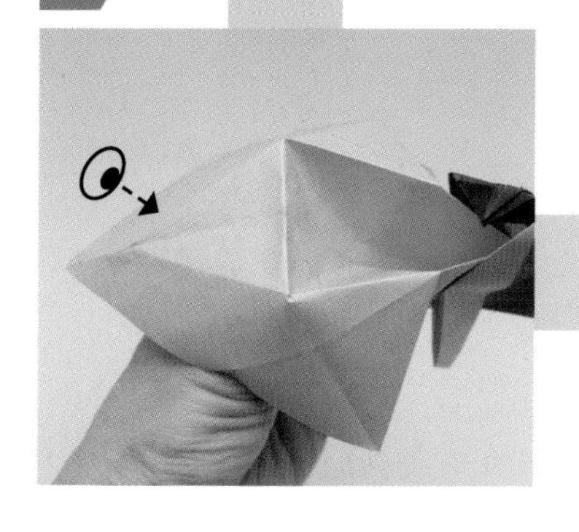

55 상단을 맞추도록 접는다.

56 그림의 위치를 따라 자연스럽게 접는다.

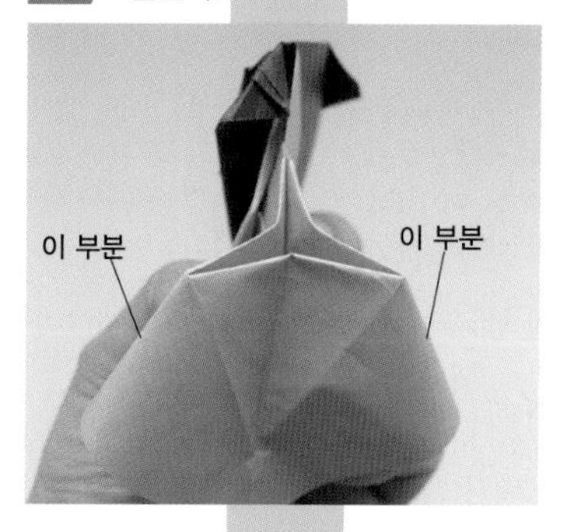

57 시선을 바꾼다.

58 그림의 위치에 주름을 잡는다.

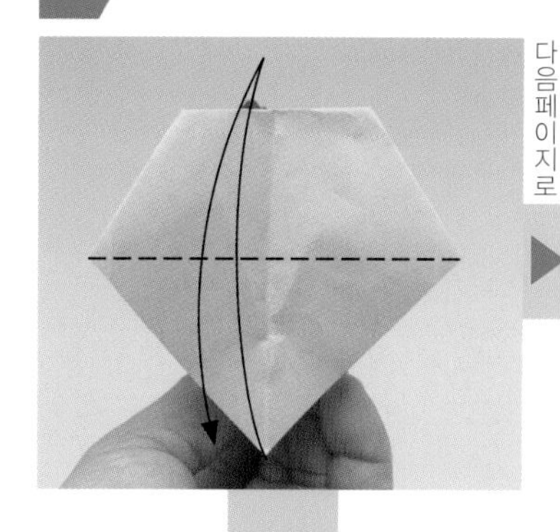

다음페이지로

59 모서리를 접는 선에 맞춰 접고, 접는 선을 만든다.

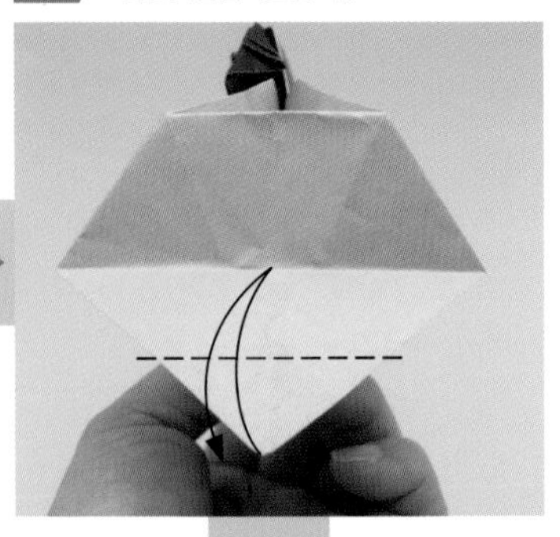

60 그림의 선대로 꺾음 접기 (접는 방법은 015페이지 참조)

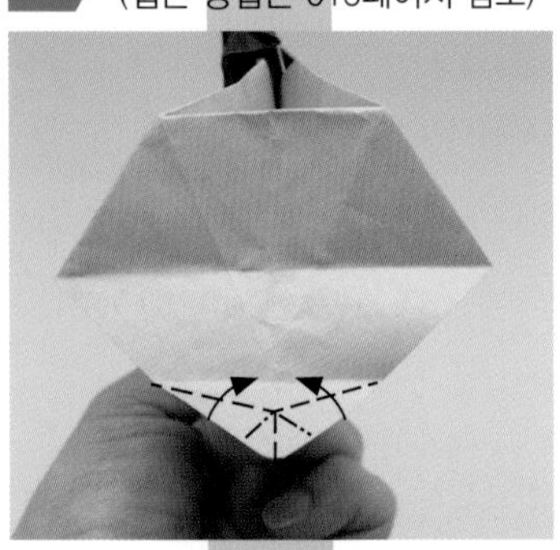

비스듬히 본 모습.

61 가장자리를 중심에 맞춰 접고, 접는 선을 만든다.

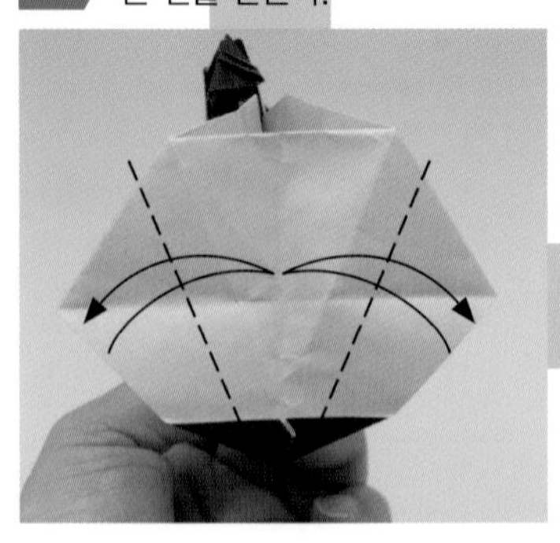

62 그림의 선을 따라 위쪽으로 펼친 후, 좌우를 중심에 맞춰 닫는다.

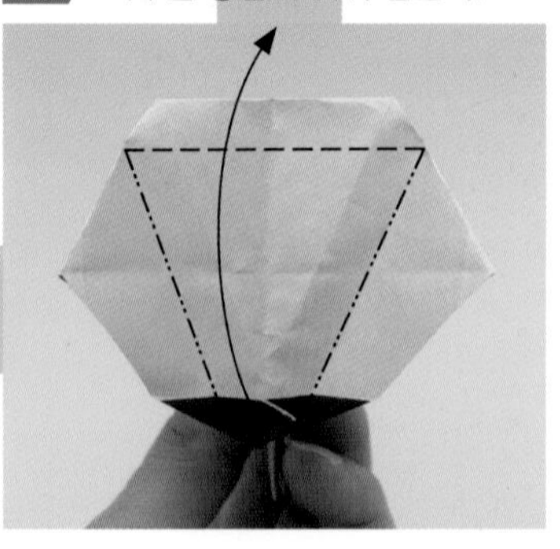

62 −2 중간까지 닫는다.

63 그림의 선을 따라 중심에 맞춰 접는다.

64 꼬리를 앞쪽으로 접으면서 좌우를 닫는다.

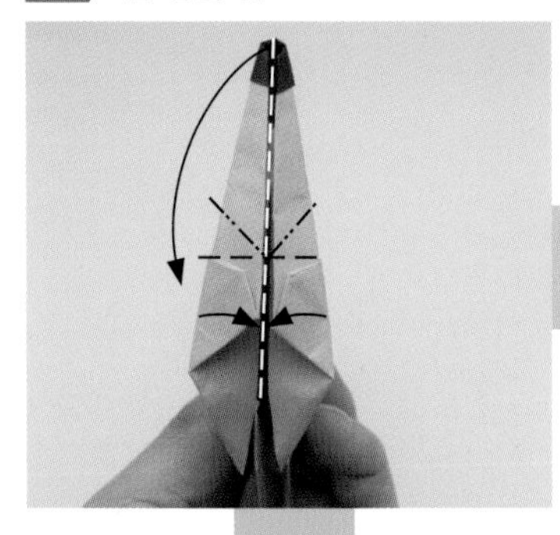

65 시선을 바꾼다.

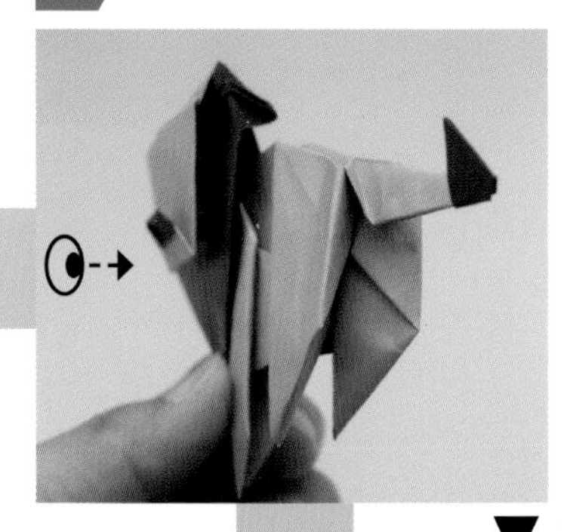

완 성

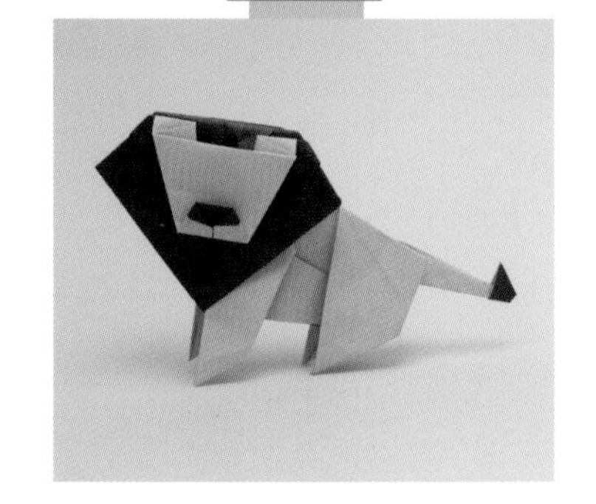

종이접기 원포인트 어드바이스

접는 과정 그림을 볼 때는 다음 사진을 살펴보세요.

접는 그림을 보고 접을 때 그 장면의 접는 선과 접는 방향만 보게 됩니다. 중요한 것은 그 결과 어떤 형태가 되는지 잘 이해하는 것입니다. 즉, 어떤 움직임을 하면 그 모양이 될지 상상하면서 마치 수수께끼를 푸는 것처럼 종이접기를 즐기는 방법의 하나입니다.

BEAR & SCOOTER

곰&스쿠터

곰난이도★★★★☆☆☆ 스쿠터난이도★★★★★★★

곰…17.5×17.5cm 종이접기 용지사용 스쿠터…25×25cm종이접기 용지사용

스타트!

01 가장자리와 가장자리를 맞춰 세로와 가로로 반씩 접고 주름을 잡는다.

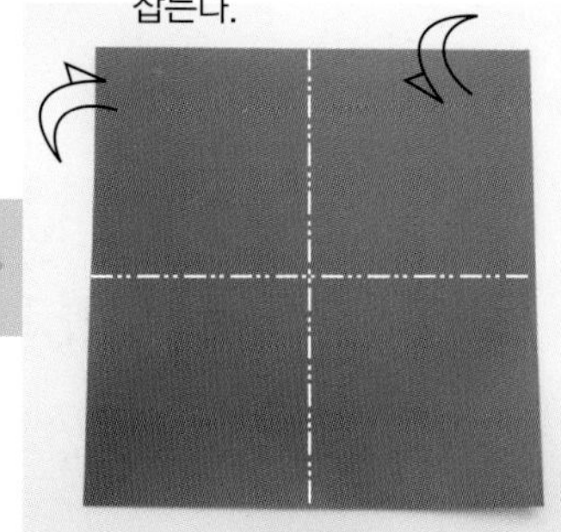

02 모서리를 중심으로 가지런히 접는다.

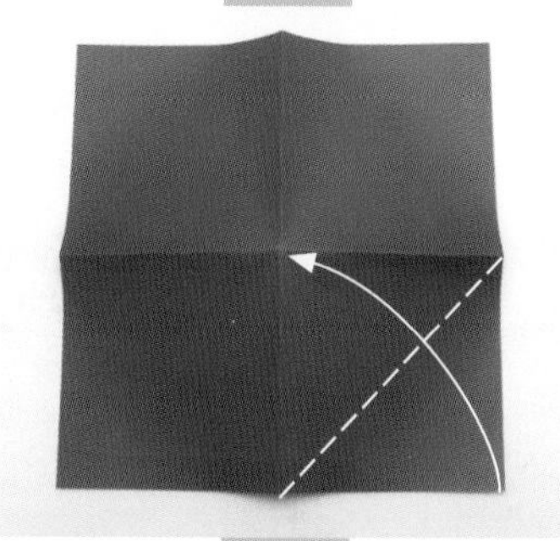

03 그림의 선을 따라 꺾어 접기 (접는 방법은 015페이지 참조).

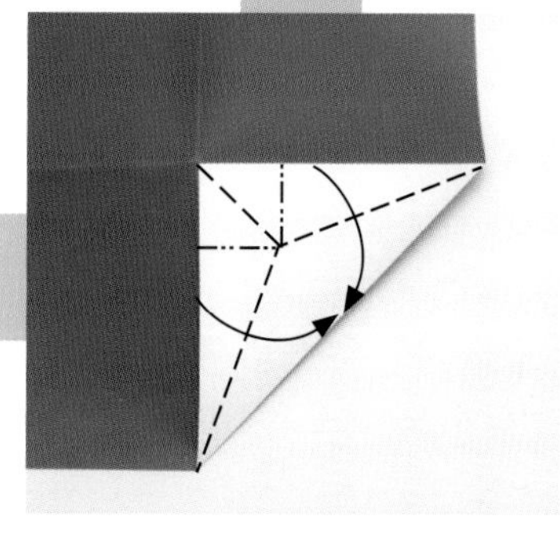

04 다른 3곳도 02 ~ 03 와 같은 방식으로 접는다.

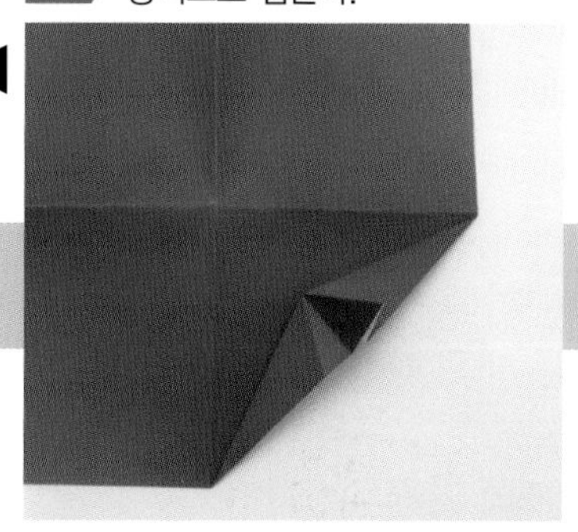

05 선으로 둘러싼 부분 확대

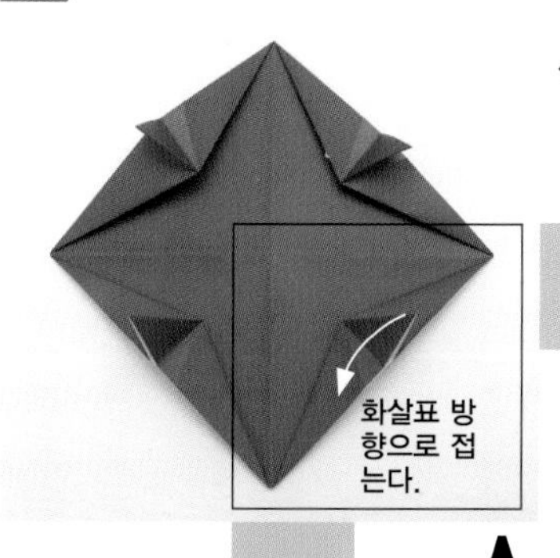

06 그림의 선대로 펼쳐 접는다.

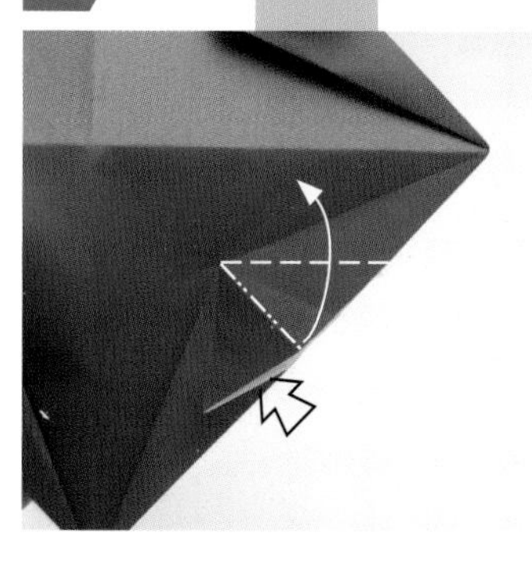

07 다른 쪽도 06 같은 방식으로 접는다. 08 (사진 참조).

08 반으로 접는다.

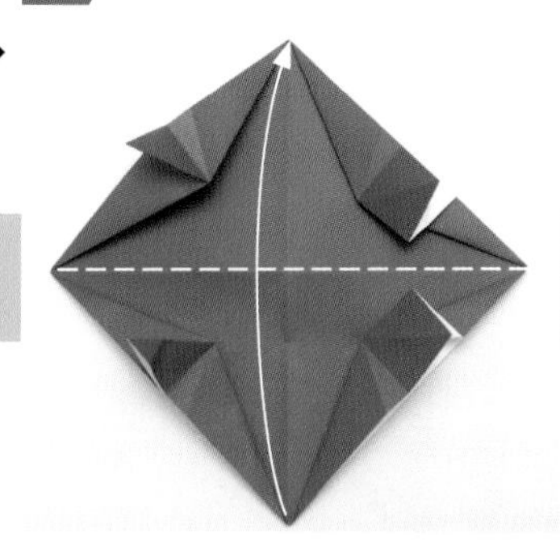

다음페이지로

09 그림의 선을 따라 꺾어 접기 (접는 방법은 015페이지 참조).

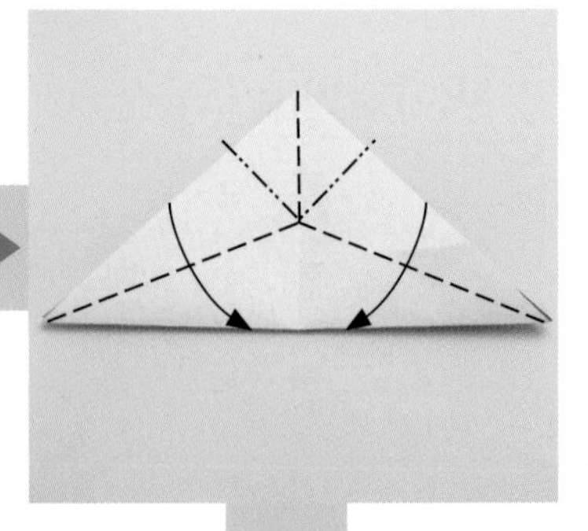

10 반대쪽도 09 같은 방식으로 접는다.

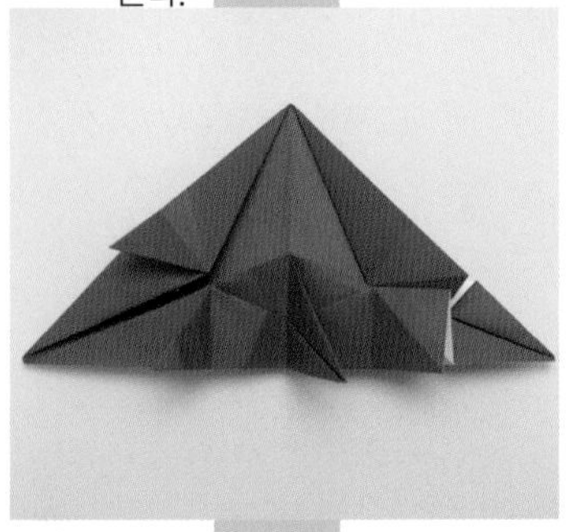

11 함께 그림의 선대로 접어 접기선을 만든다.

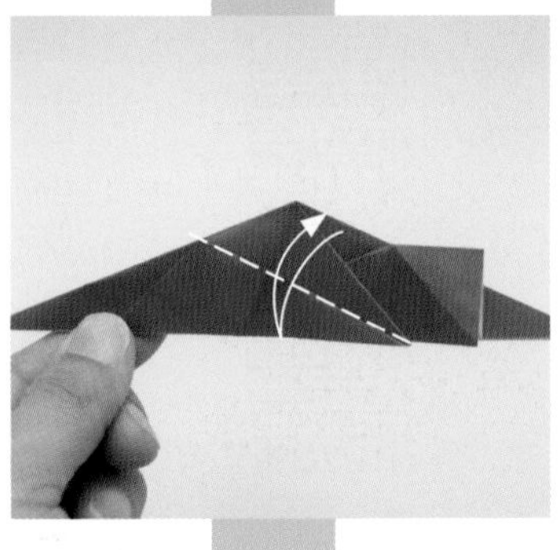

12 위아래로 벌리고 위에서 본다.

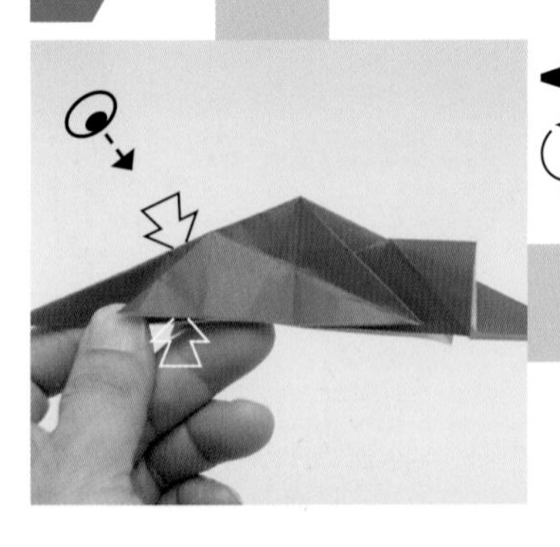

13 그림의 선대로 접는다.

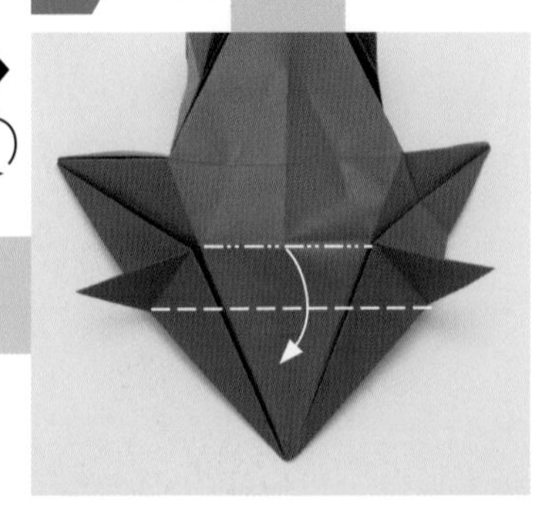

13 −2 접는 과정

14 그림의 선대로 접는다.

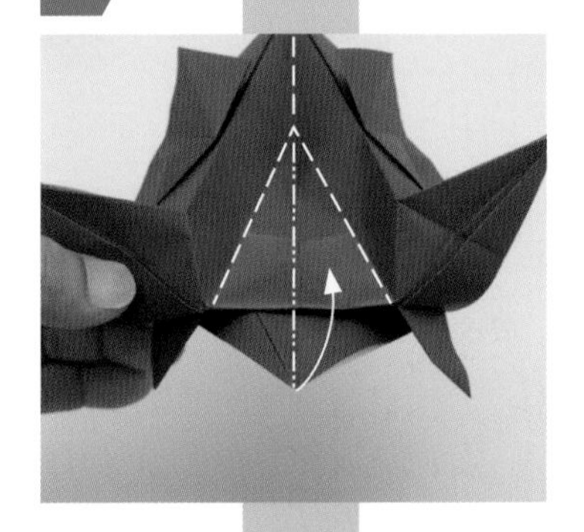

15 옆에서 본다.

16 접혀 있는 부분을 끌어당긴다.

17 그림의 위치를 집어서 화살표 방향으로 꺾는다.

18 뒤로 접어 넣는다.

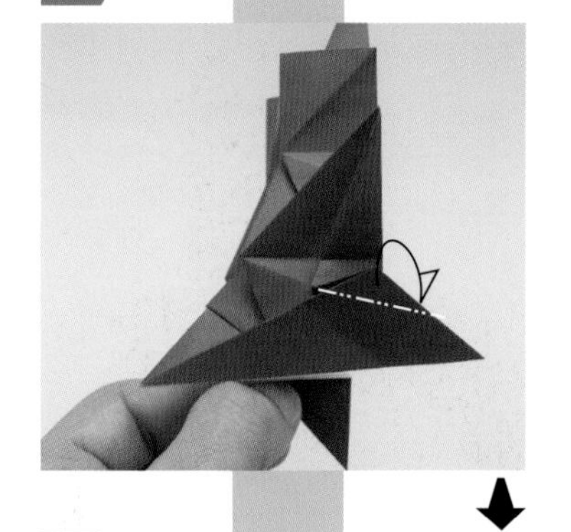

19 그림의 선대로 펼친다.

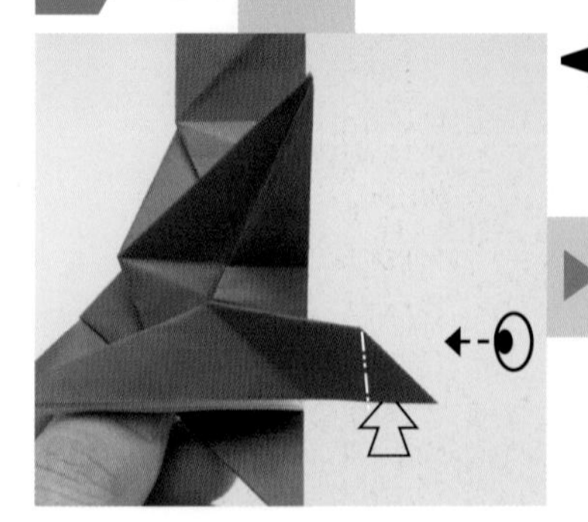

20 그림의 선대로 접는다.

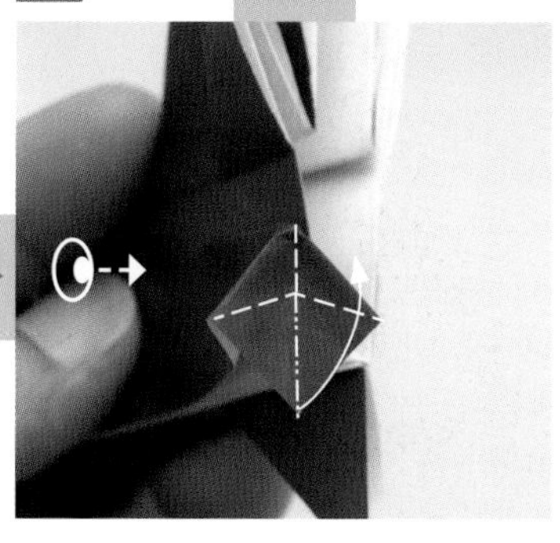

21 반대쪽도 16~20 와 같이 접다.

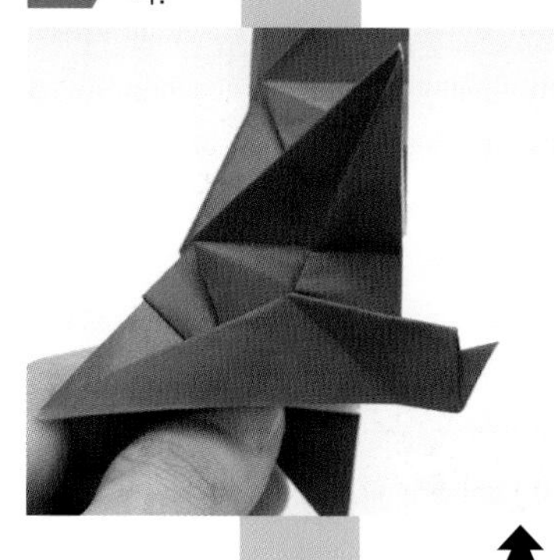

22 그림의 선대로 접어서 주름을 붙인다.

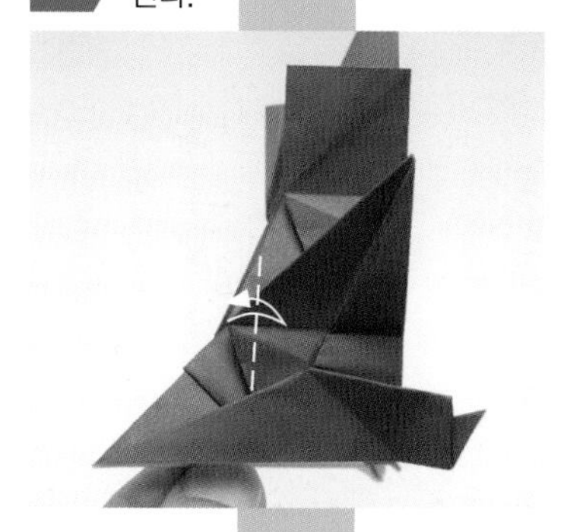

23 그림의 위치를 연다. (24 참조)

24 그림의 선대로 입체적으로 접는다

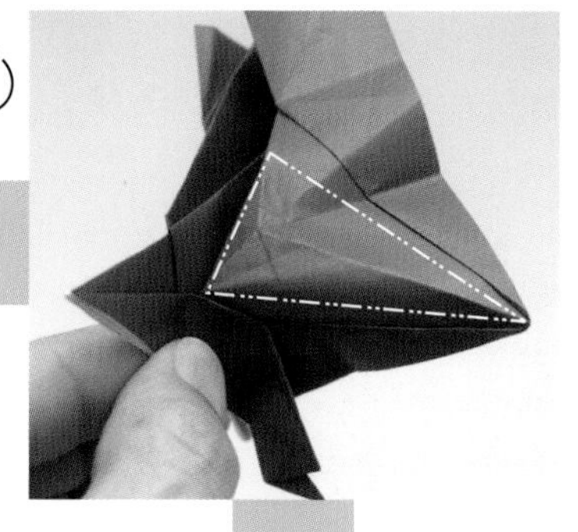

25 시선을 바꾼다.

26 그림의 선대로 접는다.

27 그림의 선을 따라 위에서 덮듯이 접는다.

28 반전

29 반대쪽도 22~28 와 같이 접다

30 그림의 선을 따라 입체적으로 접는다 (반대쪽도 동일하게).

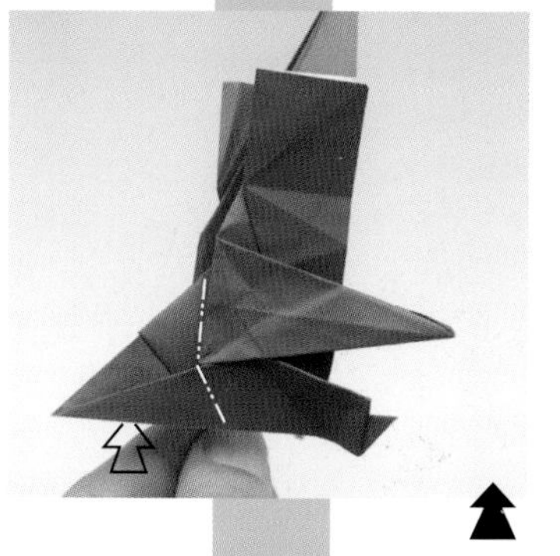

31 그림의 선을 따라 눌러서 접는다.

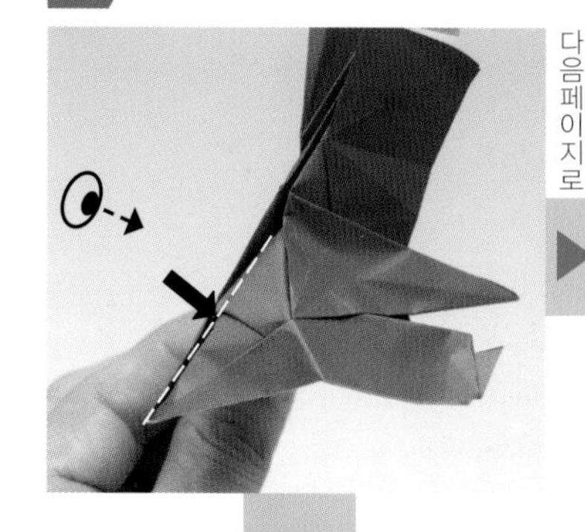

다음페이지로

32 그림의 선대로 접는다.

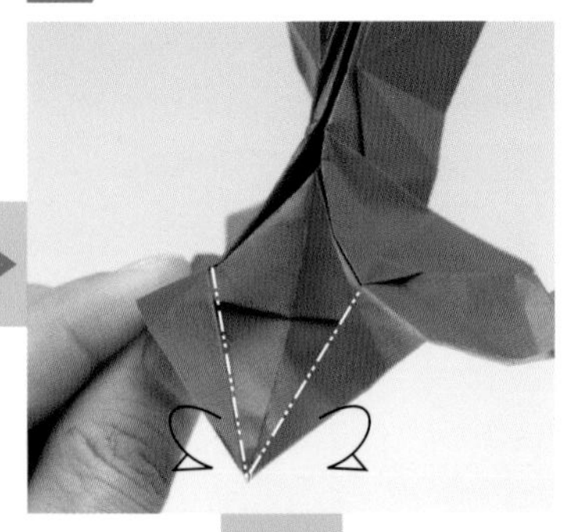

33 그림의 선대로 접는다.

34 꼬리 부분을 조금 펼친다.

35 그림의 선대로 접는다.

36 닫는다.

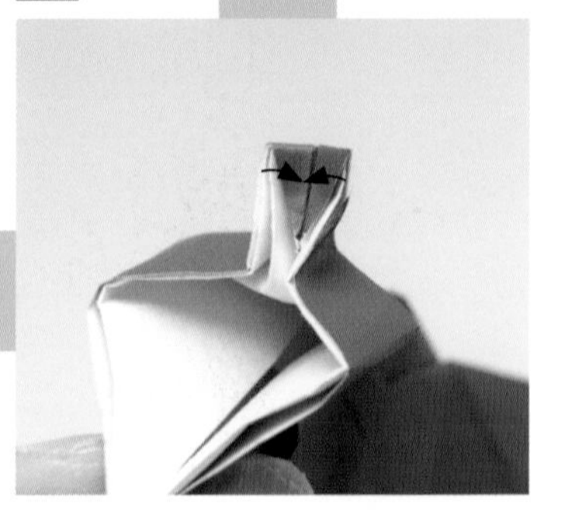

37 닫는다.

38 상단을 본다.

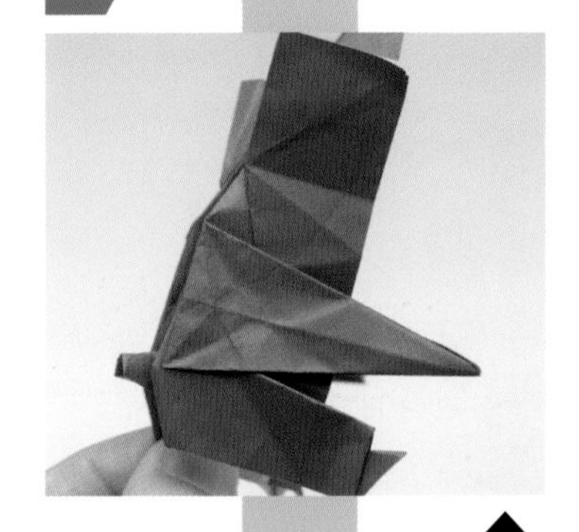

39 그림의 선대로 뒤로 접어 넣는다.(반대쪽도 동일하게)

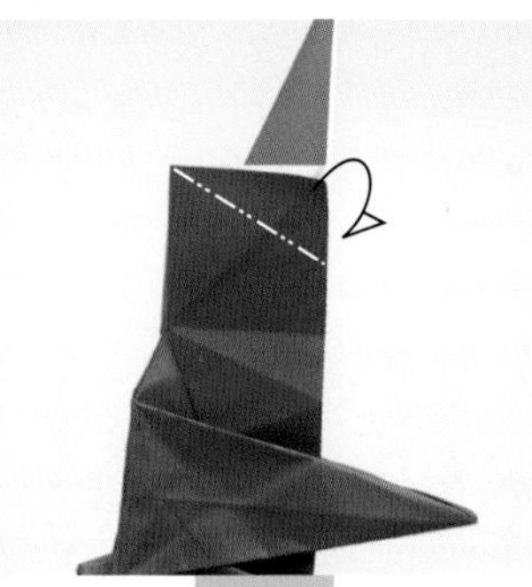

40 그림의 선대로 접어서 주름을 붙인다.

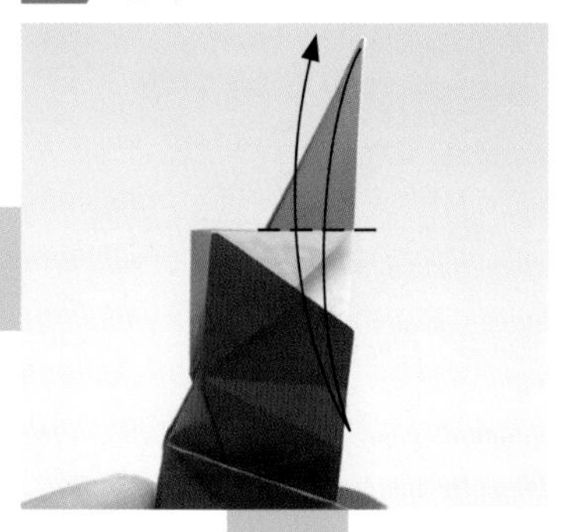

41 그림의 위치를 연다.

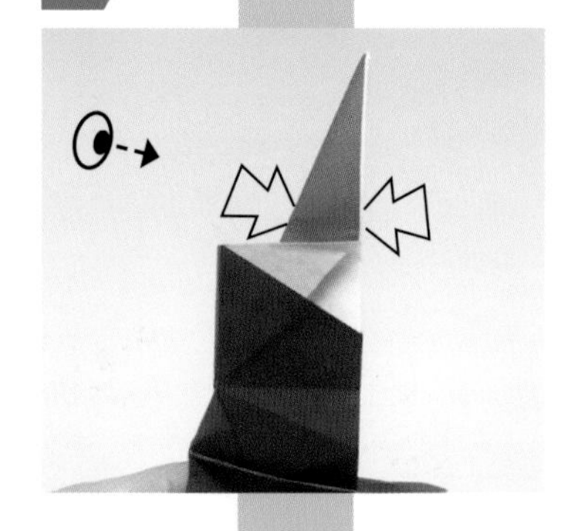

42 그림의 선을 따라 덮듯이 접는다.

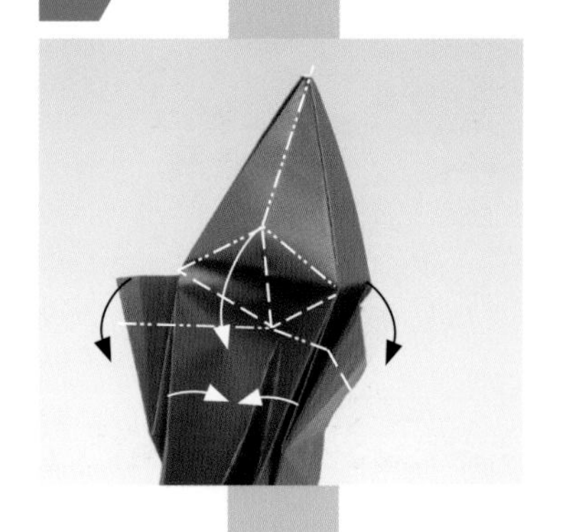

옆에서 본 모습.

42 -2 접는 과정

옆에서 본 모습.

42 -3 접는 과정

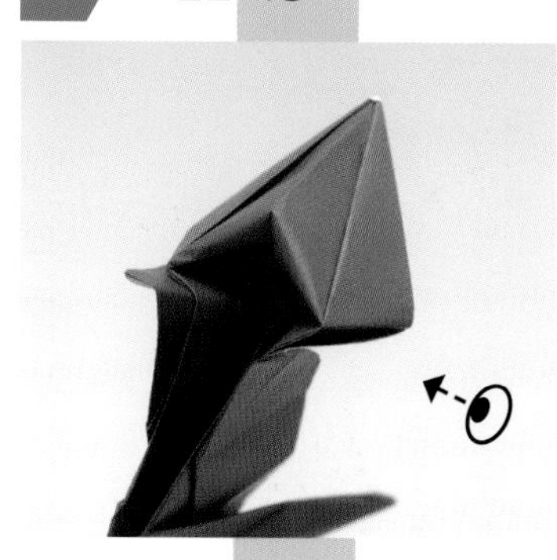

43 그림의 위치를 연다.

44 그림의 선대로 접는다.

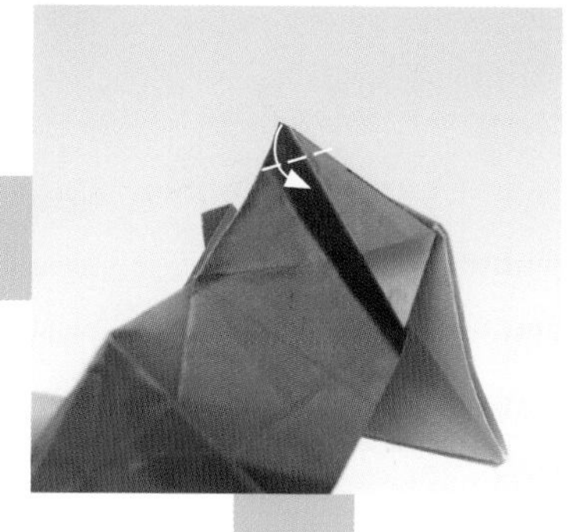

45 그림의 선대로 접는다.

46 닫는다.

47 반대쪽 귀도 43~46 와 같은 방식으로 접는다.

48 그림의 선을 따라 각도를 변경하여 안쪽으로 계단 접기를 한다.

49 코끝을 덮어 접는다.

50 그림의 선대로 접는다.

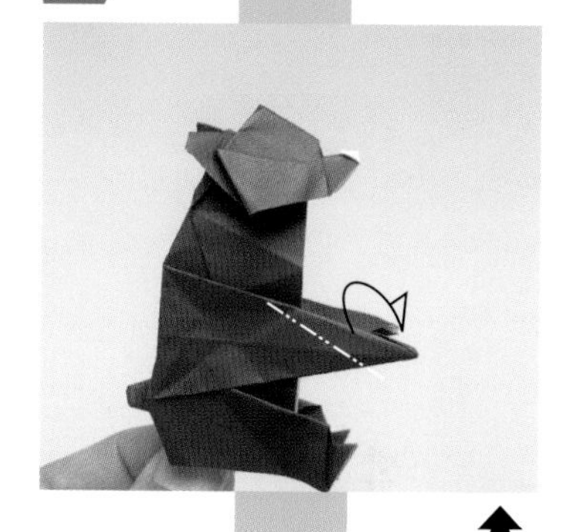

51 그림의 선대로 접는다.

다음페이지로

52 반대쪽도 50 ~ 51 와 같이 접는다.

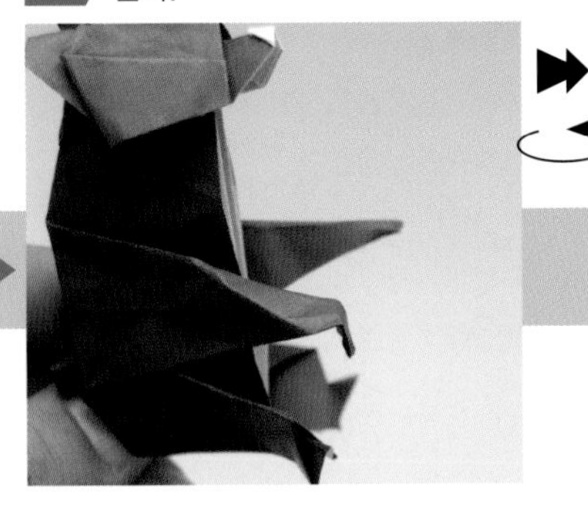

완 성

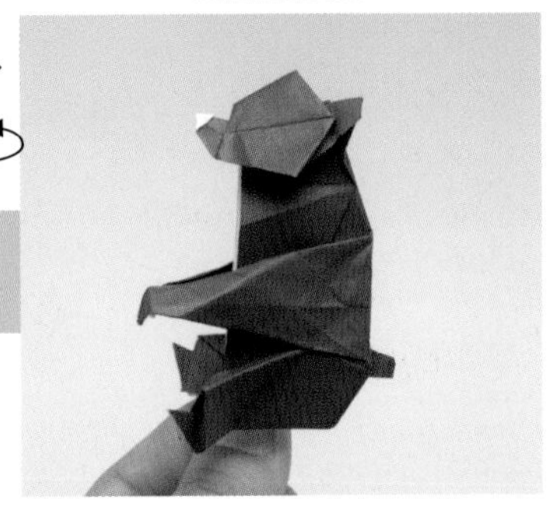

SCOOTER 스쿠터

스타트!

01 각각 모서리와 모서리를 맞춰 접고, 접는 선을 만든다.

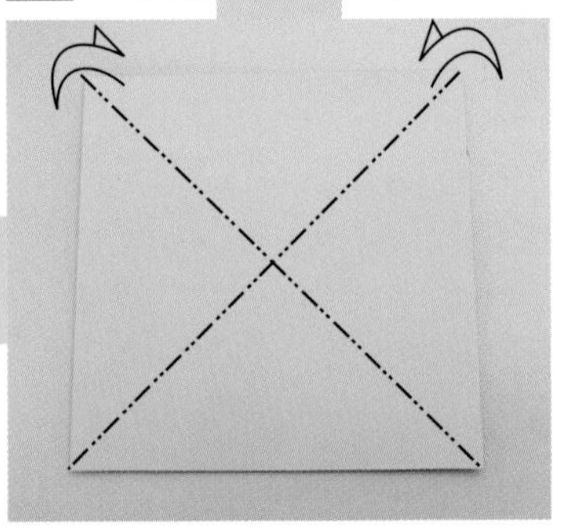

02 모서리를 중심으로 가지런히 접는다.

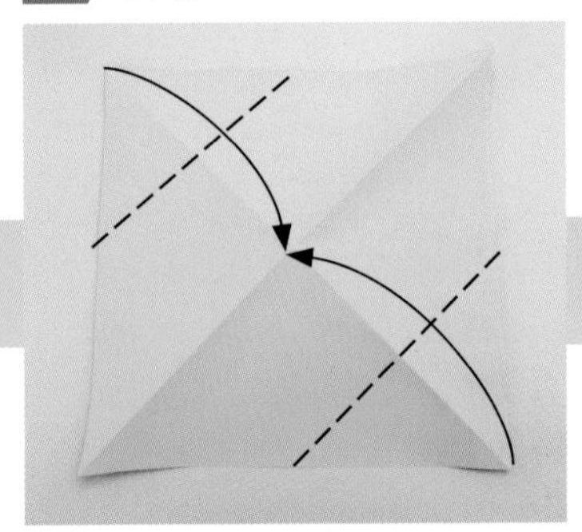

03 가장자리를 중심으로 가지런히 접는다.

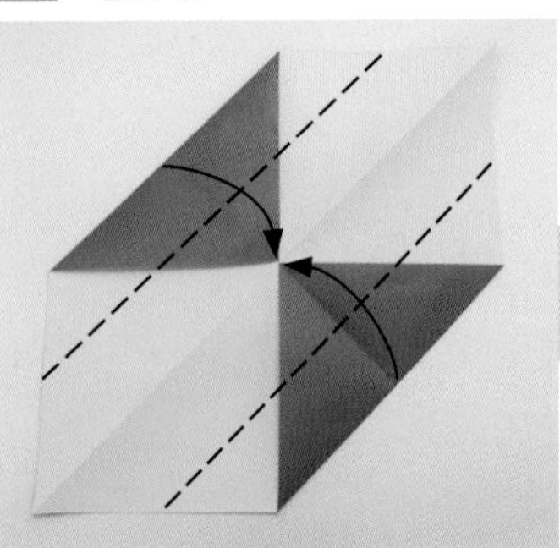

04 가장자리를 중심으로 가지런히 접는다.

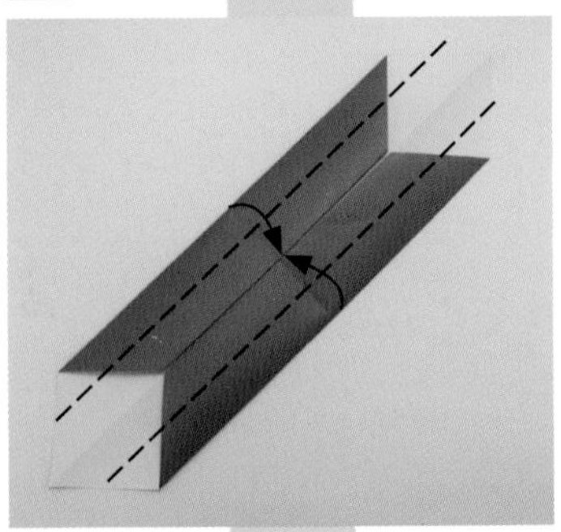

05 모두 펼친다.

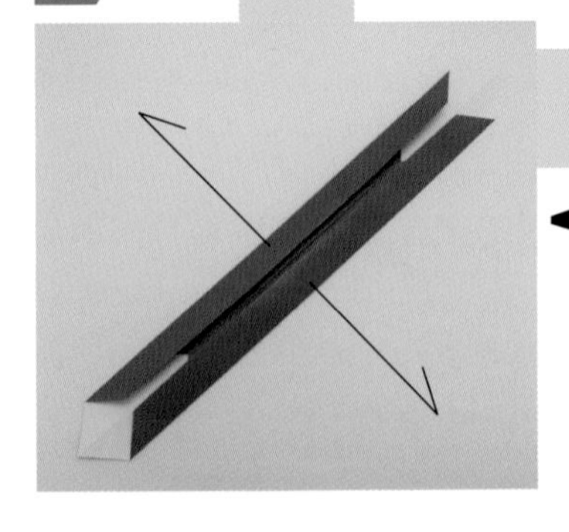

06 그림의 선(오른쪽 아래에서 다섯 번째 접는 선)을 따라 접는다.

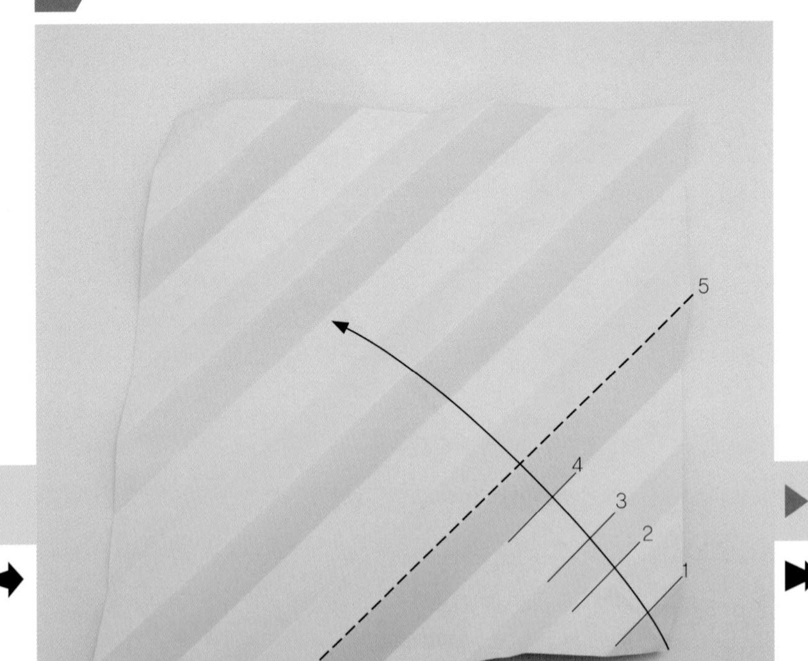

07 그림의 선(세 번째 접는 선)을 따라 접는다.

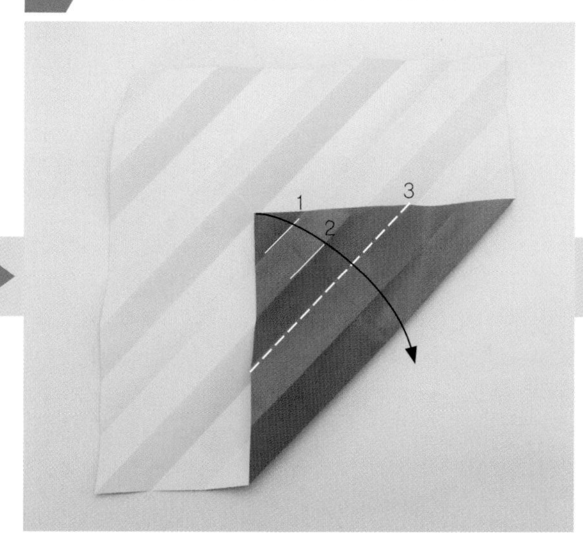

08 그림의 선대로 뒤로 접어 넣는다.

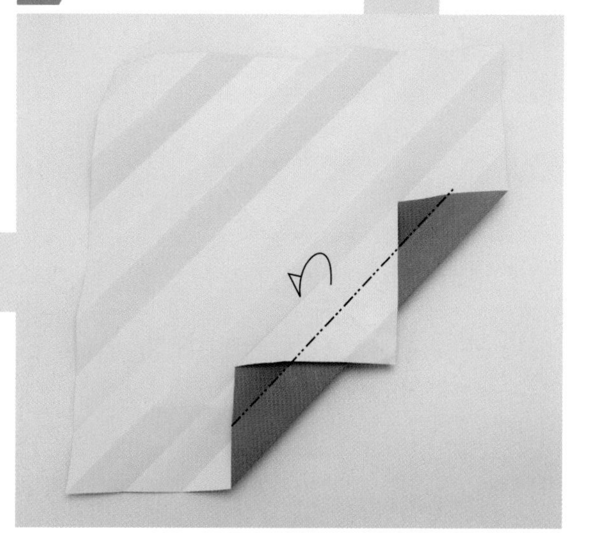

09 반대쪽도 06~08 와 같이 접는다.

10 그림 선을 접기

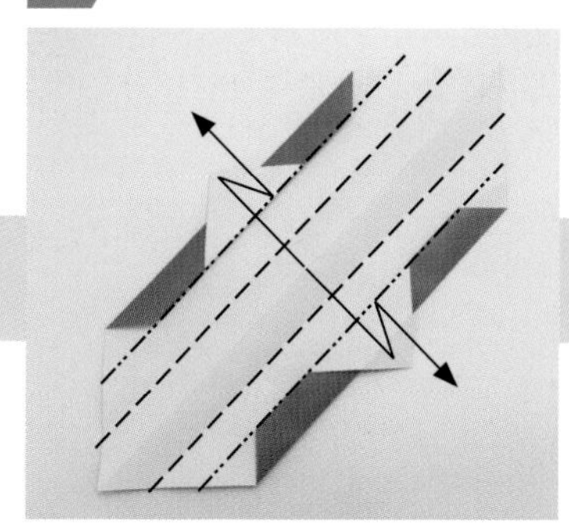

11 뒤집는다.

12 그림의 선대로 접는다.

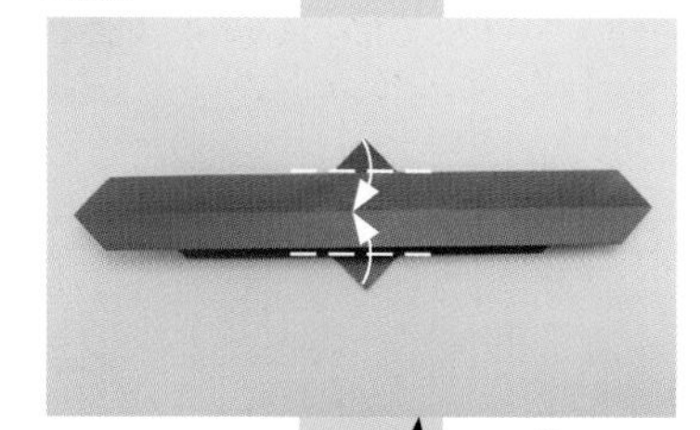

13 그림의 위치에서 접어서 주름을 잡는다.

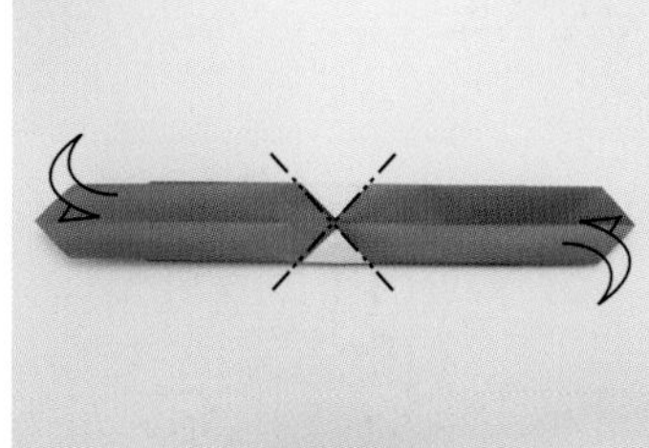

14 그림의 선으로 접는다.

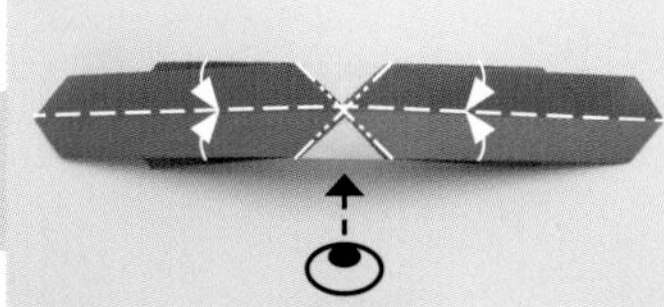

15 다음은 확대.

16 그림의 선을 따라 안쪽 접기를 한다.

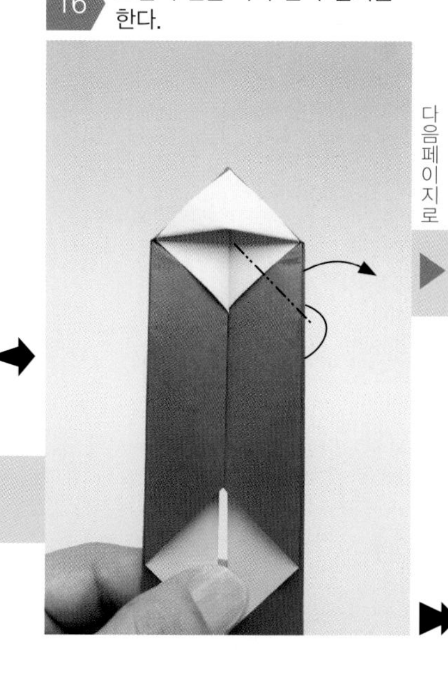

다음페이지로

17 앞의 한 장을 넘긴다.

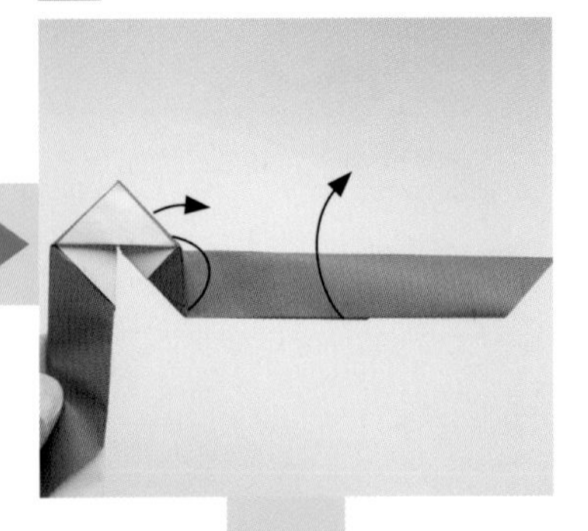

18 반대쪽도 17 같은 방식으로 위쪽으로 뒤집는다.

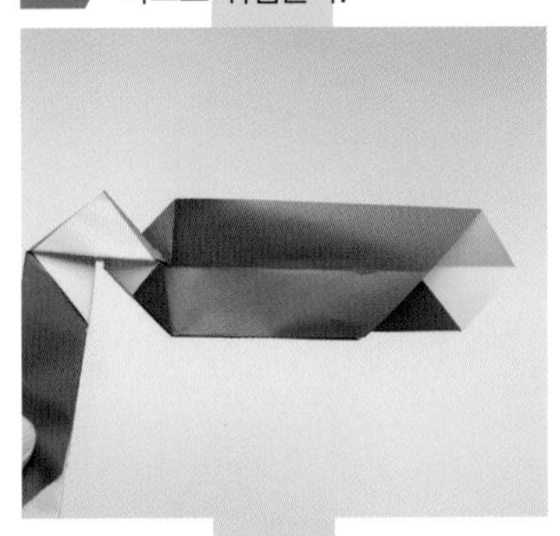

19 그림의 선대로 접어서 주름을 붙인다.

20 그림의 선대로 접어서 주름을 붙인다.

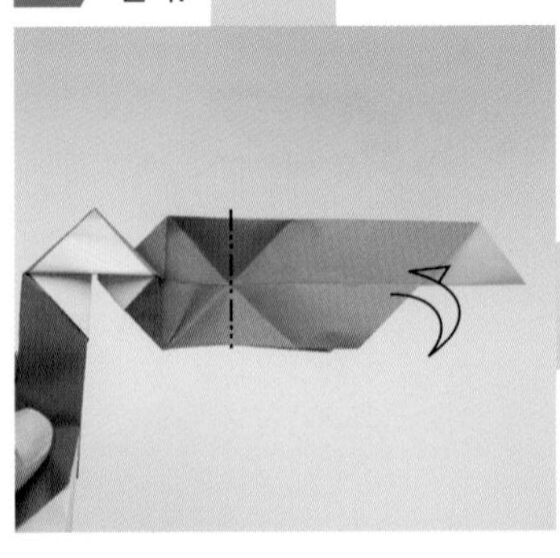

21 그림의 위치를 열어 시선을 바꾼다.

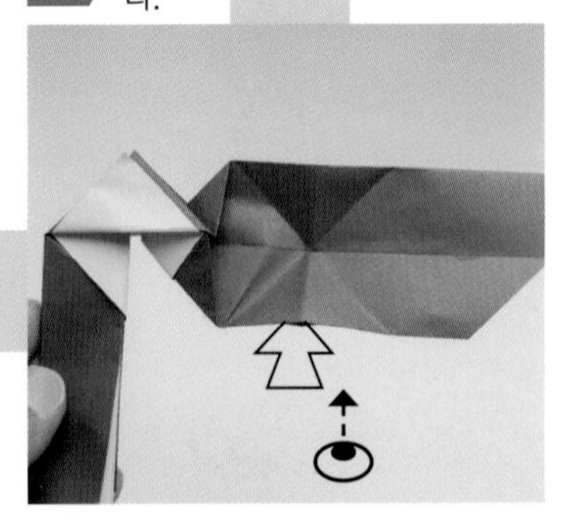

22 19 에서 만든 접는 선을 사용 23 처럼 접는다.

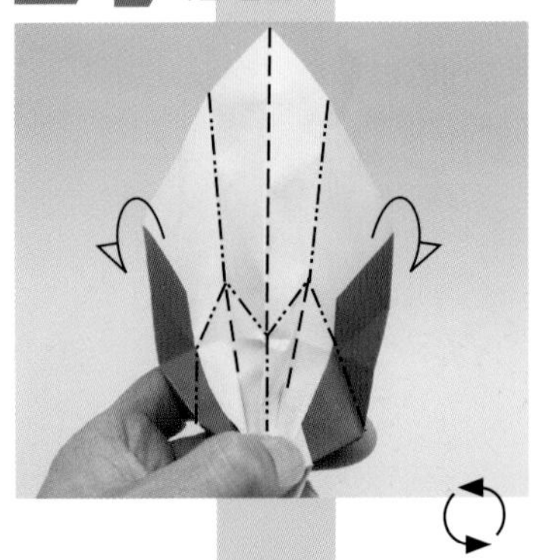

23 시선을 바꾼다.

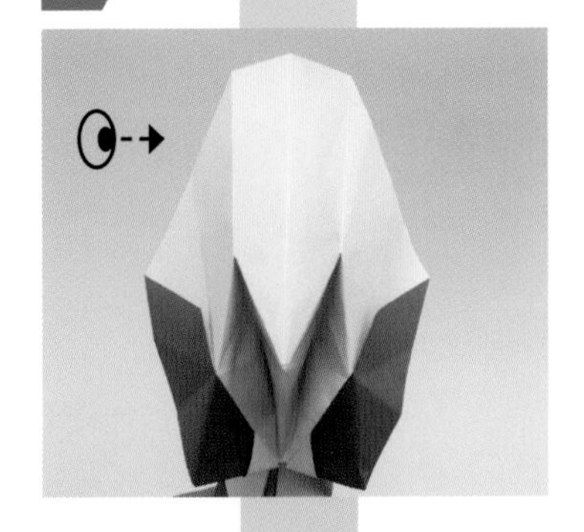

24 뒤로 접어 넣는다.(반대쪽도 동일하게 접는다.)

25 왼쪽도 16 ~ 24 과 같이 접는다.

26 그림의 위치를 연다.

27 굵은 화살표 부분을 누르면서 그림의 선대로 접어서 펼친다.

28 굵은 화살표 부분을 누르면서 그림의 선으로 접는다.

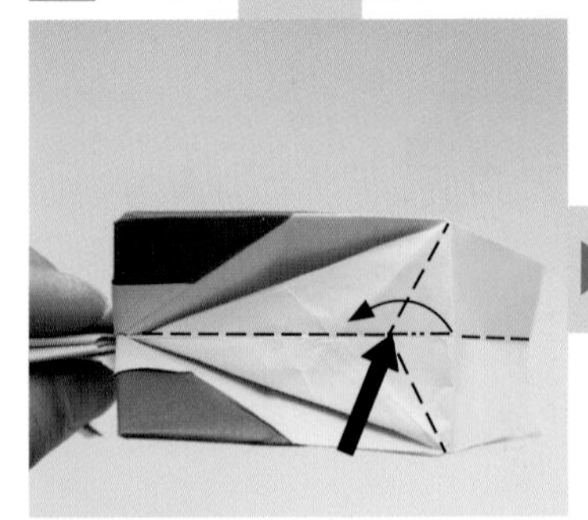

29 시선을 바꾼다.

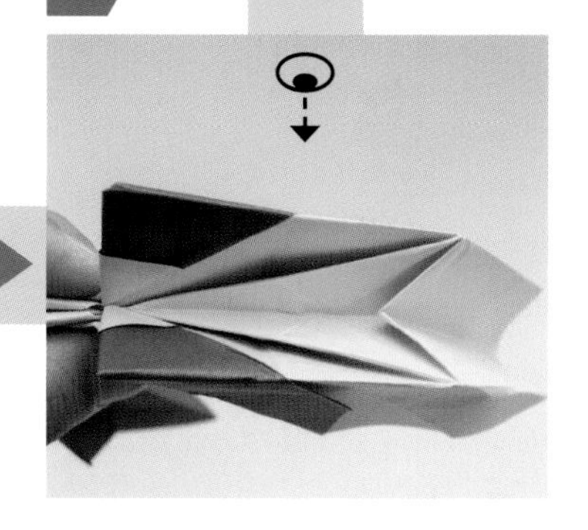

30 함께 그림의 선대로 접어 접기선을 만든다.

31 그림의 위치를 열어 시선을 바꾼다.

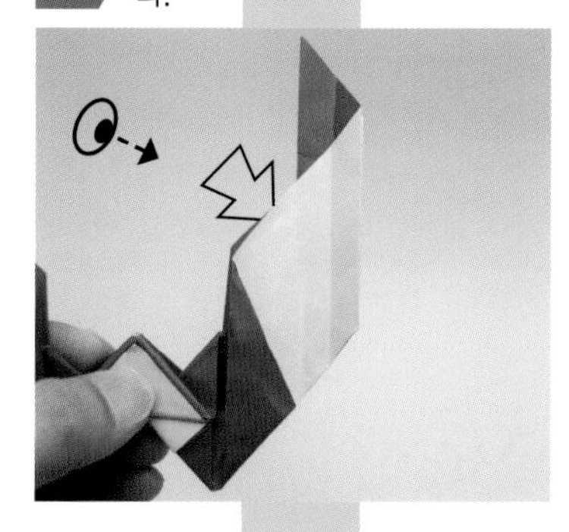

32 생긴 접는 선을 사용하여 계단 접기를 한다.

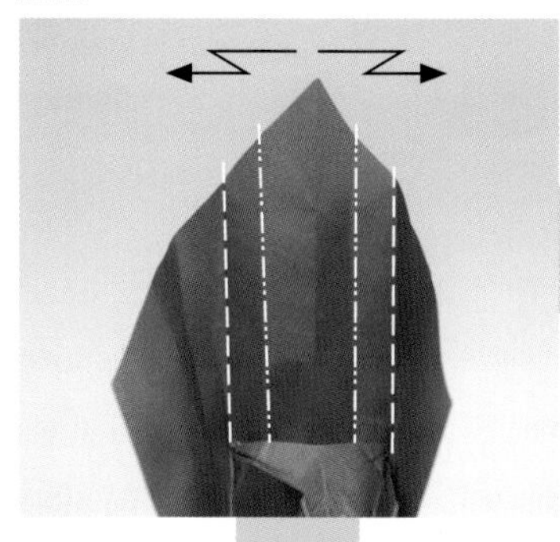

33 그림의 선대로 조금 접는다.

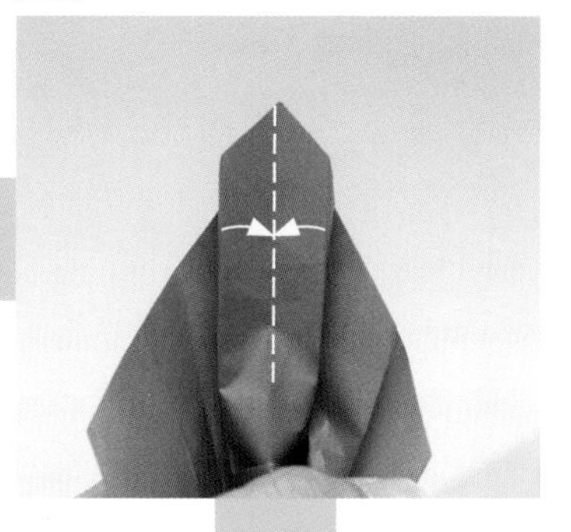

34 뒤에서 본다.

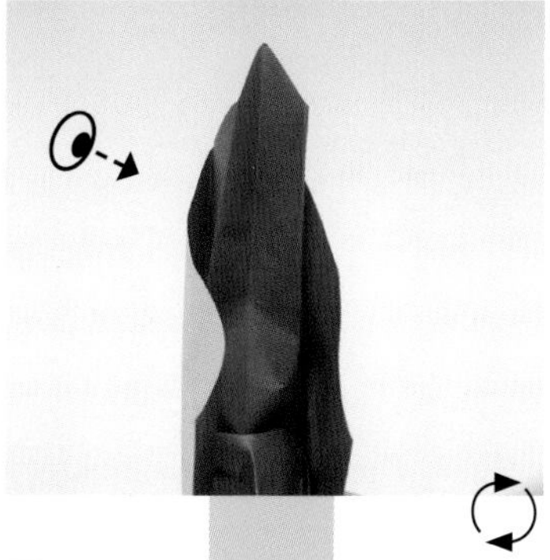

35 굵은 화살표 부분을 밀어 넣도록 접는다.

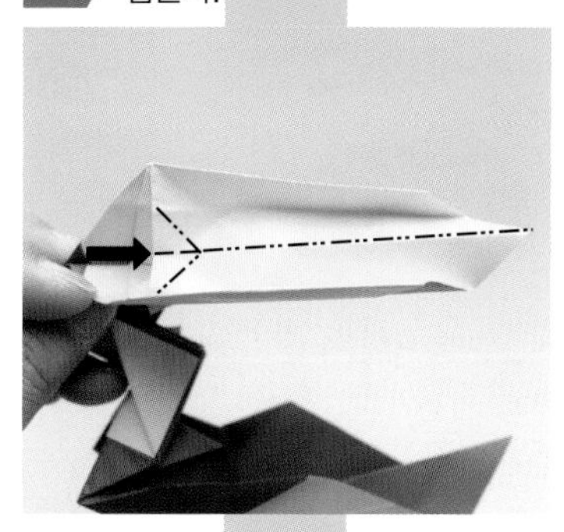

36 닫는다. (37 참조)

37 그림의 선대로 접는다.

38 그림의 선대로 접는다.

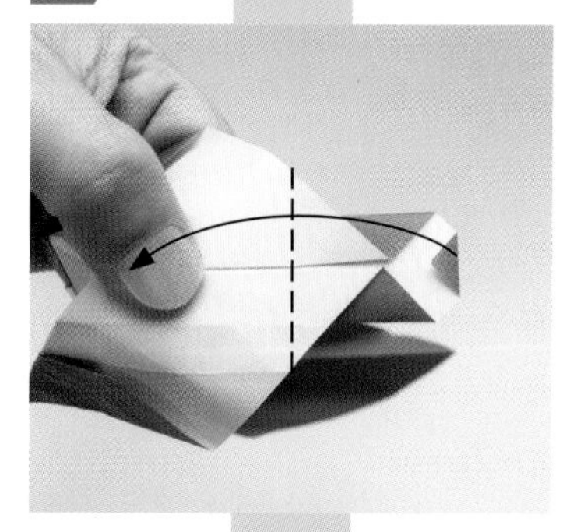

39 그림의 선대로 뒤로 접어 넣는다.

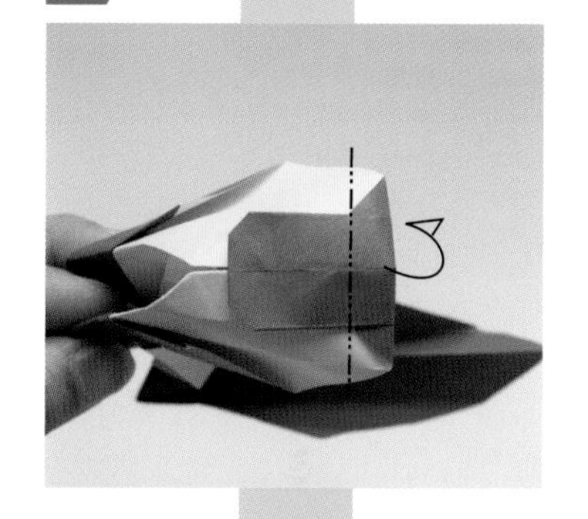

40 그림의 선으로 접는다.

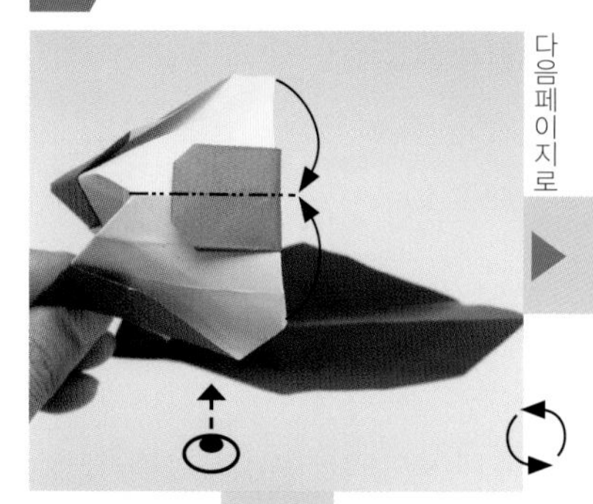

다음페이지로

41 그림의 위치를 열어 시선을 바꾼다.

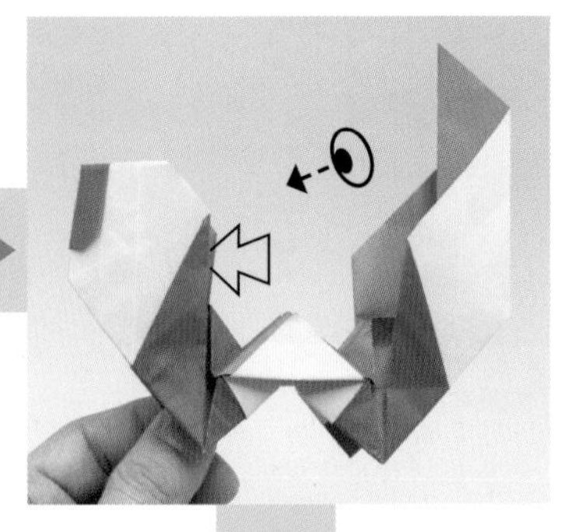

42 ① 아래쪽으로 접는다.
(반대쪽도 동일하게)
② 그림의 선 부분을 함께 접는다.

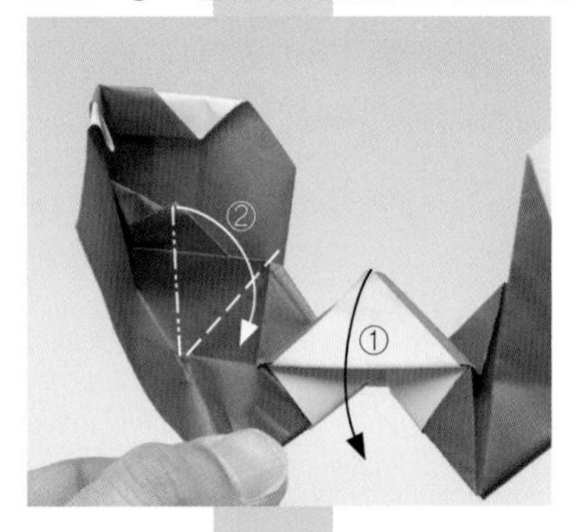

43 위에서 덮는다.

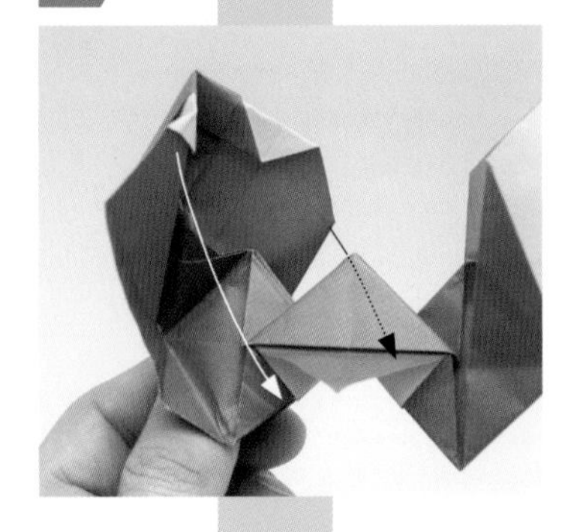

43 −2 덮는 도중.

44 안쪽으로 접어 넣는다.

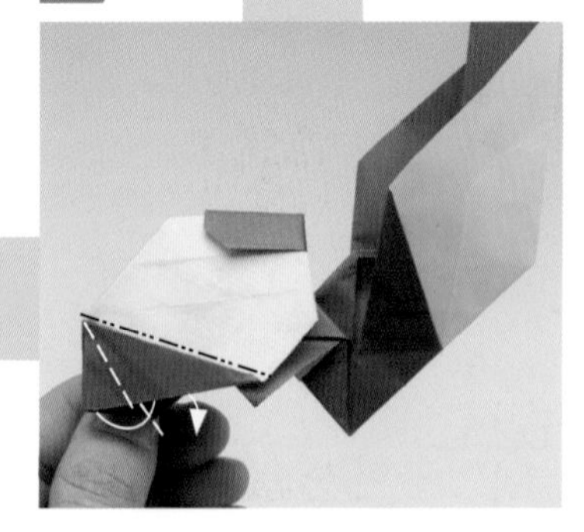

45 그림의 선을 따라 접고, 아래층의 틈에 끼운다.

46 그림의 선을 따라 접고 위쪽의 틈에 끼운다.

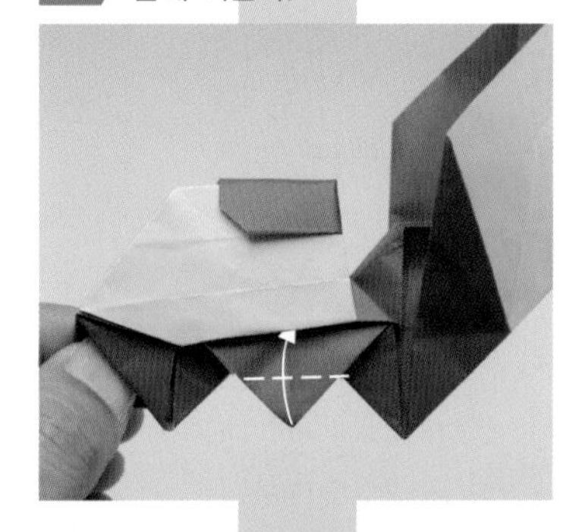

47 위쪽으로 접는다.

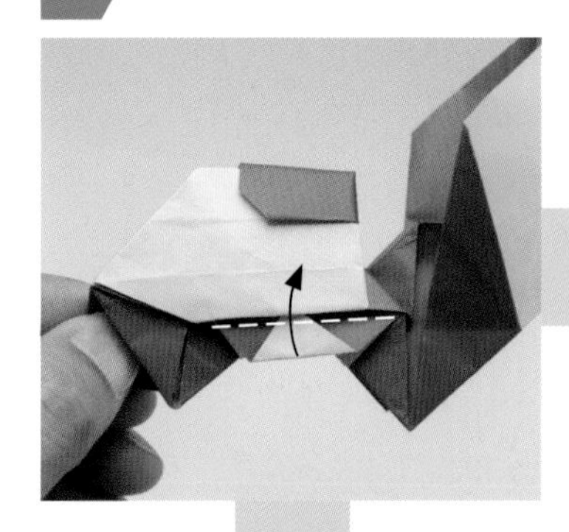

48 반대쪽도 44~47 와 같이 접는다.

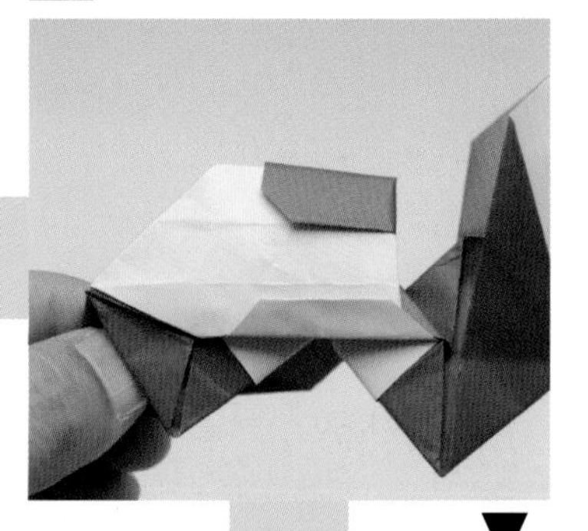

49 그림의 선대로 접는다.

50 반전한다.

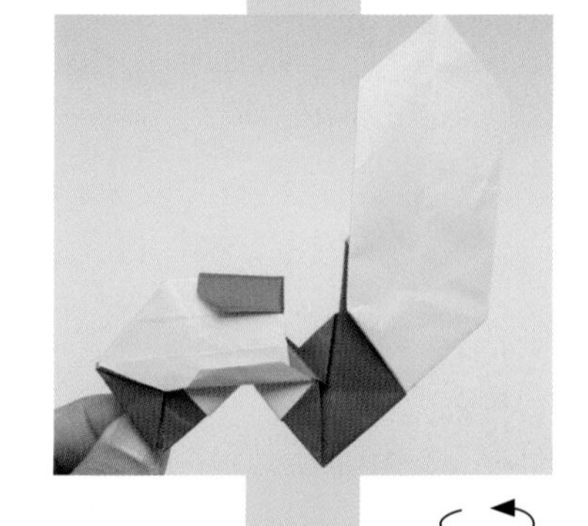

51 그림의 선대로 접는다.

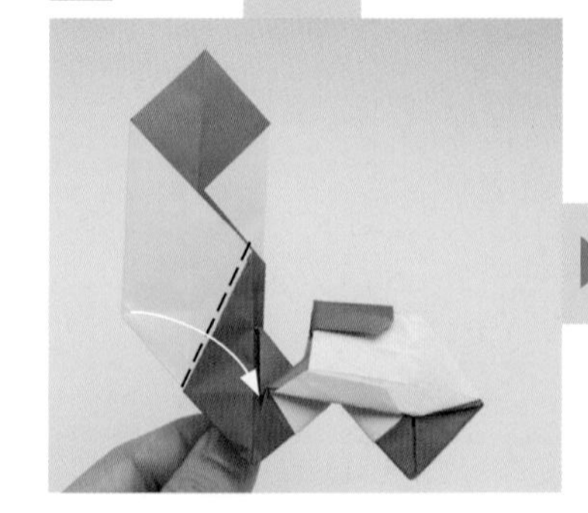

52 반전한다.

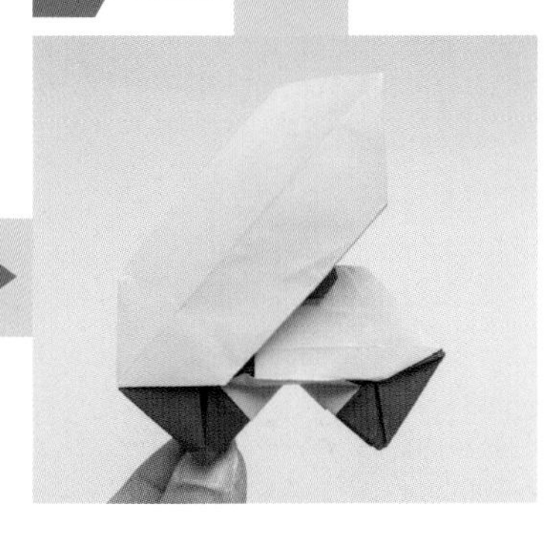

53 그림의 선대로 접는다.

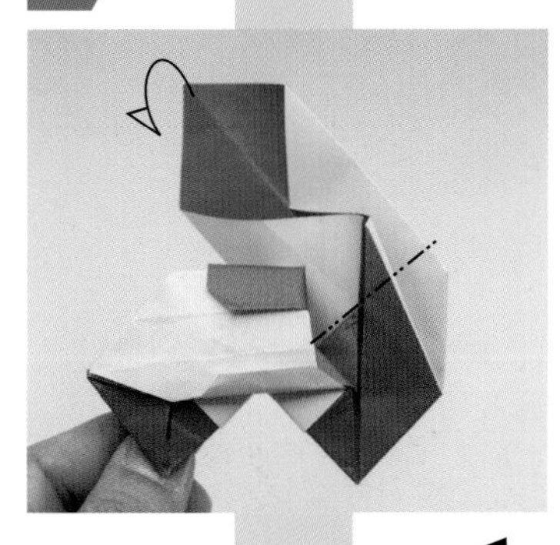

54 시선을 바꾼다.

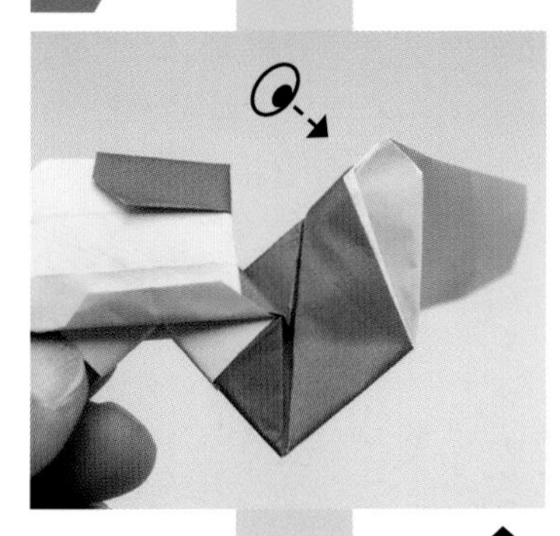

55 그림의 선대로 입체적으로 접는다.

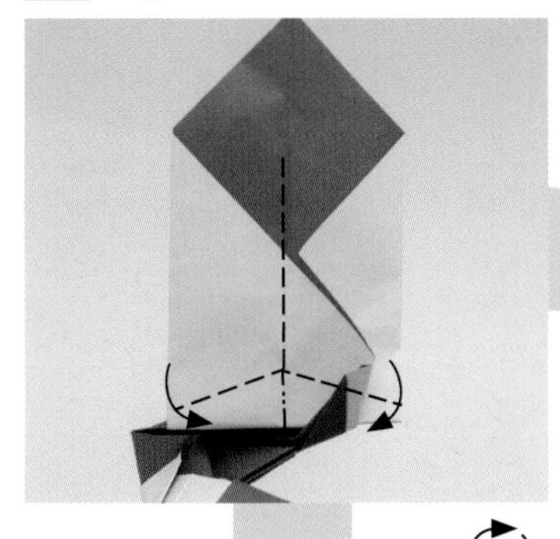

56 차체를 똑바로 만든다.

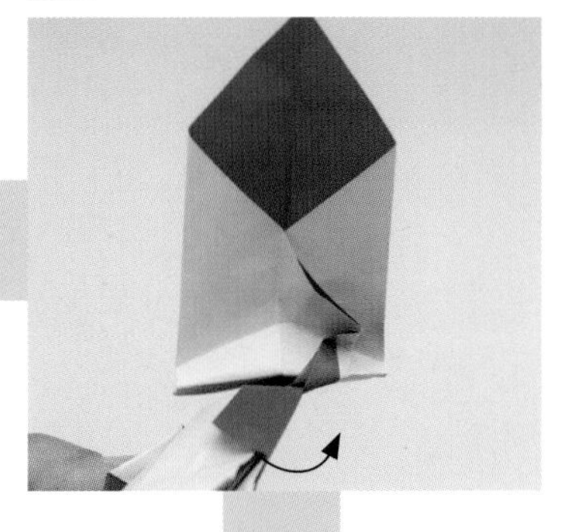

57 뒤집는다.

58 그림의 선대로 접는다.

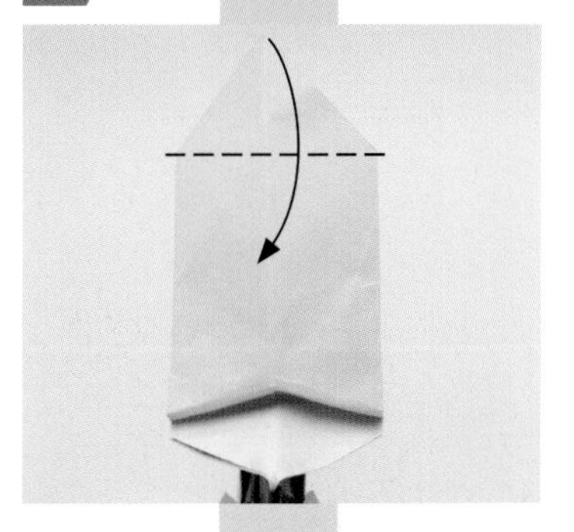

59 그림의 선대로 접는다.

60 그림의 선대로 접어서 주름을 붙인다.

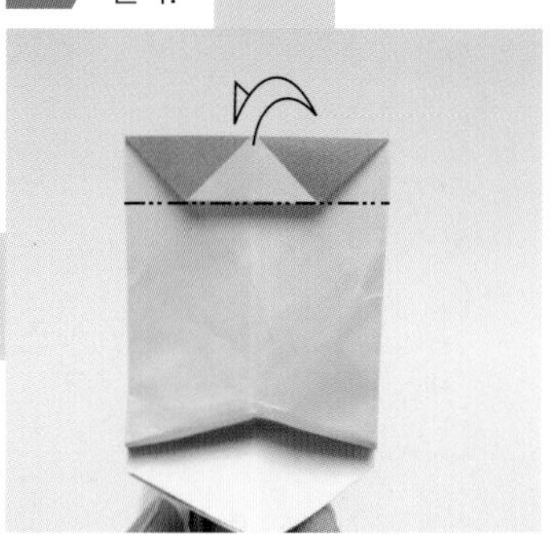

61 그림의 선으로 접는다.

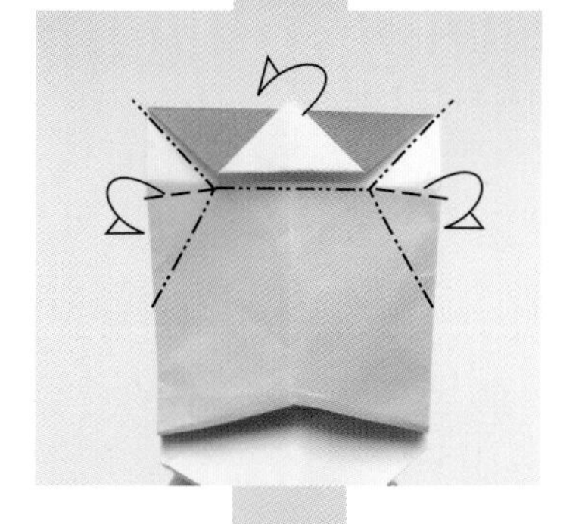

62 그림의 선대로 접는다.

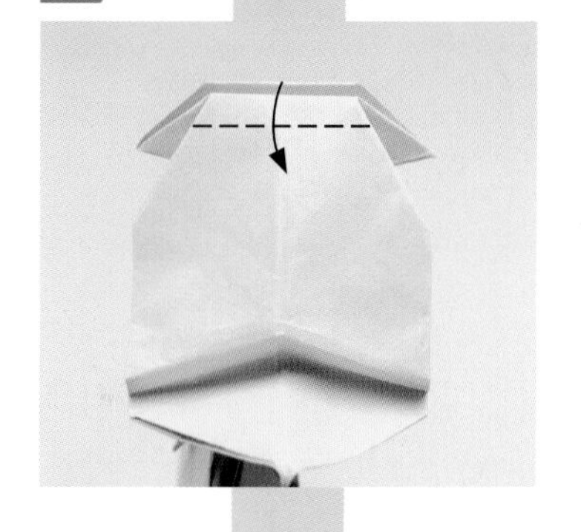

63 뒤집는다.

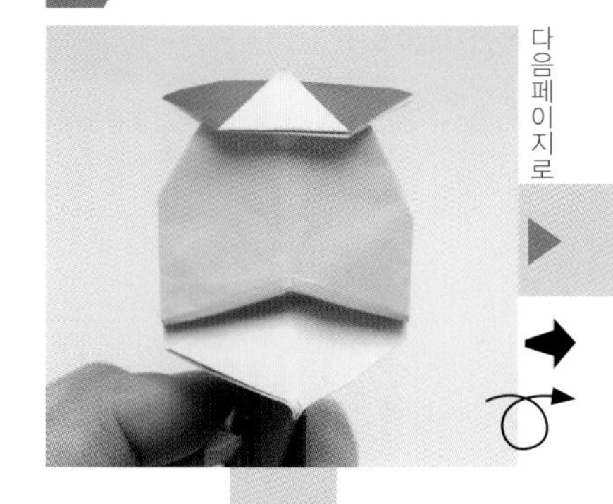

다음페이지로

64 그림의 선대로 삼각형으로 접는다.

65 뒤집는다.

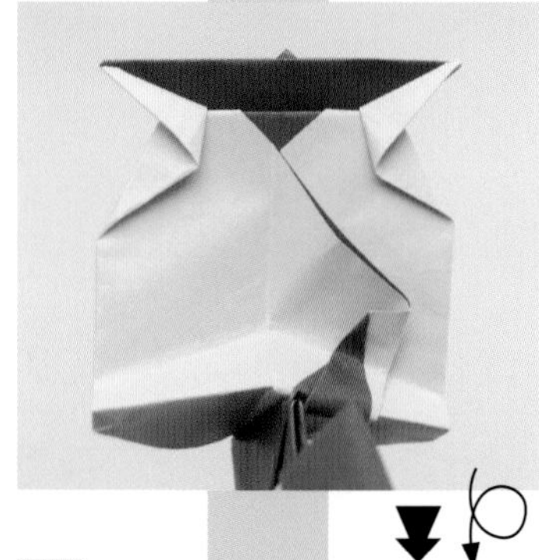

66 중심에서 접는다.

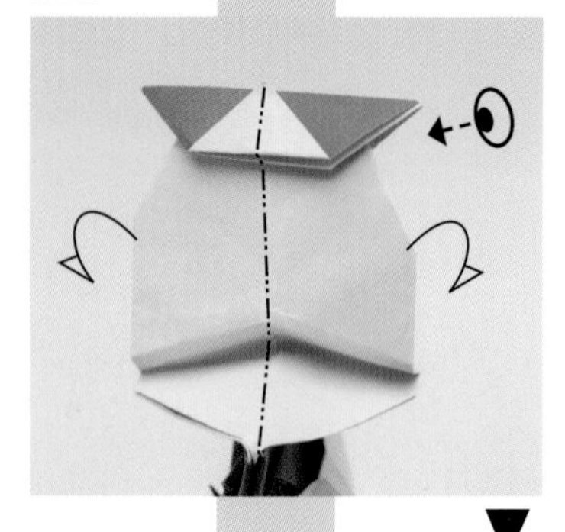

67 확대

68 그림의 선대로 접어서 꽂는다.(반대쪽도 똑같이 접는다.)

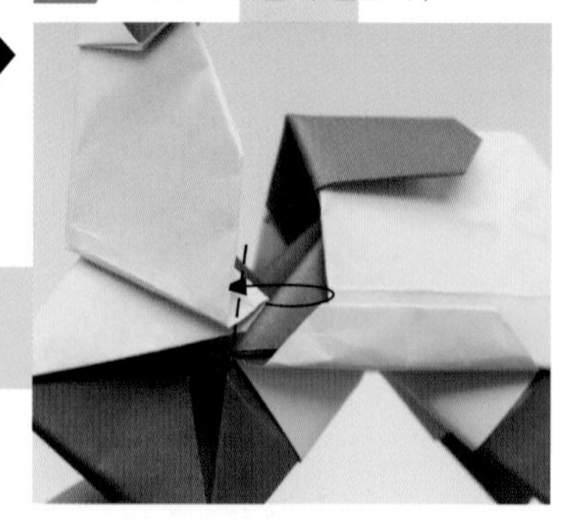

69 그림의 선대로 안쪽으로 접는다.(반대쪽도 똑같이 접는다.)

완 성

밑에서 바라봤을 때

곰을스쿠터에 태우다

곰…17.5×17.5cm종이접기 용지사용
스쿠터…25×25cm종이접기 용지사용

01 의자에 걸터앉힌다.

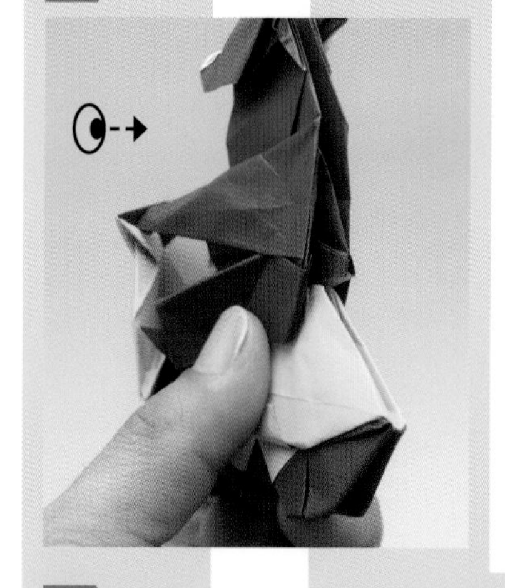

02 앞발(손)을 틈새에 끼운다.

종이접기 원포인트 어드바이스

종이접기는
색종이 질에 따라
완성도가 올라간다!?

색종이는 종이질이 다양합니다. 제가 접기 쉽다고 생각하는 색종이는 '탄성'이 있는 종이입니다. 접힌 주름이 제대로 붙거나 돌아오기 힘들거나. 두께는 무엇을 접느냐에 따라 구분하여 사용합니다.

완 성

02 −2 위에서 봤을 때

SEA OTTER
해달

난이도★★★★★★★

스타트!

01 모서리와 모서리를 가지런히 접는다.

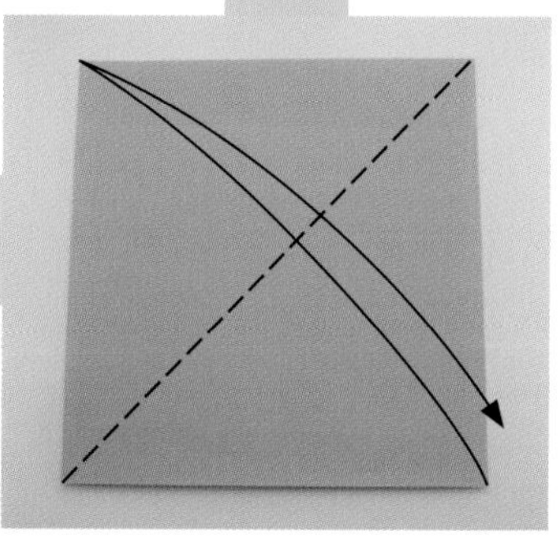

02 가장자리와 가장자리를 가지런히 하여 반으로 접는다.

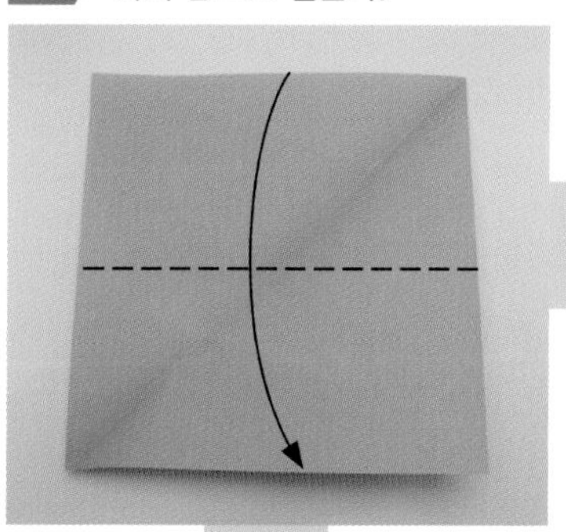

03 함께 반으로 접는다.

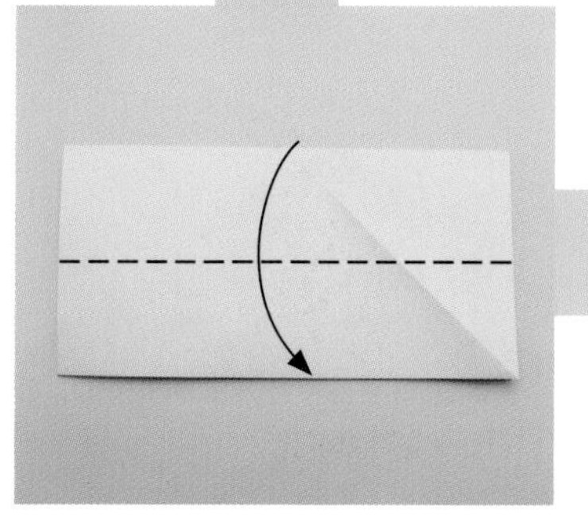

04 바로 앞만 반으로 접는다.

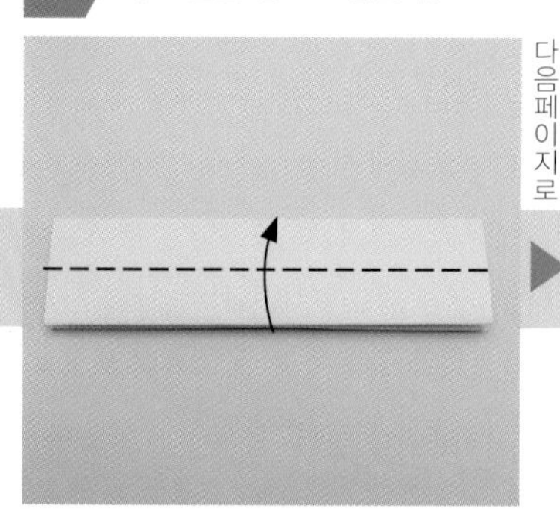

다음페이지로

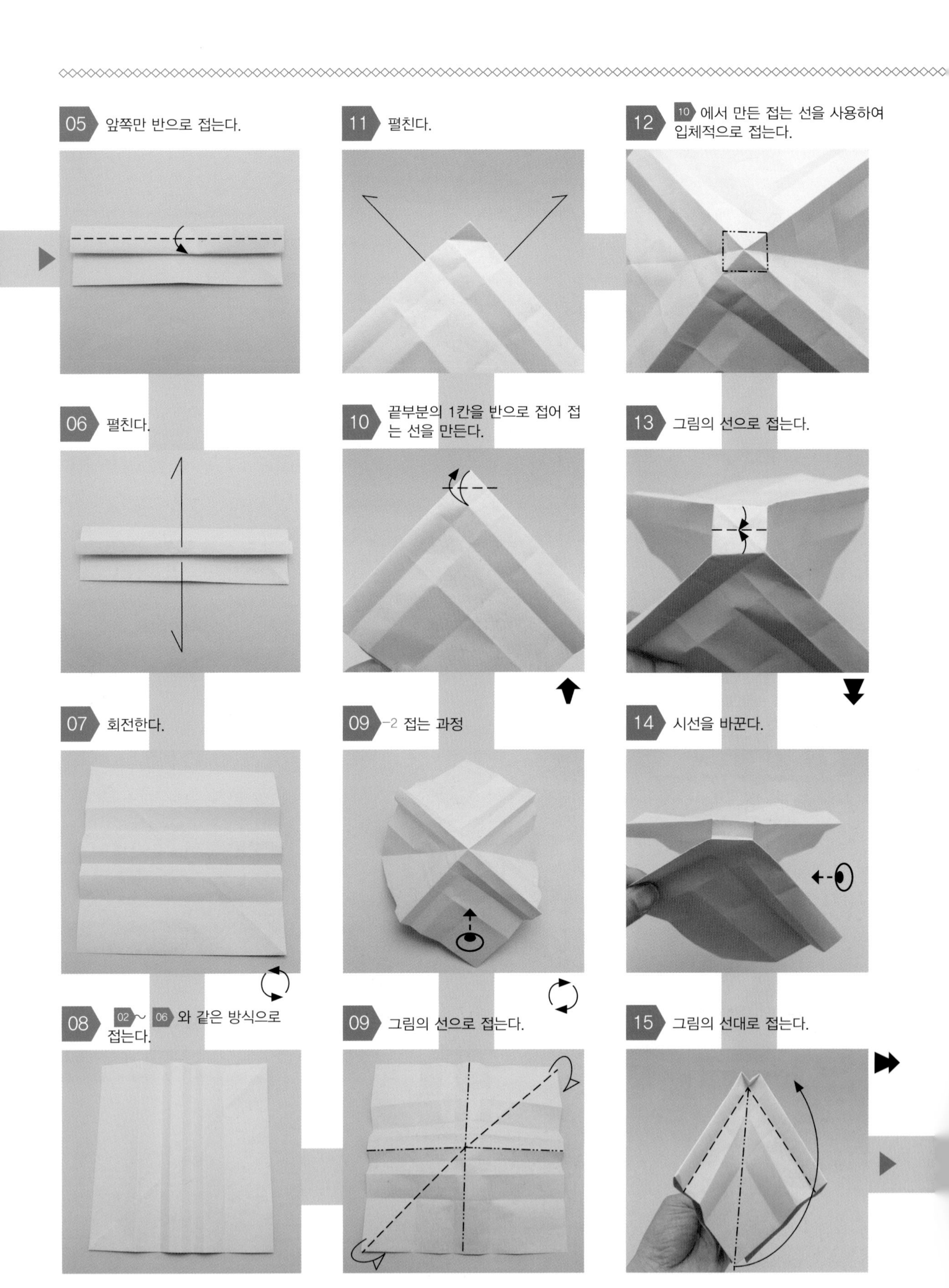
05 앞쪽만 반으로 접는다.
06 펼친다.
07 회전한다.
08 02~06 와 같은 방식으로 접는다.
09 그림의 선으로 접는다.
09-2 접는 과정
10 끝부분의 1칸을 반으로 접어 접는 선을 만든다.
11 펼친다.
12 10 에서 만든 접는 선을 사용하여 입체적으로 접는다.
13 그림의 선으로 접는다.
14 시선을 바꾼다.
15 그림의 선대로 접는다.

16 왼쪽도 15 같은 방식으로 접는다.

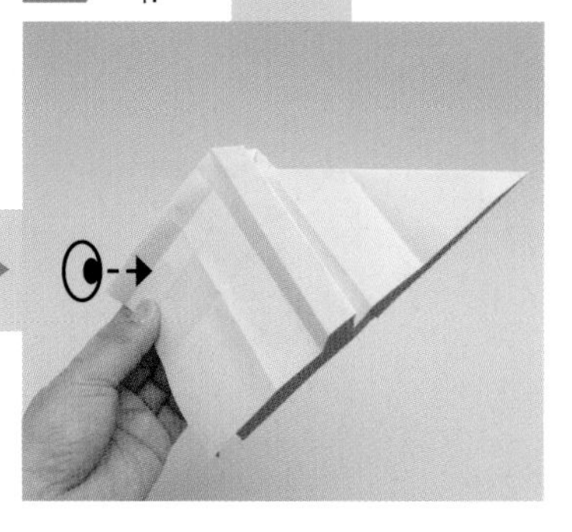

17 그림의 선대로 접는다.

18 모서리를 중심에 맞춰 가지런히 접는다.

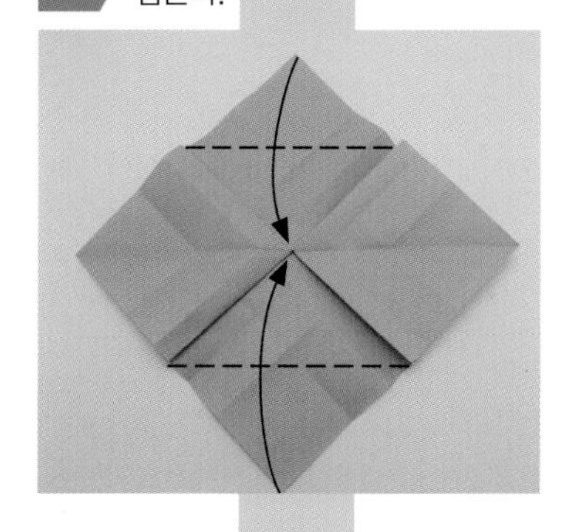

19 모서리를 중심으로 가지런히 접는다.

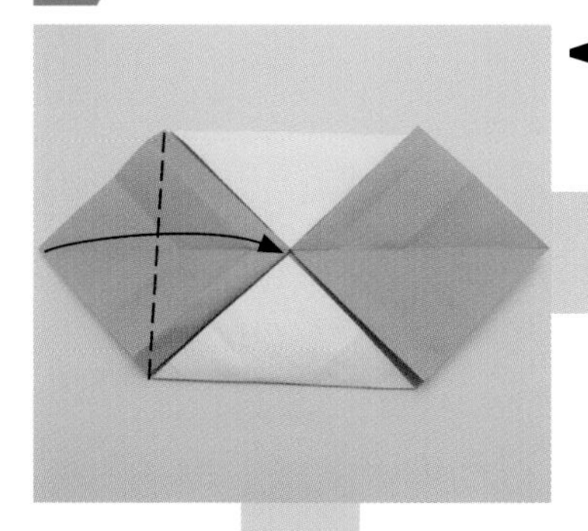

20 각각 가장자리와 가장자리를 맞춰 접고 주름을 잡는다.

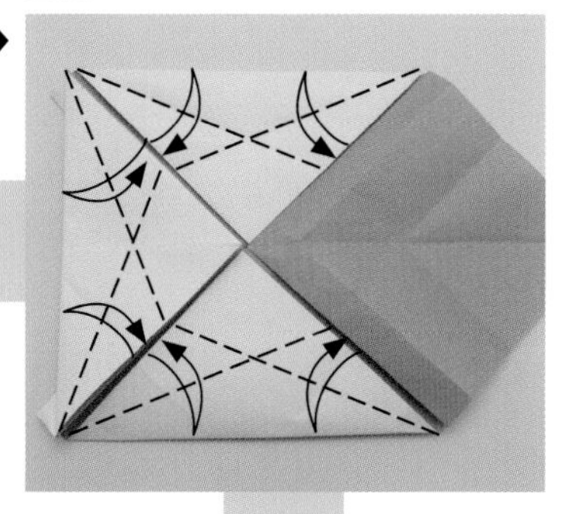

21 ① 왼쪽으로 펼친다.
② 각각 그림의 선을 따라 꺾어 접는다.

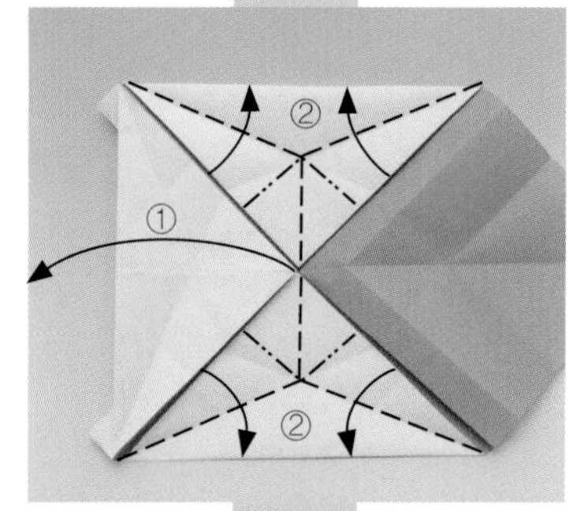

22 뒤집는다

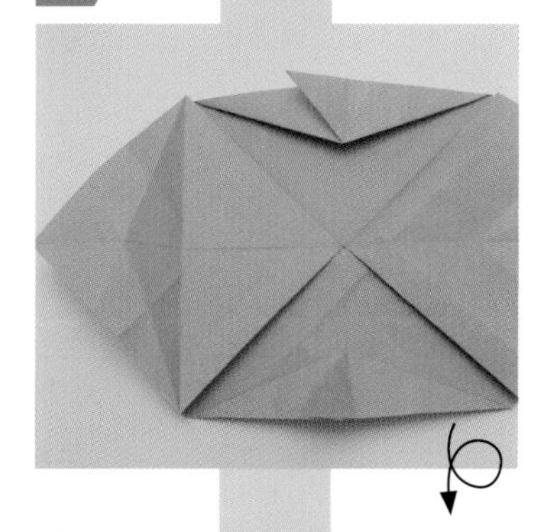

23 그림의 선대로 접어서 주름을 붙인다.

24 그림의 선으로 접는다.

25 그림의 선을 따라 접은 뒤 뒤집는다.

26 그림의 선을 따라 중심에 맞춰 접는다.

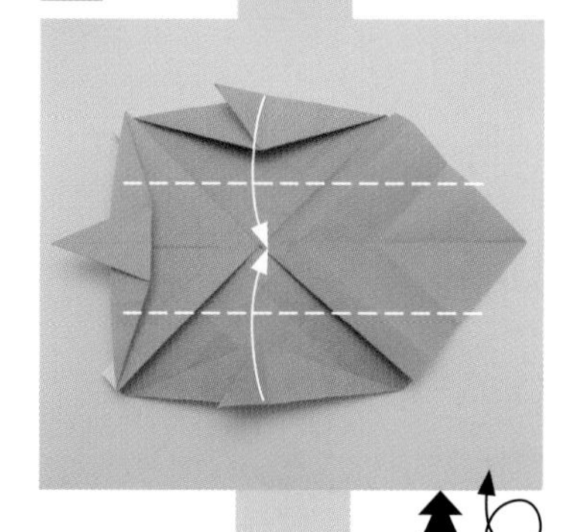

27 그림의 선을 따라 중심에 맞춰 접는다.

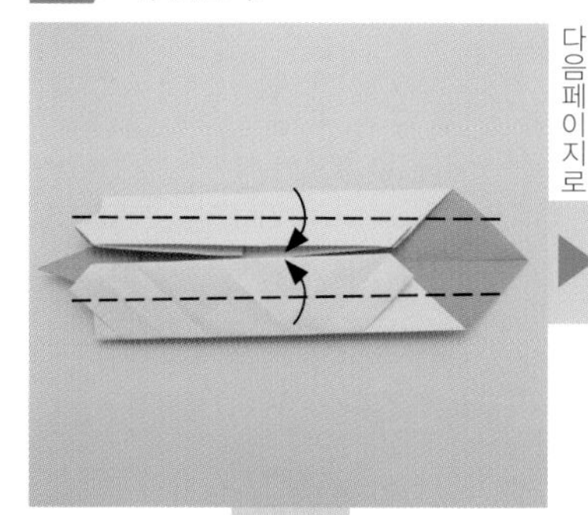

다음페이지로

28 함께 펼친다.

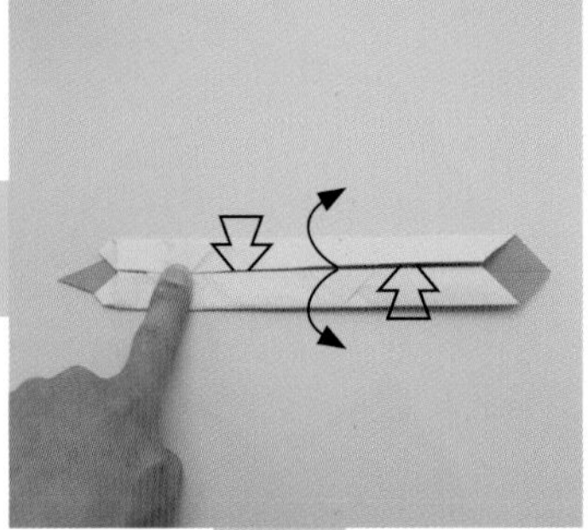

29 함께 뒤쪽으로 꺾는다.

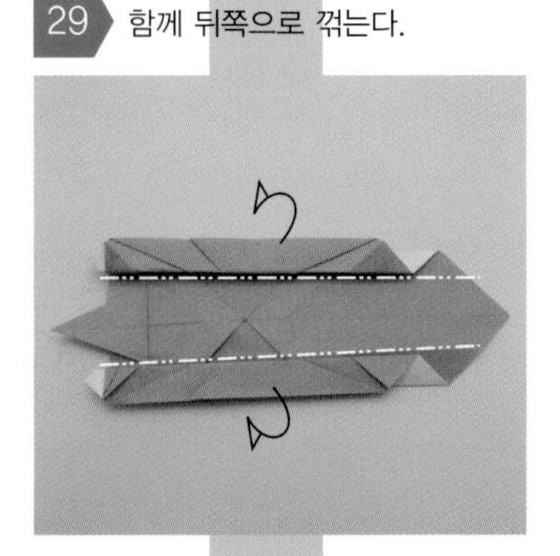

30 뒤집는다

31 접혀 있는 부분을 끌어당긴다.

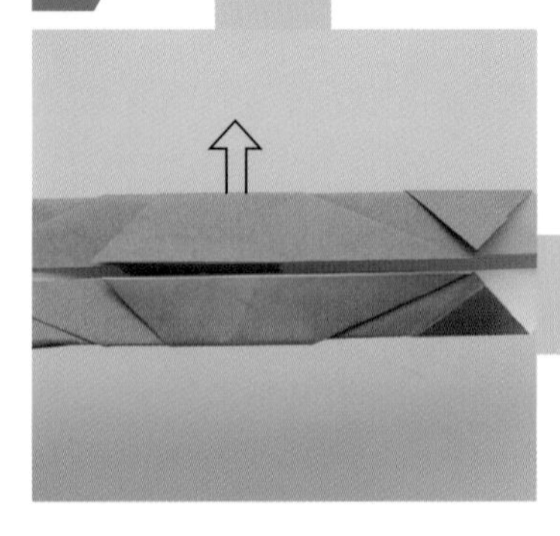

32 그림의 선(A의 1/3 폭)을 따라 접는다.

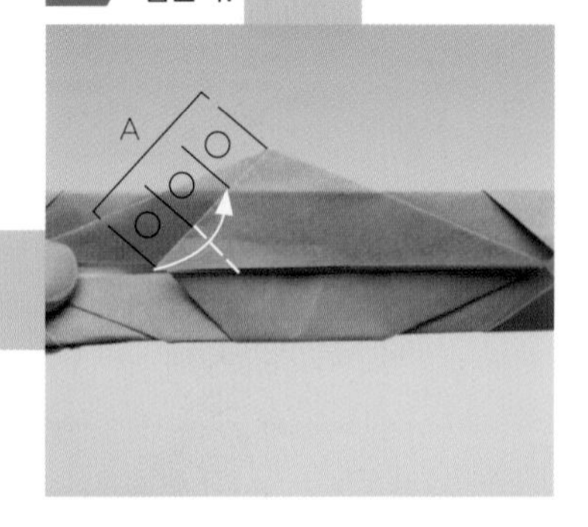

33 그림의 위치를 연다.

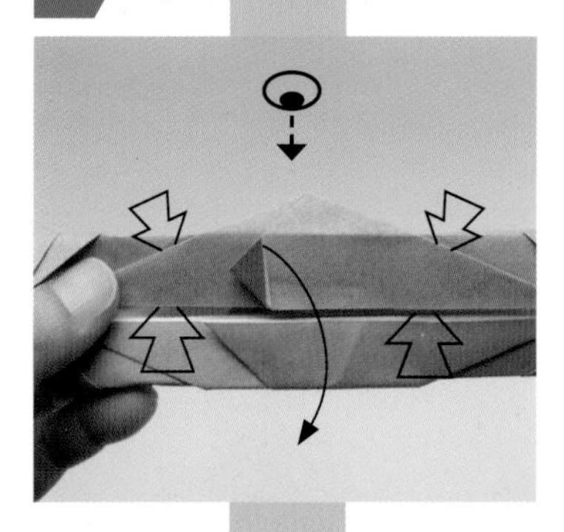

34 그림의 선대로 입체적으로 접는다

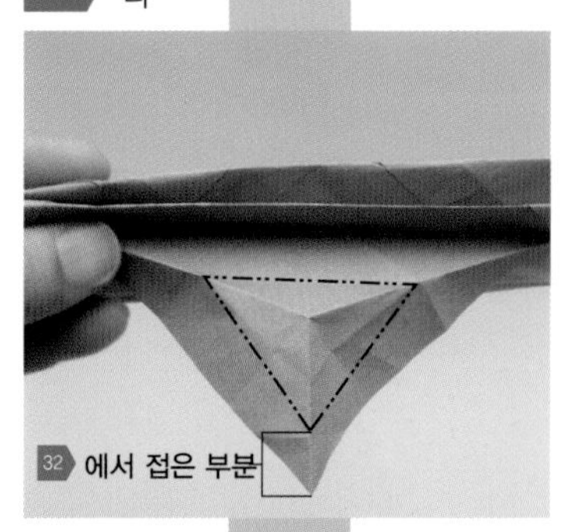

35 굵은 화살표 부분을 밀어 넣듯이 접는다.

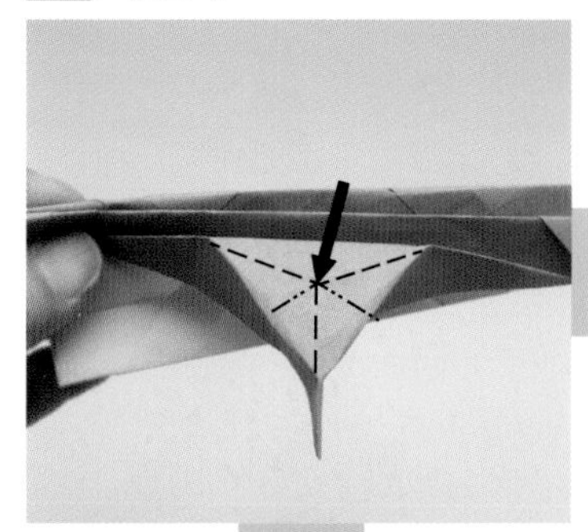

36 화살표 방향으로 눕힌다.

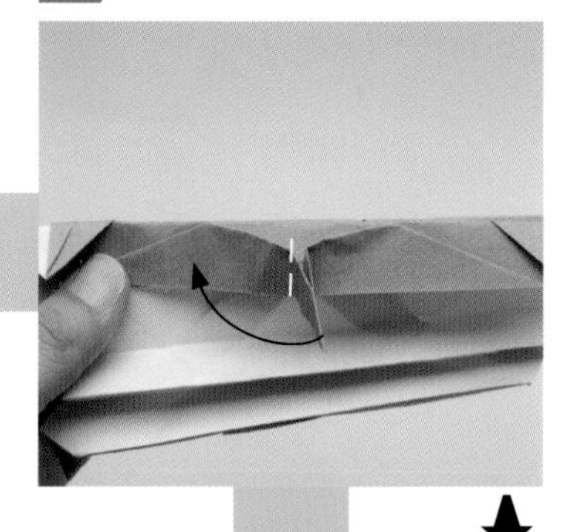

37 그림의 선을 따라 펼쳐 네모 모양이 나오도록 접는다.

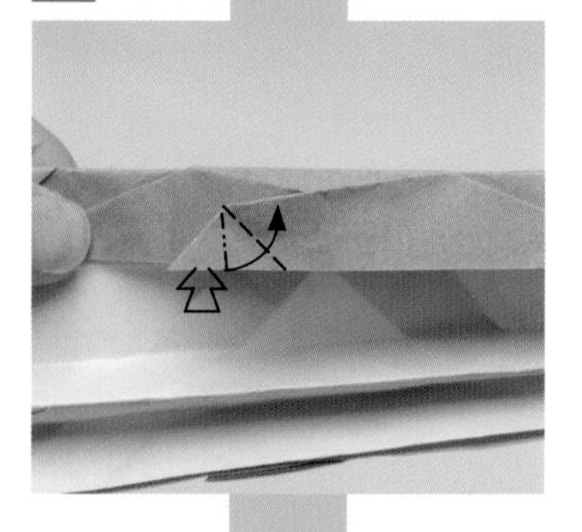

38 다른 쪽도 31 ~ 37 와 같은 방식으로 접는다.

39 함께 펼친다.

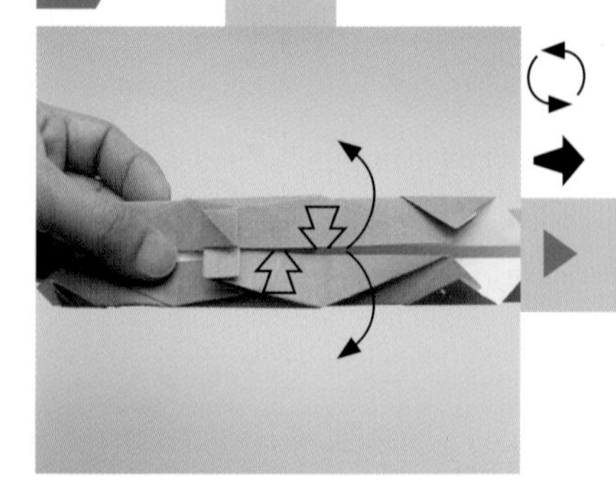

40 그림의 선대로 펼친다.

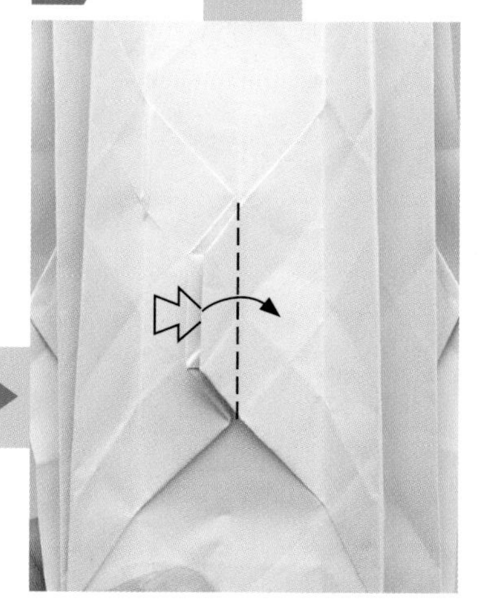

41 그림의 선을 따라 중간 정도로 접어 넣는다 (42 참고).

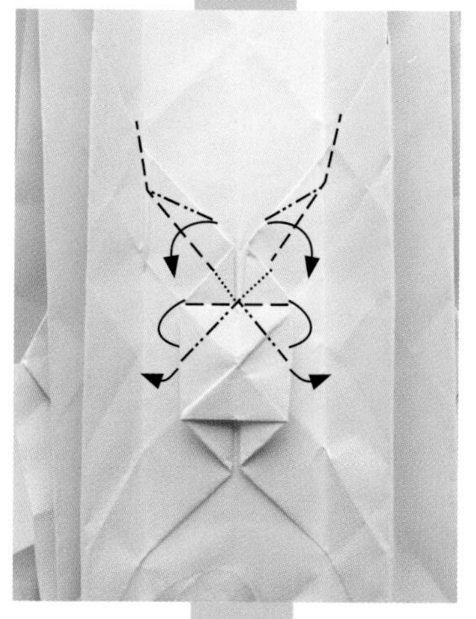

42 닫는다.

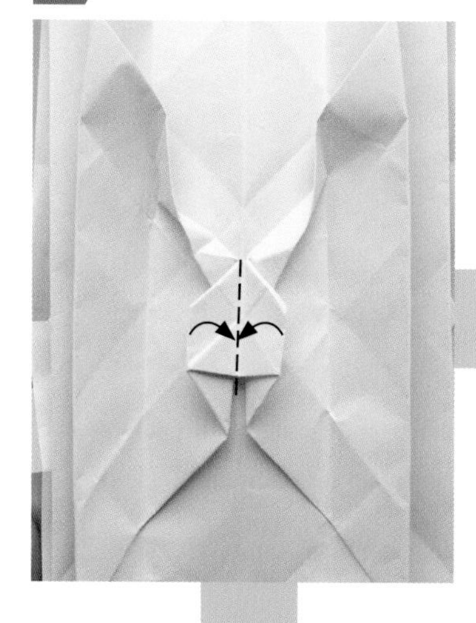

43 닫는다.

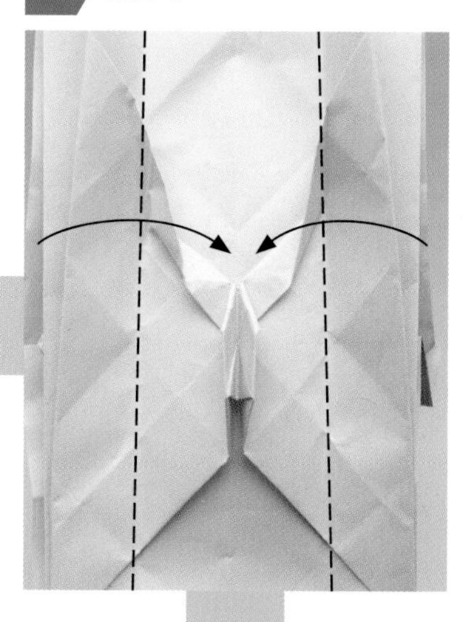

44 양쪽으로 펼쳐서 끼운다.

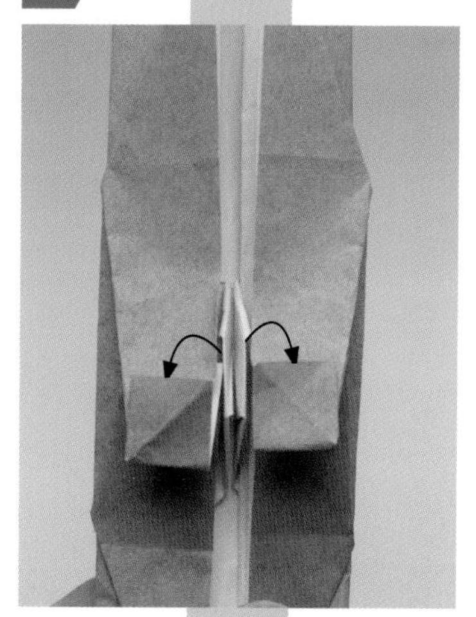

45 전체를 본다.

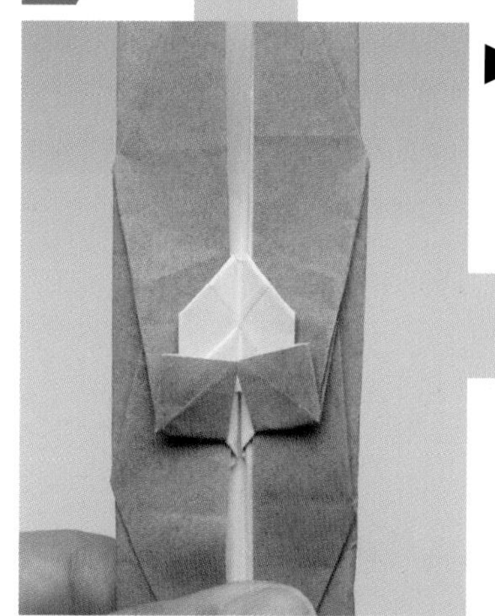

46 그림의 위치를 열어 시선을 바꾼다.

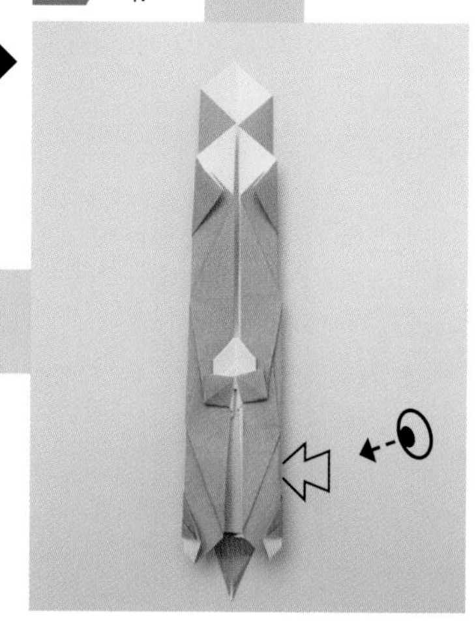

47 그림의 선대로 입체적으로 접는다.

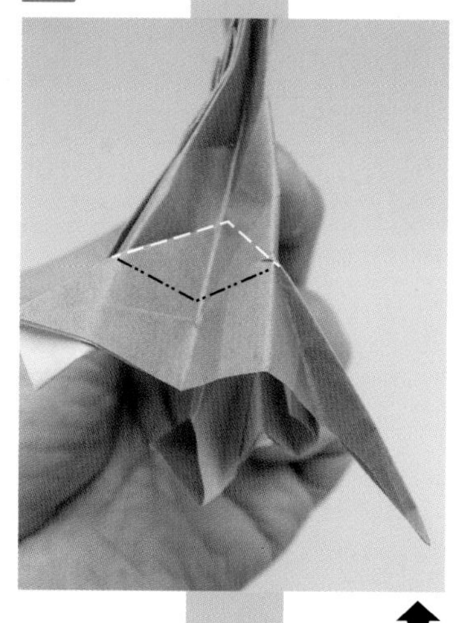

48 굵은 화살표 부분을 눌러 넣듯이 접는다.

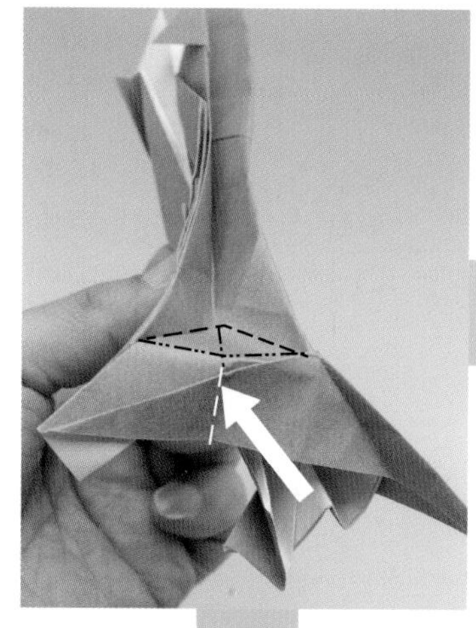

다음페이지로

49 정면에서 본다.

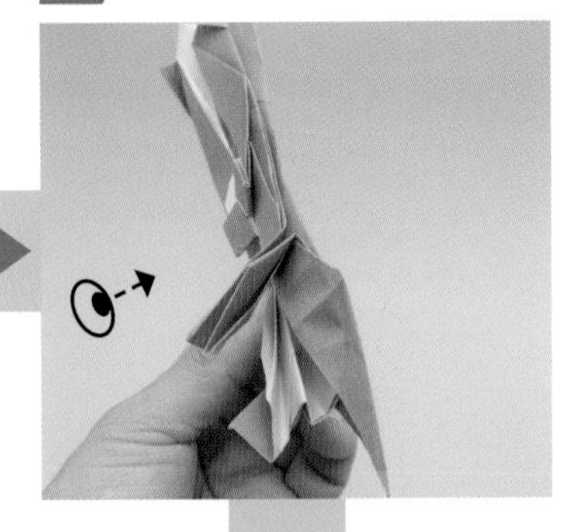

50 그림의 선대로 접는다.

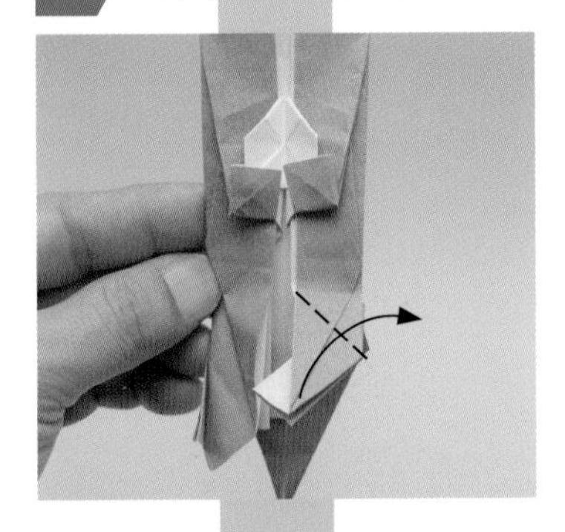

51 접혀 있는 부분을 끌어당긴다.

52 그림의 선을 따라 위쪽으로 접는다.

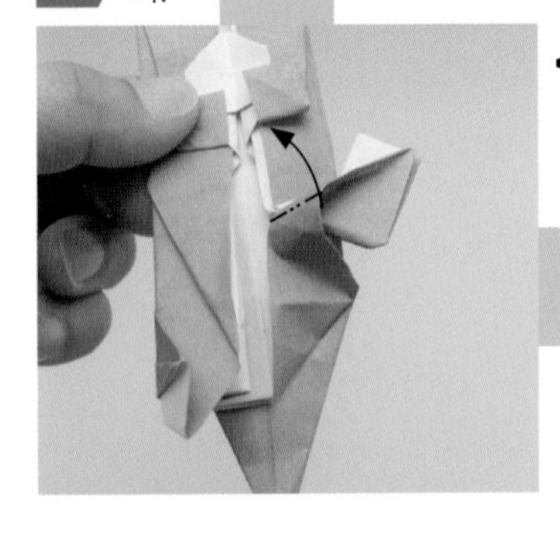

53 그림의 선대로 뒤로 접어 넣는다.

54 그림의 선대로 접는다.

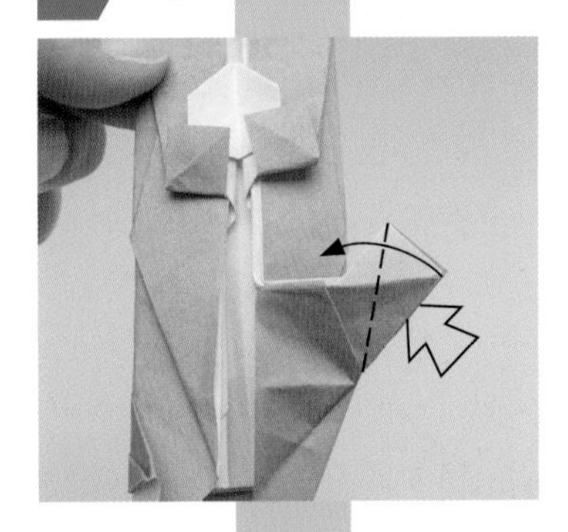

55 왼쪽도 46 ~ 54 과 같이 접는다.

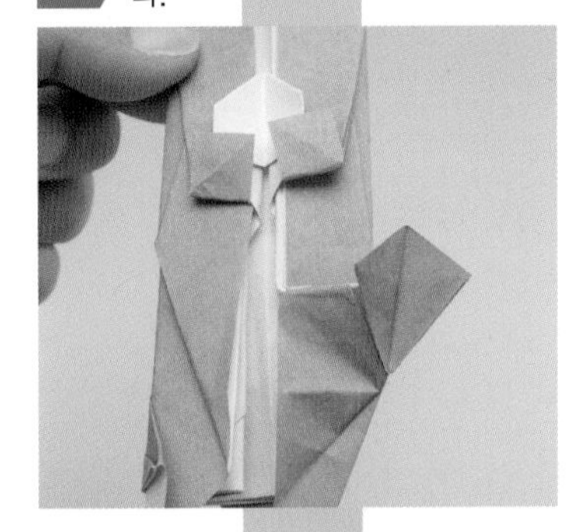

56 다음은 상단을 본다.

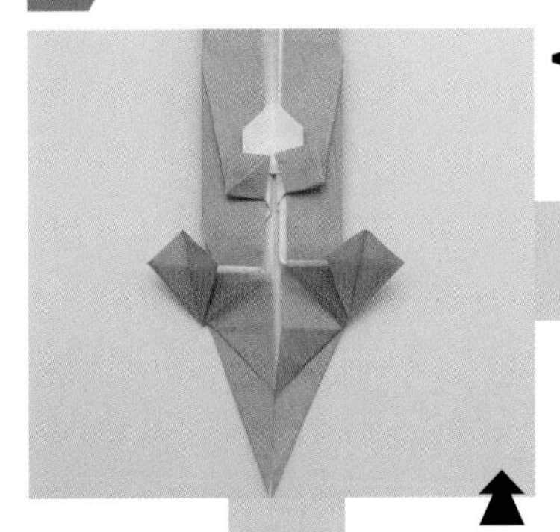

57 그림의 선대로 조금 접는다.

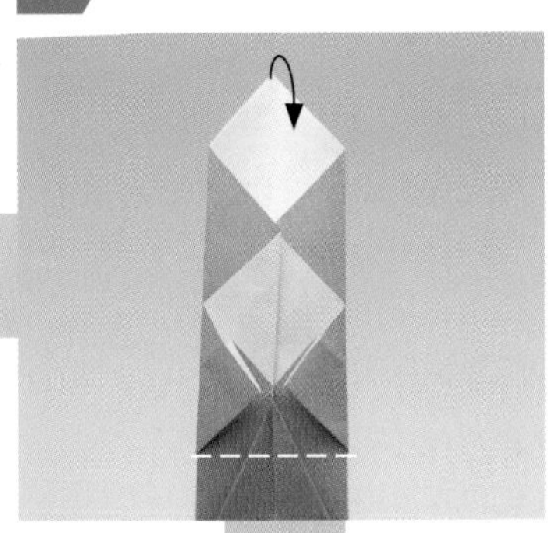

58 그림의 선대로 펼친다.

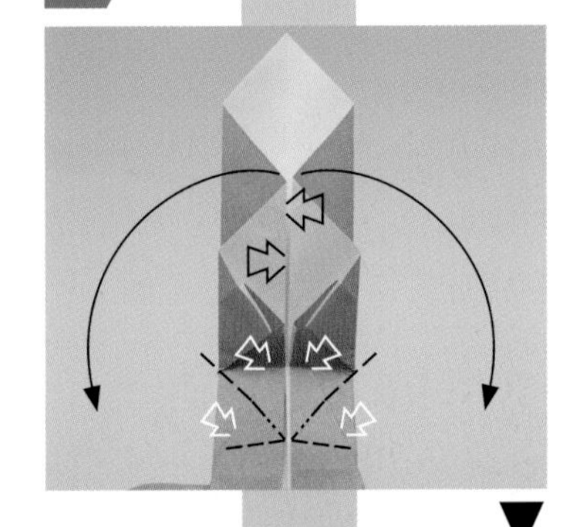

59 아래쪽으로 닫는다.

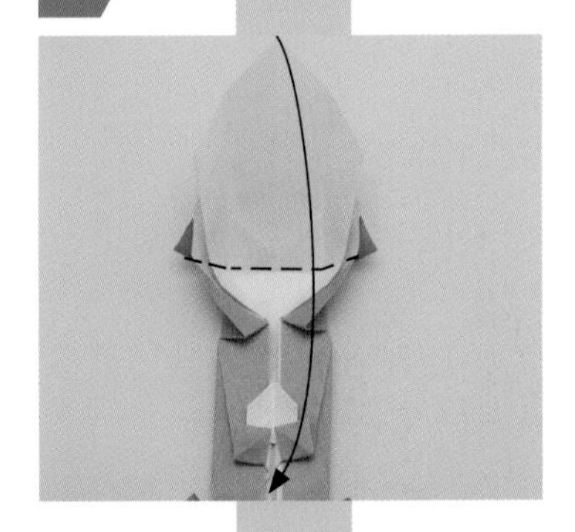

60 다음은 확대.

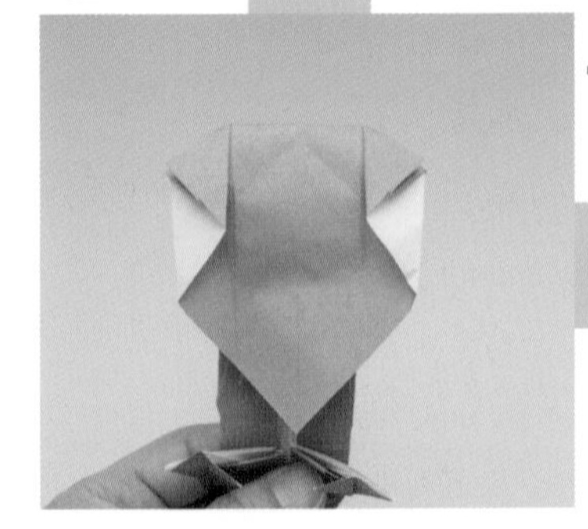

61 그림의 위치를 펼쳐서 본다.

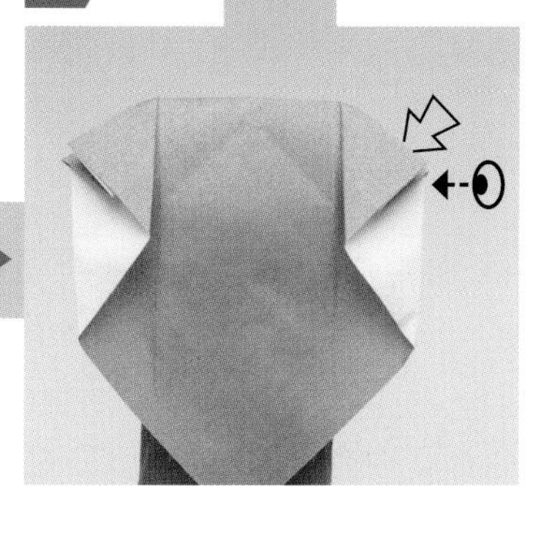

62 그림의 선을 따라 접어 넣는다.

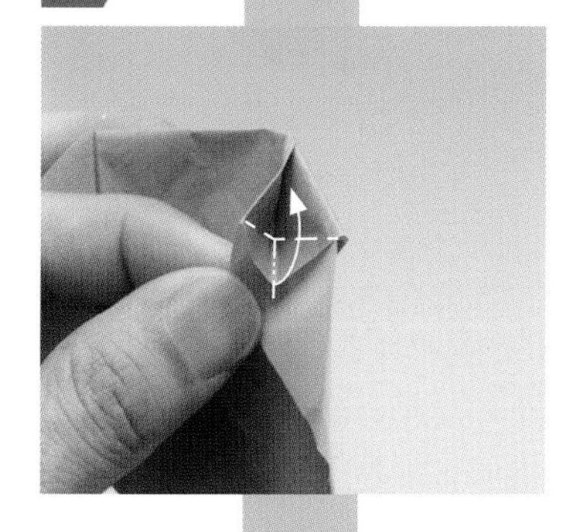

63 닫는다.

64 왼쪽도 61~63 과 같이 접는다.

65 뒤로 접는다

66 그림의 선대로 접어서 주름을 붙인다.

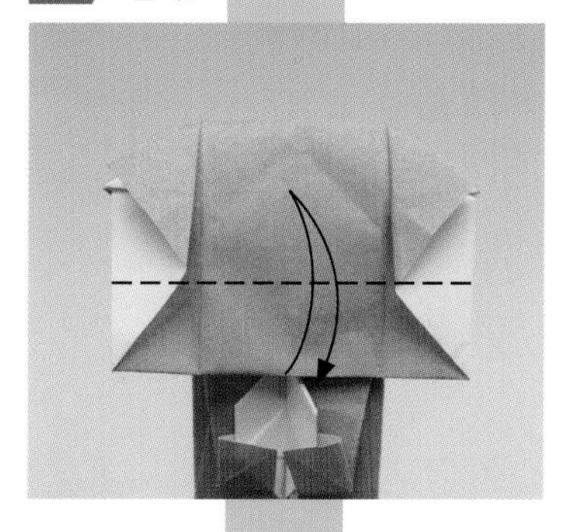

67 양쪽으로 펼쳐서 그림의 선을 따라 접는다.

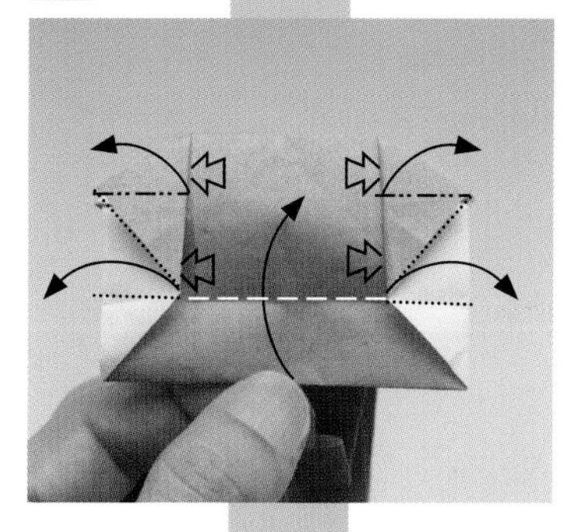

68 그림의 선대로 접는다. (69 참조)

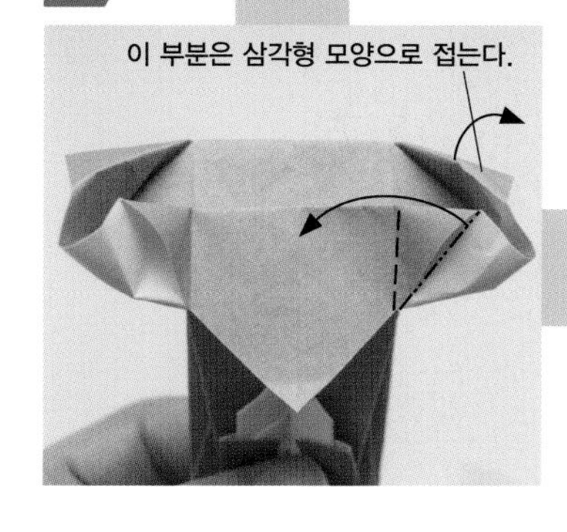

69 왼쪽도 68 같은 방식으로 접는다.

70 그림의 선대로 접는다.

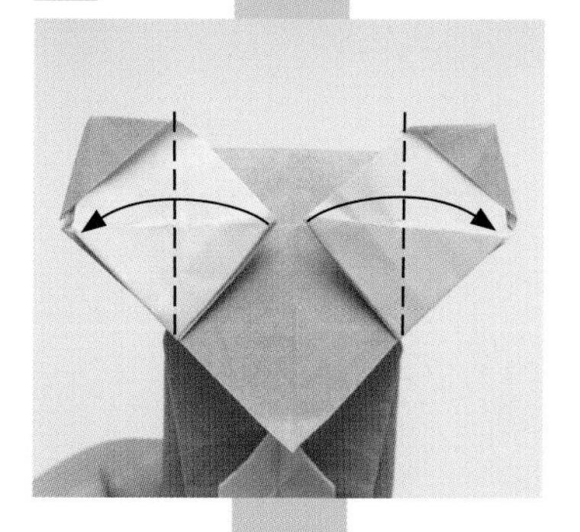

71 그림의 선대로 접는다.

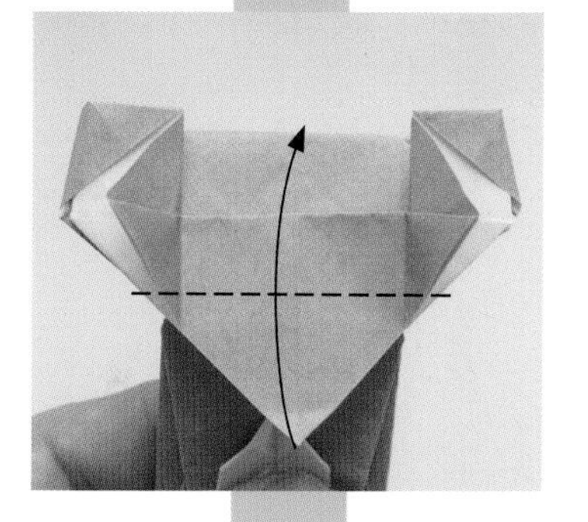

72 위에서 말듯이 접는다

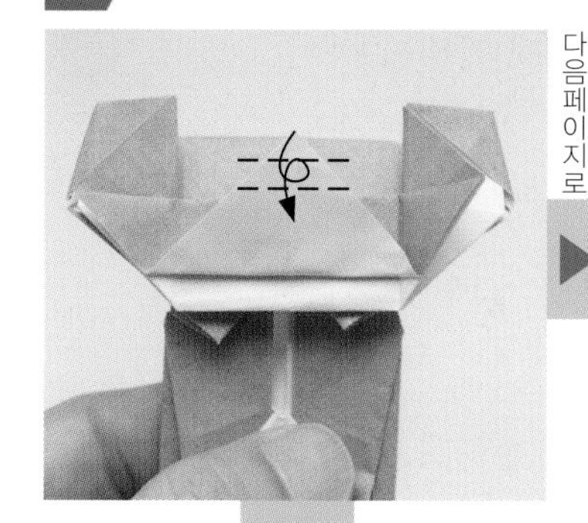

다음페이지로

73 그림의 선대로 뒤로 접는다

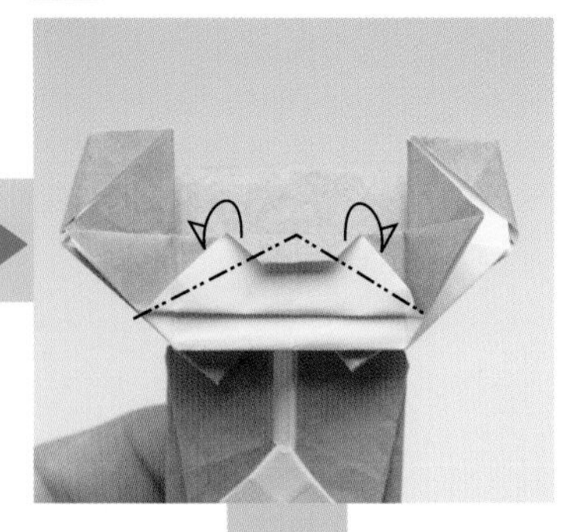

74 그림의 선대로 접는다.

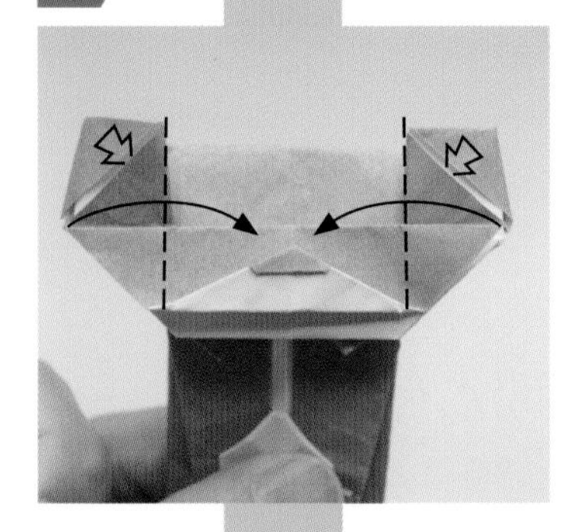

75 그림의 선대로 접는다.

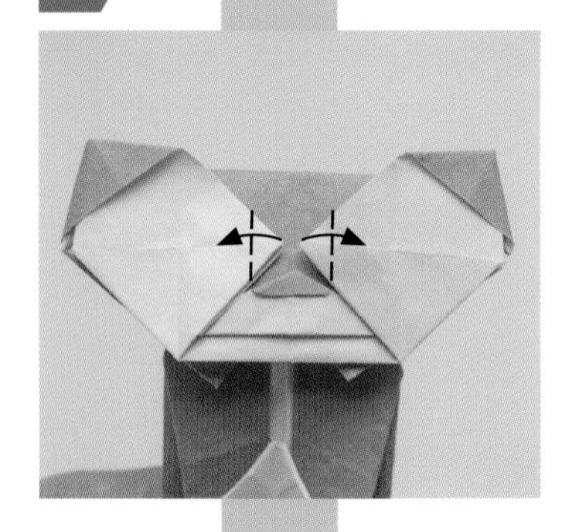

76 뒤로 접어 넣는다.

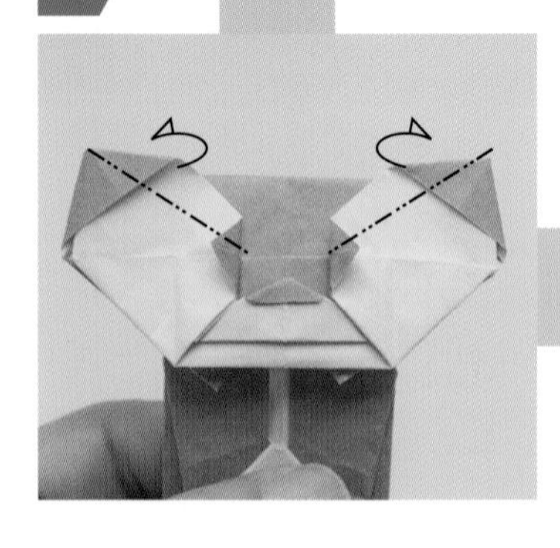

77 뒤로 접어 넣는다.

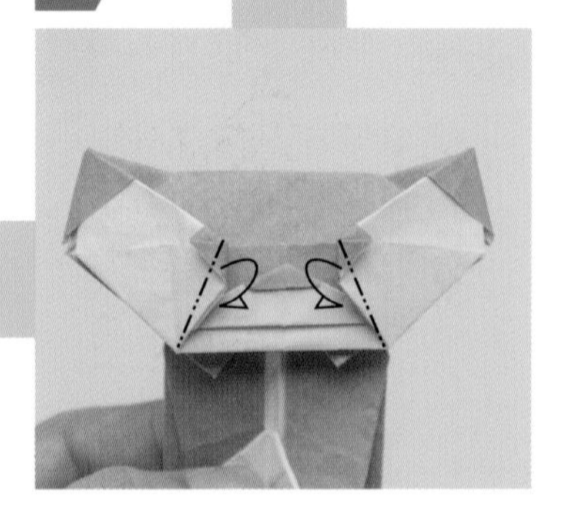

78 조금 열고 시선을 바꾼다.

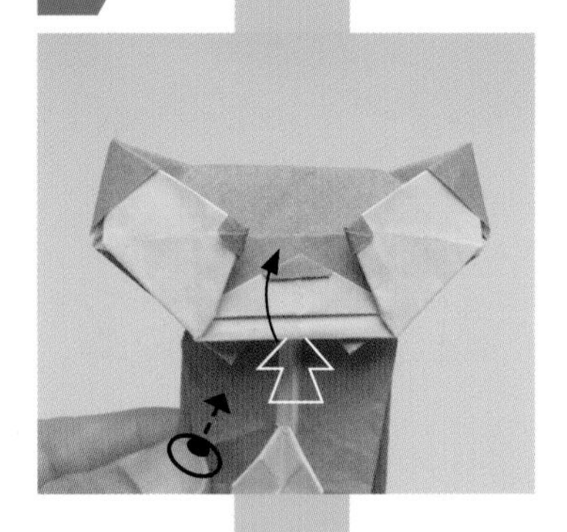

79 ①그림의 선대로 접는다.②닫는다.

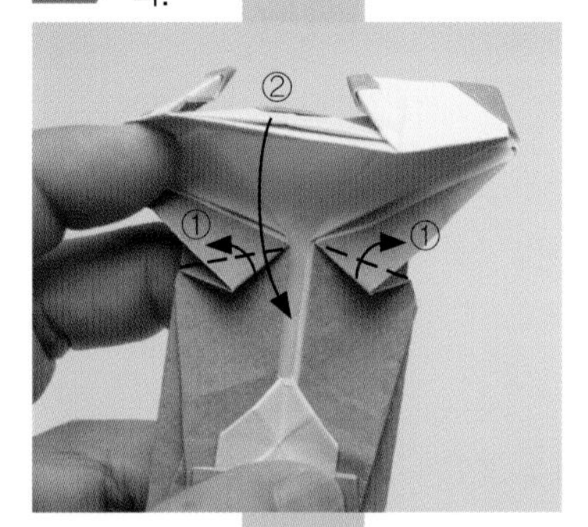

80 함께 계단 접기를 한다.

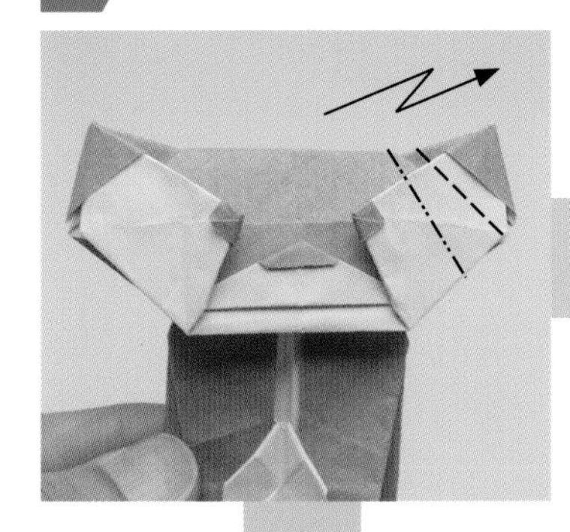

81 뒤로 접어 넣는다.

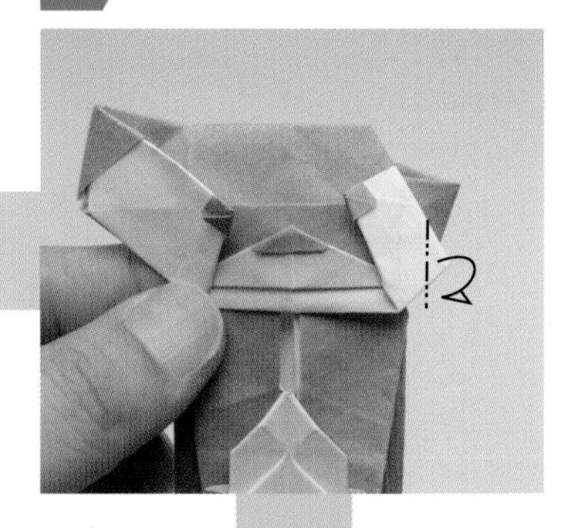

82 왼쪽도 80 ~ 81 과 같이 접는다.

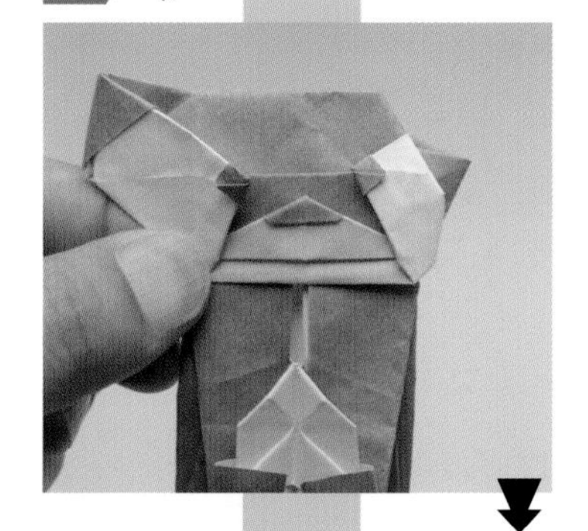

83 머리를 조금 들어 올리듯이 접는다.

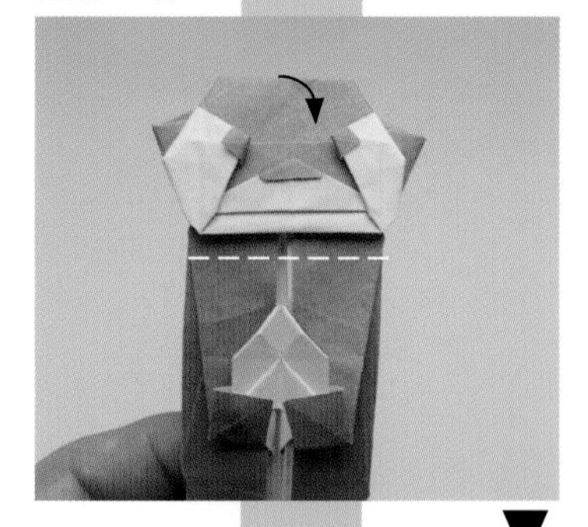

완 성

01 맨 위에 있는 종이 한 장만 접는다.

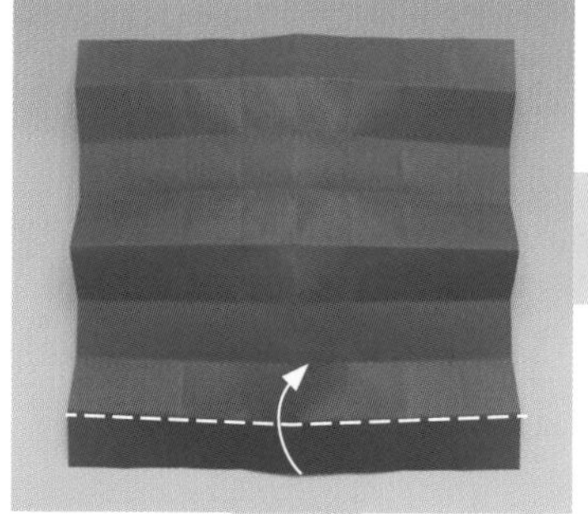

가로 세로 8등분의 주름에서 스타트! (접는 방법은 014페이지 참조)

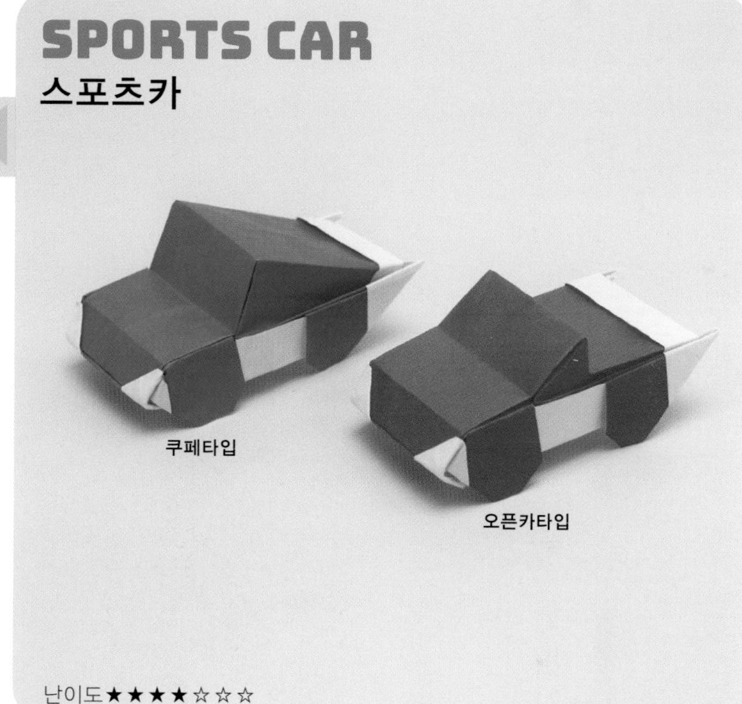

스타트! 쿠페타입

02 그림의 선대로 중심 1과 2 사이를 접고 계단 접기를 한다.

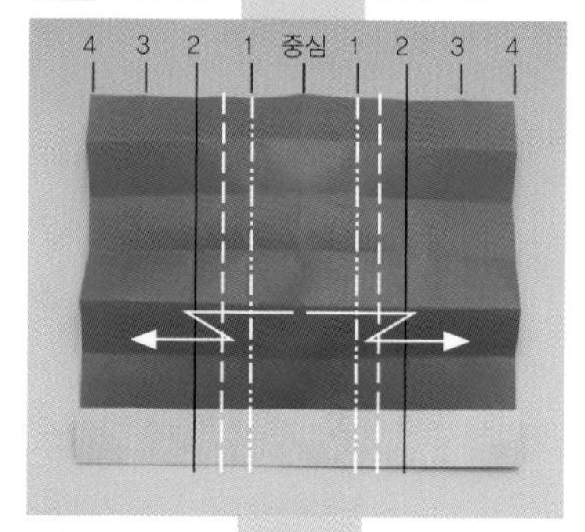

03 그림의 선대로 뒤로 접는다.

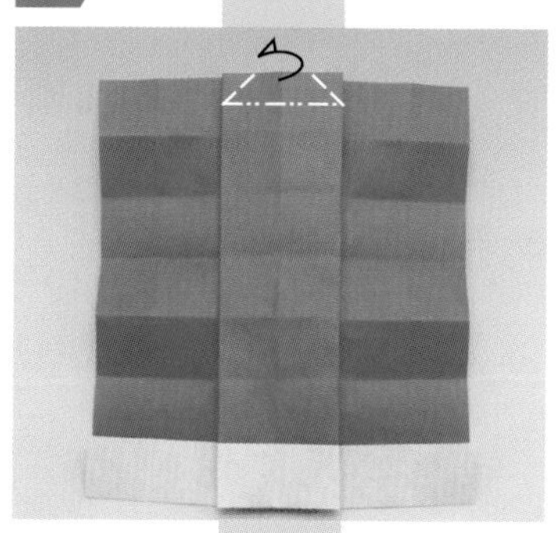

04 그림의 선대로 접는다.

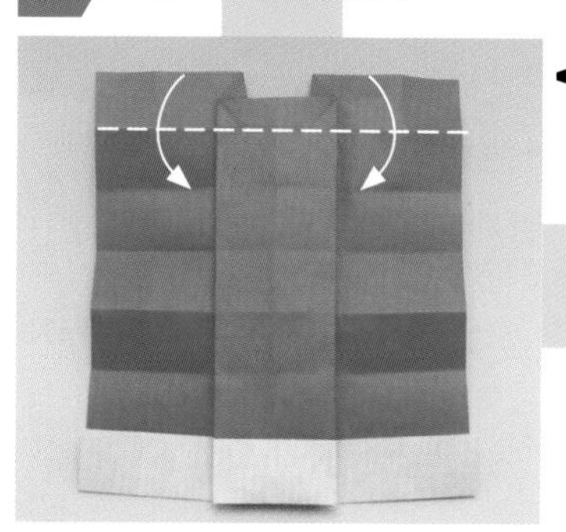

05 그림의 선대로 뒤로 접는다.

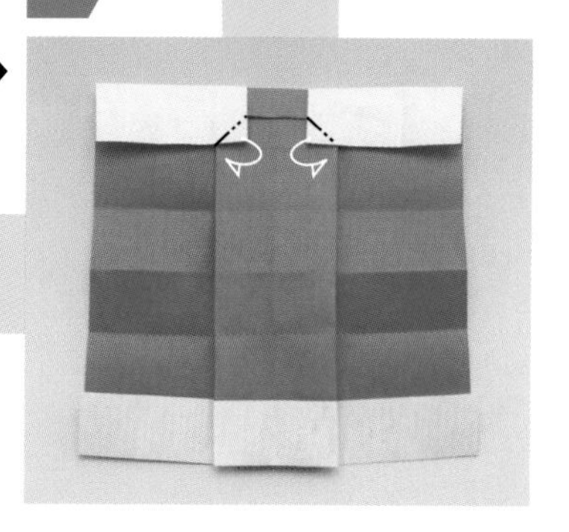

06 그림의 선대로 펼쳐 접는다.

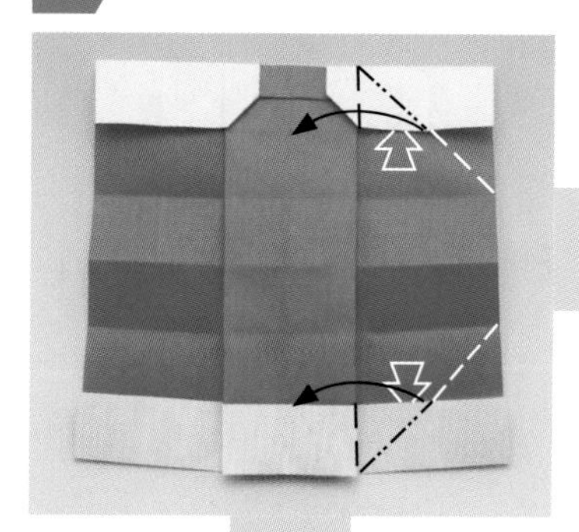

07 그림의 선대로 펼쳐 접는다.

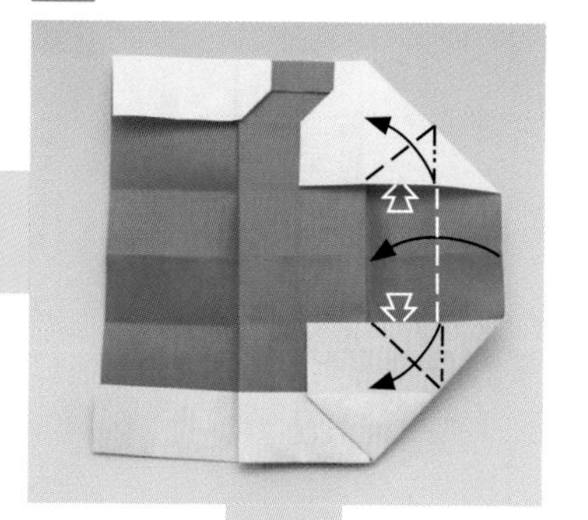

08 그림의 선대로 접는다.

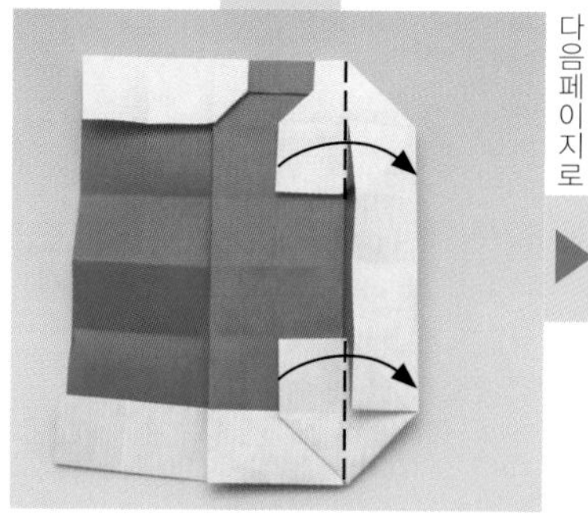

다음페이지로

09 왼쪽도 06 ~ 08 과 같이 접는다.

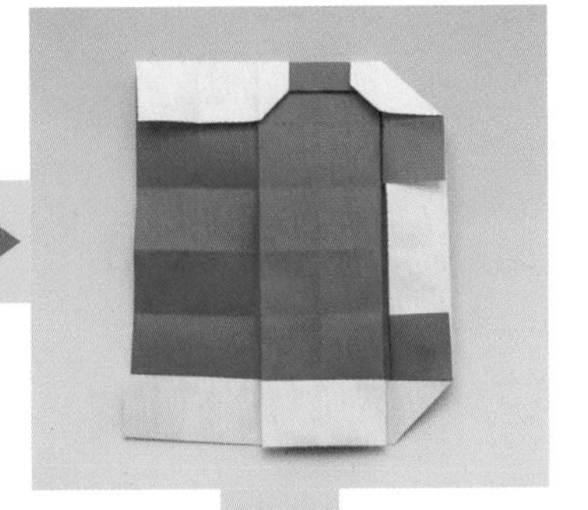

10 그림의 선대로 입체적으로 접는다

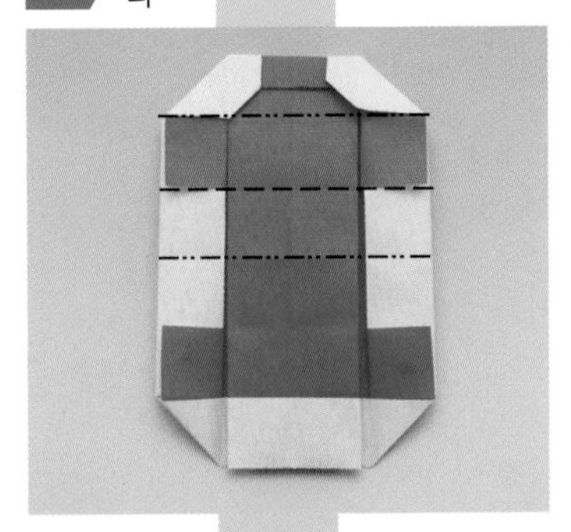

11 그림의 위치를 열어 시선을 바꾼다.

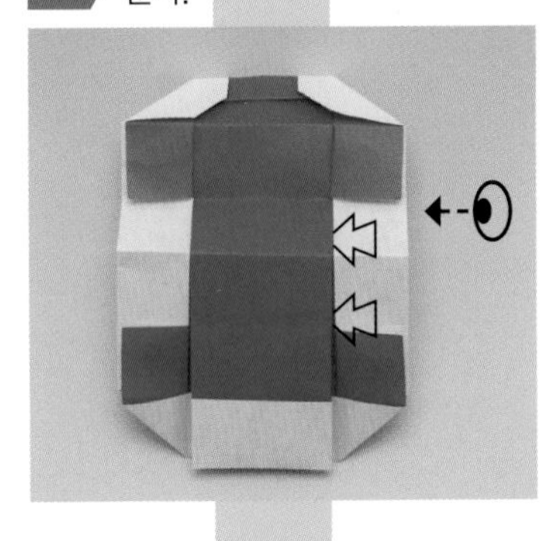

12 그림의 선대로 접는다.

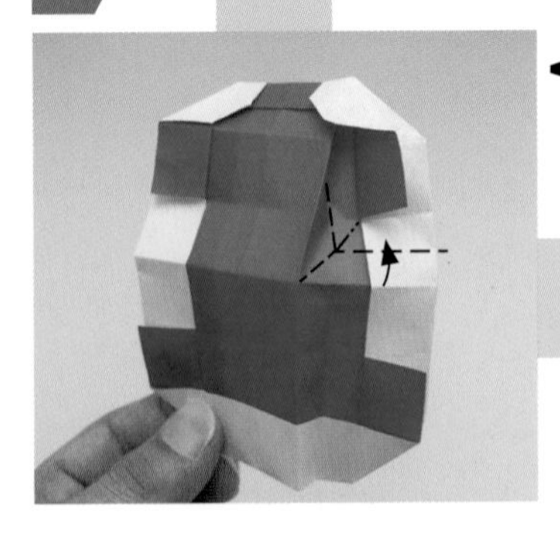

13 그림의 선으로 접는다.

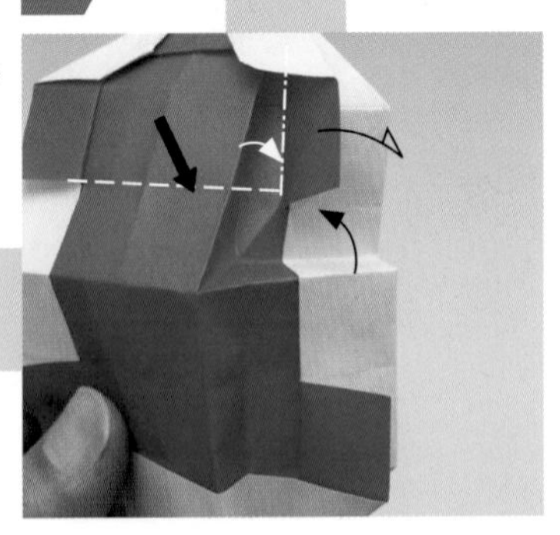

14 반대쪽도 11 ~ 13 와 같이 접는다.

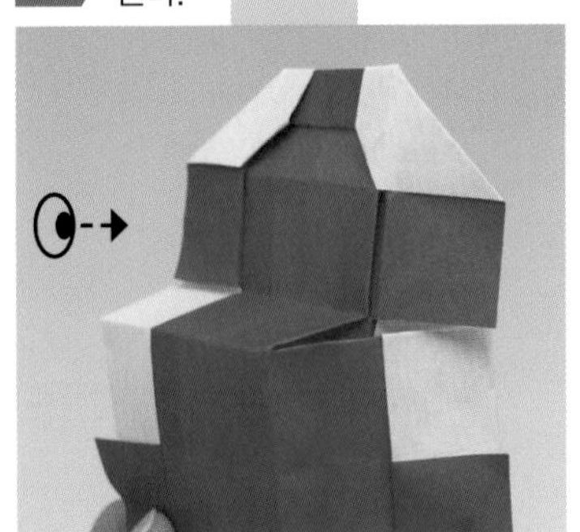

15 뒤집는다

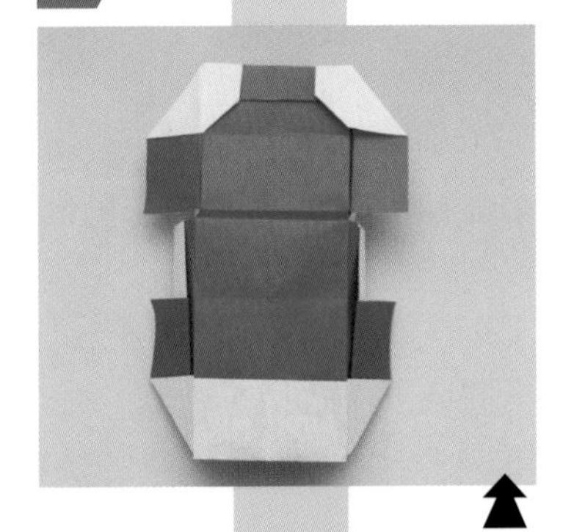

16 시선을 바꾼다.

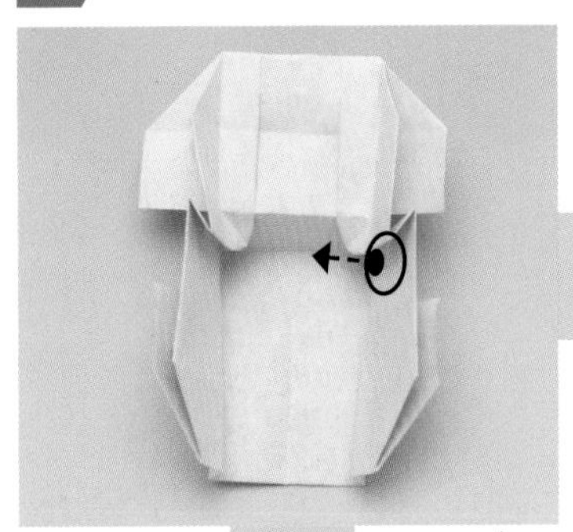

17 그림의 선대로 접는다.

18 오른쪽도 17 같은 방식으로 접는다.

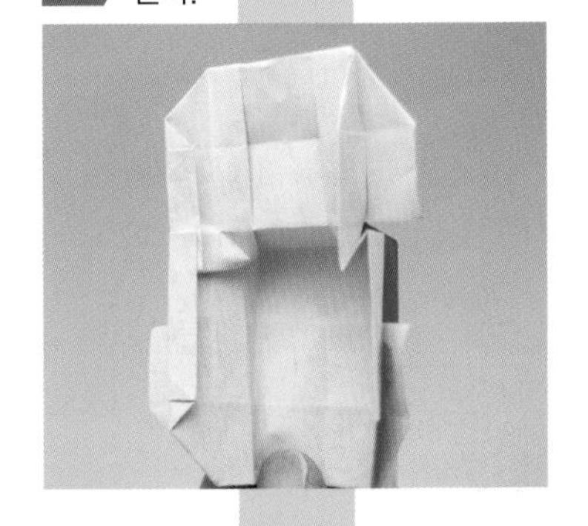

19 옆에서 본다.

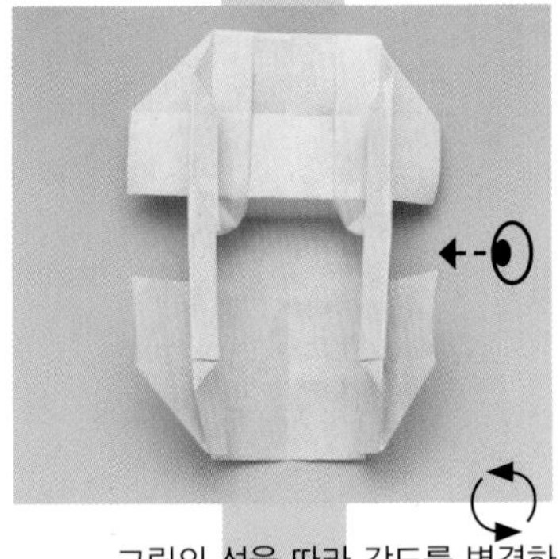

20 그림의 선을 따라 각도를 변경하여 계단 접기(단 접기)를 한다 (반대쪽도 동일하게)

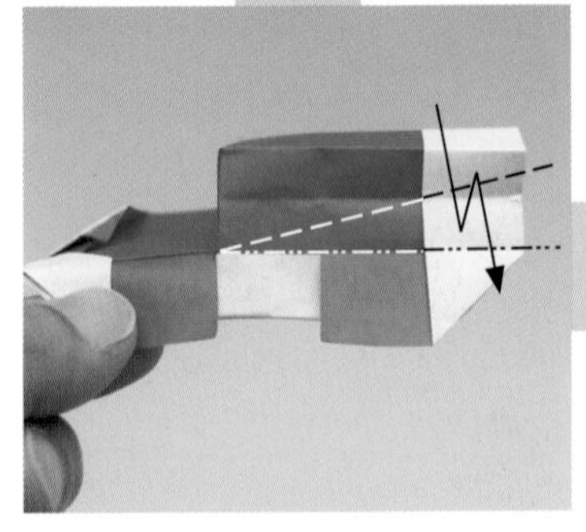

21 위에서 본다.

22 뒤에서 펼친다.

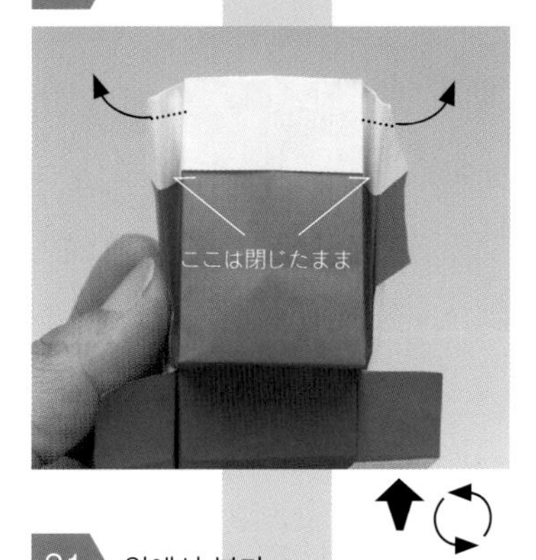

23 그림의 선대로 뒤로 접는다

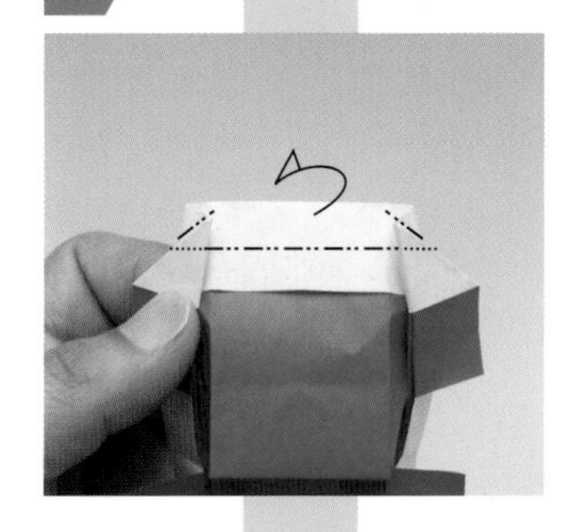

24 그림의 선대로 접는다.

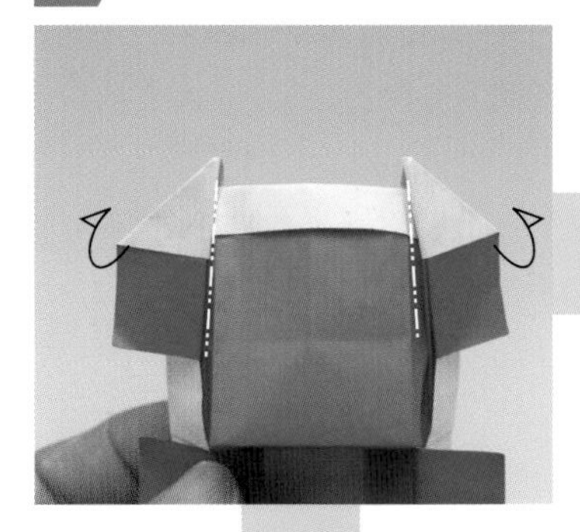

25 180° 회전

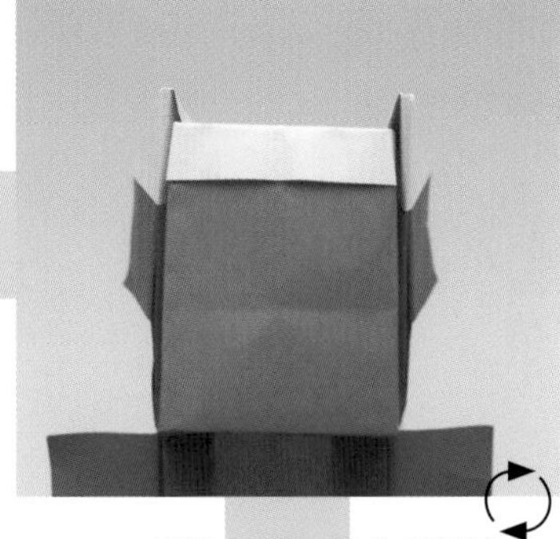

26 그림의 선대로 함께 (하위층도 포함하여 접는다.) 접어서 주름을 잡는다.

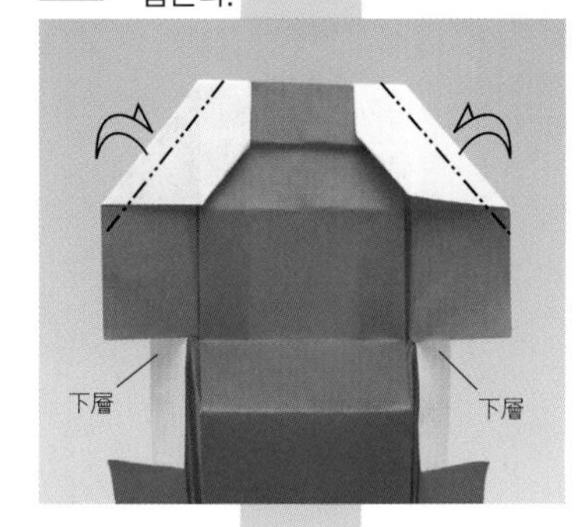

27 선으로 둘러싼 부분 확대

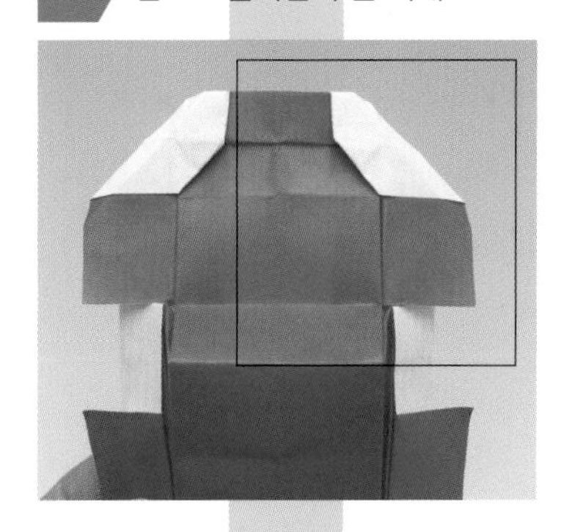

28 그림의 선(하위층도 포함)을 따라 입체적으로 접는다.

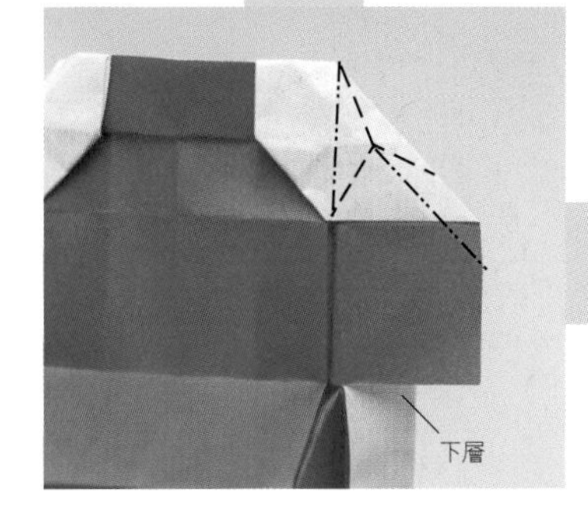

29 그림의 선을 추가하여 접는다.

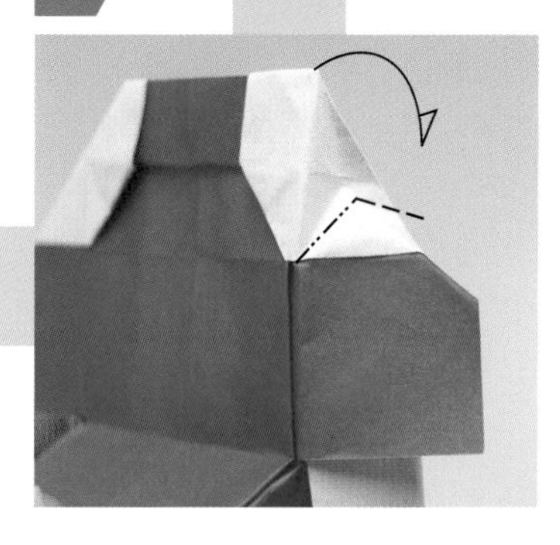

30 ①반대쪽도 28~29와 같이 접는다.②그림의 선을 따라 접어 넣는다.

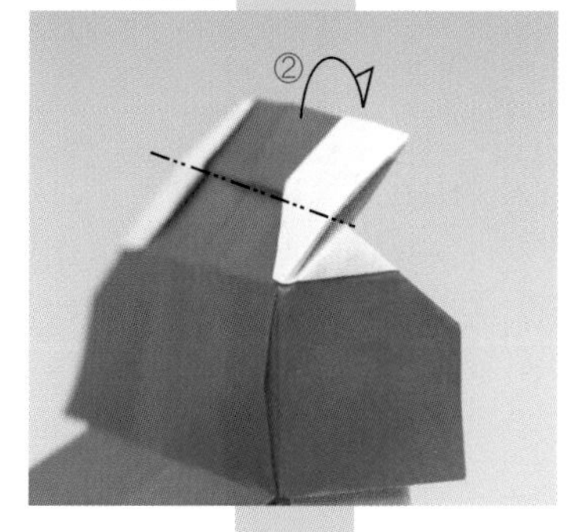

31 그림의 선을 따라 접는다. (반대쪽도 동일하게).

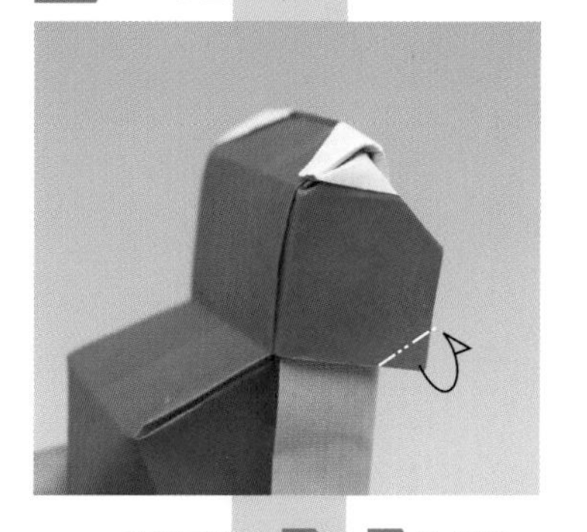

32 함께 그림의 선대로 뒤로 접는다

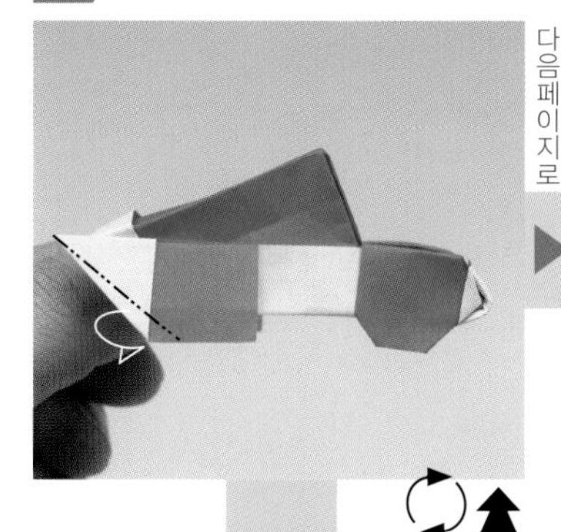

다음페이지로

33 그림의 선대로 뒤로 접는다.

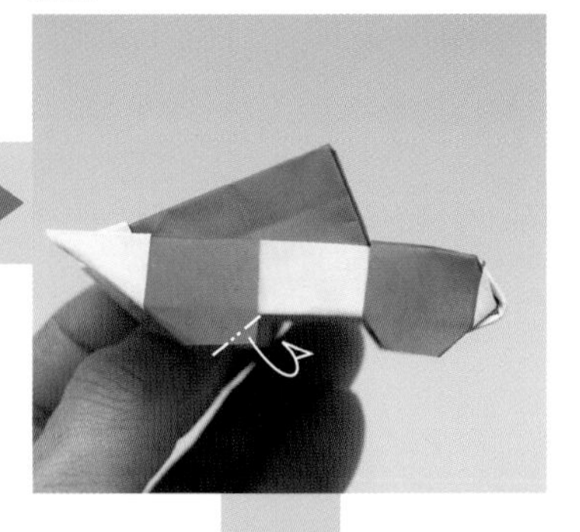

34 반대쪽도 32 ~ 33 와 같이 접는다.

쿠페 완성

오픈 타입은 쿠페 타입의 19 ~을 완료한 곳에서 시작합니다.

SPORTS CAR
스포츠카

오픈카

스타트 !(오픈카)

01 그림의 선대로 입체적으로 접는다

이 선을 집듯이 접는다.

02 반대쪽도 01 같은 방식으로 접는다.

03 위에서 본다.

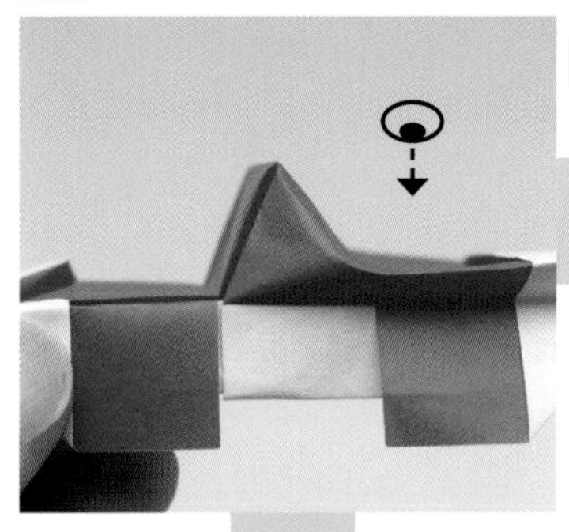

04 그림의 선대로 접는다.

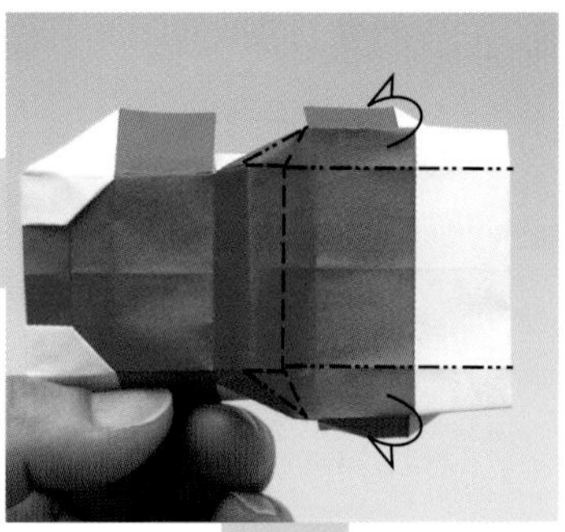

05 옆에서 본다.

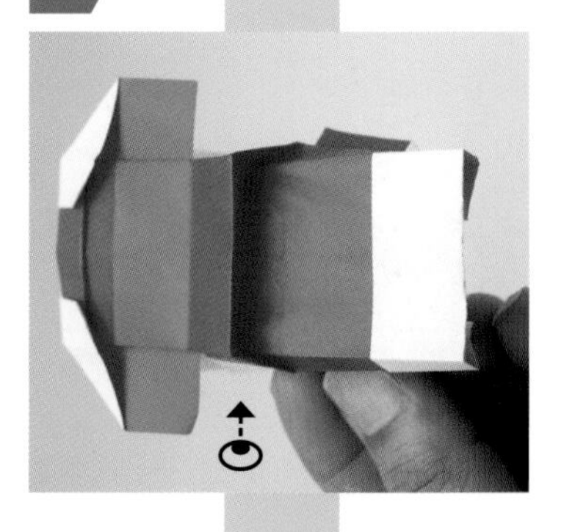

06 선으로 둘러싼 부분 확대

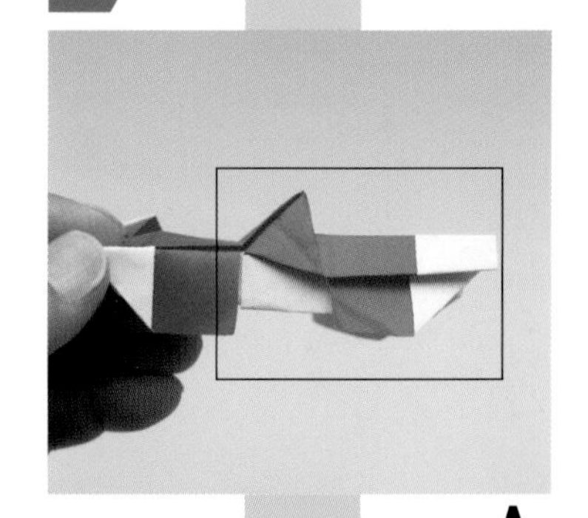

07 펼친다.

08 굵은 화살표 부분을 눌러 넣듯이 그림의 선을 따라 접는다.

09 그림의 선대로 닫는다.

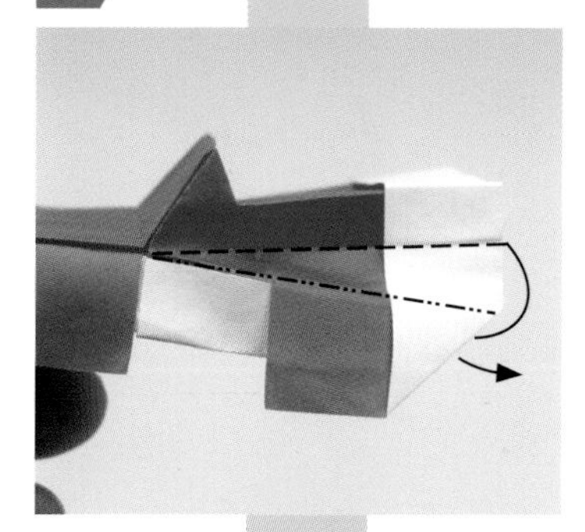

10 반대쪽도 07 ~ 09와 같이 접는다.

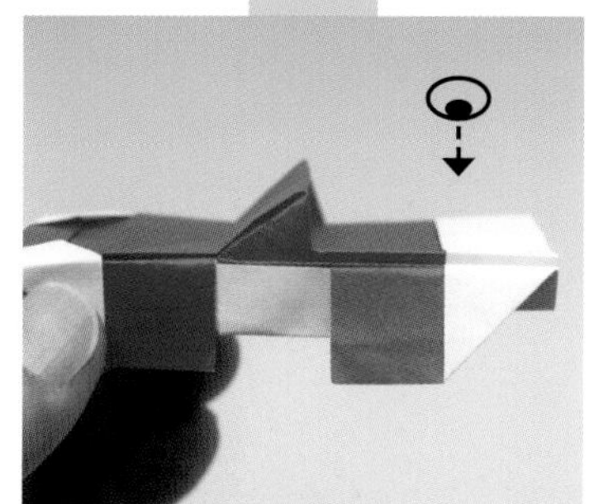

11 뒤에서 펼친다.

여기는 닫힌 상태
로 둔다.

12 그림의 선대로 뒤로 접는다.

13 그림의 선을 따라 뒤로 접고 180° 회전시킨다.

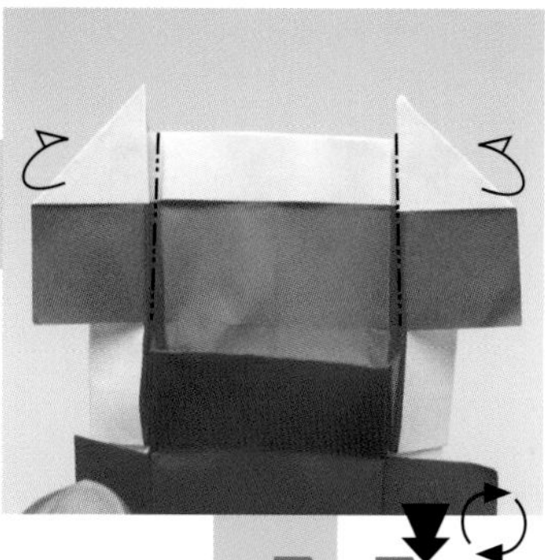

14 쿠페 타입의 26 ~ 34 와 같은 방식으로 접는다. (103페이지 참조)

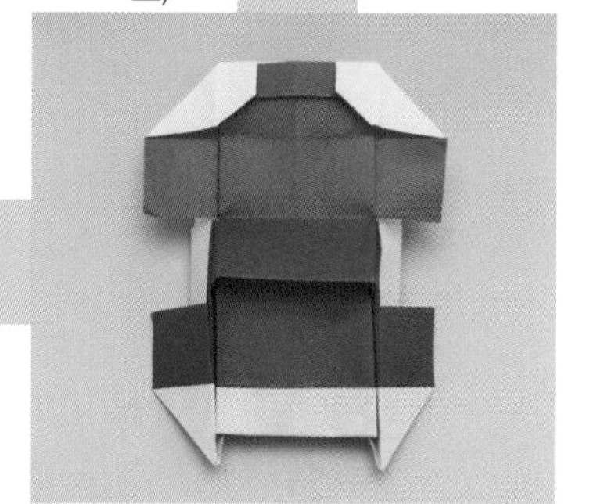

오픈 타입 완성.

오리지널 종이접기를 사용하여 멋진 스포츠카를 접어보자!

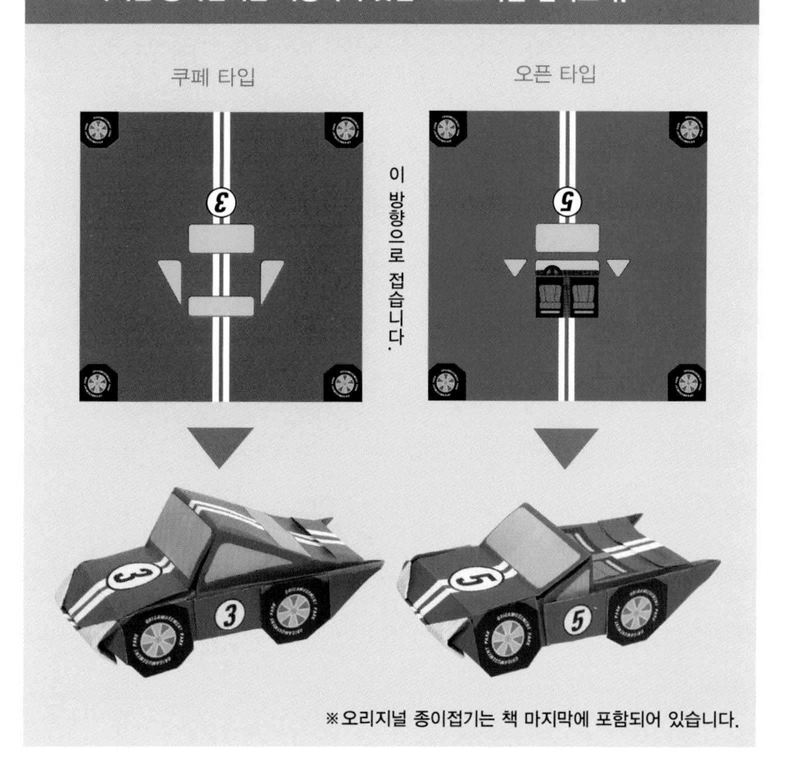
쿠페 타입
오픈 타입
이 방향으로 접습니다.

※오리지널 종이접기는 책 마지막에 포함되어 있습니다.

가로 세로 8등분의 주름에서 스타트!
(접는 방법은 014페이지 참조)

(접는 방법은 014페이지 참조)

BULLDOZER
불도저

난이도★★★★★★☆

01 그림의 위치에 주름을 잡는다.

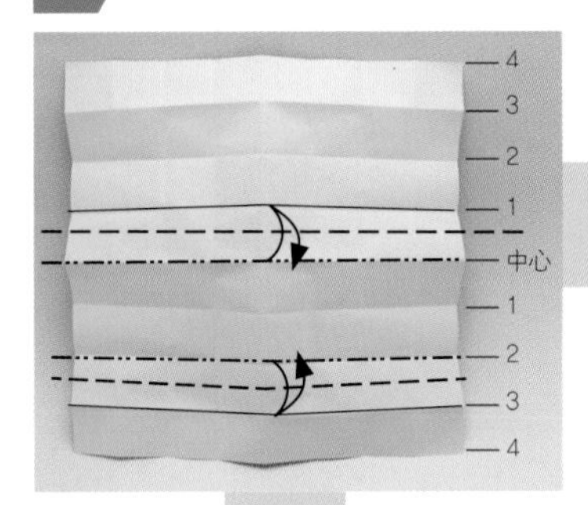

02 반으로 접는다.

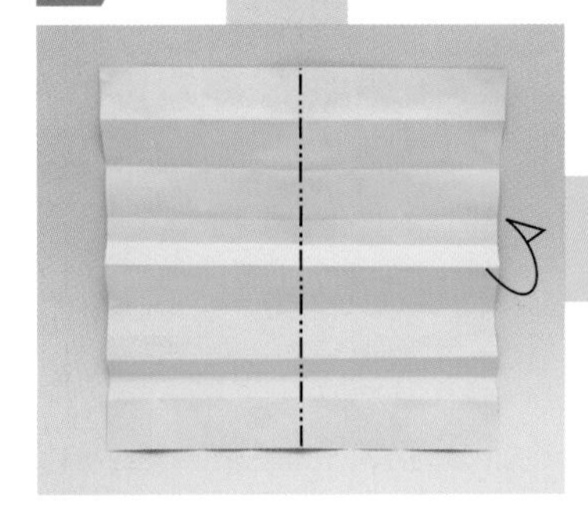

03 반으로 접는다.

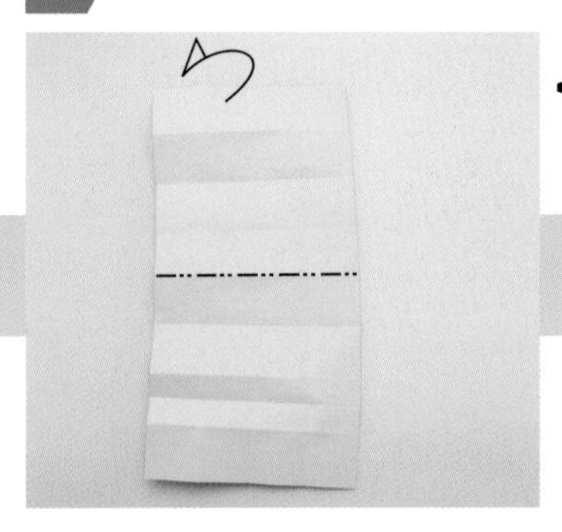

04 그림의 위치에 주름을 잡는다.

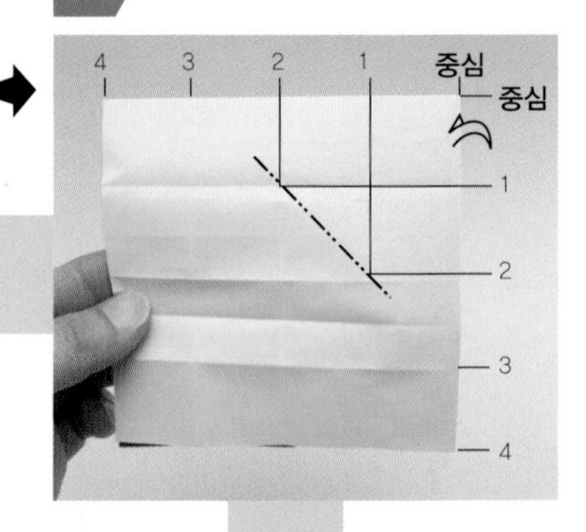

05 접는 선에 모서리를 맞춰 접는다.

06 접는 선이 생기면 원래대로 되돌린다.

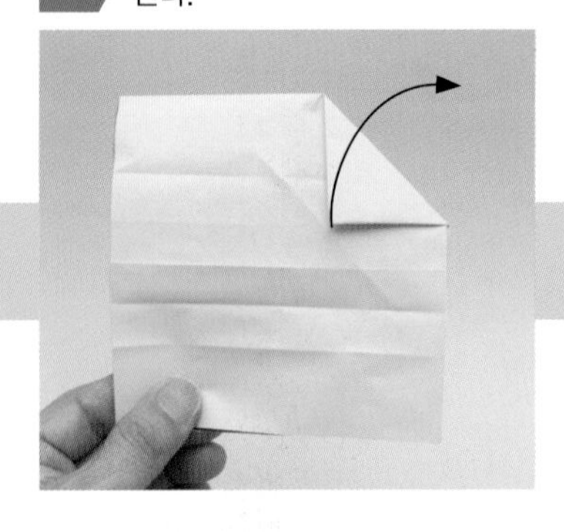

07 뒷면에서 펼친다.

08 가장자리를 접는 선 1칸에 맞춰 접고, 주름을 잡는다.

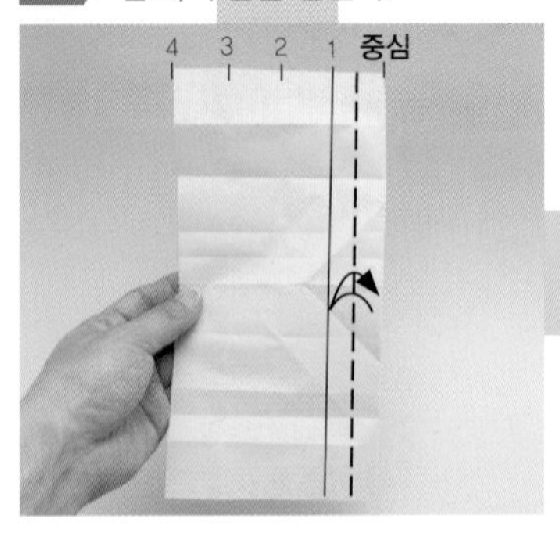

09 뒤에서 펼친다.

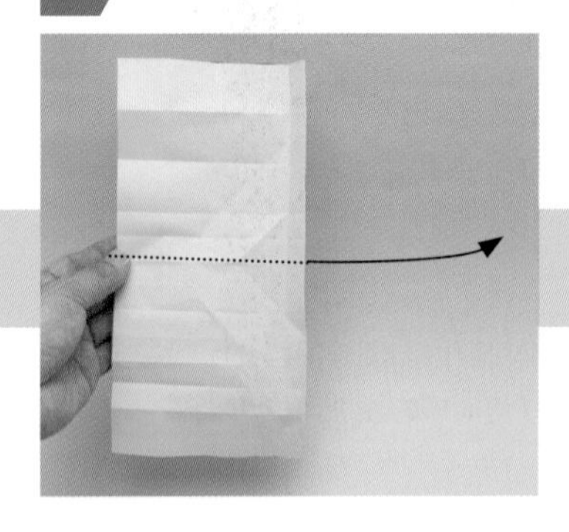

10 접는 선 1칸만큼 접는다.

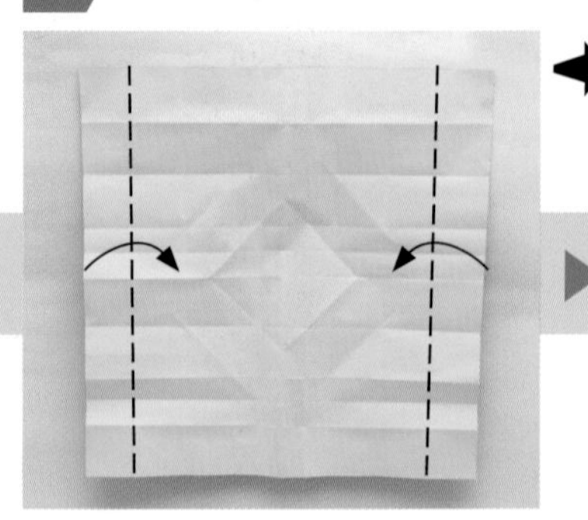

11 그림의 선대로 입체적으로 접는다.

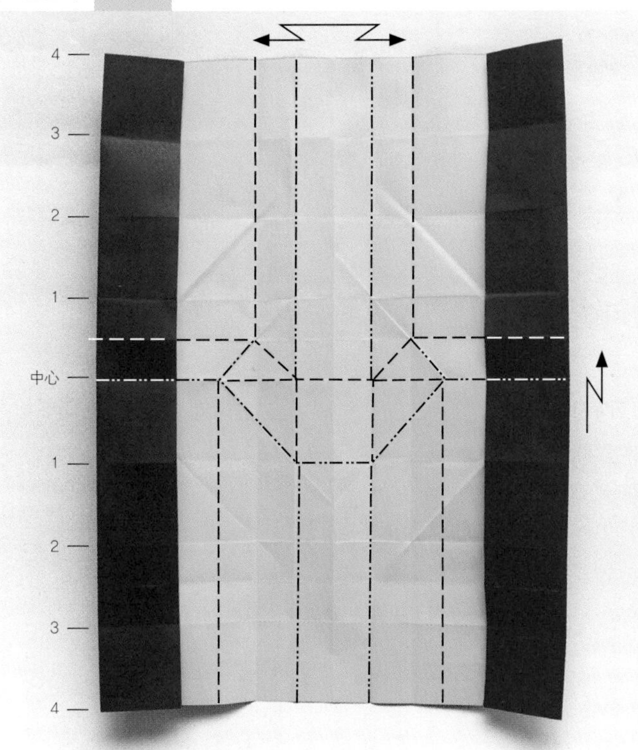

11 -2 접는 과정

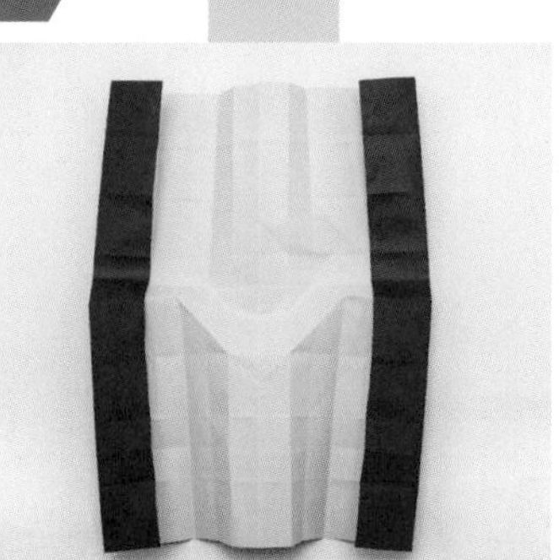

11 -3 접는 과정

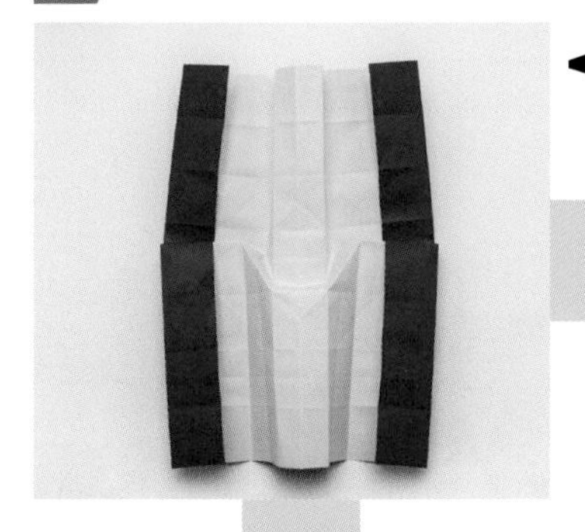

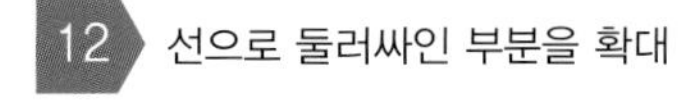

13 반전한다.

14 그림의 선대로 접어서 주름을 붙인다

15 반전한다.

16 화살표 부분을 연다.

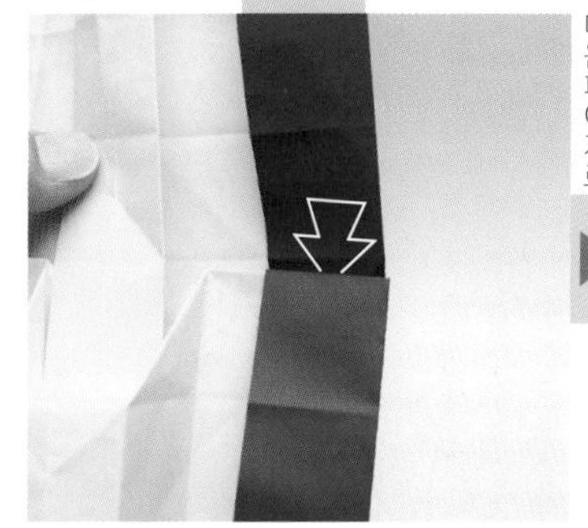

다음페이지로

17 굵은 화살표 부분을 눌러 넣듯이 그림의 선을 따라 펼쳐서 접는다.

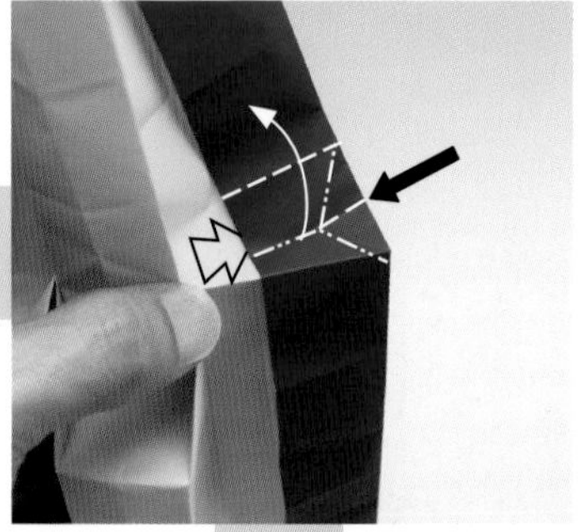

18 그림의 선대로 접는다.

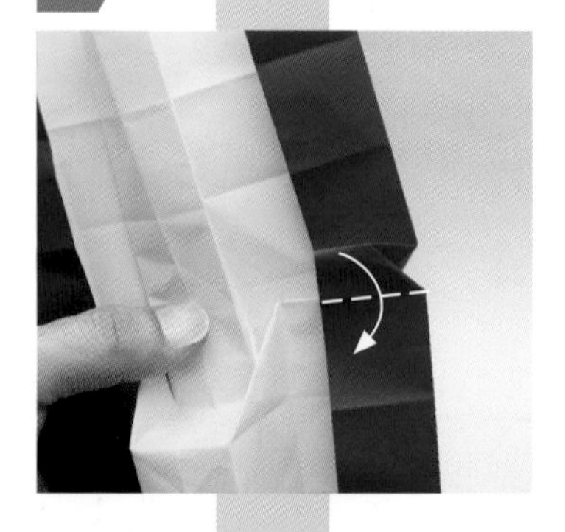

19 그림의 선대로 펼쳐 접는다.

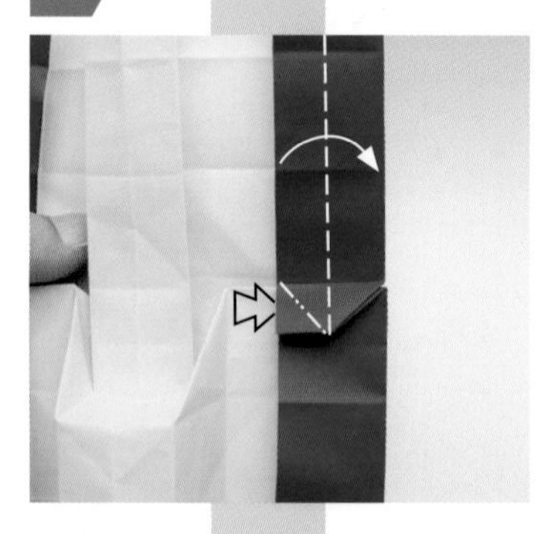

20 그림의 선대로 접는다.

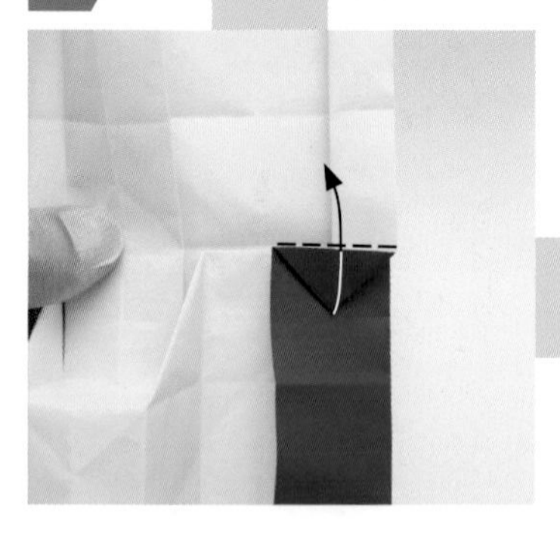

21 왼쪽도 13 ~ 20 과 같이 접는다.

22 그림의 선대로 가볍게 접는다.

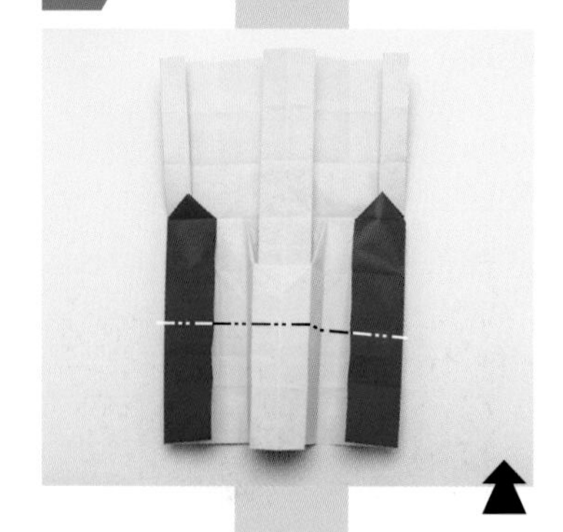

23 그림의 선대로 접는다.

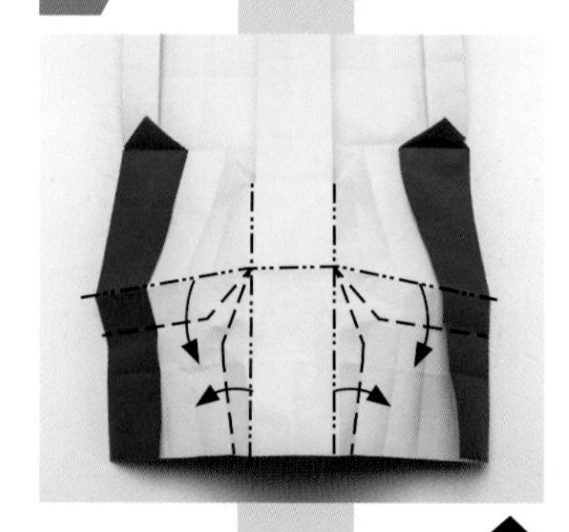

24 그림의 선을 추가하고 화살표 부분을 닫는다.

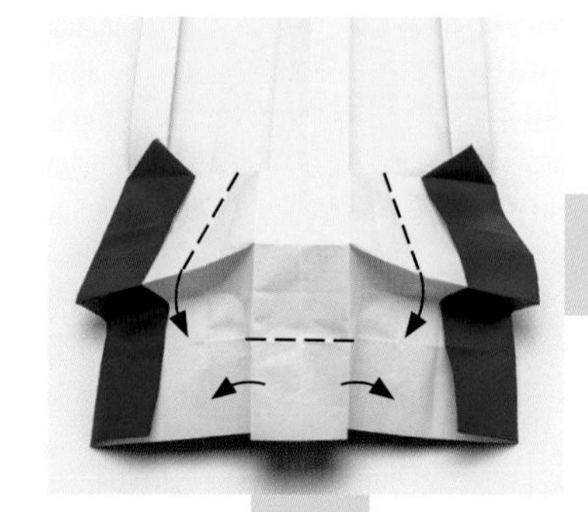

25 선으로 둘러싼 부분의 뒷면을 본다.

26 그림의 선대로 접어서 주름을 붙인다.

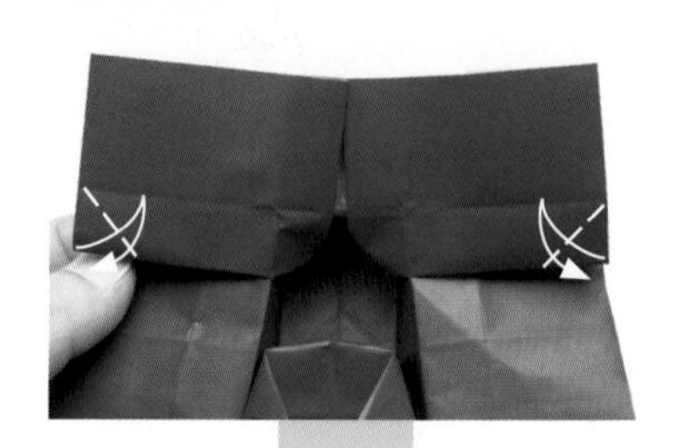

27 뒤집어서 선으로 둘러싼 부분을 본다.

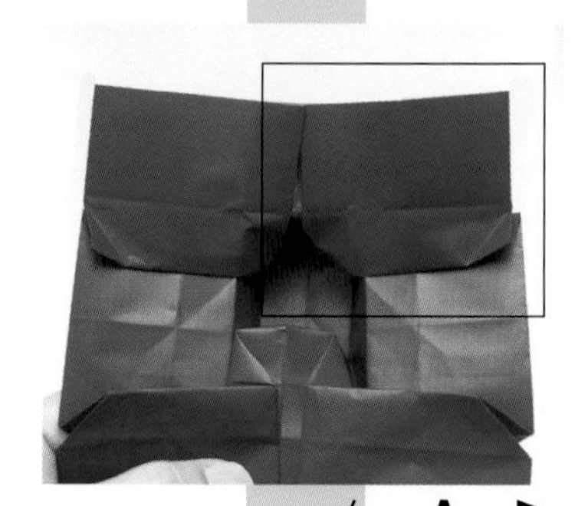

28 펼친다.

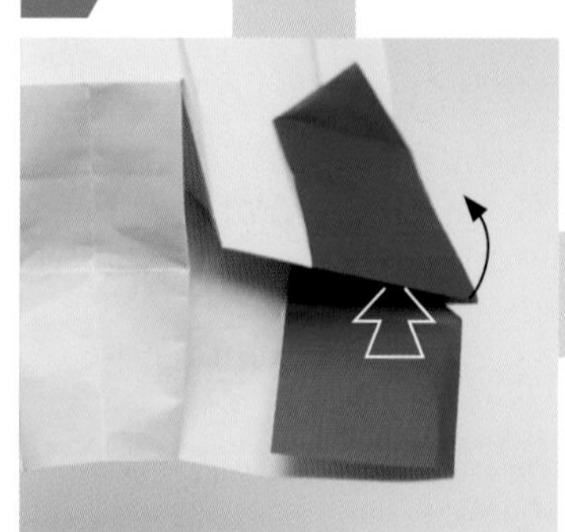

29 굵은 화살표 부분을 눌러 넣듯이 그림의 선을 따라 펼쳐서 접는다.

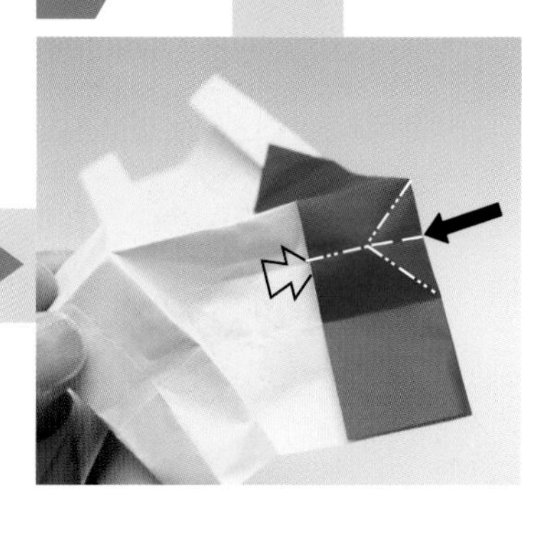

30 그림의 선대로 접는다.

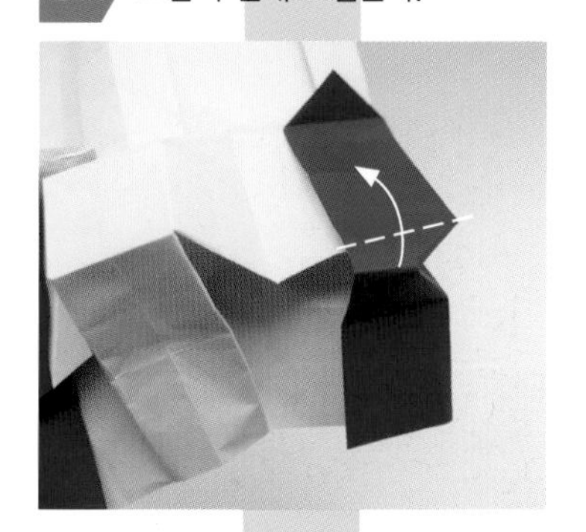

31 그림의 선을 따라 펼쳐서 접는다.

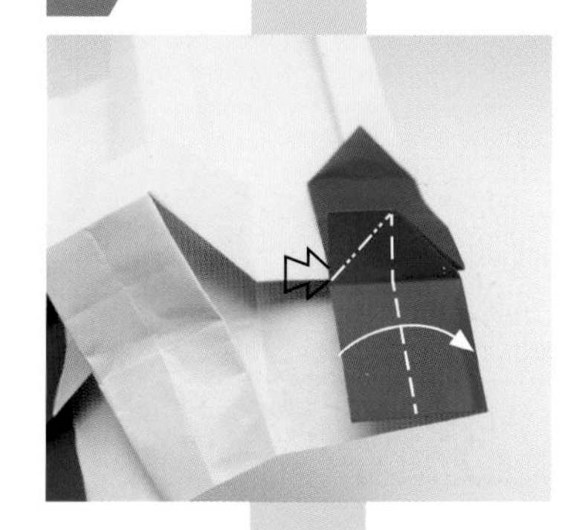

32 그림의 선대로 접는다.

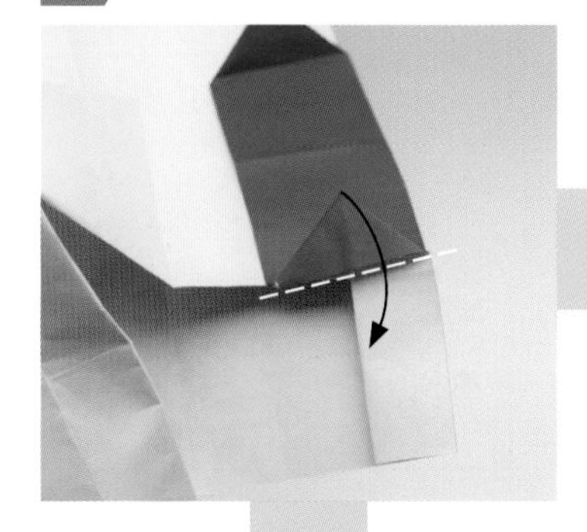

33 왼쪽도 28 ~ 32 과 같이 접는다.

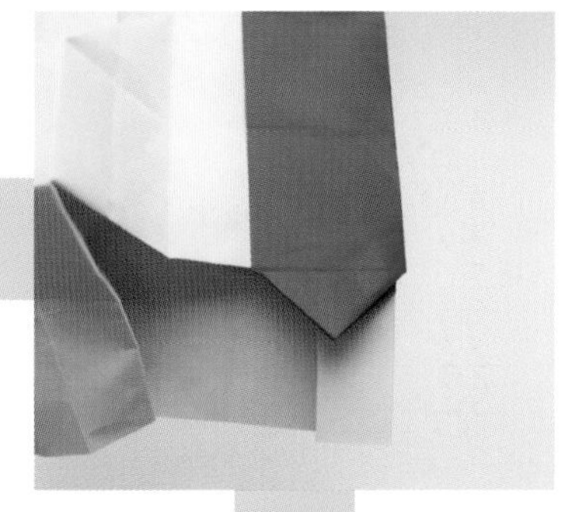

34 그림의 선을 따라 접고 뒤집는다.

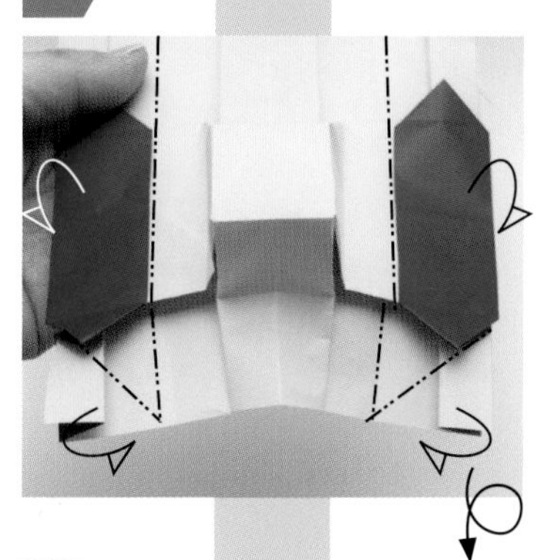

35 그림의 선을 따라 중심으로 접고, 좌우를 세운다.

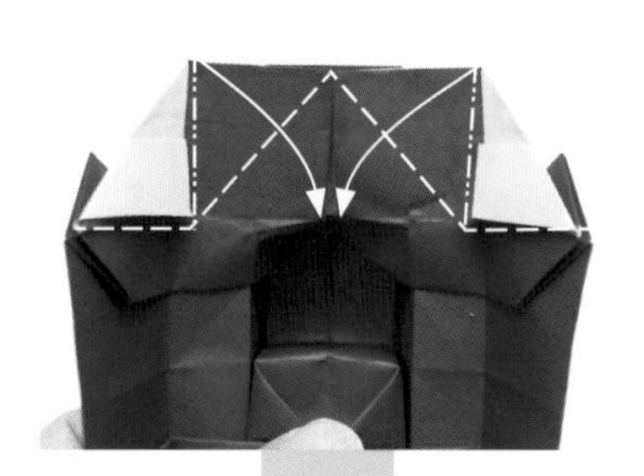

36 그림의 선을 따라 접는다.

37 시선을 바꾼다.

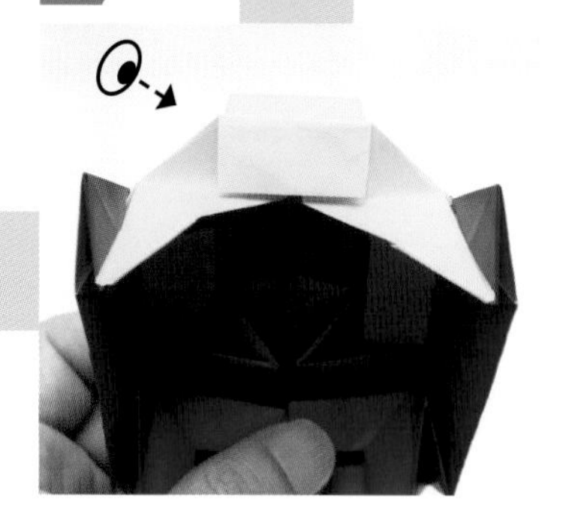

38 완성된 상태를 확인하고, 다음은 전체를 본다.

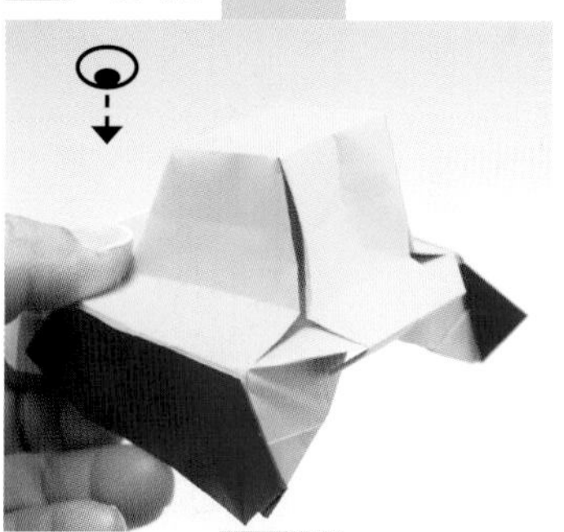

39 뒤집어서 선으로 둘러싼 부분을 확대한다.

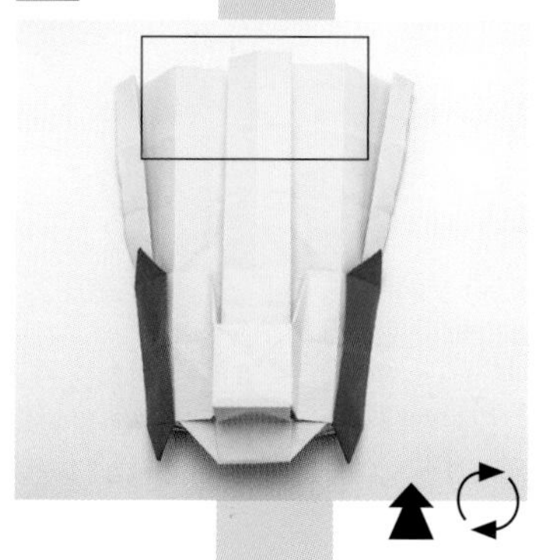

40 뒤로 접어 넣는다.

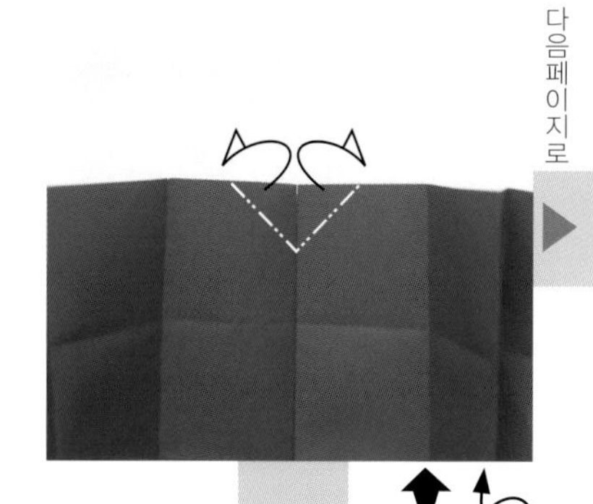

다음페이지로

41 뒤집는다.

42 그림의 선대로 가볍게 접는다.

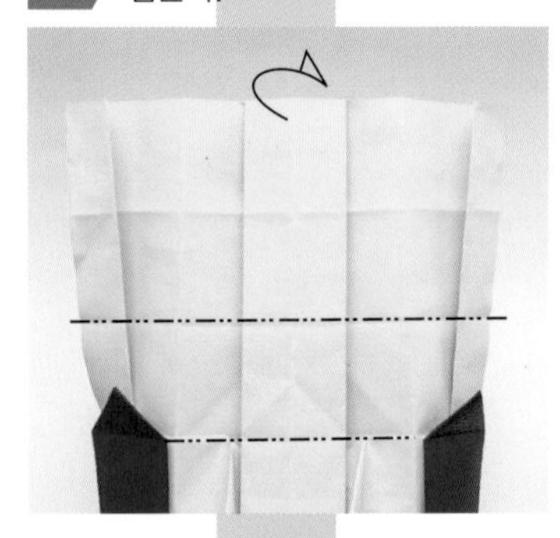

43 그림의 선대로 가볍게 접는다.

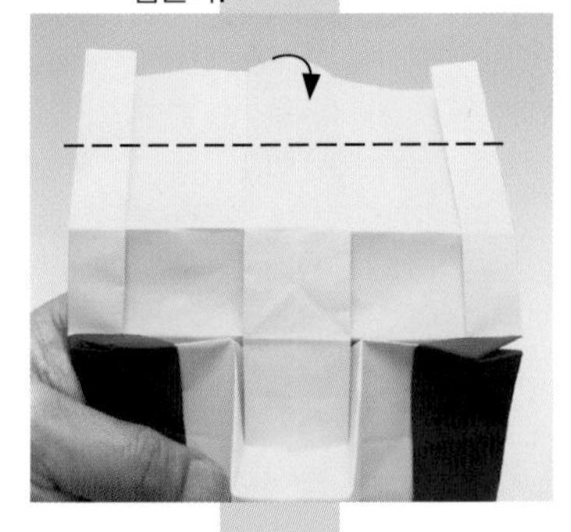

44 그림의 선대로 접는다.

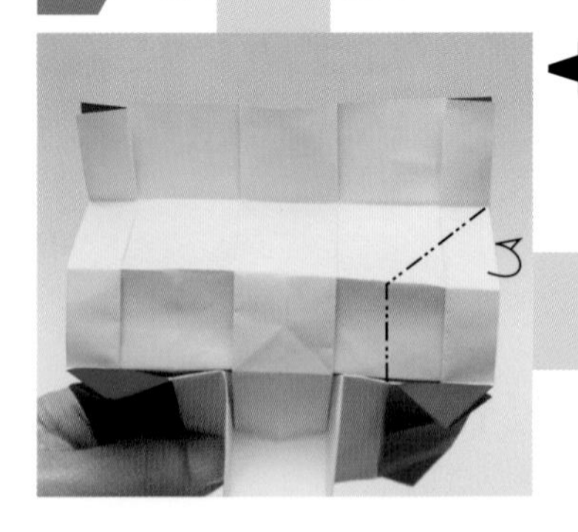

45 펼쳐서 덮듯이 접는다.

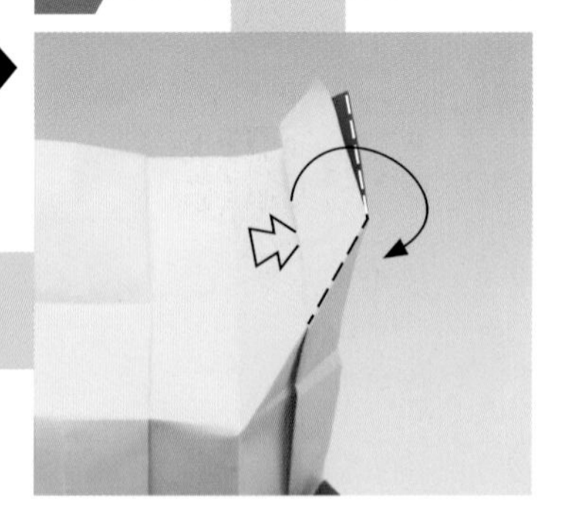

45 −2 펼친 부분.

46 그림의 선대로 접는다.

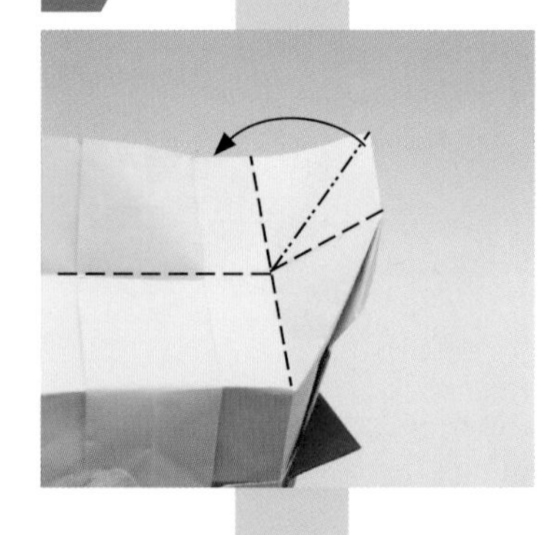

47 화살표 방향으로 꺾는다.

48 시선을 바꾼다.

49 그림의 선을 따라 접고, 틈에 끼운다.

50 시선을 바꾼다.

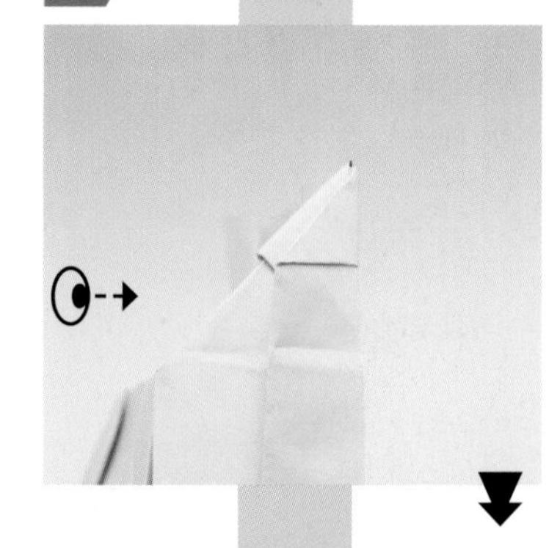

51 왼쪽도 44 ~ 49 과 같이 접는다.

완 성

54 뒤집은 부분을 되돌린다. (반대쪽도 동일하게)

53 굵은 화살표 부분을 눌러 넣듯이 그림의 선을 따라 접는다. (반대쪽도 동일하게).

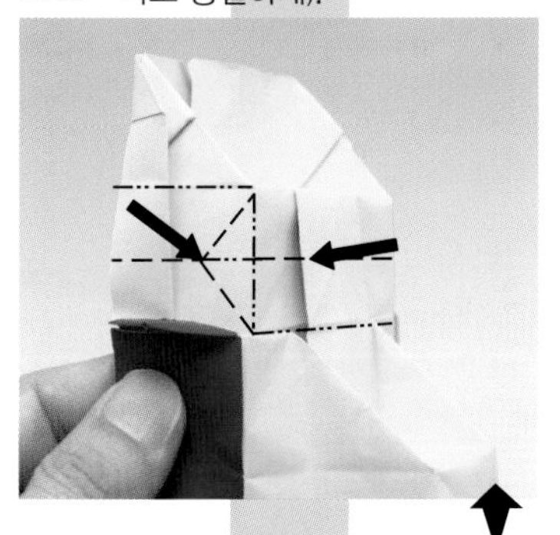

52 화살표 방향으로 조금 뒤집어서 시선을 바꾼다.

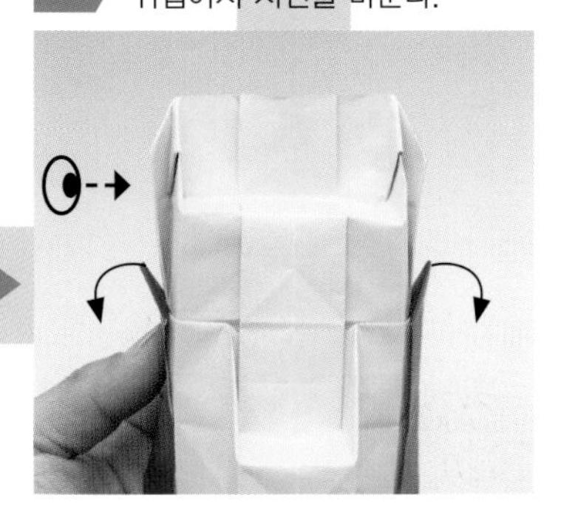

WRIST WATCH

손목시계

난이도★★★★☆☆☆

스타트!

01 모서리와 모서리를 맞춰 반으로 접는다.

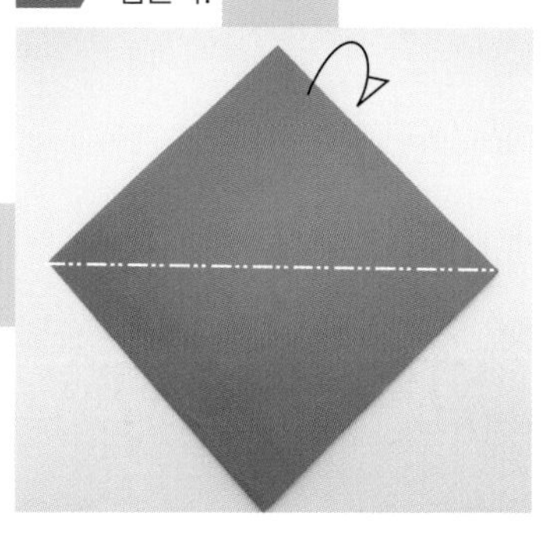

02 모서리와 모서리를 맞춰 반으로 접는다.

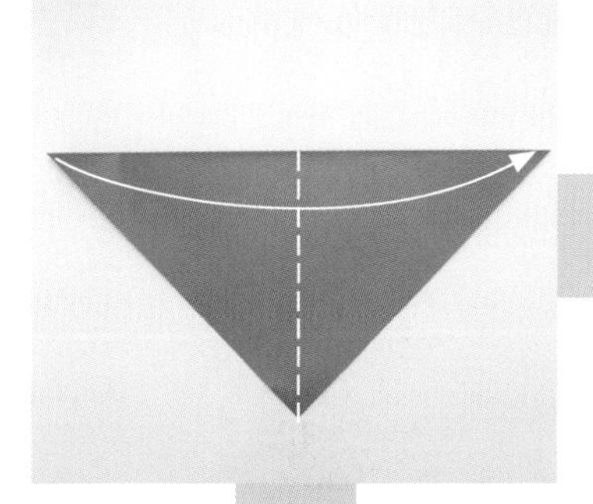

03 앞쪽 부분을 3등분하여 접는다.

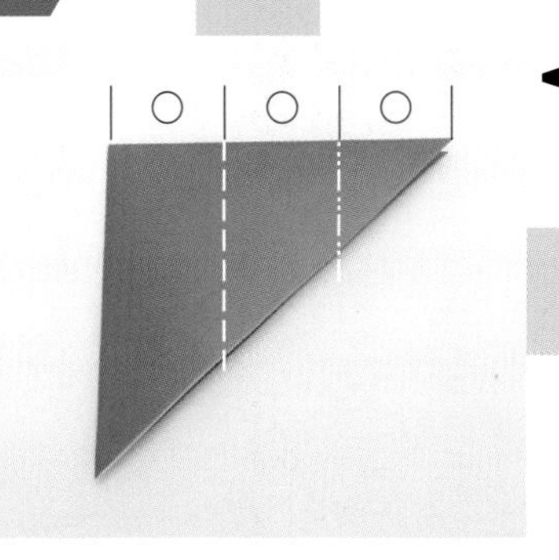

03 −2 가볍게 둥글게 말아서 맞춰 간다.

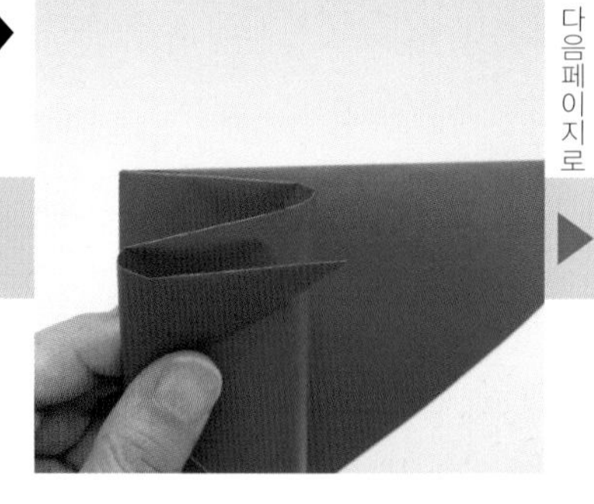

다음페이지로

03-3 맞춰지면 단단히 접는다.

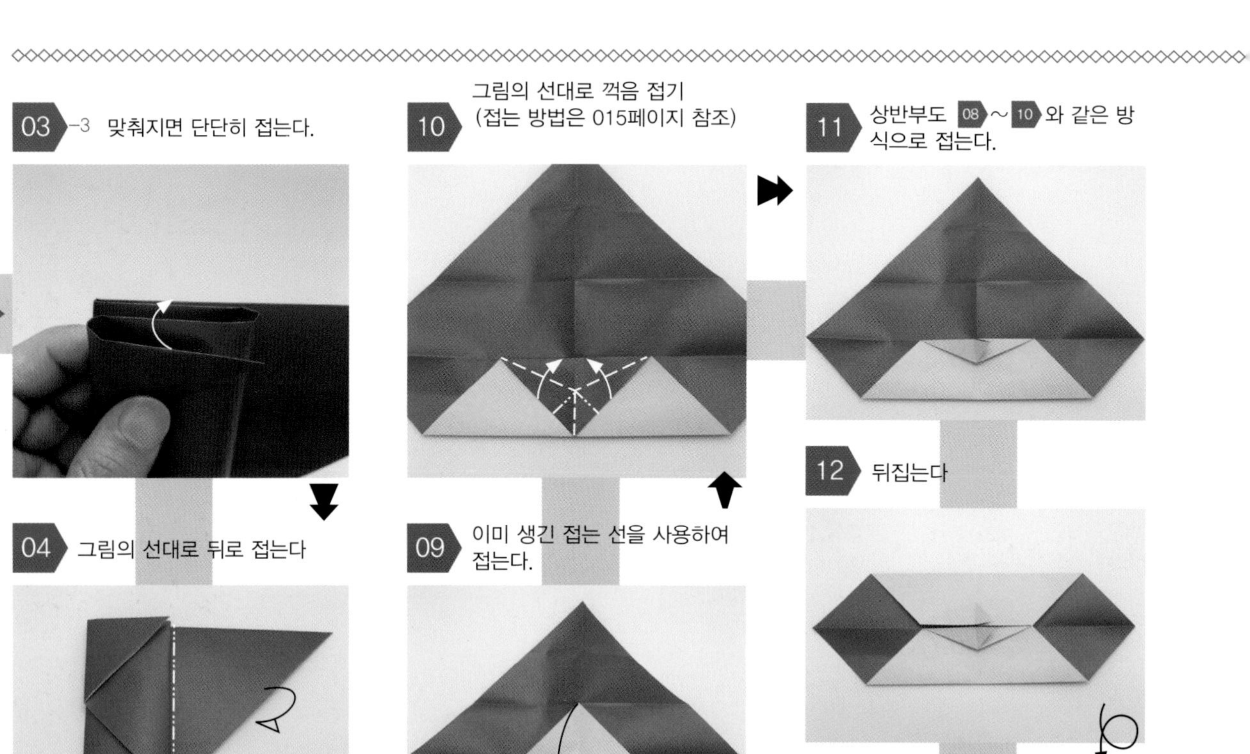

04 그림의 선대로 뒤로 접는다

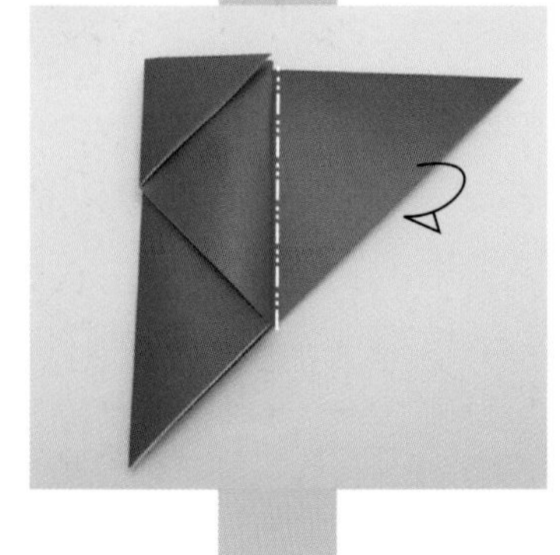

05 그림의 선대로 접는다.

06 접는 선이 생기면 모두 펼친다.

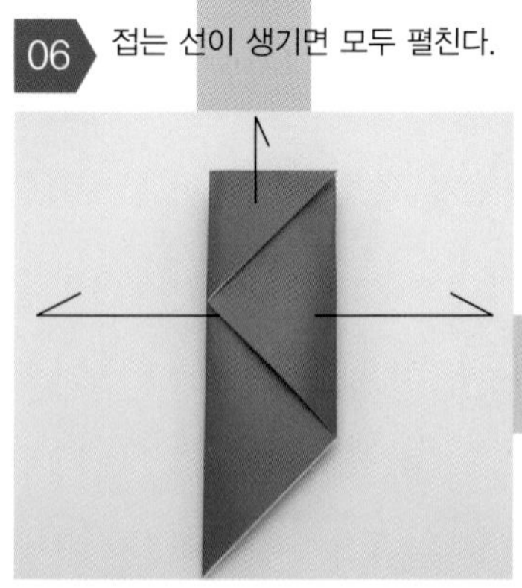

07 90도 회전

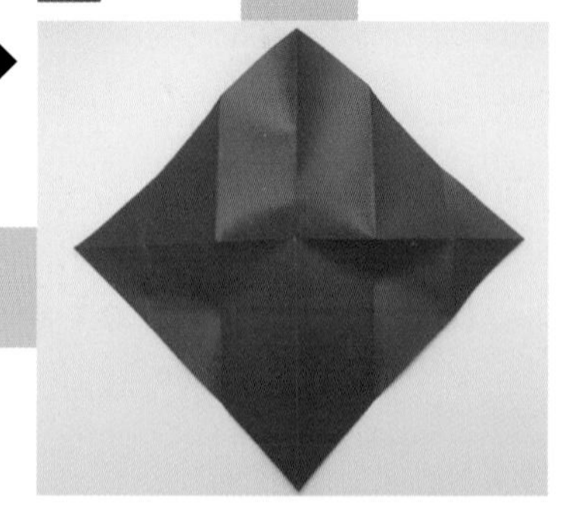

08 이미 생긴 접는 선을 사용하여 접는다.

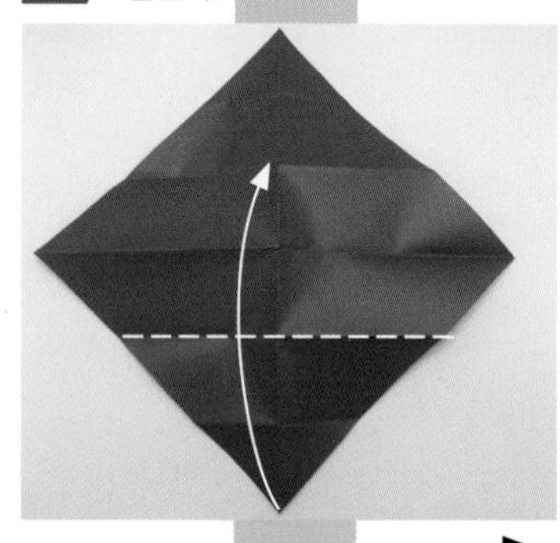

09 이미 생긴 접는 선을 사용하여 접는다.

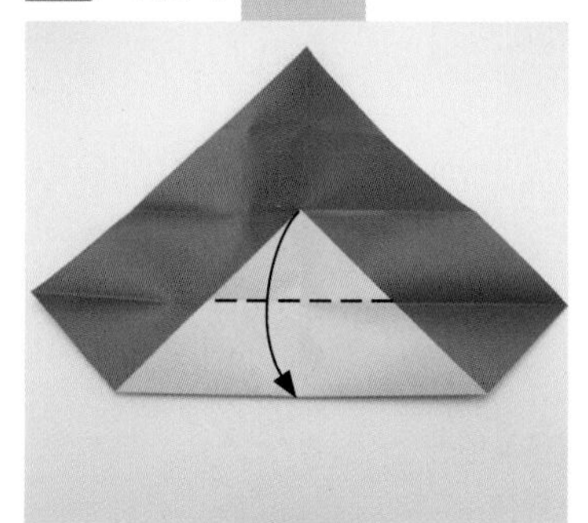

10 그림의 선대로 꺾음 접기 (접는 방법은 015페이지 참조)

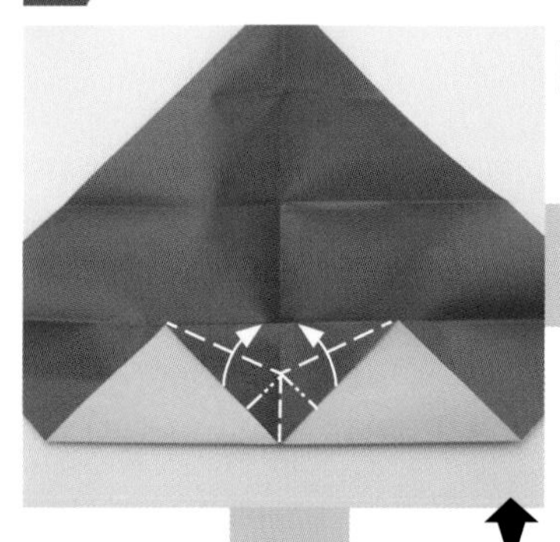

11 상반부도 08~10와 같은 방식으로 접는다.

12 뒤집는다

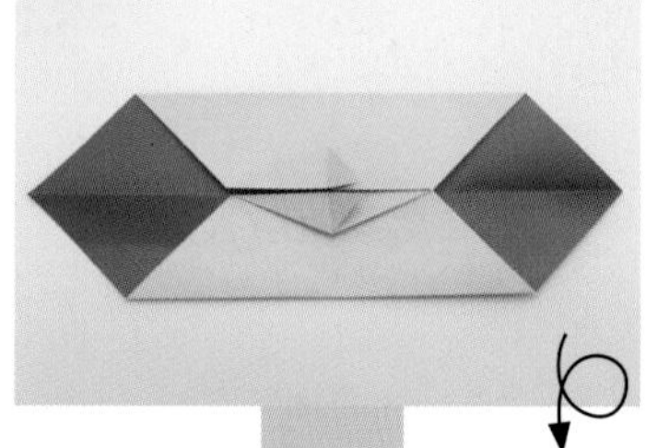

13 가장자리를 중심으로 가지런히 접는다.

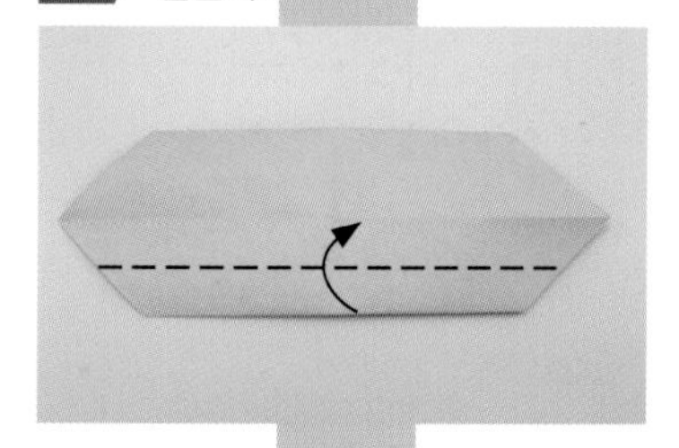

14 가장자리를 중심으로 가지런히 접어 주름을 잡는다.

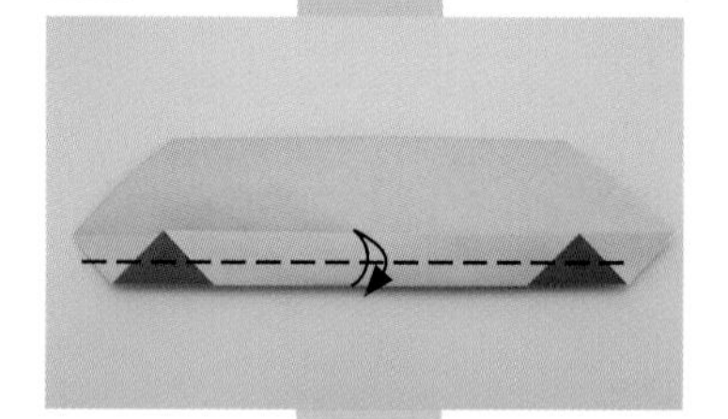

15 상반부도 13~14와 같은 방식으로 접는다.

16 뒤집는다.

17 90도 회전

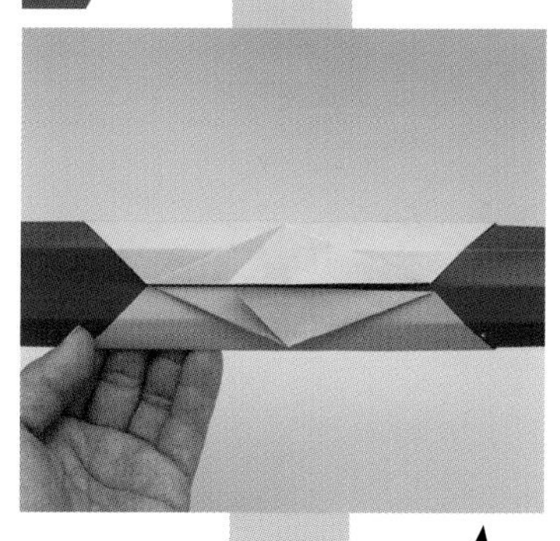

18 그림의 선대로 접어서 주름을 붙인다.

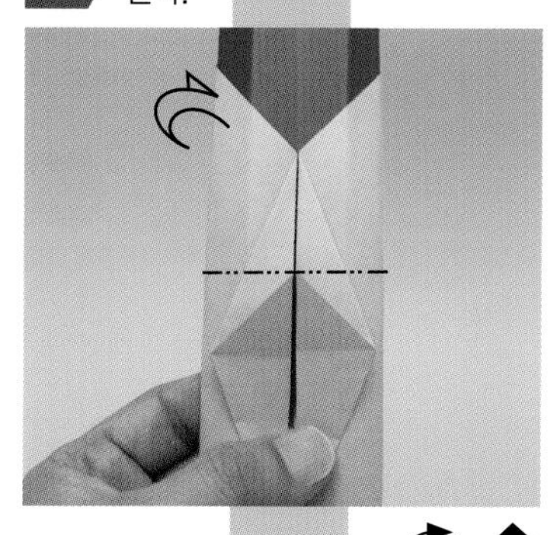

19 그림의 위치에 주름을 잡는다.

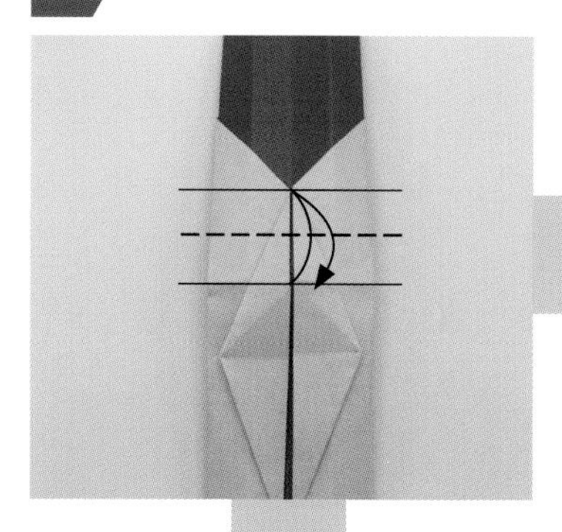

20 180° 회전.

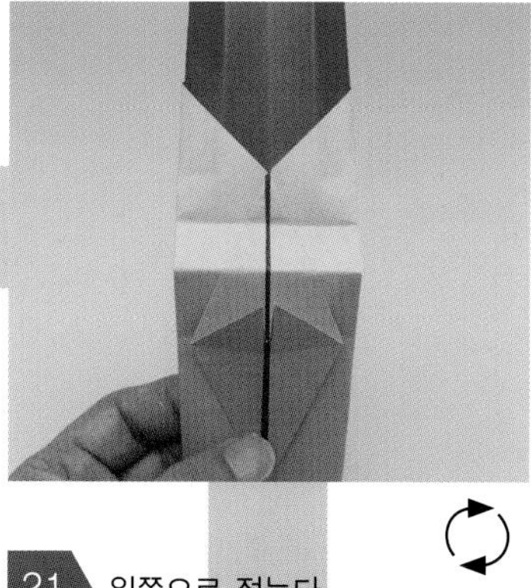

21 위쪽으로 접는다.

22 18 ~ 19 와 같은 방식으로 접는다.

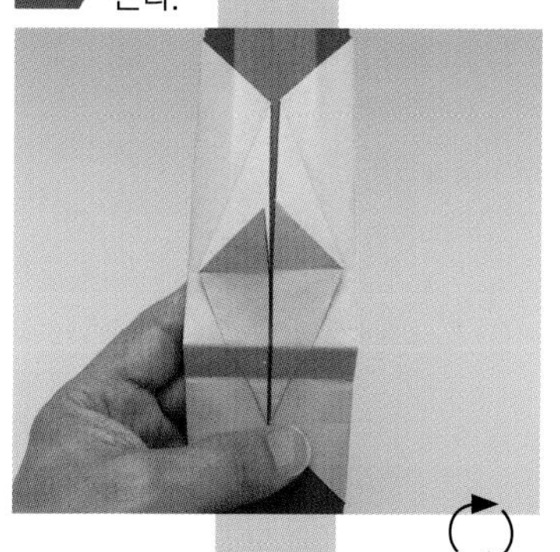

23 뒷면으로 접혀 있는 부분을 펼친다.

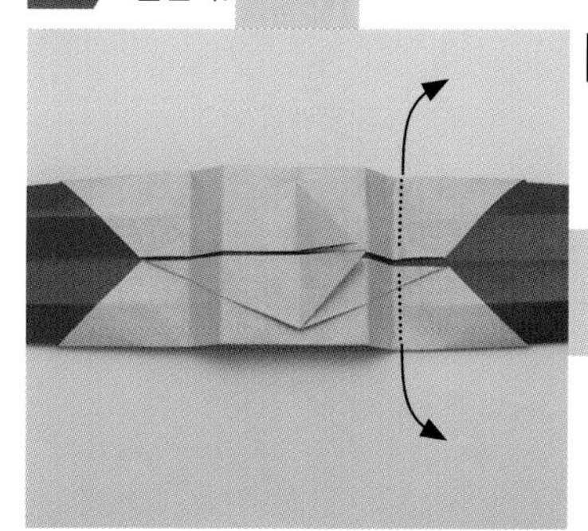

24 선으로 둘러싼 부분 확대

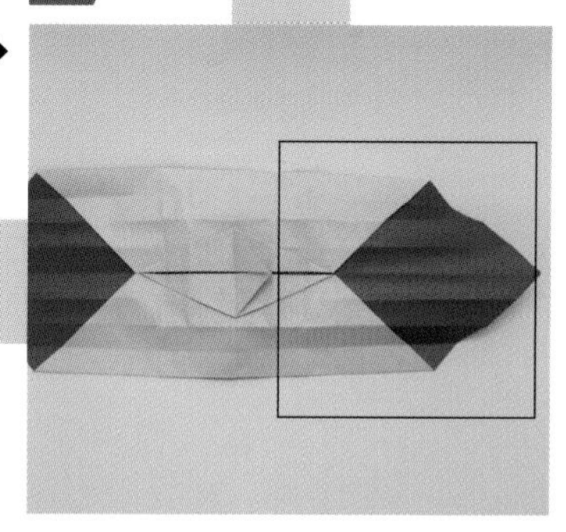

25 그림의 선대로 펼쳐 접는다.

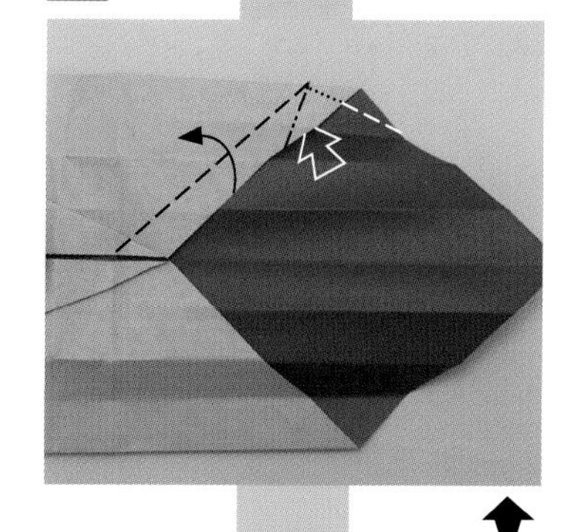

26 남은 3곳도 25 같은 방식으로 접는다.

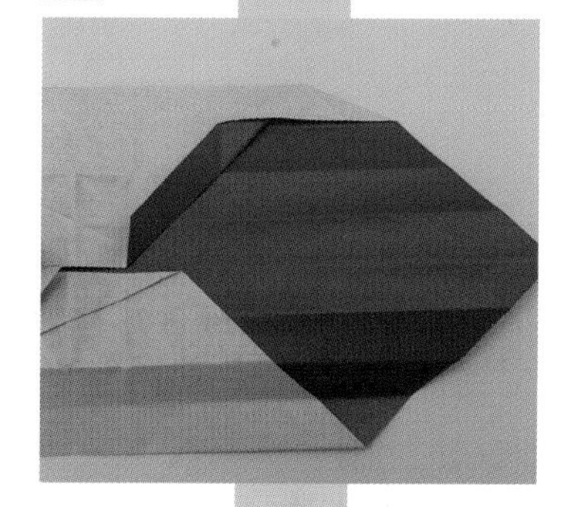

27 그림의 선대로 뒤쪽으로 꺾는다.

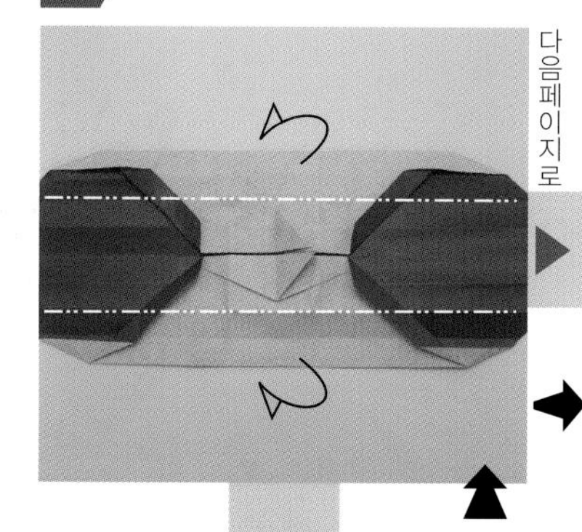

다음페이지로

28 90도 회전

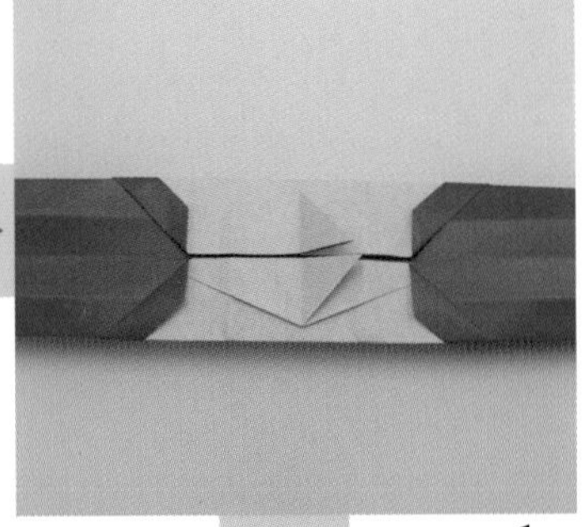

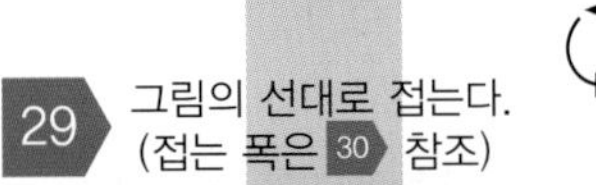

29 그림의 선대로 접는다. (접는 폭은 30 참조)

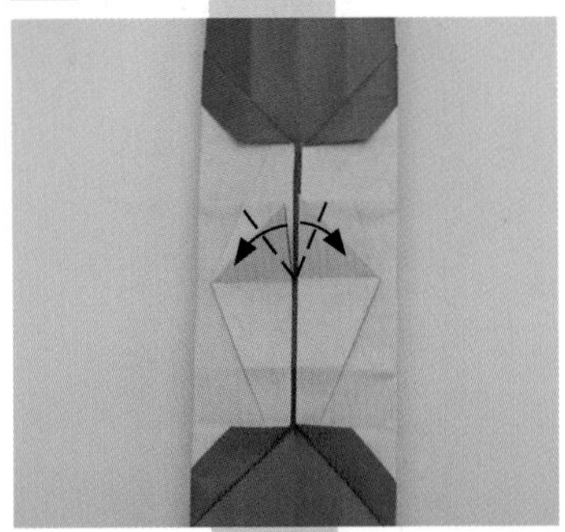

30 꺽어서 접히면 되돌린다.

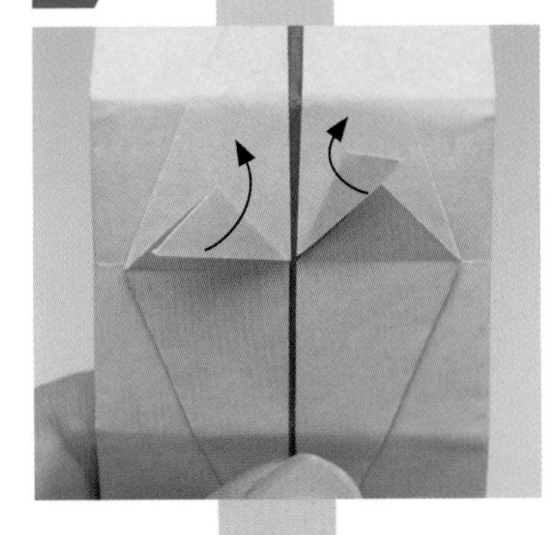

31 덮어 씌운 것을 펼친다.

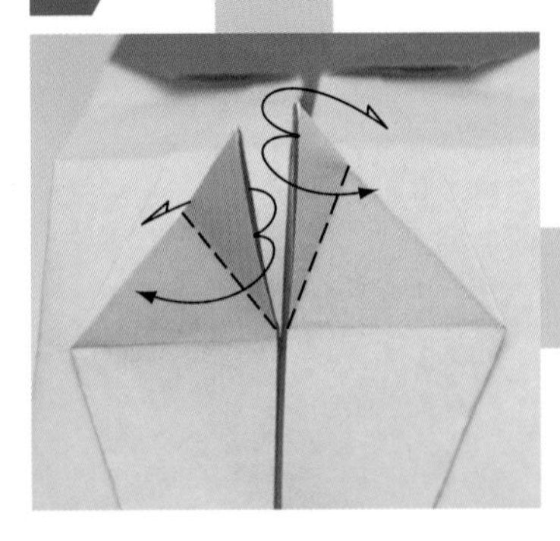

32 그림의 선대로 펼쳐 접는다.

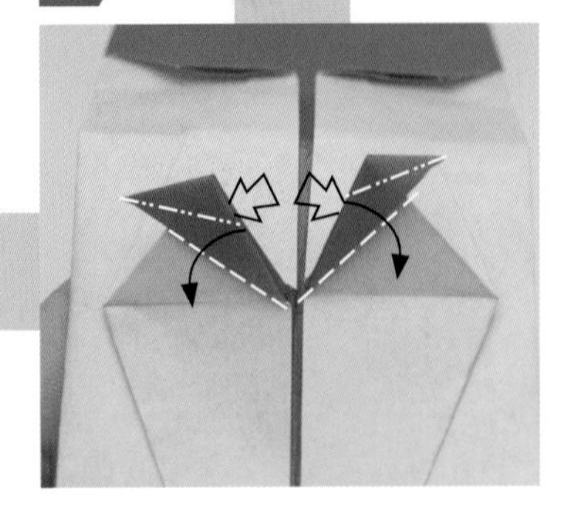

33 축소

34 그림의 선대로 접는다.

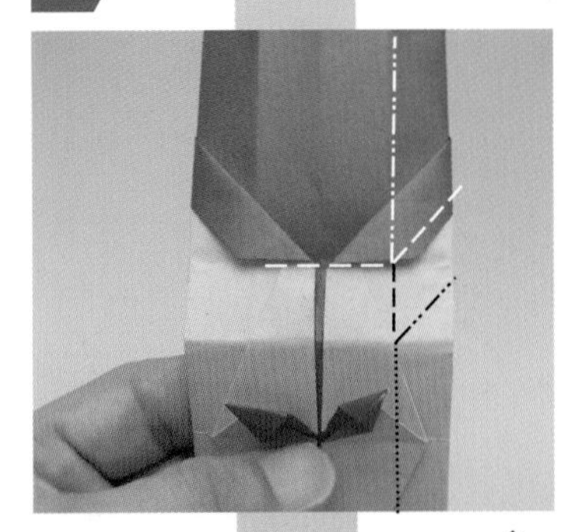

34-2 접는 과정

35 뒤로 접는다

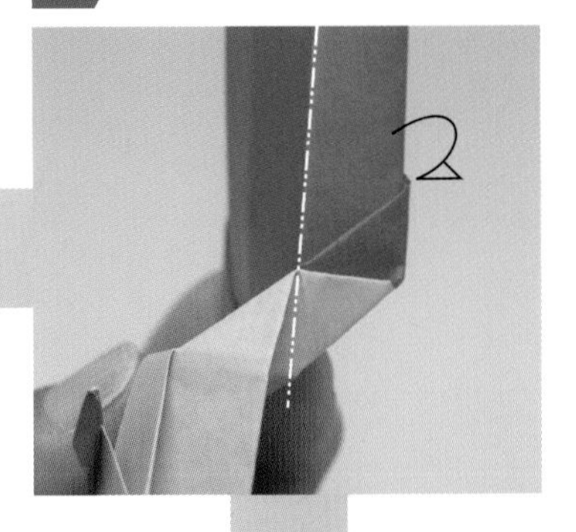

36 반대쪽도 34 ~ 35 과 같이 접는다.

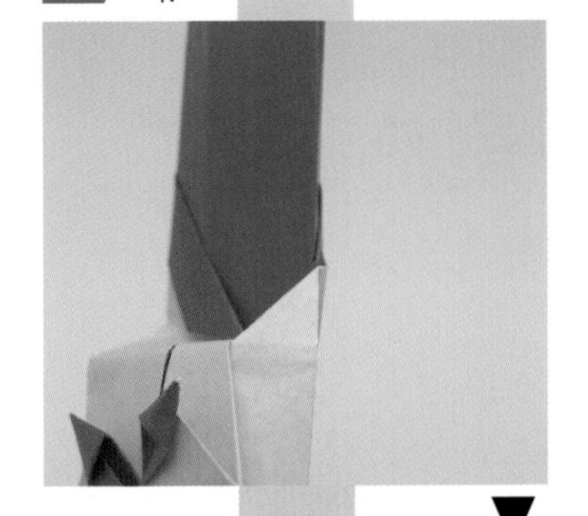

37 그림의 선대로 살짝 접어 180° 회전한다.

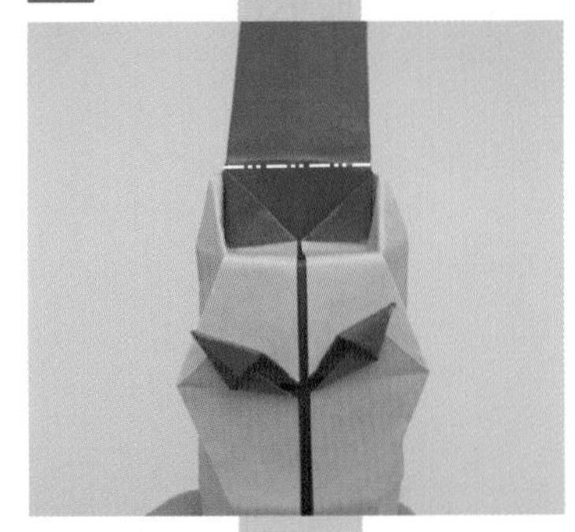

38 34 ~ 37 과 같이 접는다.

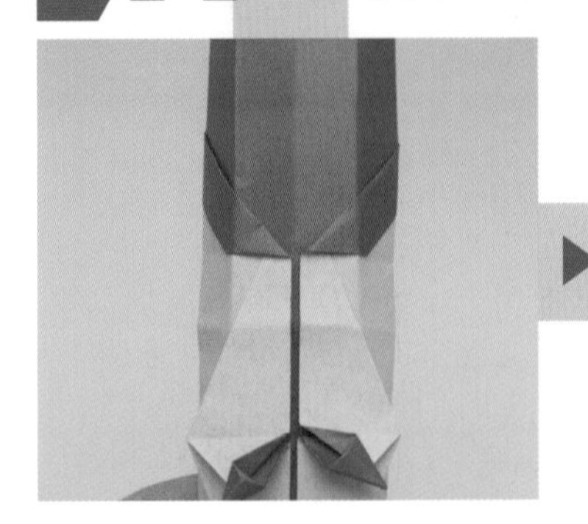

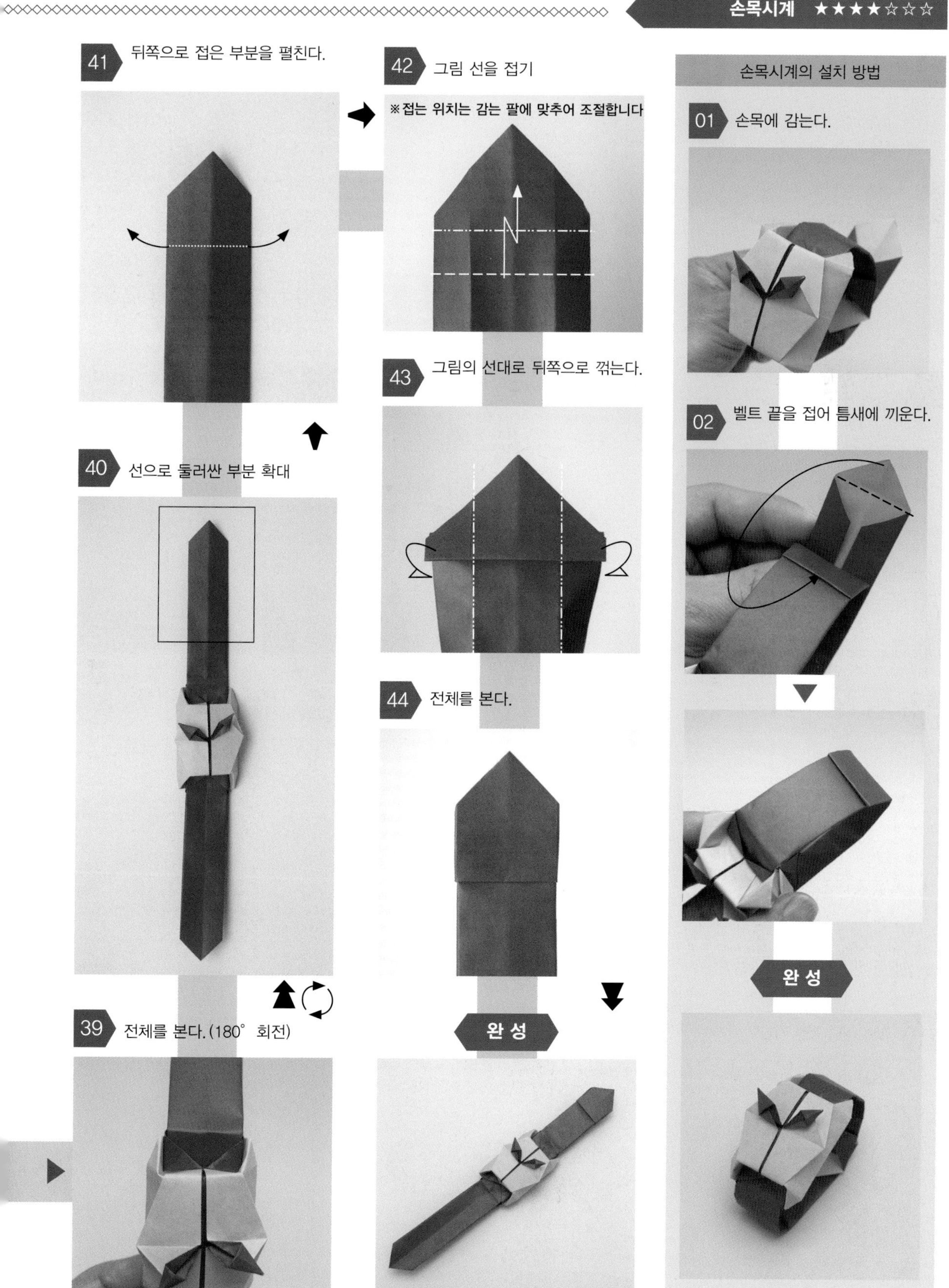
39 전체를 본다.(180° 회전)
40 선으로 둘러싼 부분 확대
41 뒤쪽으로 접은 부분을 펼친다.
42 그림 선을 접기
※접는 위치는 감는 팔에 맞추어 조절합니다
43 그림의 선대로 뒤쪽으로 꺾는다.
44 전체를 본다.
완 성
손목시계의 설치 방법
01 손목에 감는다.
02 벨트 끝을 접어 틈새에 끼운다.
완 성

HIGH HEELS
하이힐

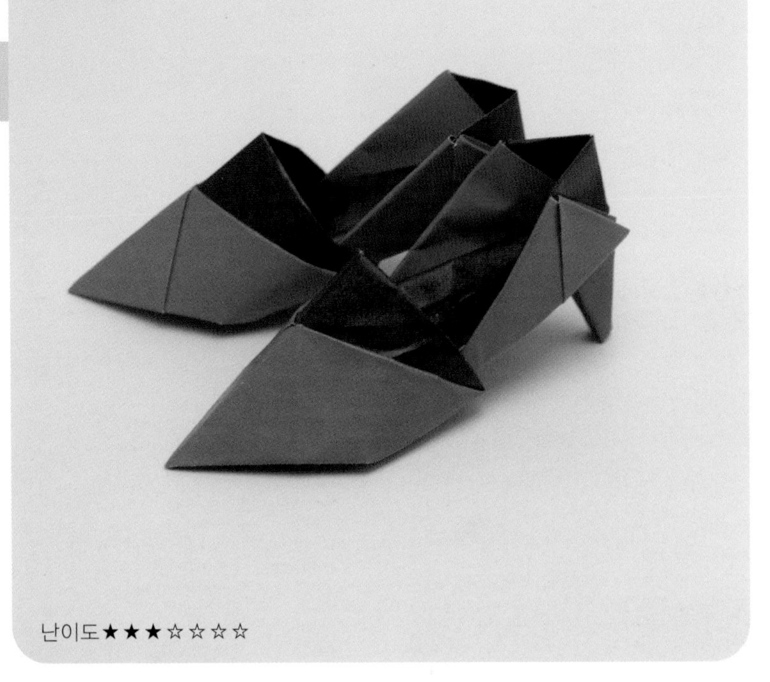

난이도★★★☆☆☆☆

01 가장자리와 가장자리를 가지런히 하여 반으로 접는다.

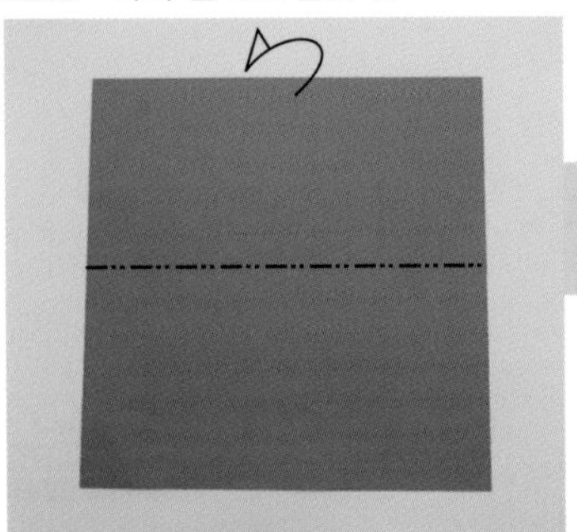

스타트!

02 앞쪽만 반으로 접는다.

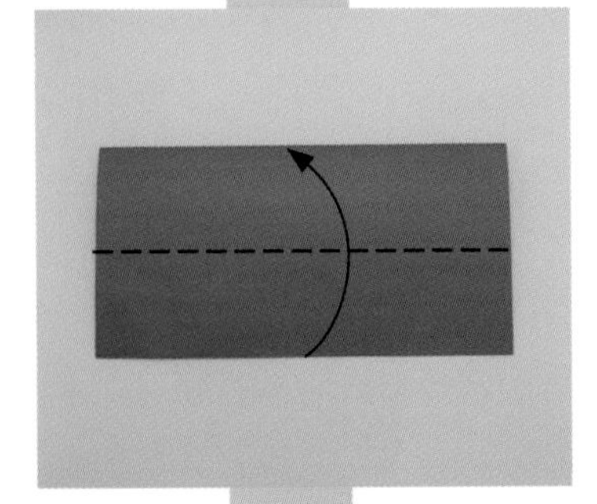

03 그림의 선을 따라 뒷면으로 반으로 접는다.

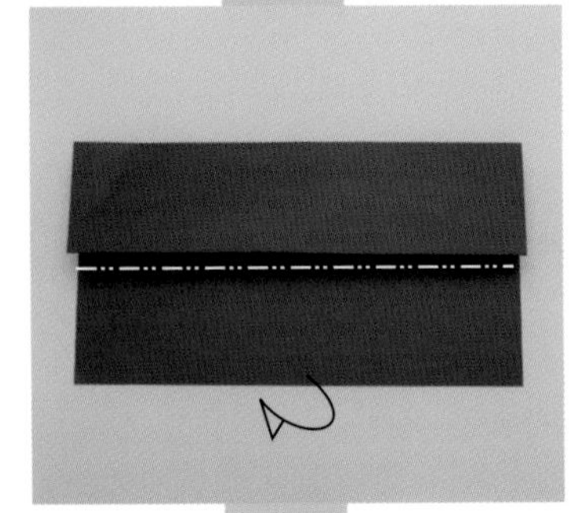

04 펼친다.

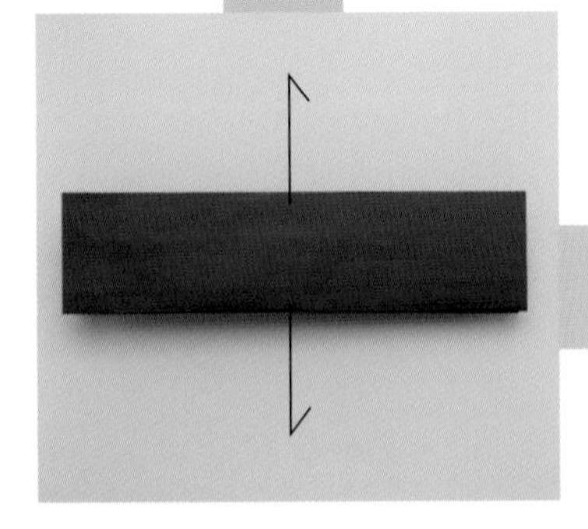

05 90도 회전

06 01~04와 같은 방식으로 접는다.

07 각각 모서리와 모서리를 맞춰 접고, 접는 선을 만든 후 뒤집는다.

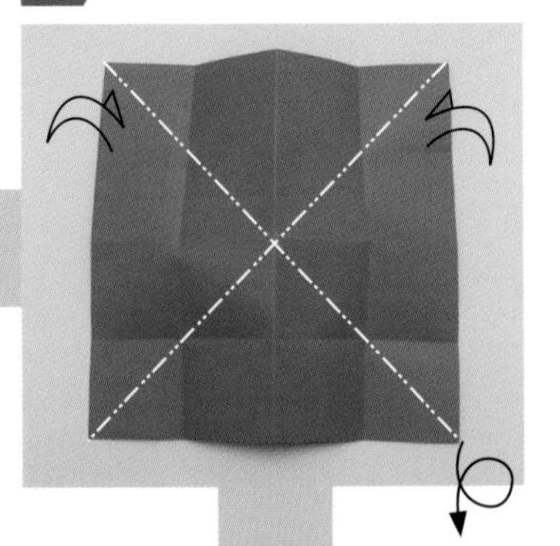

08 모서리를 각각 접는 선 1칸에 맞춰 접는다.

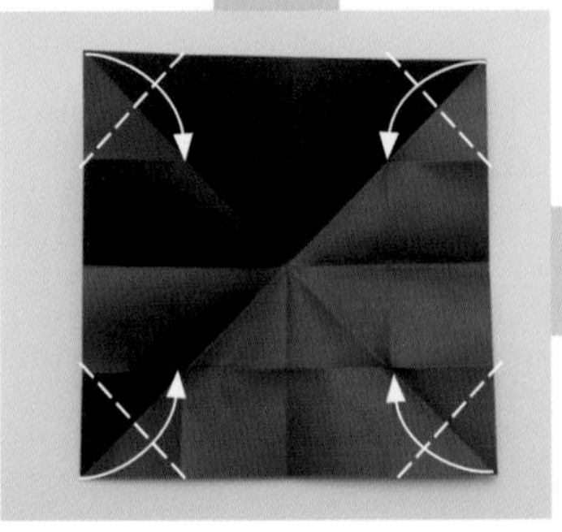

09 가장자리를 중심으로 가지런히 접는다.

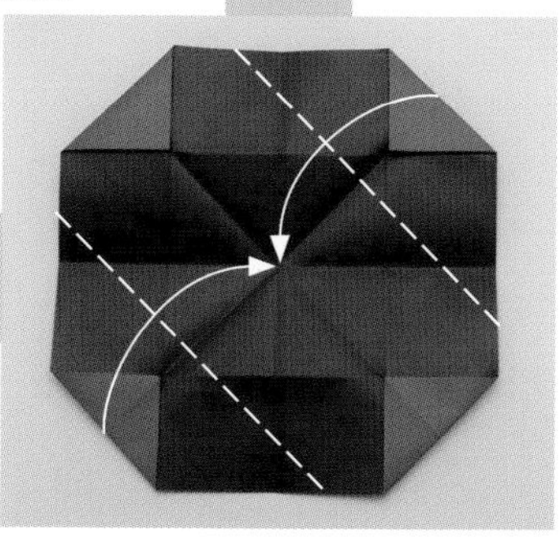

10 그림의 선대로 접는다.

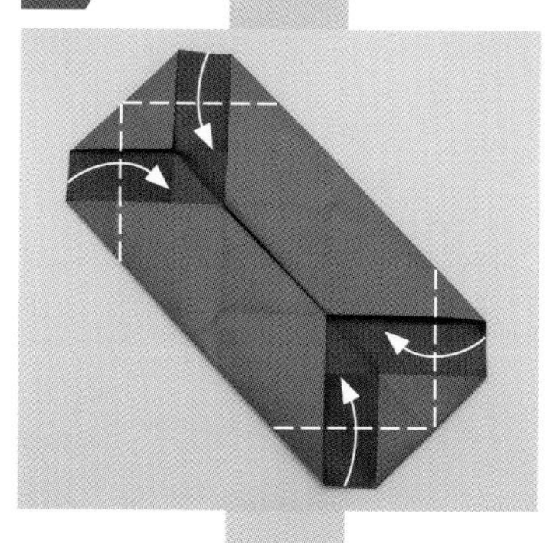

11 그림의 선을 따라 접고 접는 선을 만든다.

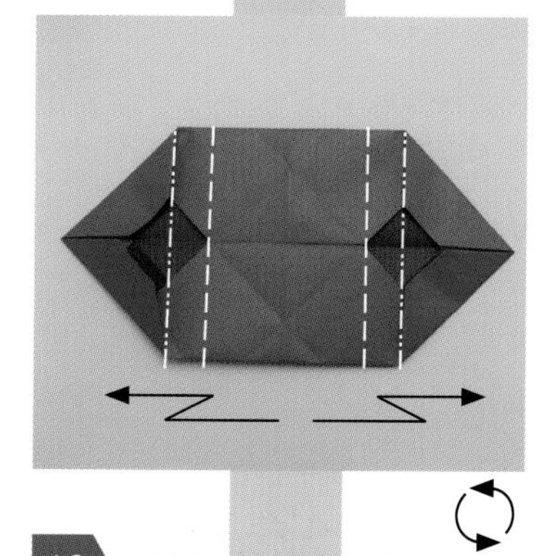

12 그림의 위치에 주름을 잡는다.

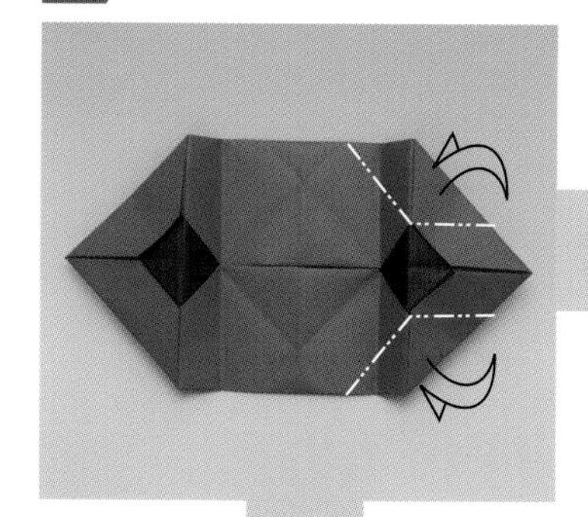

13 일단 펼친다. (14 참조)

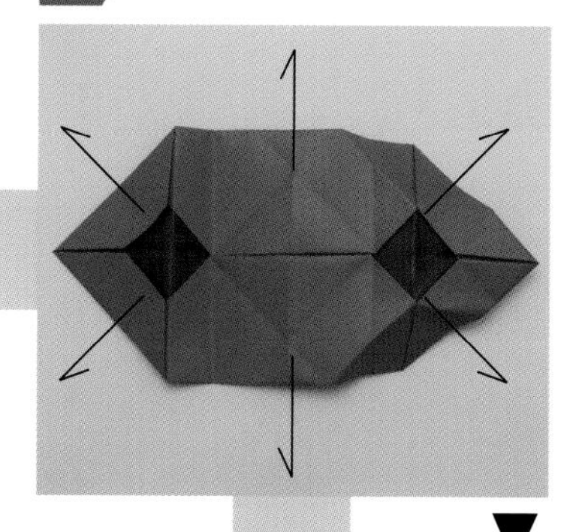

14 그림의 선대로 접는다.

15 그림의 선대로 접는다.

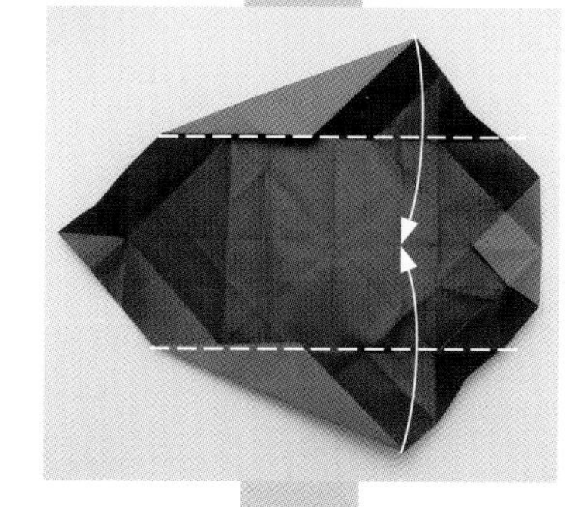

16 그림의 선대로 접는다.

왼쪽과 오른쪽을 만들 경우, 여기를 반대쪽(화면 아래쪽)으로 접으면 완성된 형태가 좌우 대칭이 됩니다.

17 말아 넣듯이 뒷면으로 접는다.

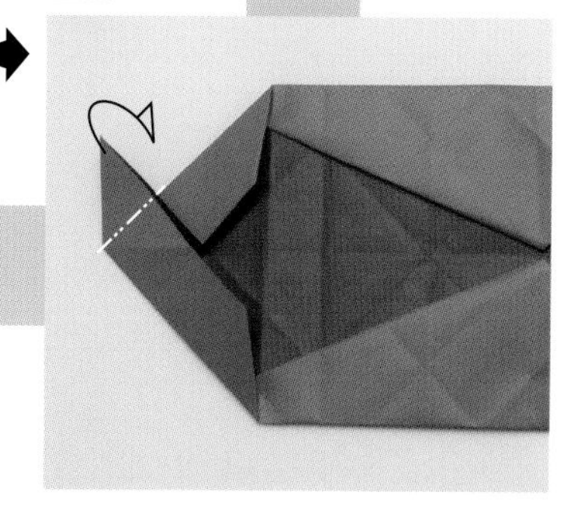

18 뒤쪽으로 접어 넣는다.

19 그림의 선대로 접는다.

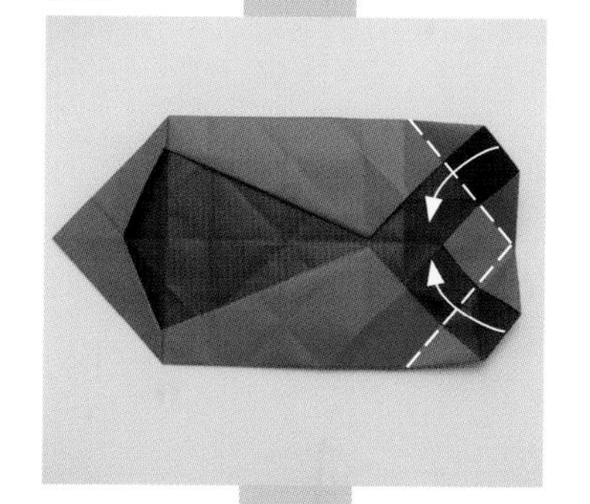

20 그림의 선대로 뒤로 접는다

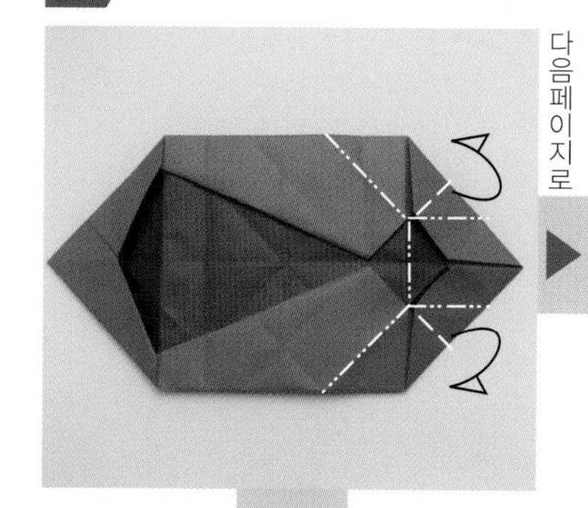

다음페이지로

21 붙어 있는 주름으로 계단접기

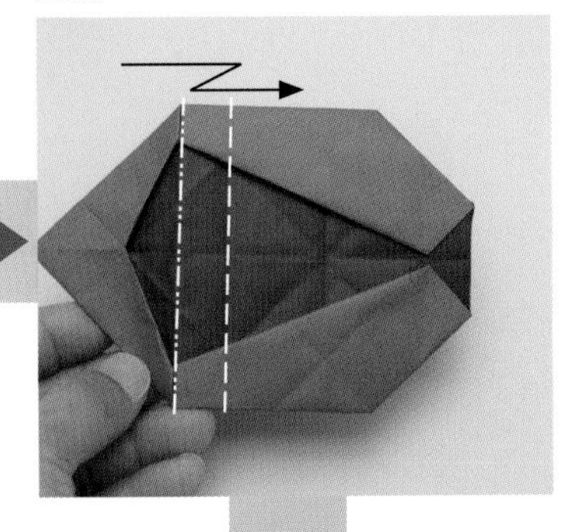

22 그림의 선대로 접어서 주름을 붙인다.

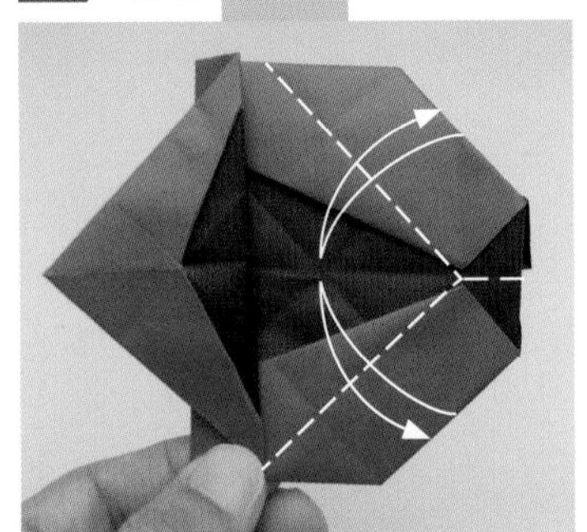

23 그림의 선으로 접는다.

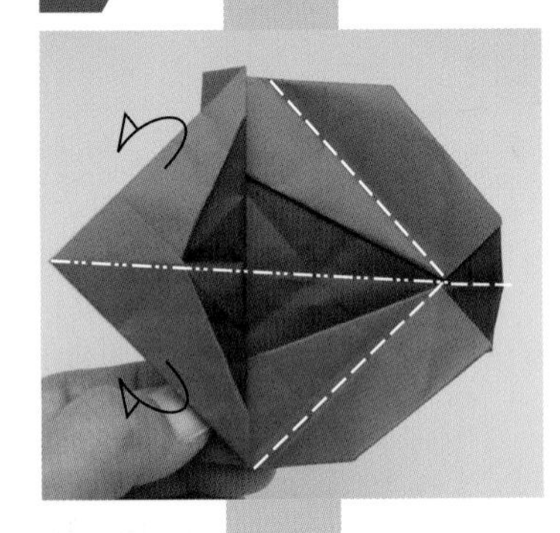

24 시선을 바꾼다.

25 펼친다.

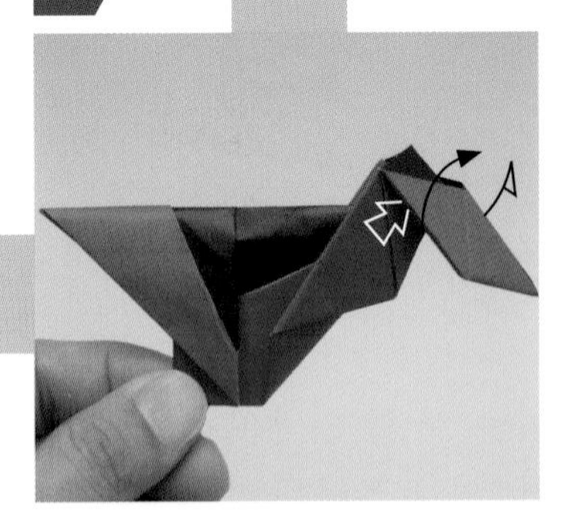

26 그림의 선을 따라 뒤로 접어 넣는다. (반대쪽도 동일하게).

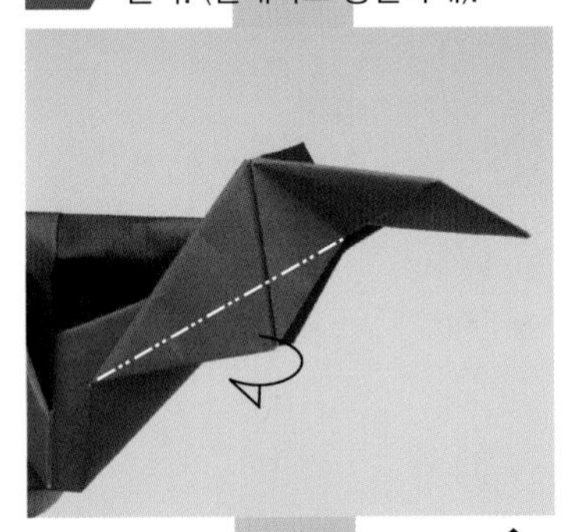

27 덮듯이 접는다.

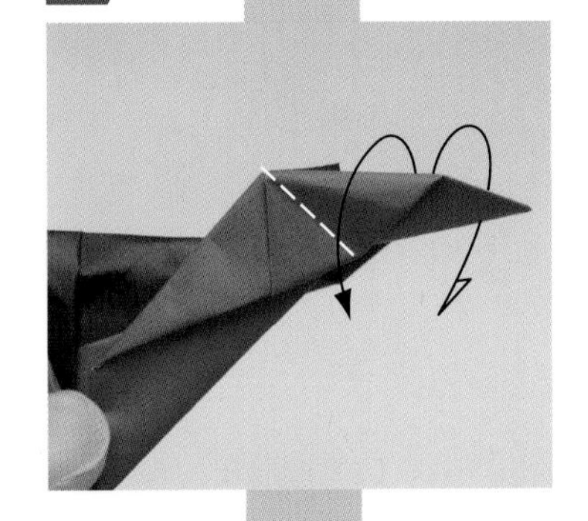

28 그림의 선대로 회전하도록 접는다.(반대측도 동시에 접는다.)

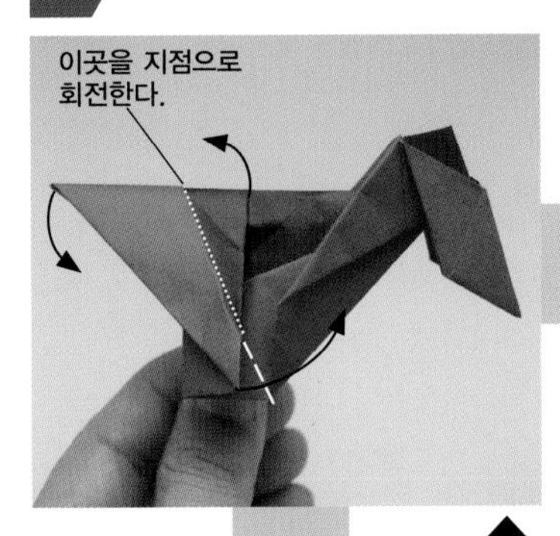

29 그림의 선대로 뒤로 접는다

30 아래에서 본다.

31 그림의 선대로 접는다.

32 그림의 선을 따라 접고 끼운다.

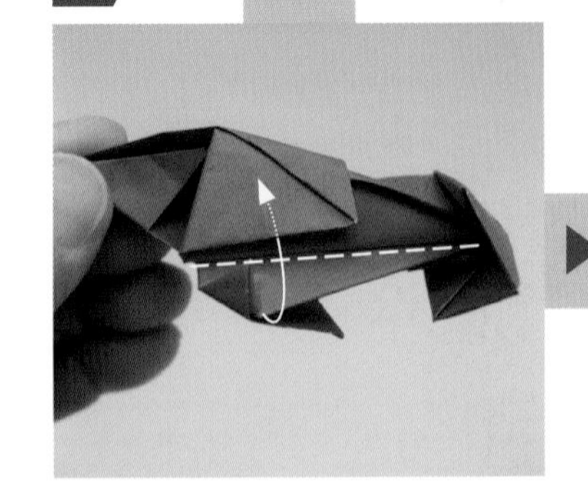

33 화살표 위치에 끼운다.

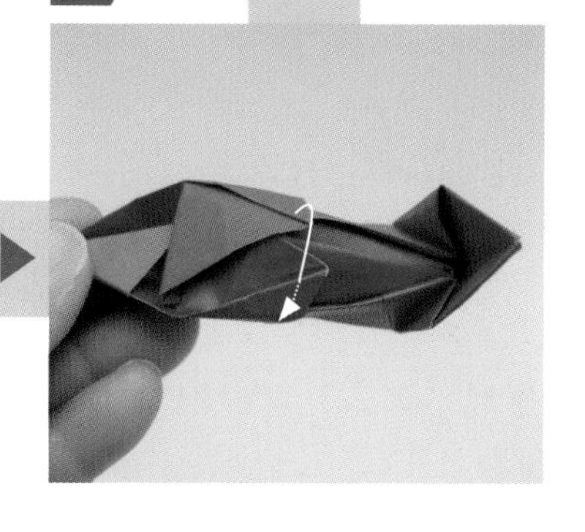

34 시선을 바꾼다.

35 신발의 인솔을 위에서 눌러 평평하게 만든다.

36 그림의 위치를 일단 펼친다.

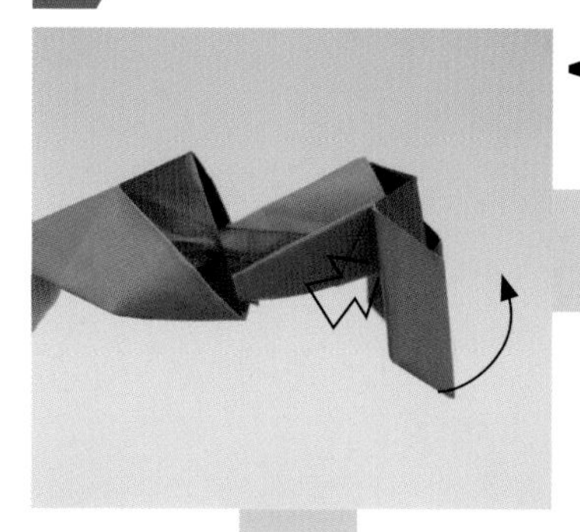

37 그림의 선을 따라 중간 정도로 접듯이 접는다 (반대쪽도 동일하게).

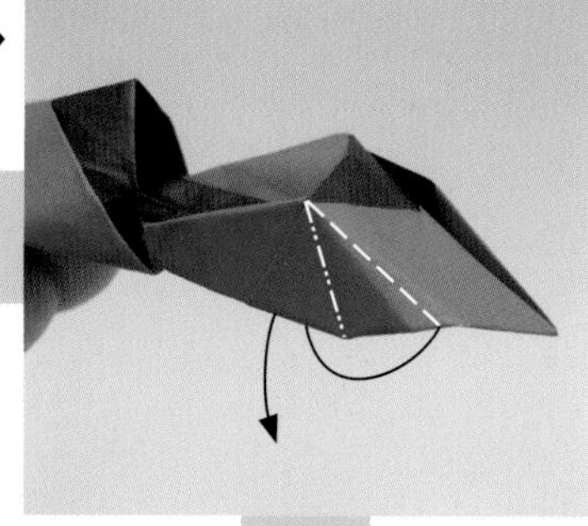

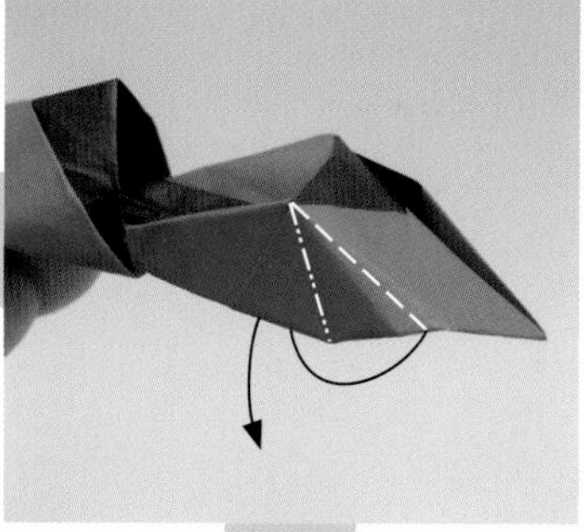

38 안쪽으로 접어 넣는다. (반대쪽도 동일하게).

39 그림의 선을 따라 각도를 변경하여 안쪽으로 계단 접기를 한다.

40 끝을 조금 접어 안쪽으로 접는다.

41 반전

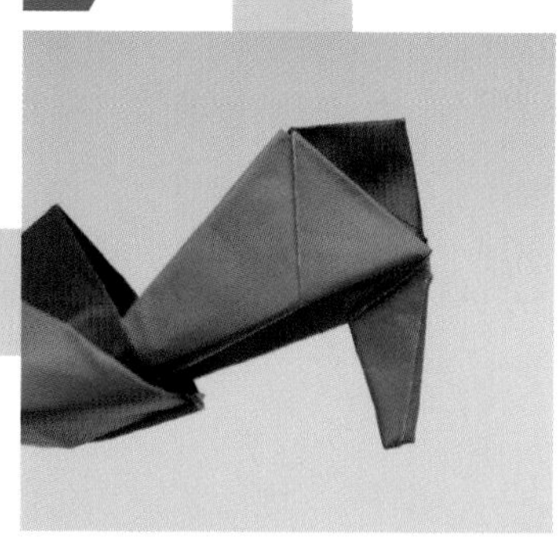

완 성

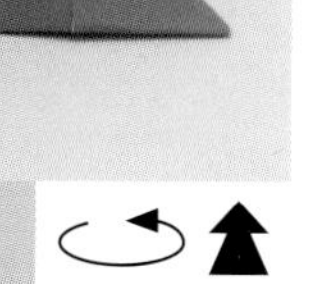

판매되는 컬러풀한 색종이로 만든 멋진 하이힐 컬렉션

DRESS & TORSO
드레스 & 토르소

드레스 난이도★★★☆☆☆☆
토르소 난이도★★★☆☆☆☆

가로 세로 8등분의 주름에서 스타트! (접는 방법은 014페이지 참조)

01 가장자리를 첫 번째 주름으로 가지런히 접어서 더욱 말려들게 첫 번째 주름으로 접는다.

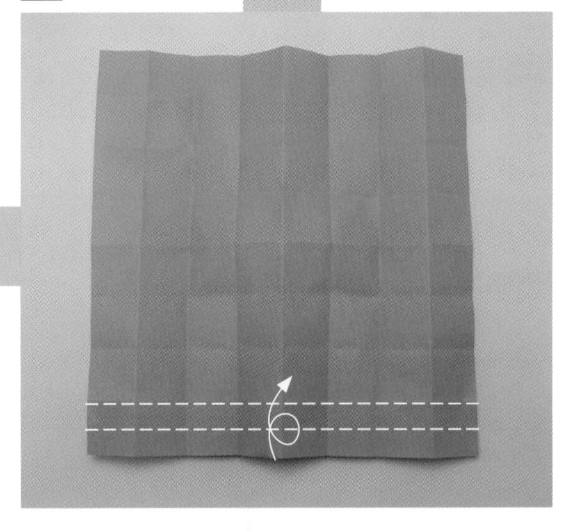

02 그림의 선대로 접다

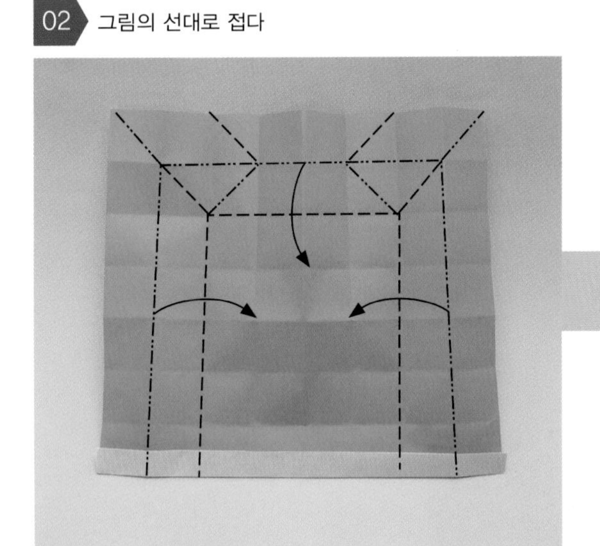

02-2 접는 과정

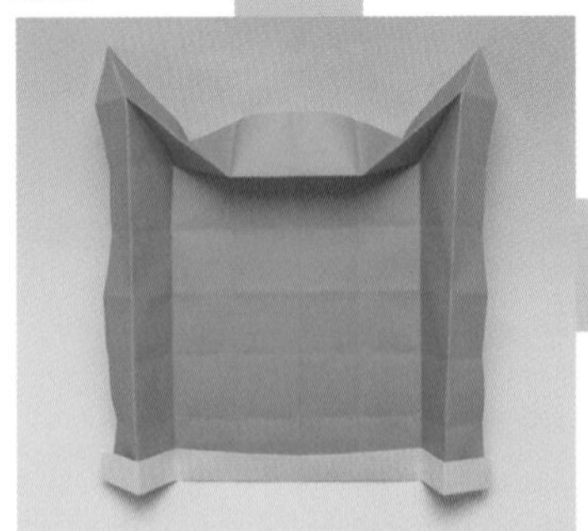

03 뒤집는다.

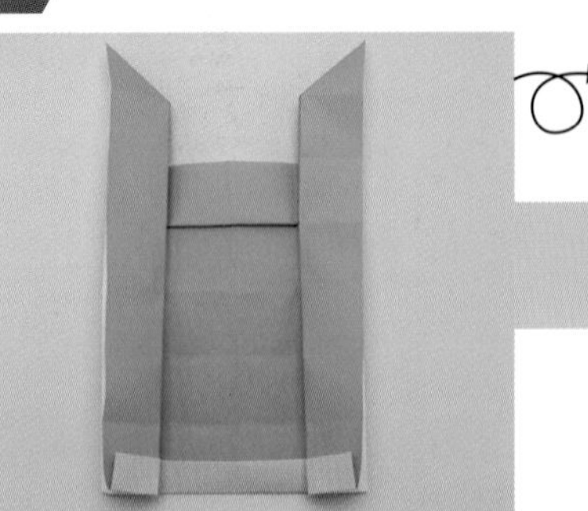

04 그림의 선대로 접는다.

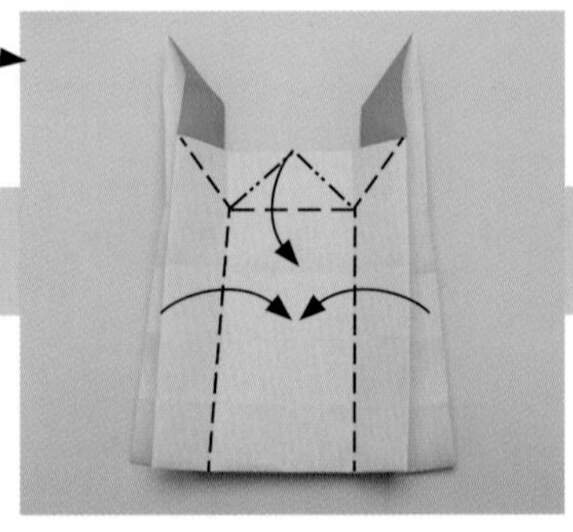

05 뒤집는다.

06 일단 펼친다.

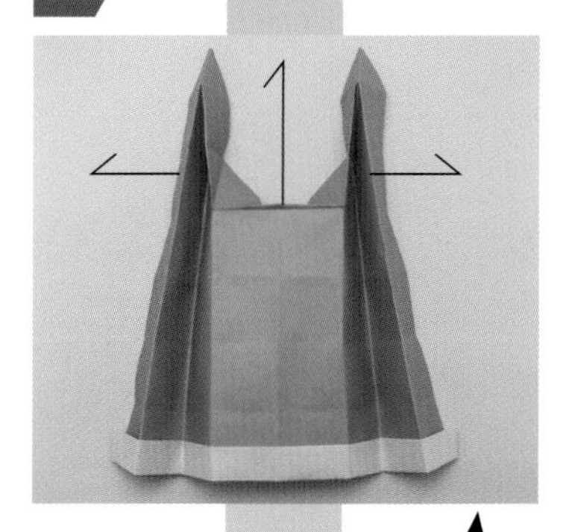

07 ①가장자리를 첫 번째 주름 접는다.②그림의 선으로 접는다.

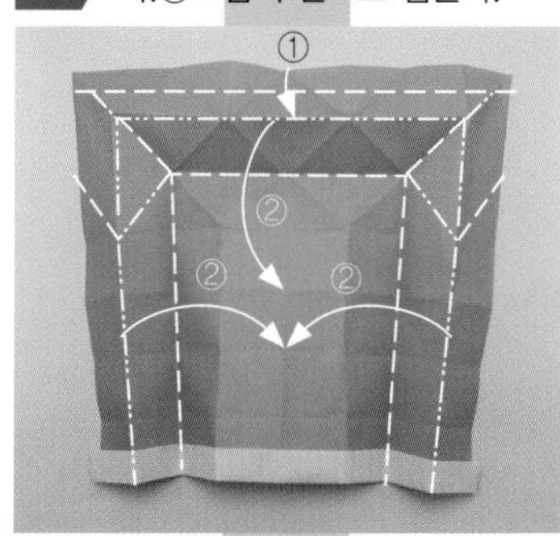

08 그림의 선으로 접는다.

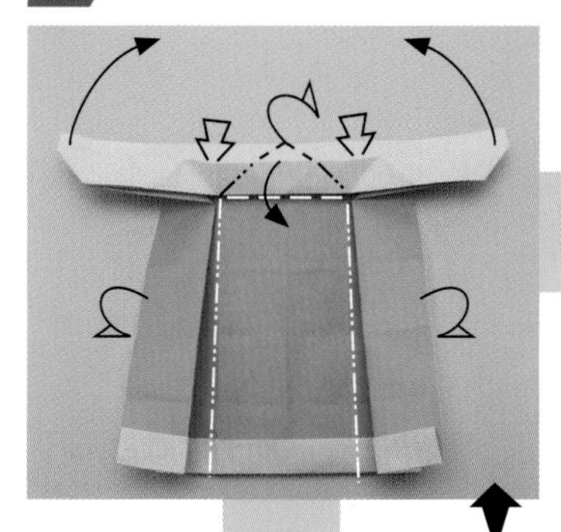

08-2 접는 과정

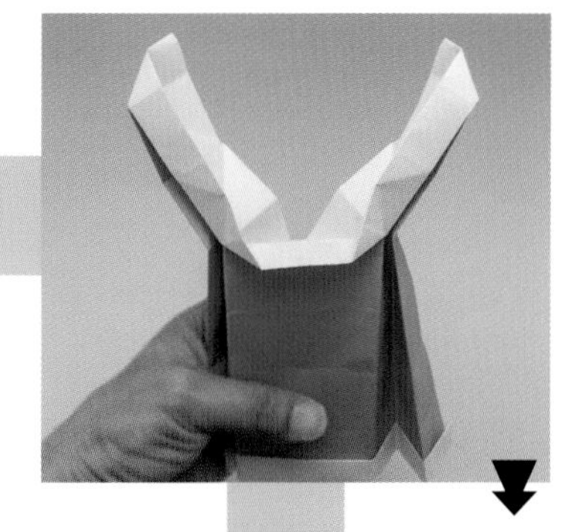

09 그림의 선대로 함께 꺾어서 주름을 접는다.

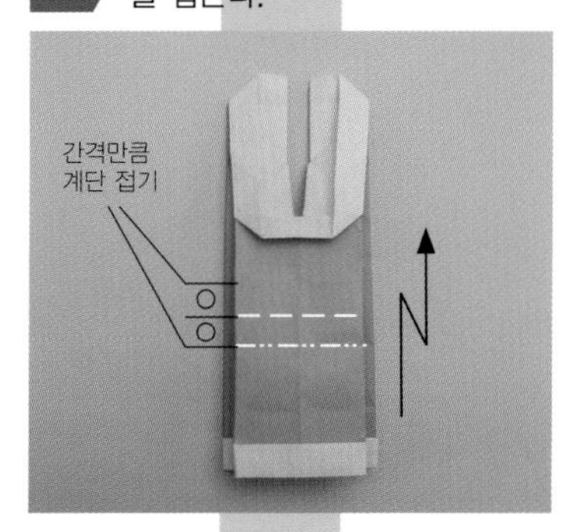

10 그림의 위치를 열어 시선을 바꾼다.

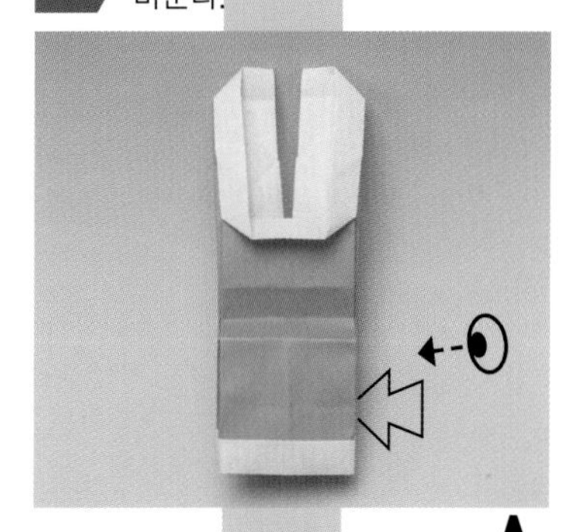

11 그림의 선대로 입체적으로 접는다.

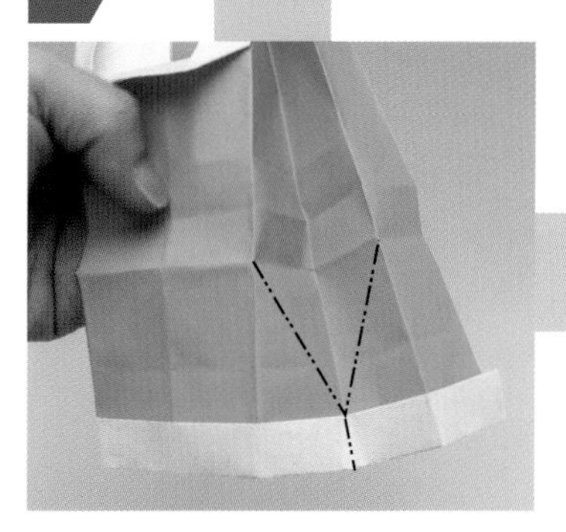

12 굵은 화살표 부분을 밀어 넣듯이 그림의 선대로 접는다.

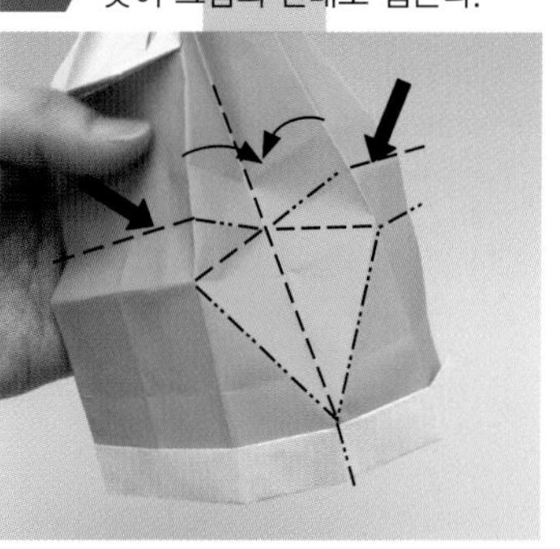

12-2 접는 과정

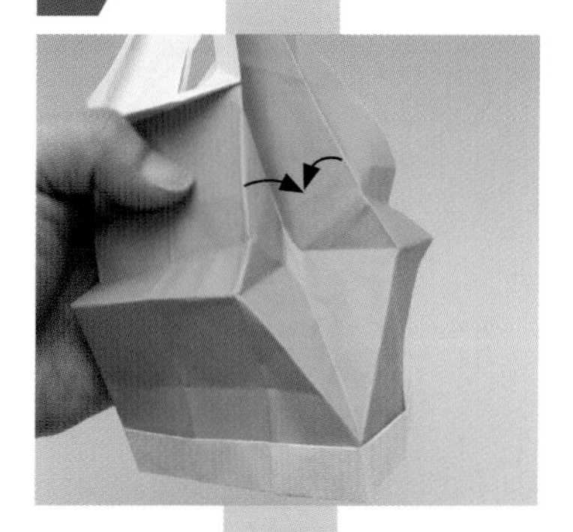

12-3 접는 과정

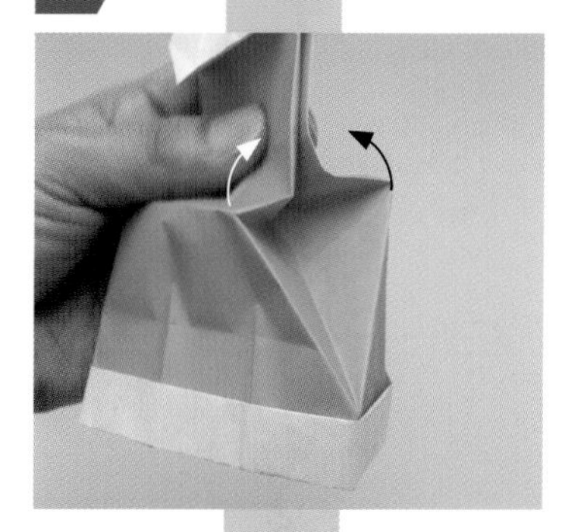

13 왼쪽도 10~12 과 같이 접는다.

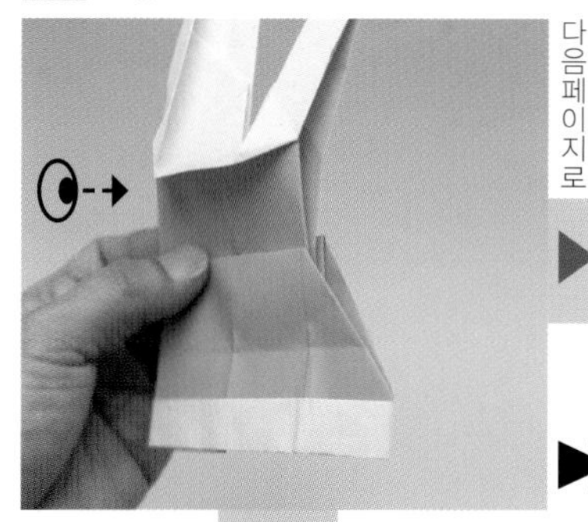

다음페이지로

14 뒤집는다

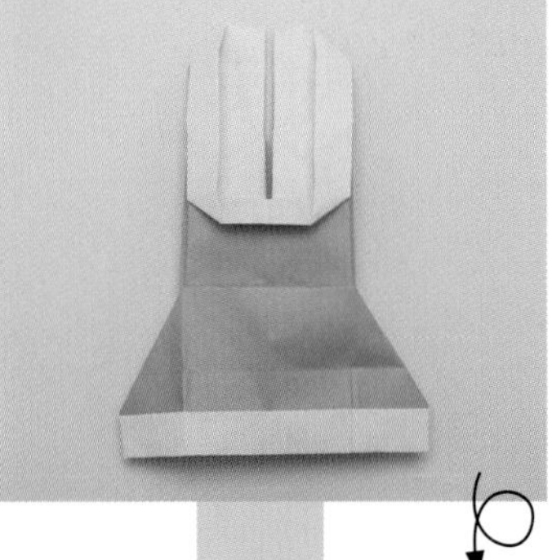

15 그림의 선대로 접으면서 연다.

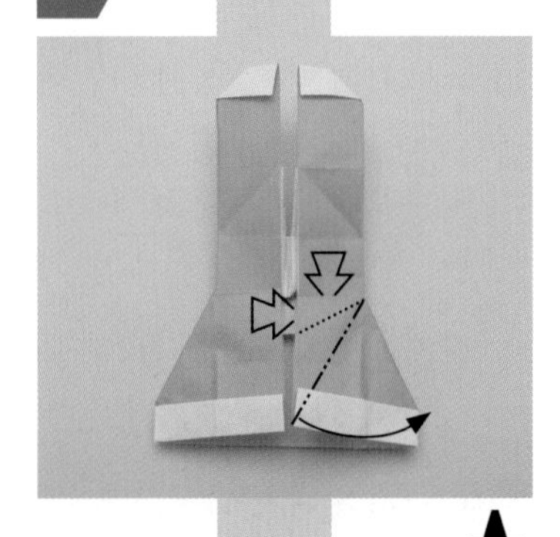

16 그림의 선대로 접는다.

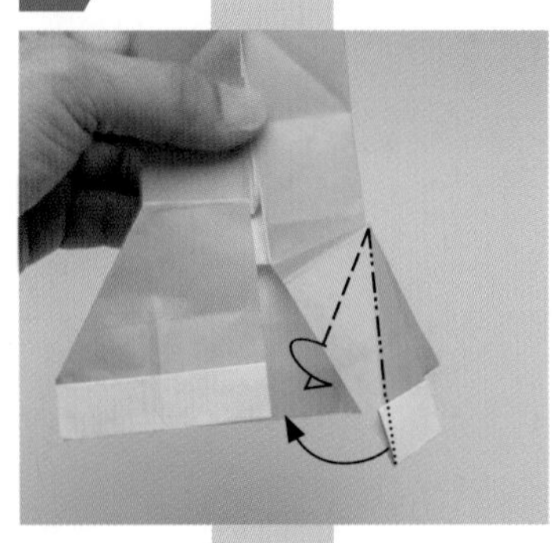

16 -2 접는 과정

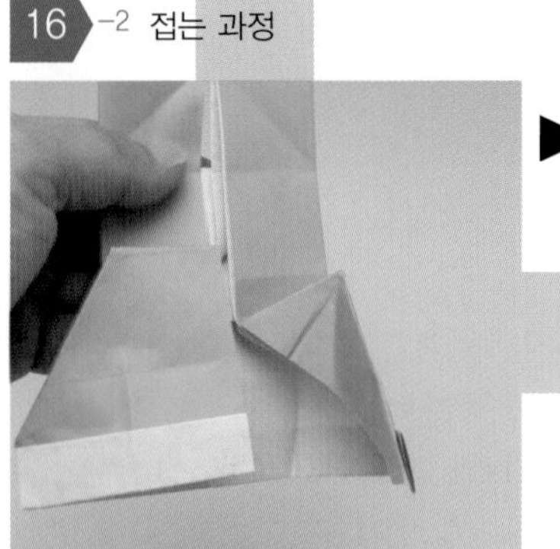

17 왼쪽도 15 ~ 16 과 같이 접는다.

18 선으로 둘러싼 부분 확대

19 접히는 위치를 돌려 접는다.

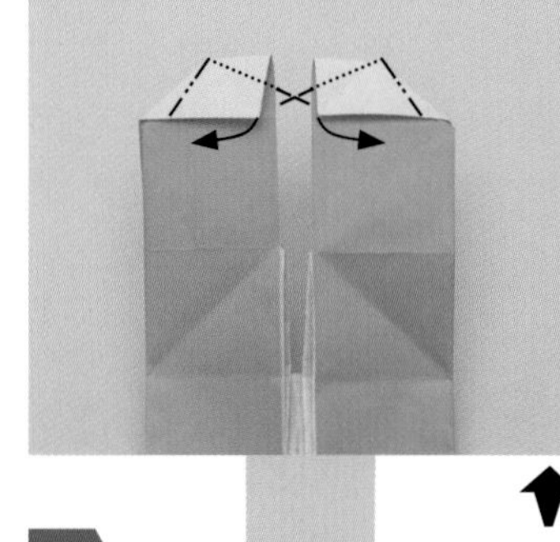

20 그림의 위치를 연다.

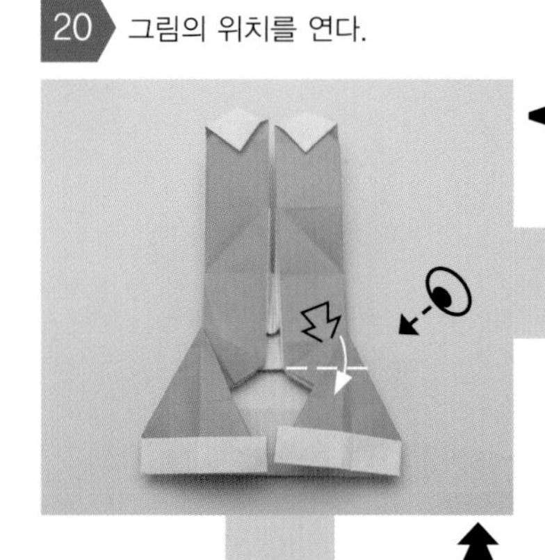

21 그림의 선대로 접는다.

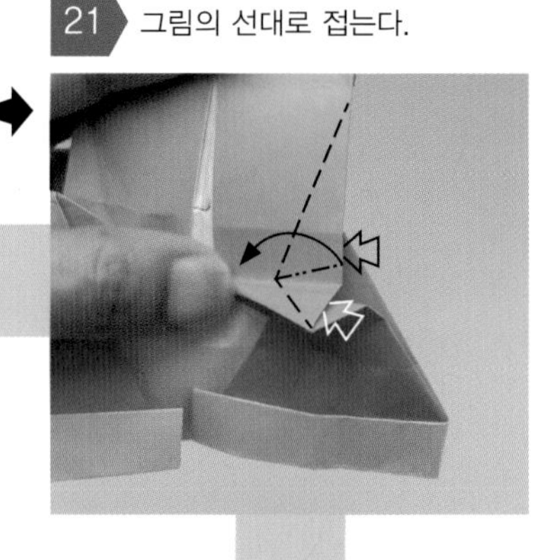

22 닫는다.

23 왼쪽도 20 ~ 22 와 똑같이 접어서 그림의 위치를 연다.

24 그림의 선대로 펼쳐 접는다.

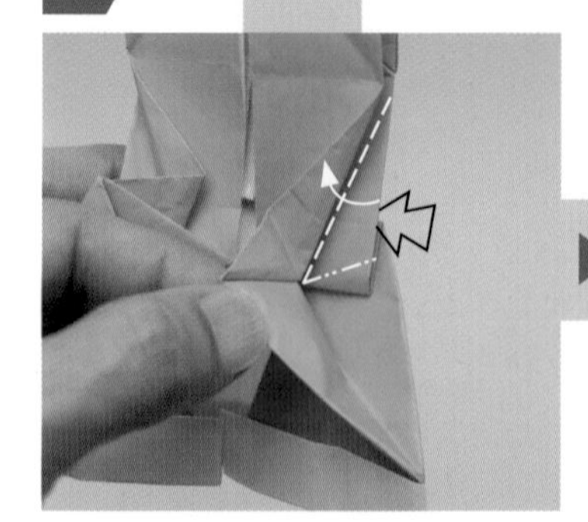

25 왼쪽도 23 ~ 24 와 똑같이 접어서닫는다.

26 그림의 선대로 접는다.

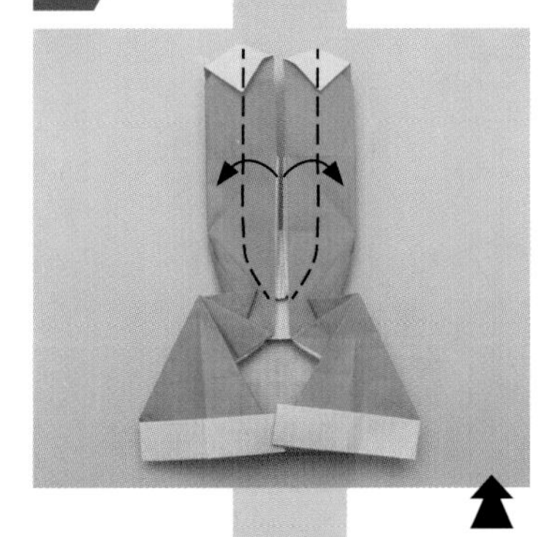

27 뒤집는다.

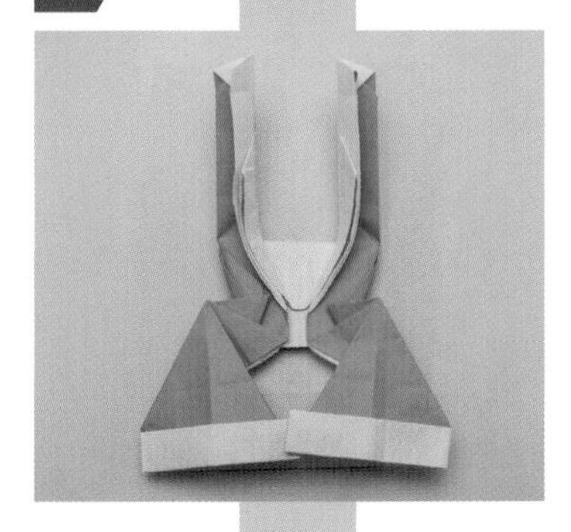

28 그림의 선대로 뒤로 접는다.

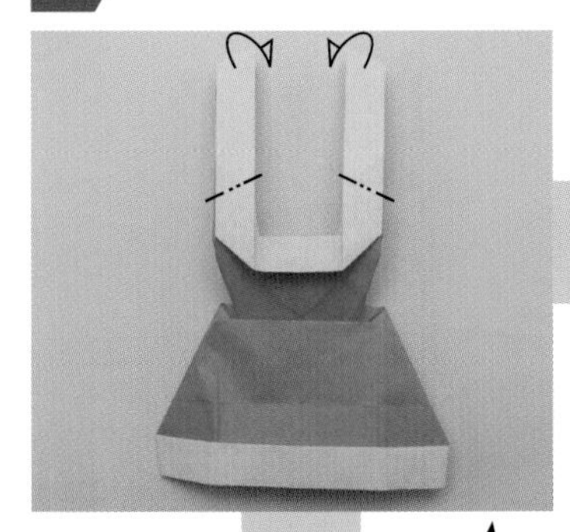

29 그림의 선대로 뒤로 접어 넣는다.

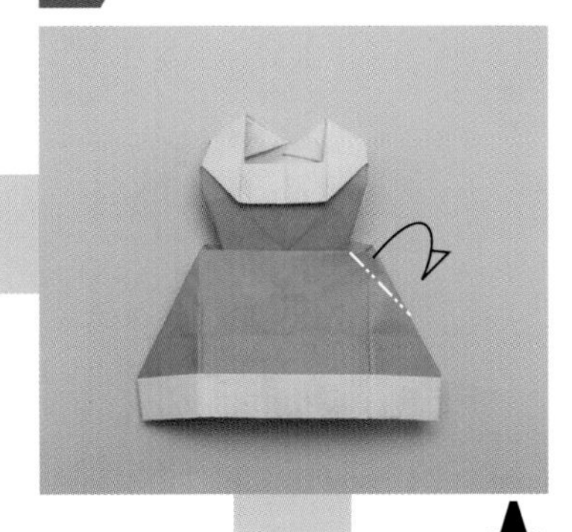

30 그림의 선대로 앞으로 접어 넣는다.

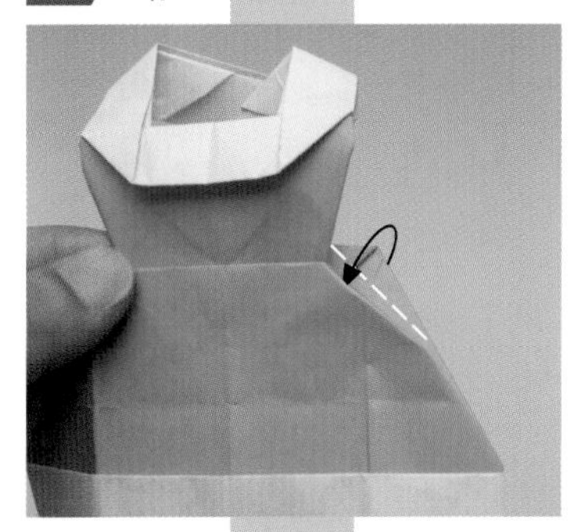

31 왼쪽도 29 ~ 30 과 같이 접는다.

완 성

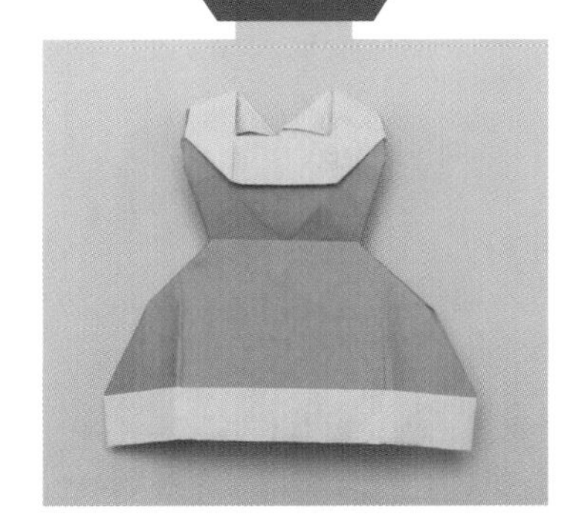

오리지널 패턴지를 사용한
드레스 컬렉션

※오리지널 색종이는 책 뒤쪽 부록 부분에 포함되어 있습니다.

판매중인 패턴 색종이를 사용한
드레스 컬렉션

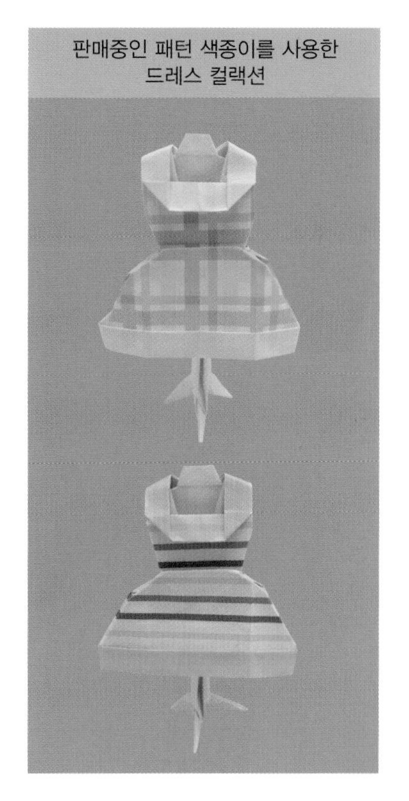

TORSO
토르소

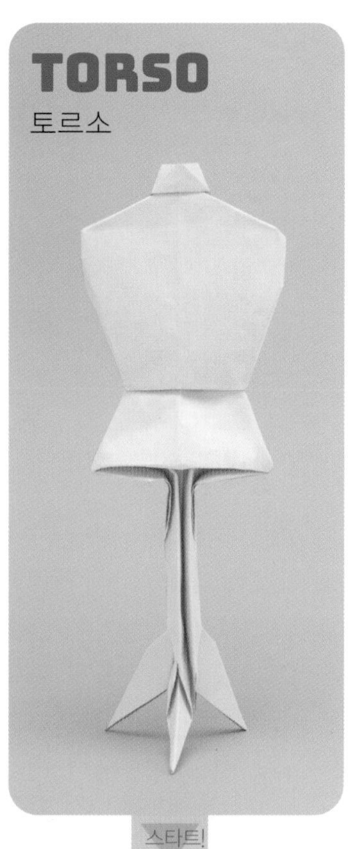

스타트!

01 색종이를 사분의 일로 나눠 접는다.

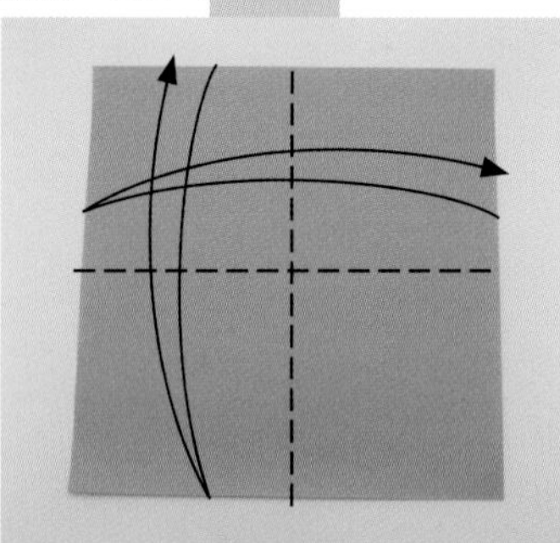

02 모서리가 중심에 오게 접는다.

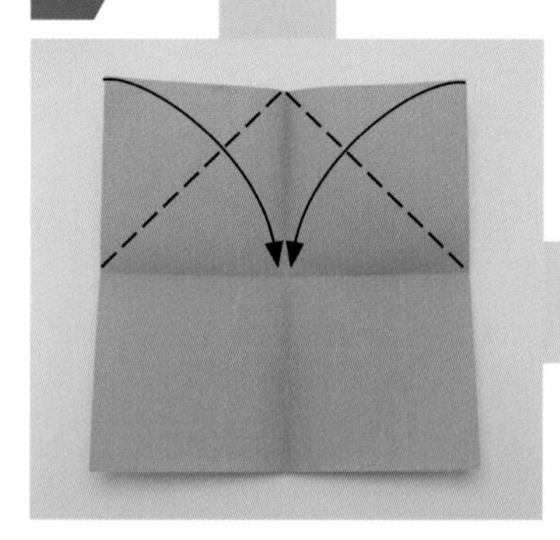

03 가장자리를 중심으로 접는다.

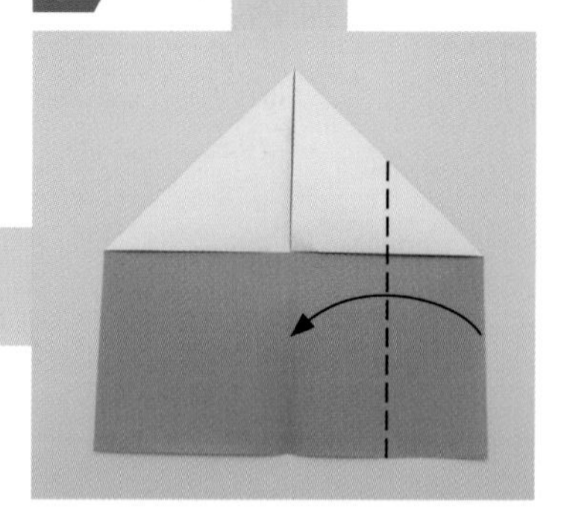

04 그림의 선으로 접어서 주름을 접는다.

05 04 나온 주름을 중심으로 가지런히 접는다.

06 접힌 것을 원래대로 되돌린다.

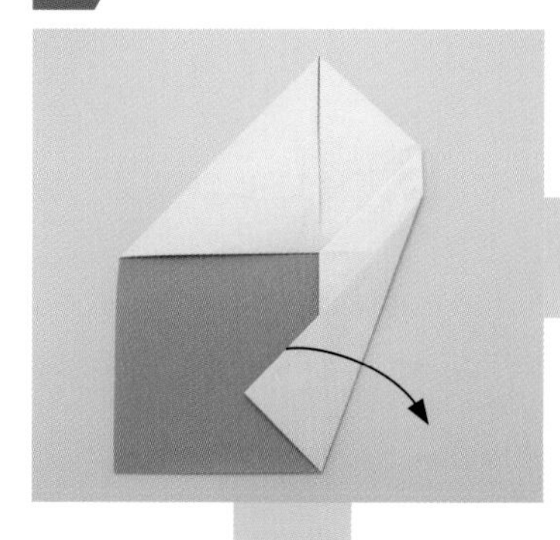

07 06 나온 주름을 활용하여 입체적으로 연다.

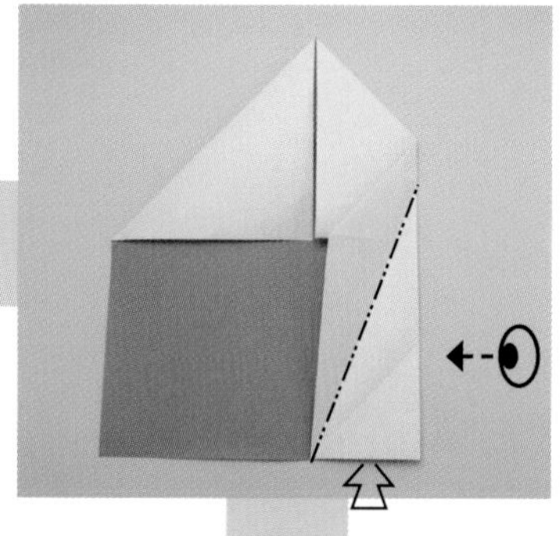

08 그림의 선대로 접는다.

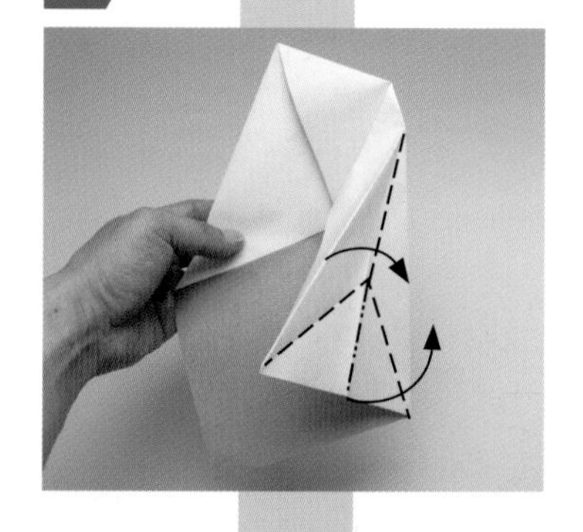

08 −2 접는 과정

09 남은 면도 같은 방법으로 접는다.

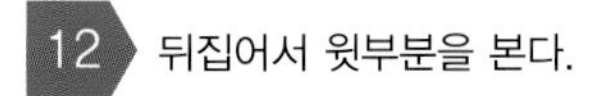

10 왼쪽도 03~09 과 같이 접는다.

11 가장자리를 중심으로 접는다.

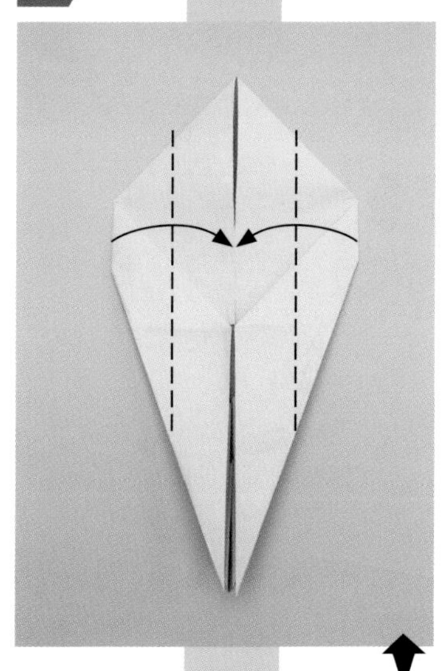

12 뒤집어서 윗부분을 본다.

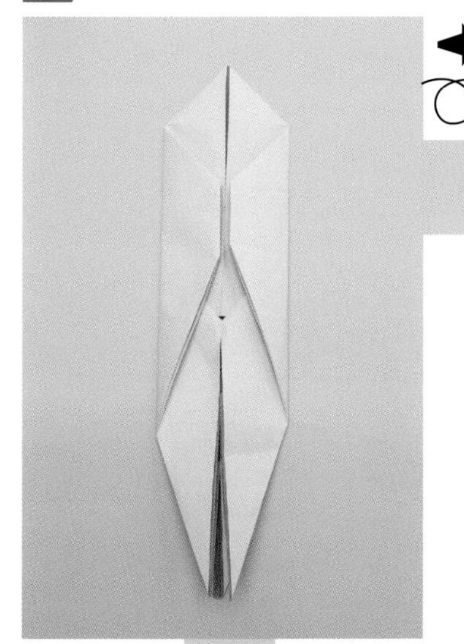

13 그림의 선대로 접는다.

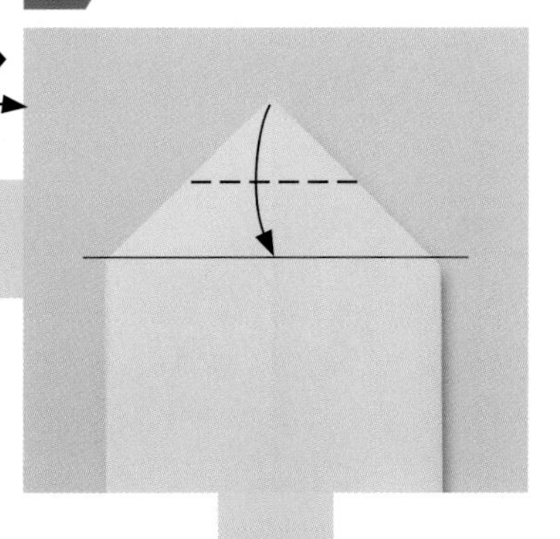

14 그림의 선으로 뒤쪽으로 접는다.

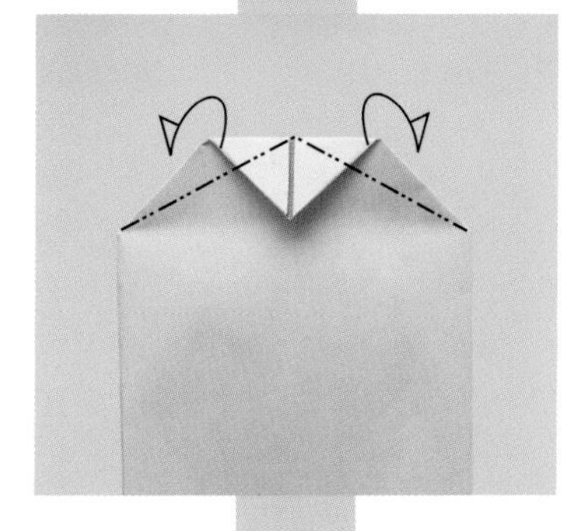

15 그림의 선대로 펼쳐 접는다.

16 다음은 아래쪽을 본다.

17 그림의 선대로 입체적으로 접는다

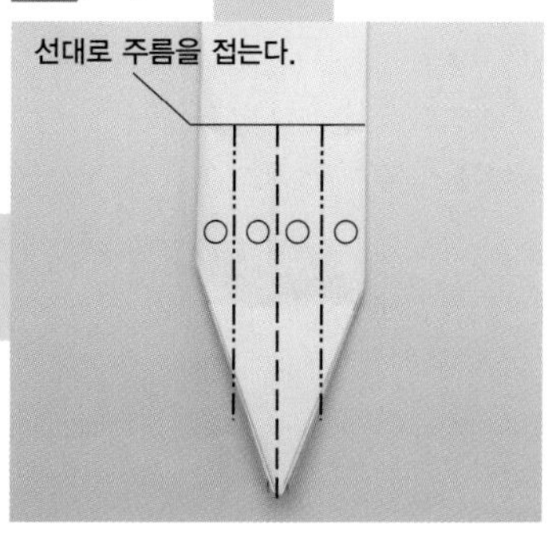

18 그림의 위치에 층층이 접힌 주름을 만든다.

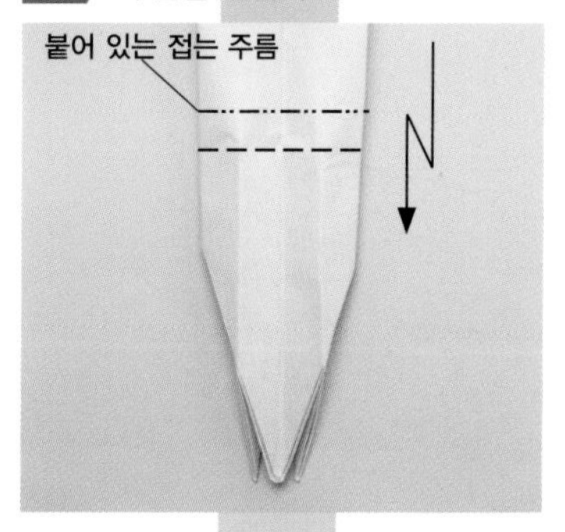

19 뒤쪽으로 접혀있는 부분을 펼친다.

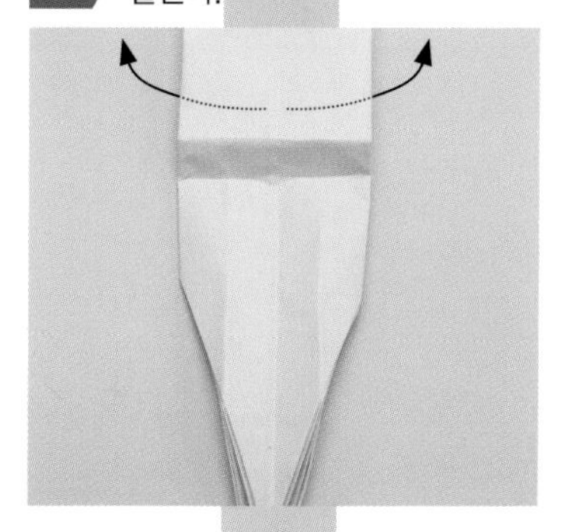

20 그림의 선대로 입체적으로 접는다

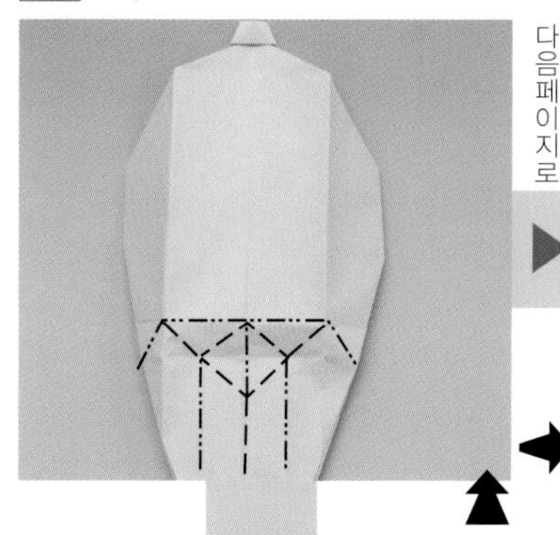

다음페이지로

20 –2 접는 도중(굵은 화살표 부분을 밀어 넣듯이 접는다.)

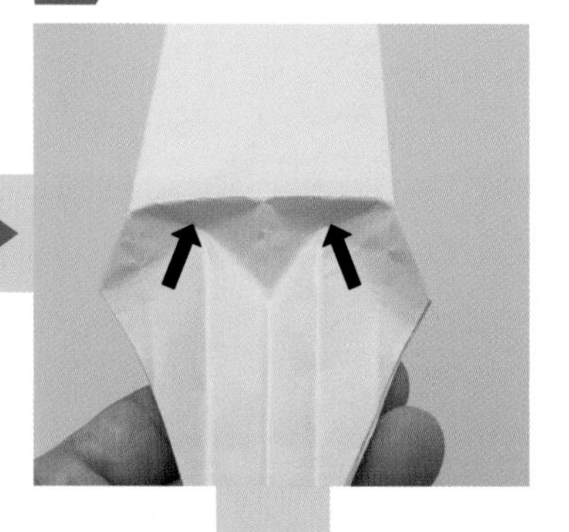

21 도면의 선을 접는다.

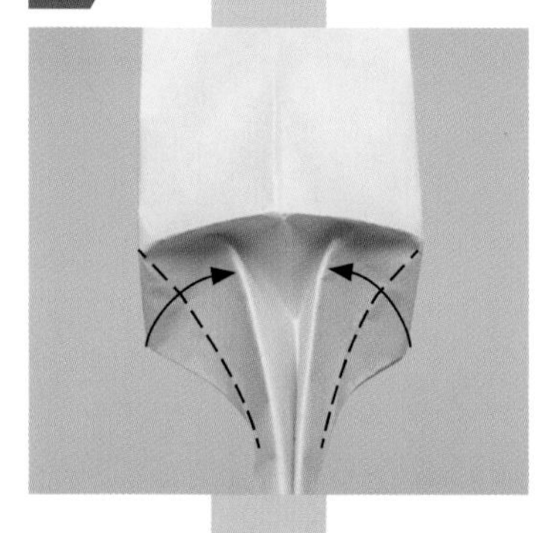

22 굵은 화살표 부분을 밀어 넣어 접는다.

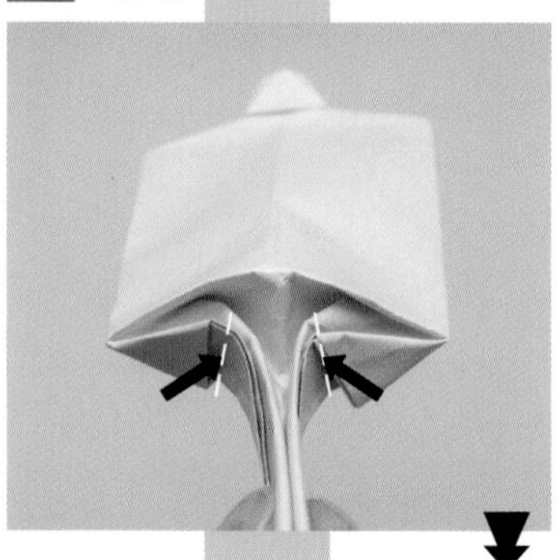

23 AB를 반으로 접어 접는다.

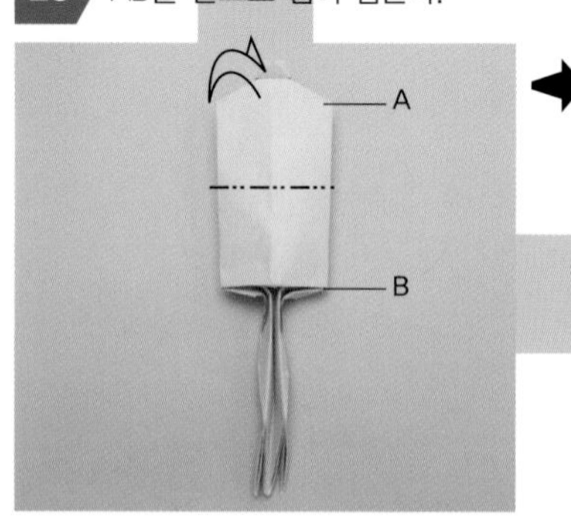

24 지그재그로 접는다.

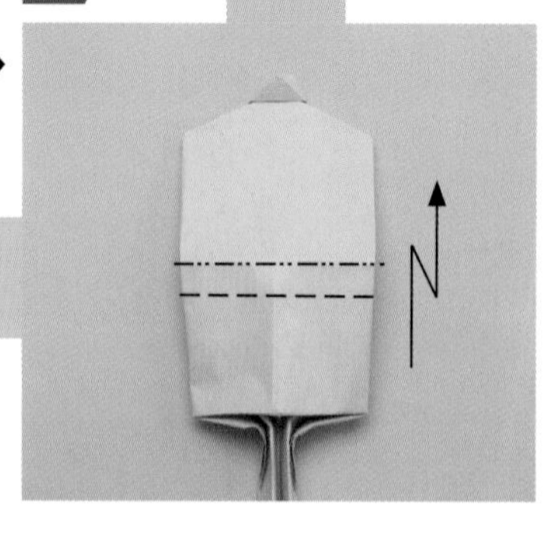

25 그림의 선으로 중간 접는다

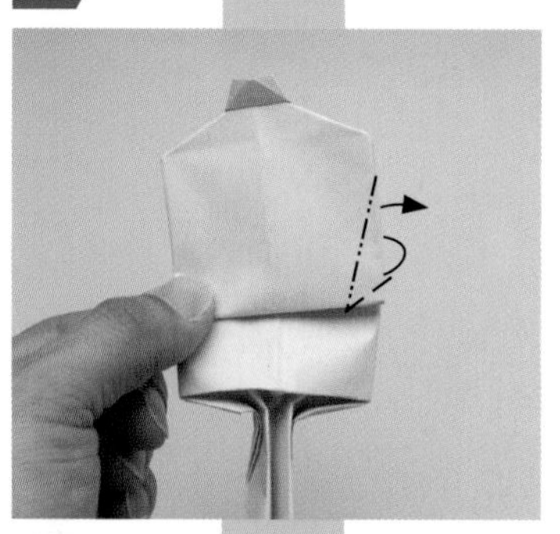

26 그림의 선으로 뒤쪽으로 접는다.

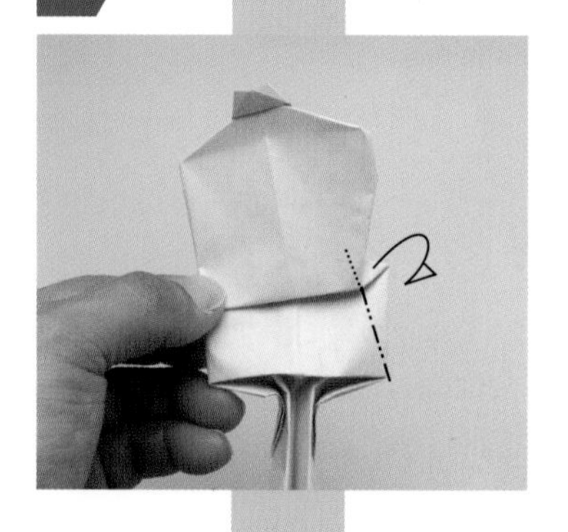

27 왼쪽도 25 ~ 26 와 같이 접는다.

28 아랫부분을 옆에서 본다.

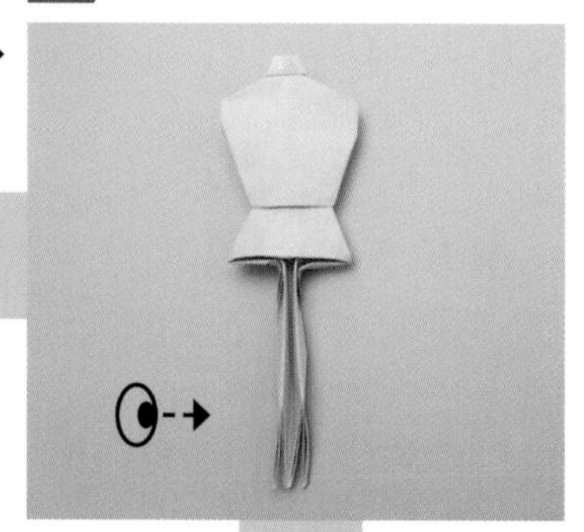

29 그림의 선대로 접는다.

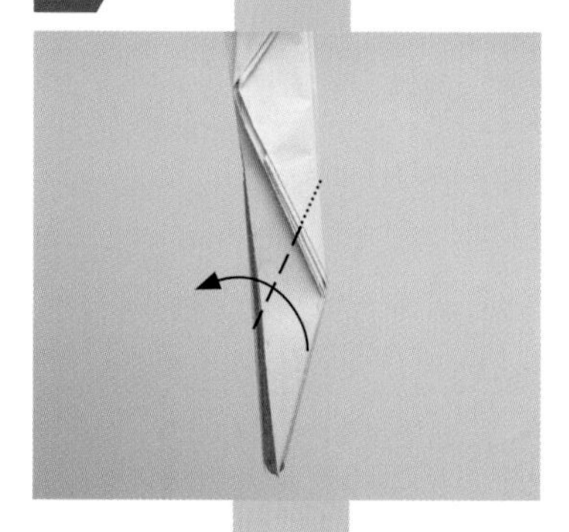

30 반대쪽과 29 마찬가지로 접는다.

31 그림의 선으로 나눠 접는다.

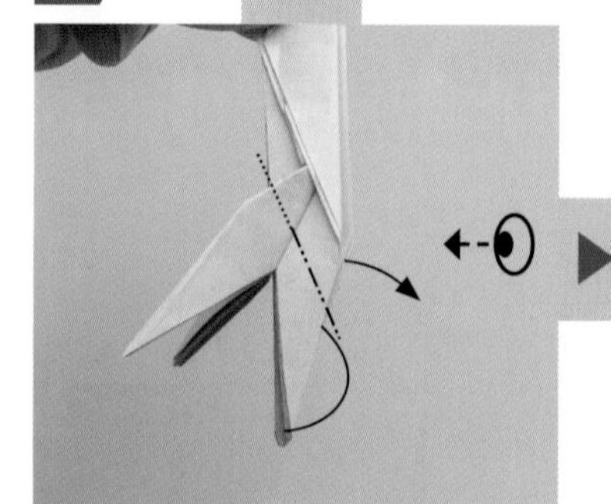

31 -2 (그림의 위치에서 접는다.)

이 위치를 벌린다.

31 -3 옆에서 본다.

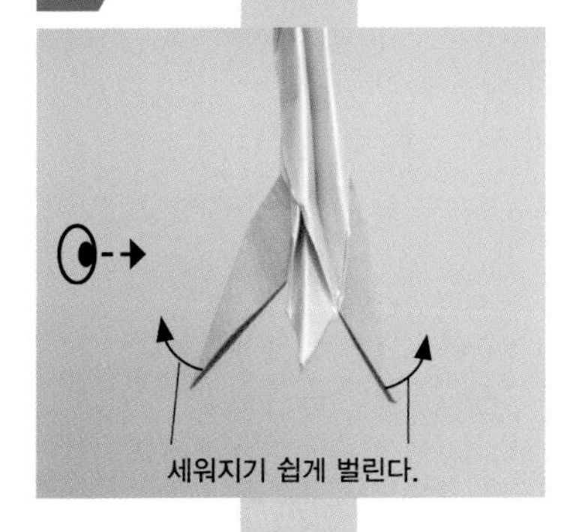

세워지기 쉽게 벌린다.

32 정면에서 봤을 때

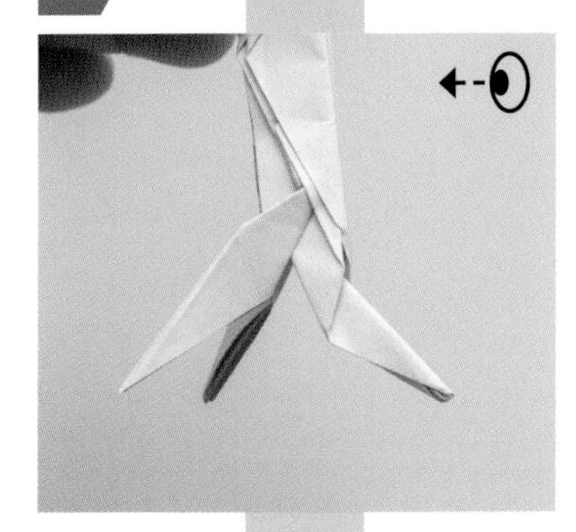

완 성

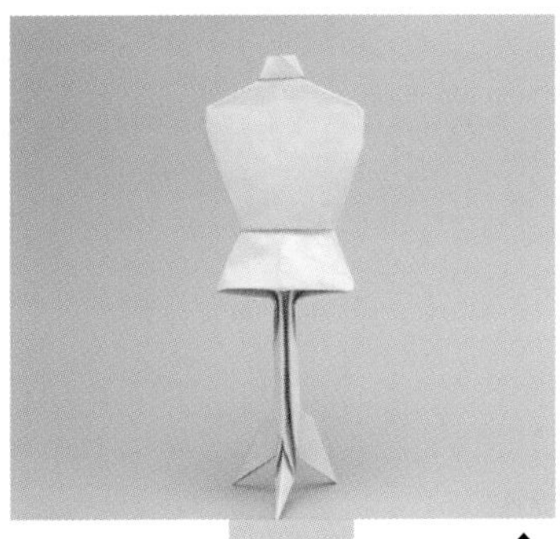

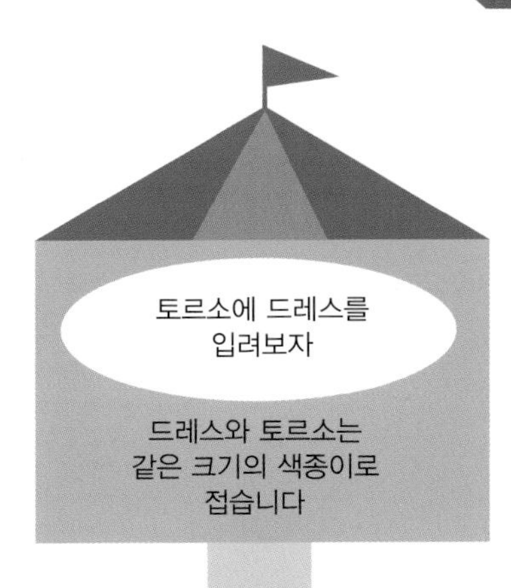

01 뒤집힌 드레스 위에 토르소를 얹힌다.

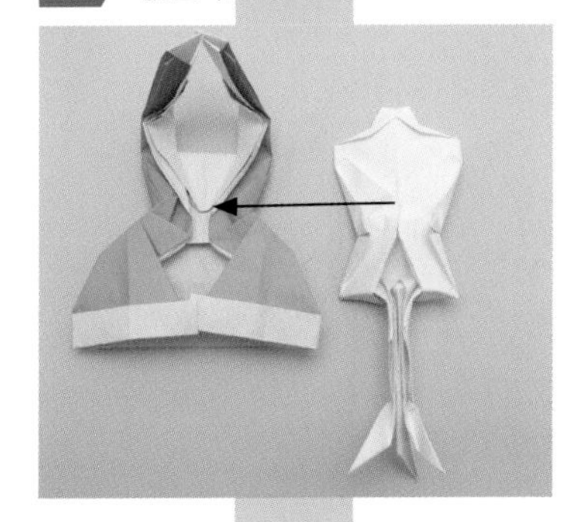

02 선으로 둘러싼 부분을 본다.

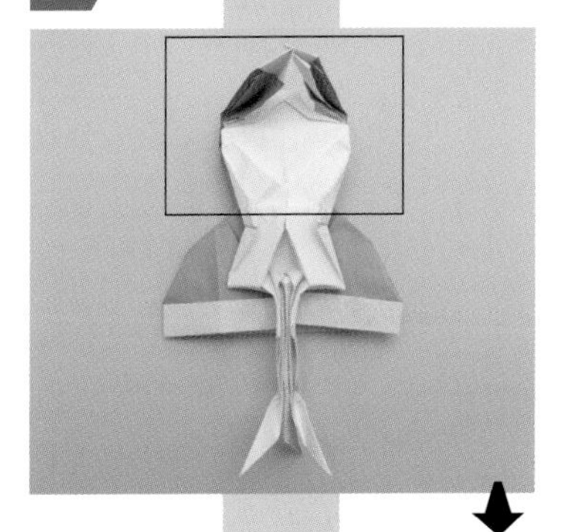

03 드레스를 토르소 틈새에 끼운다.

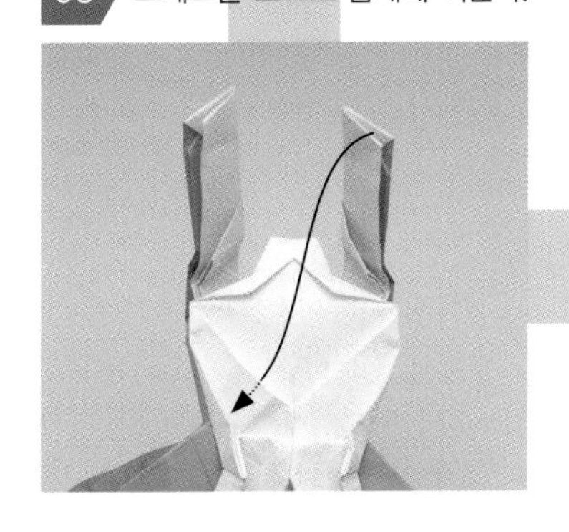

04 반대쪽 틈새에 끼운다.

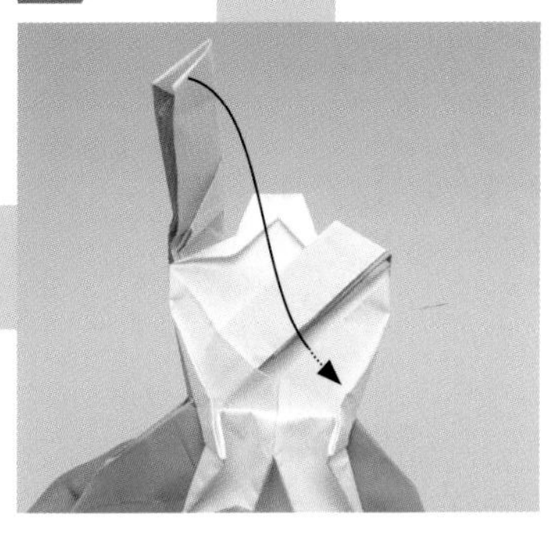

05 드레스 옷자락을 끌어내어 토르소에 끼운다.

06 뒤집는다.

완 성

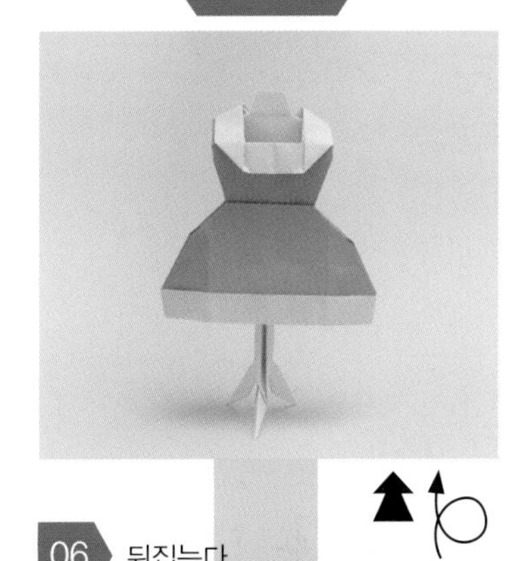

제작스텝
[표지 디자인] 후지모토 무네지
[본문 디자인] 후지모토 무네지
[DTP] 주식회사 스코그 디자인

1판 1쇄 인쇄 | 2025년 2월 15일
1판 1쇄 발행 | 2025년 2월 20일
저자 | 후지모토 무네지
역자 | 아르고나인 스튜디오
발행인 | 손호성
펴낸곳 | 봄봄스쿨
인쇄 | 신화프린팅

등록 | 제 2023-000128호
주소 | 서울 종로구 사직로8길34 경희궁자이 3단지1309호
전화 | 070.7535.2958
팩스 | 0505.220.2958
e-mail | atmark@argo9.com
Home page | http://www.argo9.com

ISBN 979-11-5895-081-8 13630
※ 값은 책표지에 표시되어 있습니다.

작가 프로필

후지모토 무네지

1967년 나가사키시 출생. 현재 후쿠오카현 거주. 종이접기 작가. 그래픽 디자이너 & 아트 디렉터. 2005년, 당시 유치원에 다니던 큰아들의 종이접기 놀이를 계기로 창작 종이접기를 시작. 동물과 로봇 등의 모티브를 중심으로 창작 활동을 계속하고 있다.

저서로는 『오리가미 펫 파크』, 『오리가미 레이서』, 『모던 오리가미』, 『오리로보 오리가미 솔저』, 『오리가미 펫 아일랜드』, 『손가락인형 종이접기』, 『수고로움을 즐기는 종이접기 봉투』, 『파충류 · 양서류 종이접기』, 『곤충 종이접기』, 『아빠레 종이접기』 등이 있다.

역자 아르고나인

아르고나인 스튜디오는 기획자, 작가, 아티스트, 일러스트레이터, 발명가 등 다양한 인재가 모여 만든 기획 창작 집단으로 실험성과 재미, 유익함을 동시에 줄 수 있는 콘텐츠를 개발하기 위해 노력하고 있습니다. 아르고나인 스튜디오는 도서를 비롯해 어플리케이션, 장난감 등 원 소스 멀티 유즈를 지향합니다.

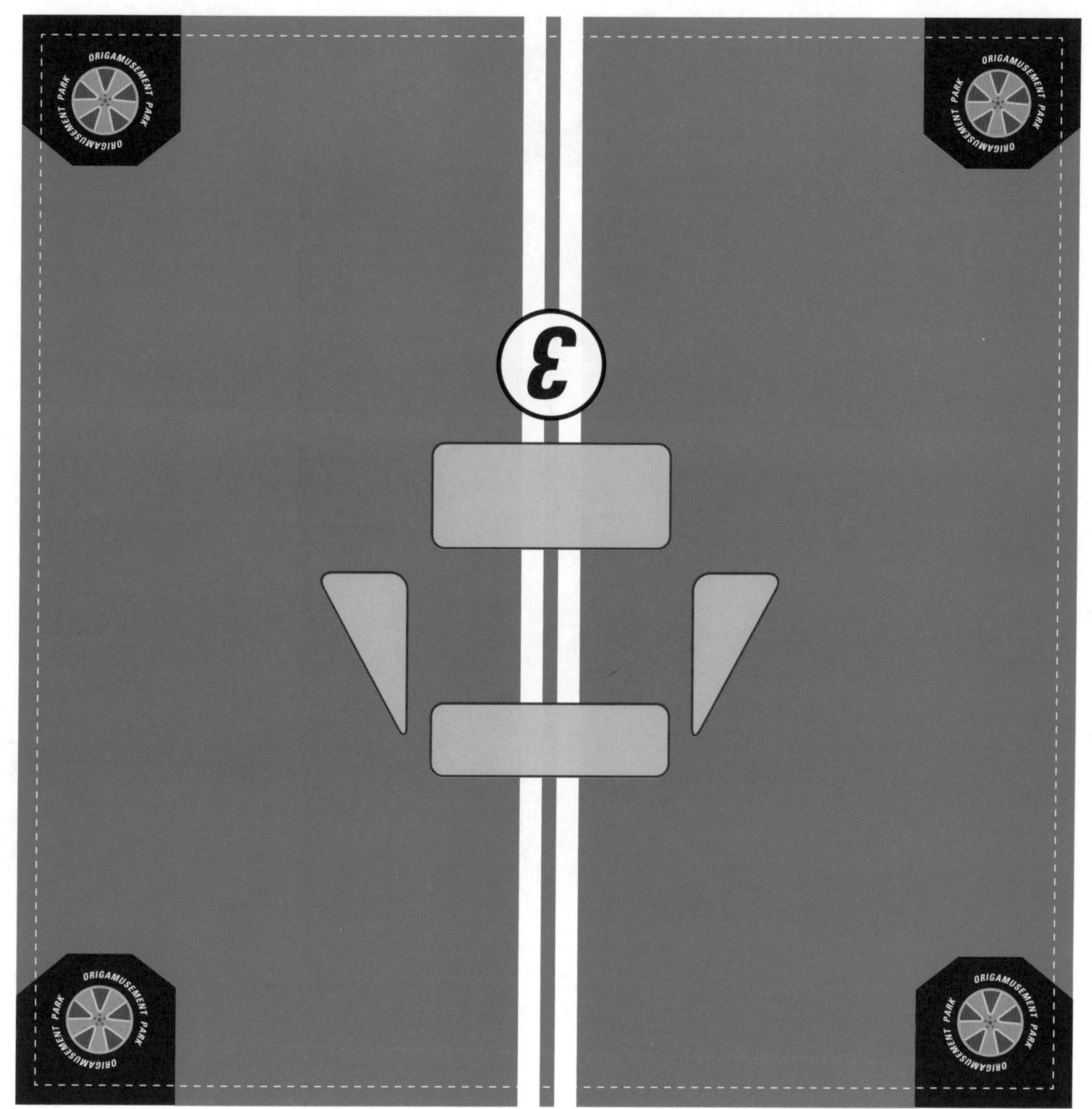

▲ 점선을 잘라서 사용하세요.

접는 방법은 101페이지

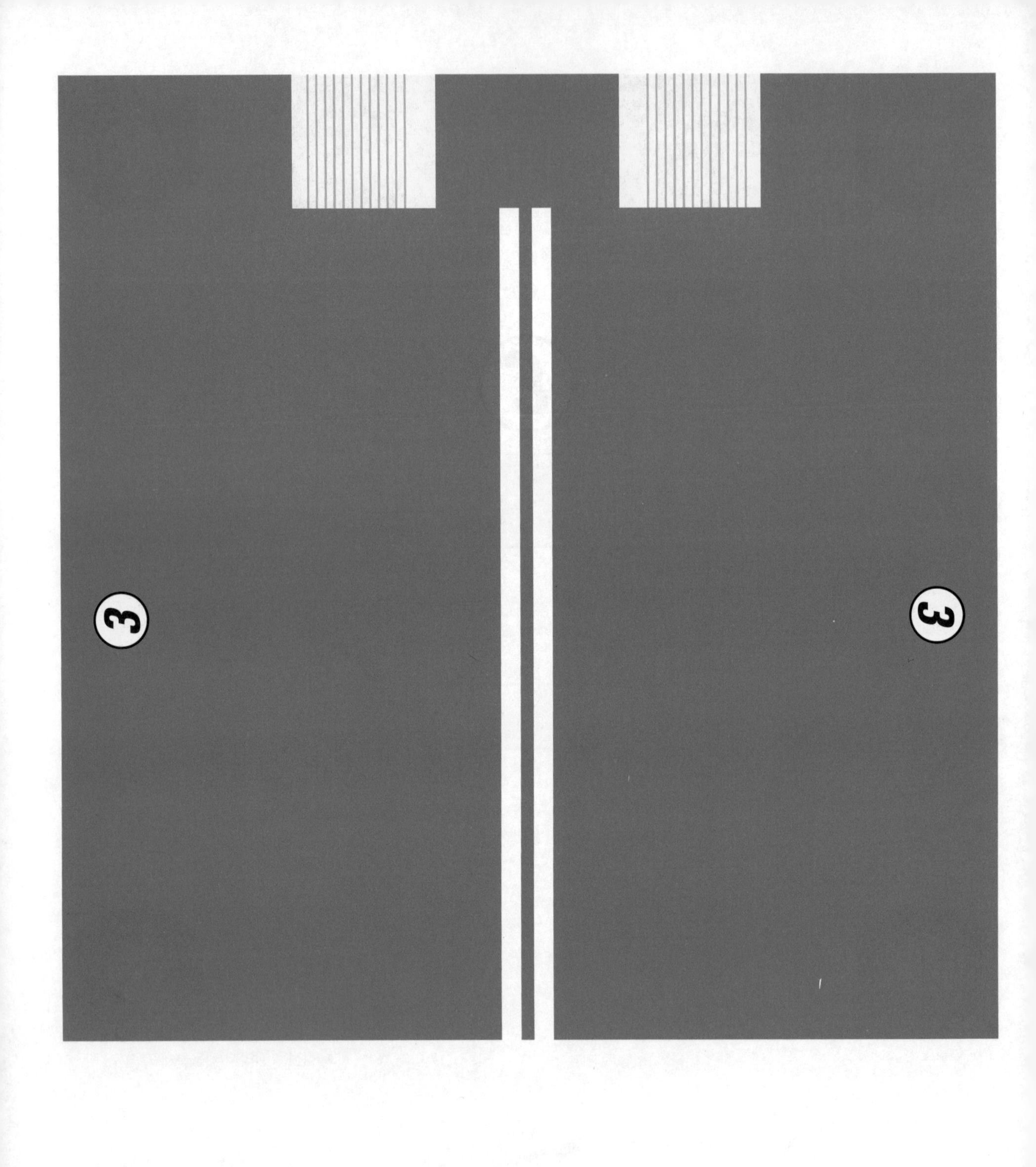

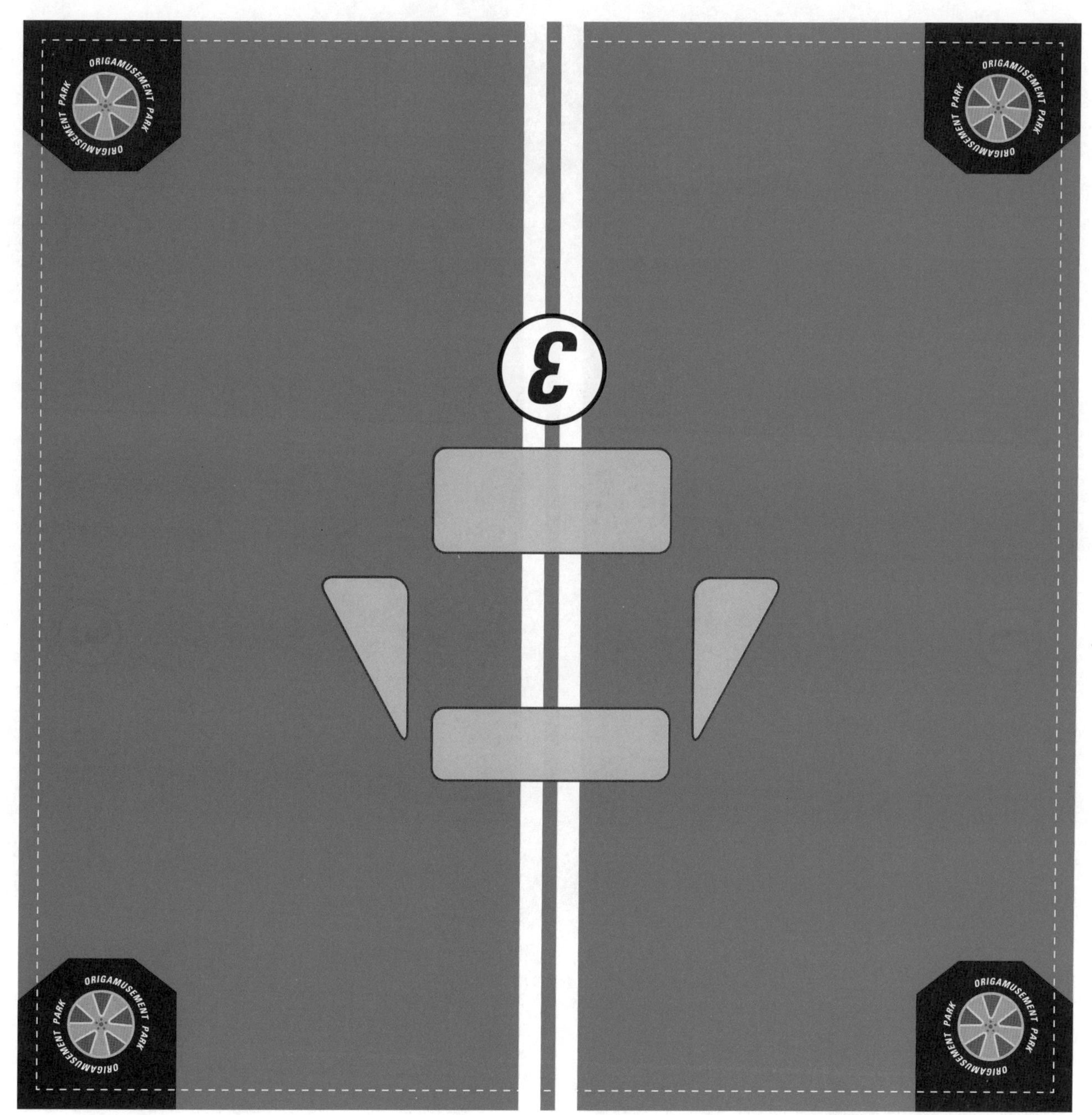

▲ 점선을 잘라서 사용하세요.

접는 방법은 101페이지

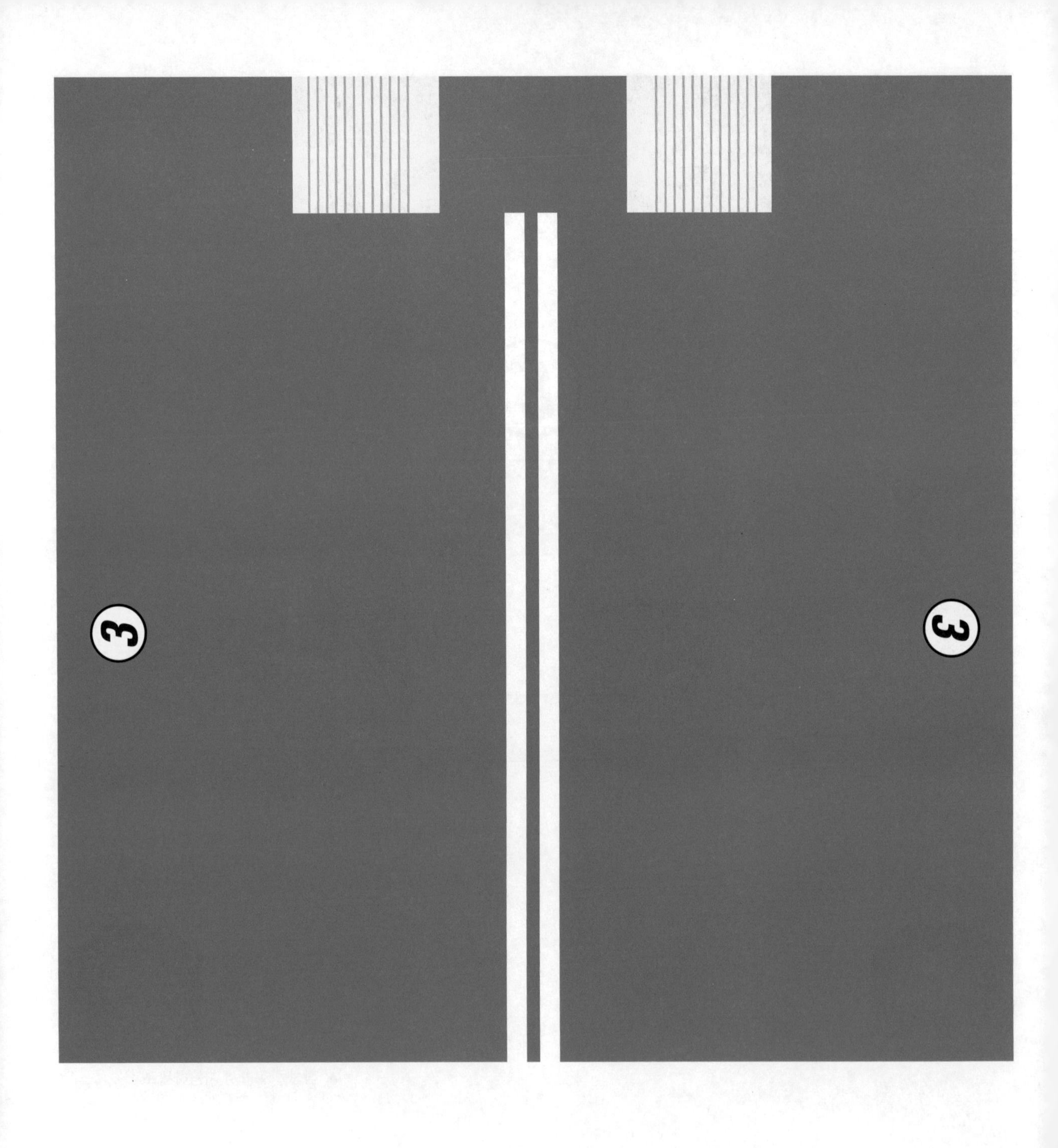
3
3

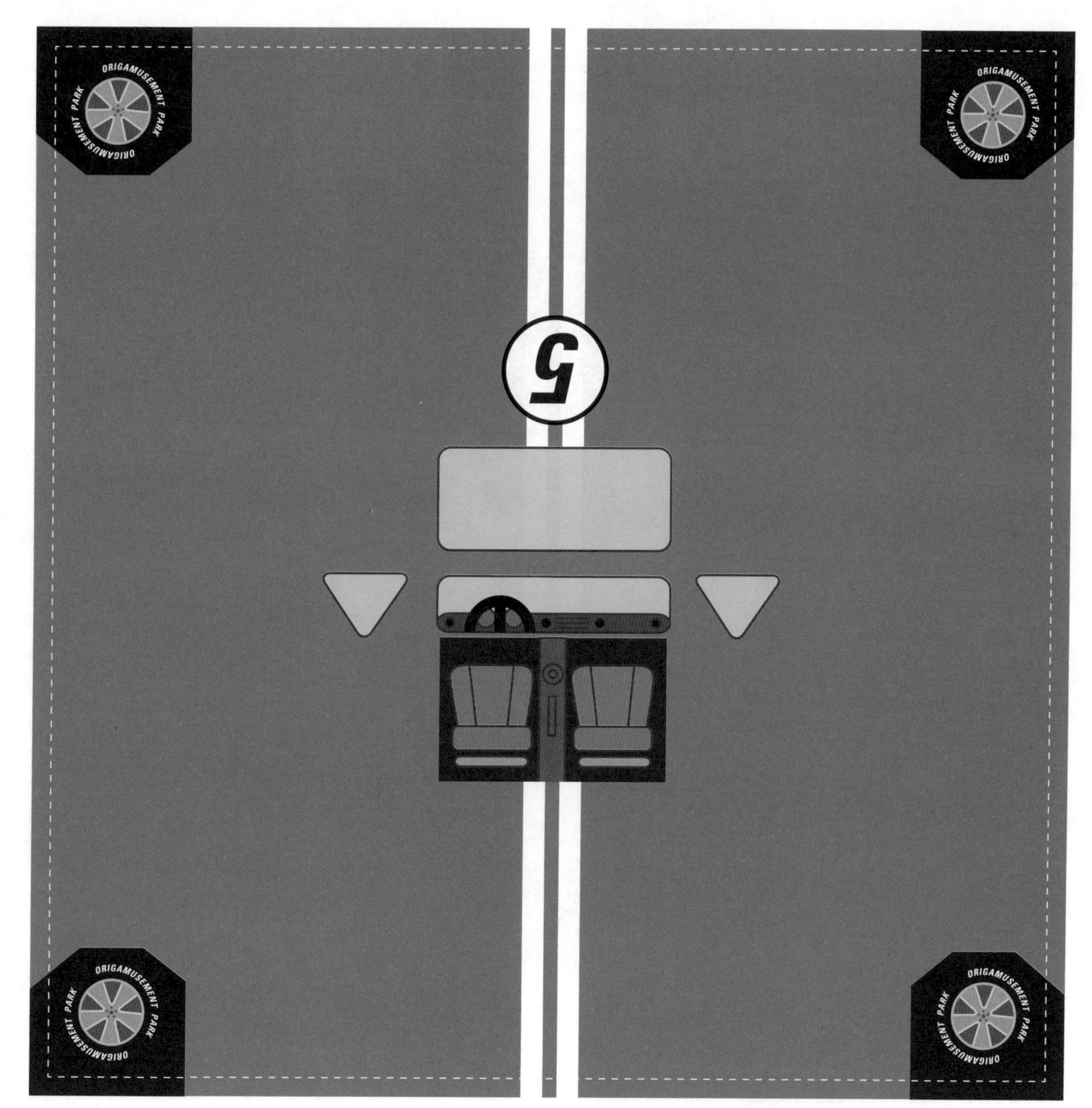

▲ 점선을 잘라서 사용하세요.

접는 방법은 101페이지

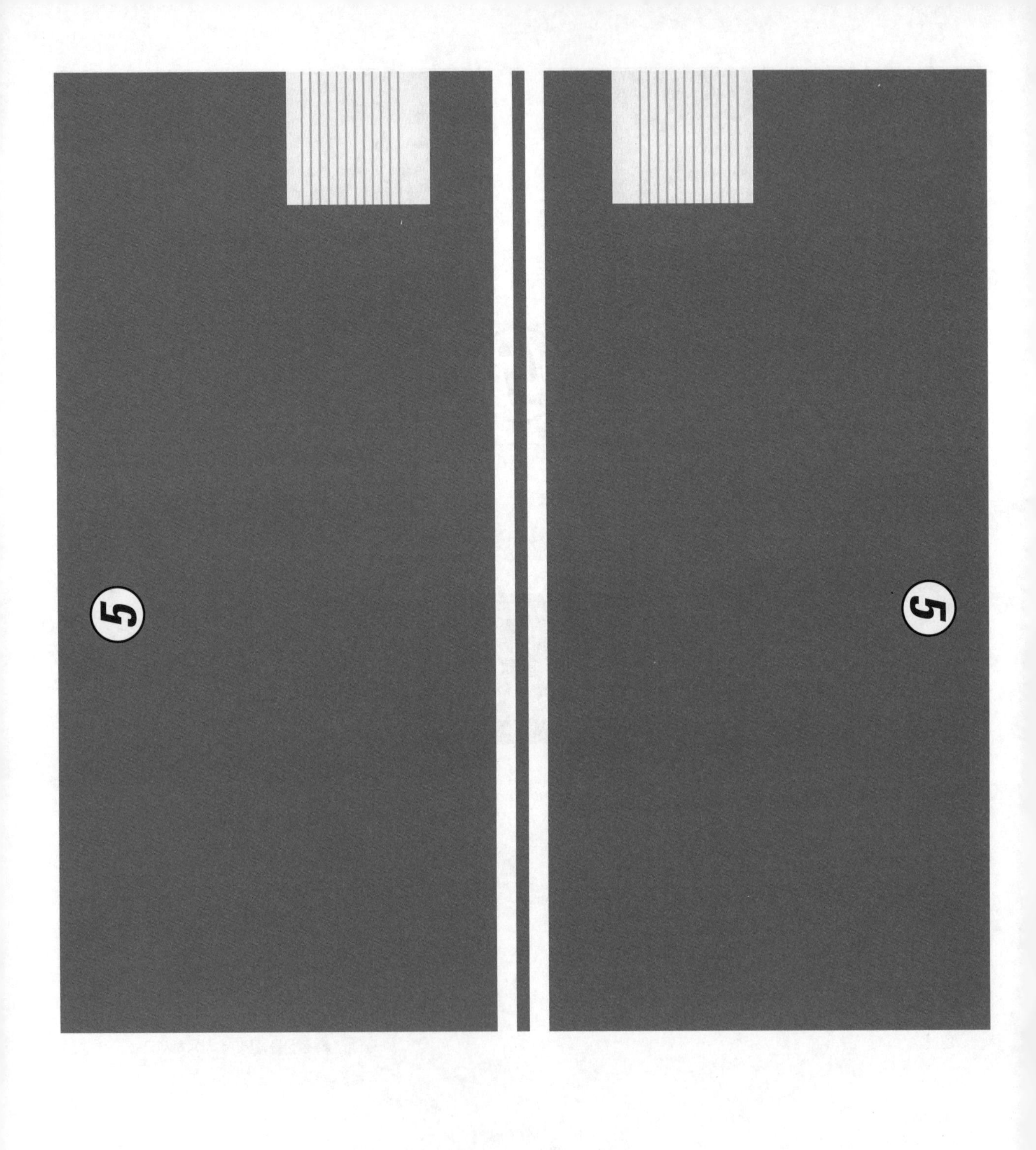

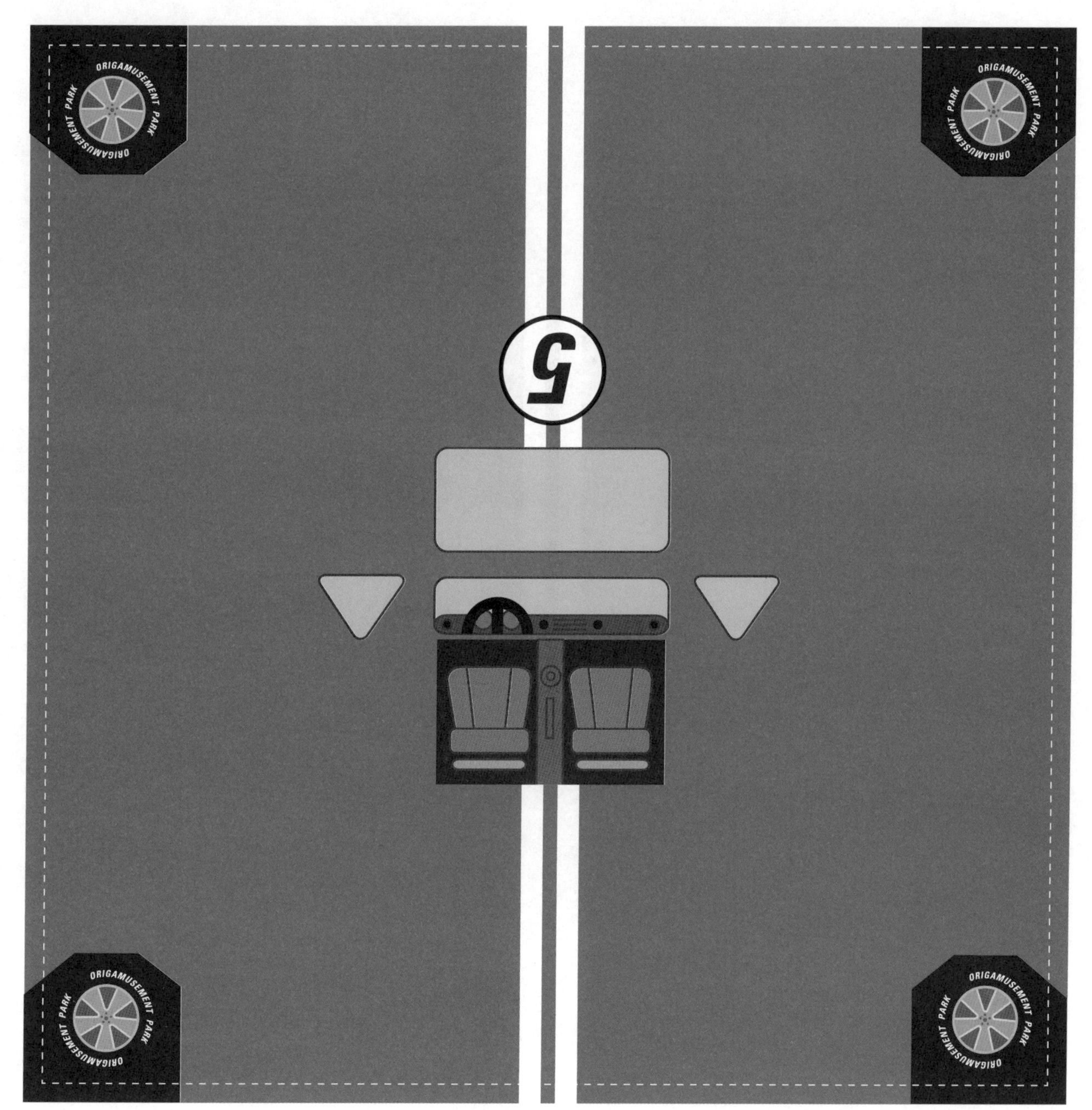

▲ 점선을 잘라서 사용하세요.

접는 방법은 101페이지

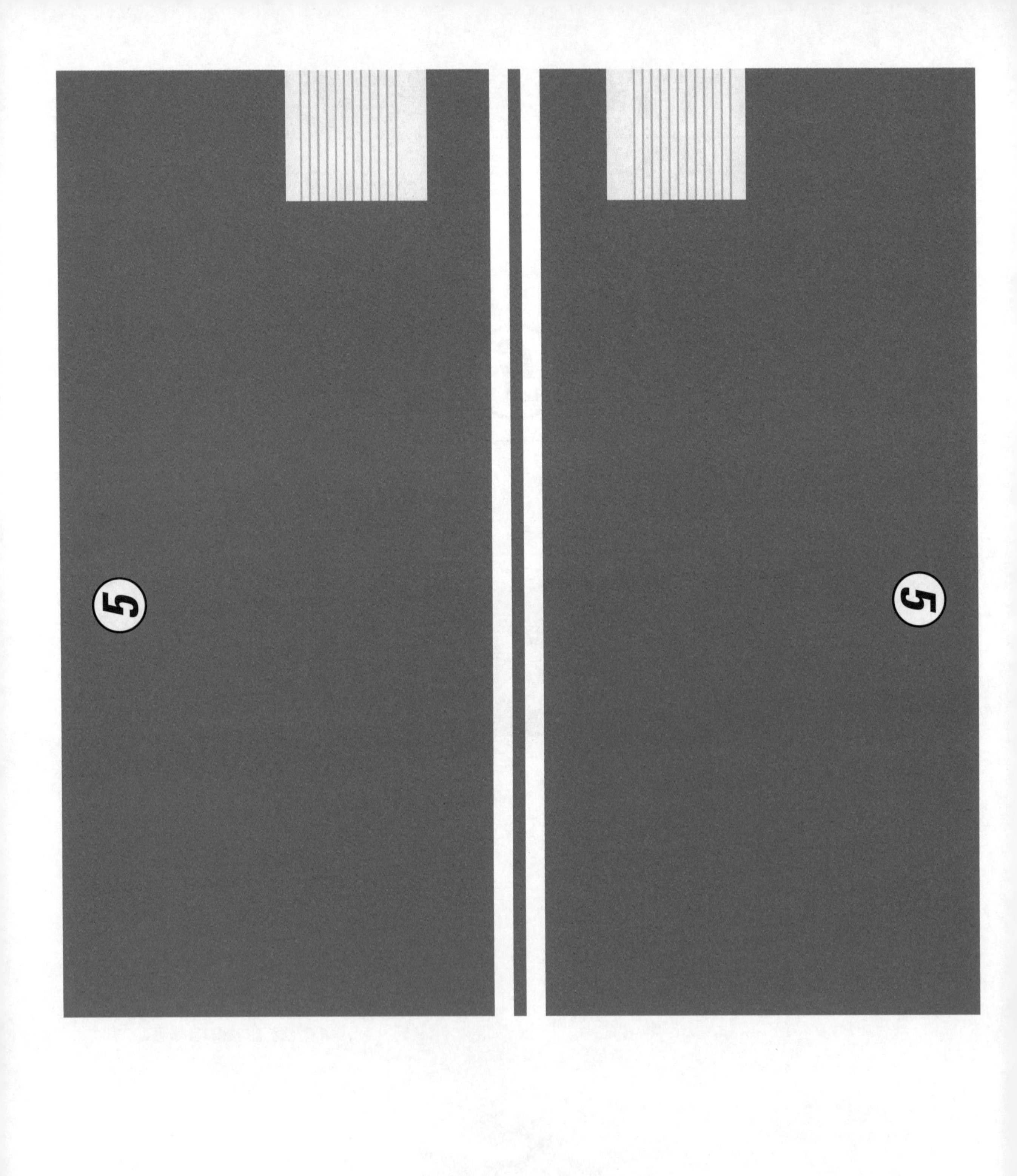

▲ 점선을 잘라서 사용하세요.

접는 방법은 120페이지

▲ 점선을 잘라서 사용하세요.

접는 방법은 120페이지

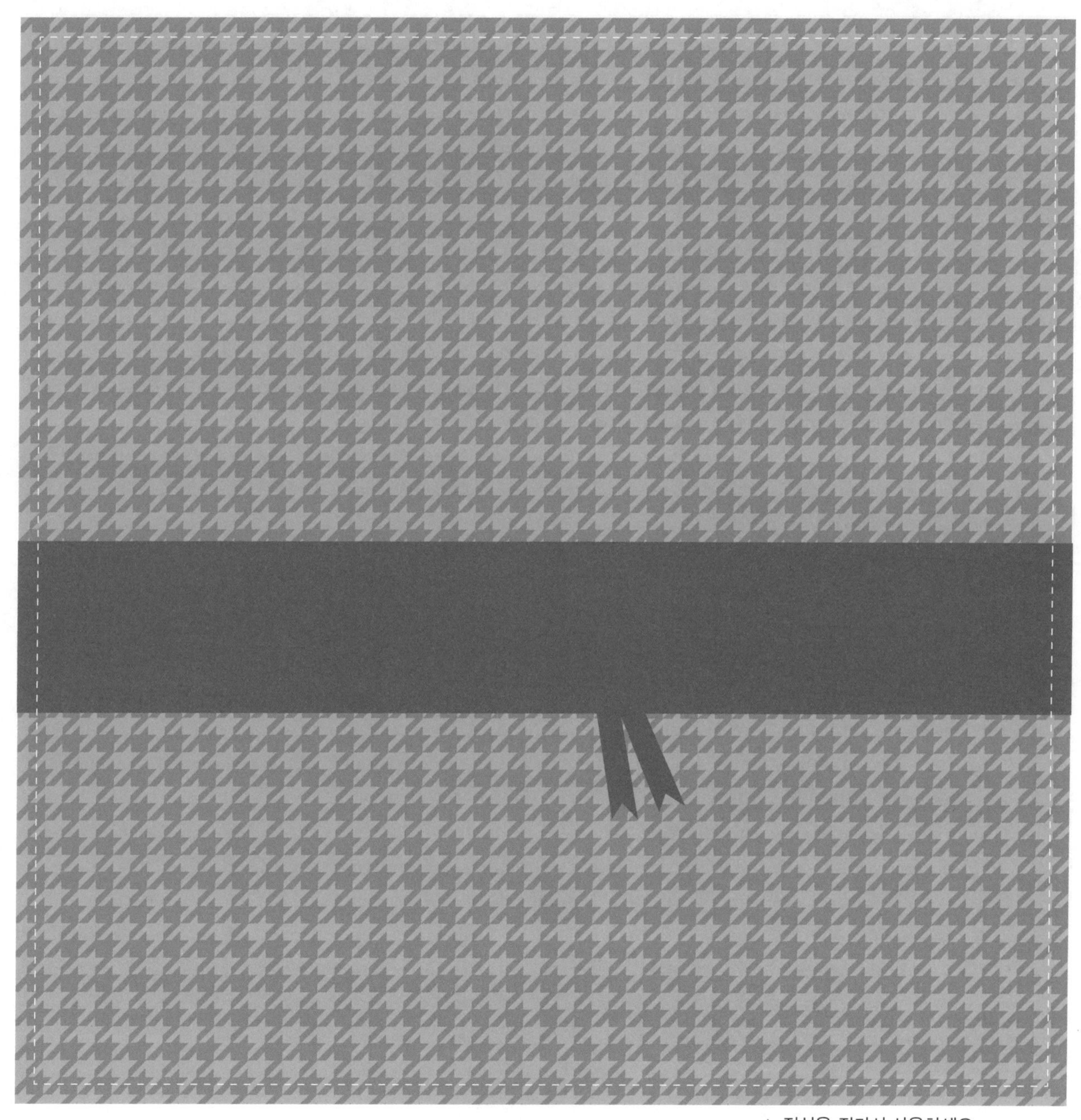

▲ 점선을 잘라서 사용하세요.

접는 방법은 120페이지

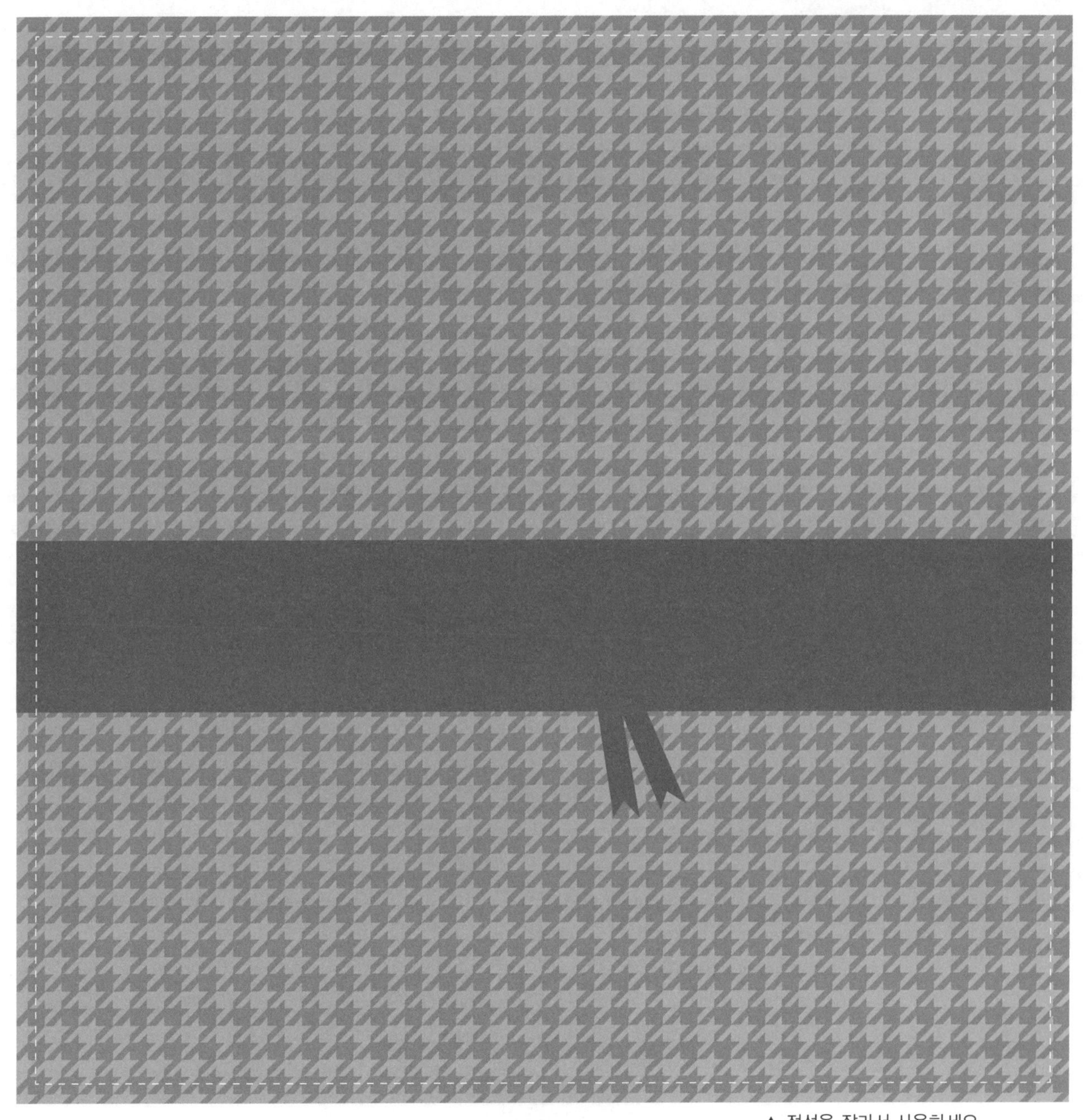

▲ 점선을 잘라서 사용하세요.

접는 방법은 120페이지